Children's Rights and WELFARE

# 아동권리와 복지

김이영 공영미 김순란 김정은 백민수
서민호 신은정 이담희 이은희 정현주 공저

양 성 원

# 머리말

아동에 대한 견해는 시대와 사회적 배경에 따라 다양하게 정의되어 왔다. 예로, 고대사회에서는 아동을 종족 보존을 위한 수단 혹은 경제적 가치인 노동력으로 인식하였으며, 중세에는 인간은 원죄를 가지고 태어나기 때문에 어려서부터 엄격한 체벌을 통해 훈련하고 양육해야 한다고 생각하였다. 그러나 최근 아동은 계속 성장 발달하는 존재로서 아동발달의 특성이 강조되면서, 특히 아동권리와 복지에 대한 과학적 연구와 사회적 노력이 꾸준히 전개되고 있다.

아동의 권리에 대한 측면에서, 아동은 일반적으로 성인과 여러 면에서 차이가 존재하지만 권리는 성인과 같이 인간의 존엄성 사상을 바탕으로 하여 천부성과 보편성에 근거하고 있다. 즉, 아동의 권리란 힘으로서의 권리가 아니라 아동이 본래 가지고 있는 특성을 정당하게 보장받고, 동시에 아동 자신이 그것을 행사하는 권리를 의미한다. 그리고 아동의 복지적 측면에서 아동복지란 아동이 신체적 · 정신적으로 적응하여 자신의 잠재력을 최대로 실현함으로써 행복한 상태가 되도록 하는 노력이다. 즉, 협의의 개념으로는 부모의 양육이 불가능한 경우, 요보호아동과 그 가족을 위해 공공 및 민간기관에서 제공하는 서비스이며, 광의의 개념은 모든 아동의 행복을 위해 그들의 신체적 · 사회적 · 심리적 발달을 보호하고 촉진할 수 있는 경제, 교육, 보건, 노동 등 아동을 둘러싼 사회체계의 개선을 위한 총제적인 노력을 의미한다.

요약하면 아동이 건강하게 성장하기 위해서는 아동에 대한 기본적인 이해를 바탕으로 아동의 권리와 기본권을 인정하고, 아동의 복지에 대한 실천적 태도가 무엇보다도 중요하다고 할 수 있다.

따라서 본 책은 아동의 권리와 복지를 실천하기 위해 필요한 정보를 수집하는 데서 시작되었다. 구체적으로 아동의 권리와 복지를 이해하기 위해 총 13장으로 구성하였다. 1장 아동권리와 복지의 기초에서는 아동의 이해, 아동권리의 이해 및 아동복지의 이해에 대해 소개하였고, 2장 아동권리와 복지의 내용과 분류에서는 아동권리의 유형과 분류 및 아동복지의 분류에 대해 기술하였다. 3장 아동권리와 복지의 역사에서는 아동권리의 발달과정, 우리나라의 아동복지 발달과정 및 외국의 아동복지를 통해 역사적 함의점을 찾도록 하였으며, 4장 아동권리와 복지 관련 법에서는 아동복지정책, 아동복지법 및 아동복지 관련 법에 대해 기술하였다. 5장 아동복지행정서비스에서는 아동복지행정의 이해와 아동복지전달체계 및 아동복지행정의 전달체계에 대해 소개하였고, 6장 빈곤아동복지서비스에서는 빈곤과 빈곤해체가족, 빈곤아동의 특성, 빈곤가족의 유형과 아동문제, 빈곤가족의 현황 및 빈동아동을 위한 복지서비스에 대해 기술하였다. 7장 보육서비스에서는 보육의 개념 및 중요성, 보육기관의 유형, 보육기관과 보육교직원의 현황, 우리나라 보육의 역사와 보육서비스에 대해 소개하였고, 8장 다양한 가족의 아동복지서비스에서는 다문화가족의 아동복지, 북한이탈주민 가족의 아동복지, 한부모가족의 아동복지 및 조손가족의 아동복지에 대해 기술하였다. 9장 장애아동복지서비스에서는 장애아동의 개념, 장애아동의 현황, 장애아동 진로와 가족지원 및 장애인과 장애인가족에 대한 지원정책에 대해 소개하였고, 10장 아동보호서비스에서는 아동학대의 개념과 유형, 아동학대의 현황 및 우리나라의 아동보호체계에 대해 기술하였다. 11장 시설아동복지서비스에서는 시설보호서비스의 이해, 시설보호서비스 유형과 대상아동, 시설보호 현황 및 아동시설보호의 문제점과 발전방향에 대해 소개하였고, 12장 입양과 가정위탁보호서비스에서는 입양과 가정위탁보호서비스에 대해 기술하였으며, 마지막 13장 아동권리와 복지의 과제 및 아동권리와 복지의 발전방향에 대해 소개하여 아동을 위해 무엇을 해야 할지에 대해 고민하도록 하였다.

아동은 하나의 인격체로서 정당한 권리를 보장받고, 성장에 필요한 여러 가지 요소들을 지원하는 복지를 통해 건강하게 성장할 수 있으며, 그 결과 우리나라의 미래도 밝아질 수 있을 것으로 생각한다. 따라서 본 책을 통해 아동의 권리와 복지에 대한 올바른 태도를 형성하는 데 작은 밑거름이 되기를 희망해 본다.

마지막으로 본 책의 출판을 맡아 주신 양성원의 강철원 사장님을 비롯해 모든 관계자 여러분들께 진심으로 감사를 드립니다.

2025년 3월

저자 일동

# 차 례

Chapter 01

# 아동권리와 복지의 기초

## 배울 내용

1. 아동의 이해
2. 아동권리의 이해
3. 아동복지의 이해

## 학습목표

1. 아동의 정의와 특성을 설명할 수 있다.
2. 아동권리의 개념과 중요성을 이해한다.
3. 아동복지의 개념, 욕구 및 원칙을 설명할 수 있다.

## 개 요

아동권리와 복지는 아동이 아동답게 살 권리를 보장해 주는 것으로, 특수한 욕구를 필요로 하는 아동 및 가족뿐만 아니라 일반아동이 건강하고 행복하게 살기 위해 필요한 모든 정책적, 제도적 뒷받침과 실천적 활동을 의미한다. 이러한 일에는 무엇보다 아동에 대한 기본적 이해를 바탕으로 아동의 권리와 기본권을 인정하며, 아동복지적 관점이 전제가 되어야 가능하다. 따라서 본 장에서는 아동권리와 복지의 기초 내용을 다루고자 한다. 즉, 아동의 이해, 아동권리의 이해 및 아동복지의 이해에 대해 살펴보고자 한다.

01
Chapter

# 아동권리와 복지의 기초

## 1. 아동의 개념

### 1) 아동의 정의

아동권리와 복지에 대한 개념에 대해 살펴보기 전에, 먼저 아동에 대한 개념을 살펴볼 필요가 있다. 아동의 개념은 국가에 따라 다르게 규정되어 있으며, 한 국가 내에서도 관련된 법체계와 학자들마다 다르게 정의하고 있어 명확하게 정의하는 것은 어려운 일이다. 그러나 아동에 대한 개념을 생애주기적인 관점이나 인간발달의 관점, 또는 사회·문화적 관점에서 정의할 수 있지만 가장 보편적인 방법은 연령에 의해 아동을 정의하는 관점이다. 이러한 연령에 의한 관점도 국가 간에 차이가 있고, 법령에 따라서 다소 차이가 있지만, 연령에 의한 관점이 보편적으로 사용되는 이유는 연령이 내포하고 있는 생물학적 특성과 사회·문화적 배경, 인간발달의 정도를 가장 단순하면서도 명확하게 설명할 수 있기 때문이다(민진홍, 2011).

이와 같이 아동에 대한 명확한 정의는 학자들 혹은 관점들에 따라 다르게 정의를 내리고 있지만 일반적으로는 아동의 개념은 크게 발달적 관점과 법적 관점으로 구분하여 살펴볼 수 있다. 구체적으로 발달적 관점이란 각 연령에서 보이는 보편적인 특성과 욕구를 중심으로 나누어 보는 것으로 발달단계에 따라 태내기, 영아기, 유아기, 아동기, 청년기, 성년기, 중년기, 노년기로 나누어 볼 수 있으며, 여기서 아동기는 영아기와 유아기 이후로 6세에서 12세에 해당한다고 볼 수 있다. 그리고 법적 관점[1)]이란 한 사회에서 가지는 사회적 책임과 의무, 그리고 제도적 지원을 중심으로 바라보는 것으로 관련된 법에 따라 아동의 시기를 다르게 규정하고 있다(최순옥 외, 2011).

우리나라의 법률에서 규정하는 아동의 정의를 살펴보면, 먼저 「아동복지법」이나 「국민기초생활보장법」에서는 18세 미만인 자로, 「초 · 중등교육법」에서는 6세 이상 12세까지의 초등학교 취학연령을 아동이라고 규정하고 있다. 또한 유아보육학사전에서는 신생아에서부터 초등학교를 마칠 때까지의 어린이를 아동으로 정의하고 있으며, 국어사전에서는 신체적 · 지적으로 미성숙한 단계에 있는 사람으로 대략 3세에서 12세 아이로 정의하고 있다. 그리고 유엔 아동권리협약 제1부, 제1조를 살펴보면 당사국의 국내법에서 성인을 18세 미만보다 어린 나이의 사람으로 정하지 않는 한 18세 미만의 모든 사람을 아동이라고 정의하고 있다.

1) 「아동복지법」에서는 아동을 18세 미만의 자로 규정하고 있으며, 「민법」에서는 미성년을 19세 미만으로, 「영유아보육법」에서는 6세 미만의 미취학 연령의 영유아를 대상으로 하고 있다. 「교육기본법」에서는 의무 교육을 초등학교 및 중학교 과정으로 규정하고 있기 때문에 이를 기준으로 할때 아동은 15세 미만인 자가 된다. 「소년법」에서는 소년을 "20세 미만의 자"로서 비교적 폭넓게 규정하고 있는데, 이는 처벌보다는 교정과 선도를 통한 사회복귀에 주력하고 있다는 것으로 이해될 수 있다. 「근로자기준법」에서는 연소자를 "18세 미만의 자"로 규정하고 있어 연소자에 대해 취업 업종을 제한함으로써 아동을 노동으로부터 보호하려고 하는 의지가 담겨져 있다. 그리고 「실종아동 보호 및 지원법」에서는 만 14세 미만의 아동을, 「아이돌봄지원법」에서는 만 12세 이하의 아동을 적용대상으로 하고 있다. 아동 관련 법이나 연령기준으로 구분한 각 법령에는 대상 아동에 대한 호칭이 서로 다르고, 지원 대상자의 중복현상이 발생하기도 하여 정책과 서비스가 효율적으로 실현되지 못하고 있다. 즉, 「아동복지법」상 아동의 연령은 18세 미만의 자로 되어 있지만 각 법률의 취지에 따라 6세, 12세 미만, 13세 미만, 14세 미만의 아동으로 분류하고 있다. 특히 일반 아동을 대상으로 할 경우 중복되거나 사각지대가 발생하는 경우가 있기 때문에 이러한 문제는 지속적으로 논의의 여지를 남겨 두고 있다(김이영 외, 2023).

## 2) 아동의 특성

발달적 측면에서 볼 때, 아동은 분명 성인과 다른 특성을 지니고 있다. 따라서 아동을 이해하기 위해서는 아동이 지닌 특성을 이해하는 것이 필요하며, 이러한 특성들이 바로 아동에 관한 정의라고 할 수 있다. 아동은 그림 1-1과 같이 의존, 성숙, 민감성, 욕구, 적응의 특성을 지닌 존재이다(김이영 외, 2023; 장인협, 오정수, 1993).

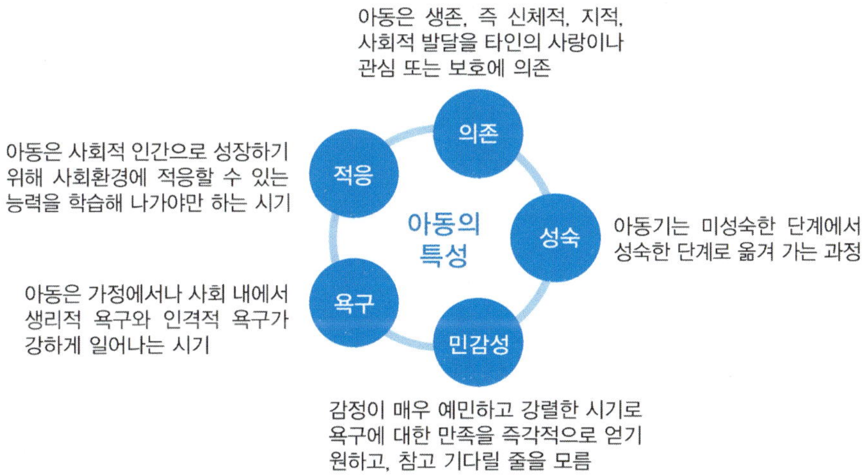


그림 1-1 아동의 특성

### (1) 의존

의존은 아동기의 가장 중요한 특징의 하나이다. 아동은 생존, 즉 신체적, 지적, 사회적 발달을 타인의 사랑이나 관심 또는 보호에 의존하게 된다. 아동들은 부모가 있을 경우가 바람직하겠지만, 자립할 수 있을 때까지는 누군가에게 의존해야만 건전하게 성장, 발달할 수 있다. 아동은 안전하고 사랑을 받고 있으며, 또는 누군가에게 소속되고 의존하고 있다는 감정을 지니고 싶어 한다. 부모를 상실하였거나 부모가 있어도 사랑이나 보호를 받을 수 없을 경우, 그의 정체감이나 생존감에 대해 위협을 느끼게 된다. 아동의 욕구는 그들 부모와의 관계라는 맥락을 떠나서는 이해되거나 충족될 수 없다.

### (2) 성숙

미성숙한 단계에서 성숙한 단계로 옮겨 가는 과정이 바로 아동기이다. 이때 아동은 자신의 개인적 수준에 따라 각 성장단계에 적절한 자기만의 생활상황에 대처해 나가면서 필요한 이해력, 기능 또는 능력 등을 발전시켜 나가게 된다. 따라서 아동은 격려와 지도를 필요로 하며 자기 수준에 알맞은 지식, 기술, 행동방식 및 가치 등에 관한 학습의 기회를 필요로 한다. 아동발달의 다음 단계에 대한 활력과 확신을 갖고 나아갈 수 있게 하려면, 우선 각 아동의 성숙단계에 놓여 있는 핵심적인 문제들이 이해되어야 한다. 신체적 혹은 정서적 생활에서 아동에 대한 심한 장애는 보다 어린 시기의 발달수준으로 후퇴시키기 쉽다.

### (3) 민감성

아동기는 감정이 매우 예민하고 강렬한 시기이다. 아동은 그의 욕구나 원망에 대한 만족을 즉각적으로 얻기를 원하며, 참고 기다릴 줄을 모른다. 아동들의 욕구충족에 대한 계속적인 실패는 불안과 불신 또는 자신의 세계관을 왜곡시키는 적개심 등을 조성하여 결국은 냉담함과 퇴행에까지 이르게 한다. 이러한 아동의 민감성은 아동이 접하는 사람, 즉 부모, 형제, 또래, 교사는 물론 아동이 보고, 만지고, 듣는 모든 사물을 통해 긍정적인 발달이 이루어지게 하는 아동기의 중요한 특성이다. 민감성에 관한 적절한 자극과 충족은 아동의 정서 및 지적 발달을 촉진할 뿐 아니라, 다음 단계로의 발달을 순조롭게 한다.

### (4) 욕구

아동기에 속하는 아이에게 가장 필요한 것은 식욕, 갈증, 호흡, 수면, 휴식, 배설, 고통회피 등과 같은 인간본능의 생리적 욕구이다. 그러나 이러한 생물로서의 생리적 욕구가 충족된다 하더라도 아동이 건전하게 성장, 발달하지는 못한다. 왜냐하면 아동은 동시에 인격적 욕구(personality needs)라 할 수 있는 정신적, 심리적, 인간적 욕구가 만족되어야 하기 때문이다. 즉, 모든 아동은 가정에서나 사회 내에서 인간다운 애정을 얻고 싶어 하며, 이웃 아동들의 틈에 끼고 싶어 하고, 인정받고 싶어 하며, 새로운 경험 등을 얻고 싶어 하는 인격적 욕구가 강하게 일어나는 시기에 놓여 있다. 아동복지는 바로 이러한 아동의 욕구에 관심을 가지고, 이러한 욕구를 적절히 충족시키는 다양한 방법을 모색하는 것이다.

### (5) 적응

아동기에 있는 아이는 자기의 힘만으로는 환경에 잘 적응할 수 없다. 인간은 출생과 동시에 사회집단에 속하게 된다. 그 사회집단의 시초는 가정이며, 점차 유희 집단, 이웃, 학교, 직업 집단이라는 사회로 뻗어 나가 사회적 인간으로서 성장해 가는 것이다. 따라서 아동들이 생존하기 위해서는 항상 이러한 여러 집단의 성인들의 단계적인 보호와 양육을 절대적으로 필요로 한다. 미개한 사회에 있어서는 환경에 대한 적응이 용이하였지만, 오늘날과 같이 복잡하고, 분화되며, 개발된 사회문화적 환경에 적응하기 위해서는 타인의 도움이 필요하다. 따라서 부모나 사회의 많은 교육과 지도가 필요하게 되는 것이다.

# 2. 아동권리의 이해

## 1) 아동권리의 개념

인간으로 태어나면서부터 누구나 권리를 가지게 되는데, 이것이 천부의 권리이다. 이는 존 로크(John Locke)를 중심으로 한 근대 민주주의 사상인 인간의 존엄성에서 비롯된다. 즉, 인간의 존엄성은 모든 인권의 출발점이며, 인간이 생존과 기본적 자유에 있어서 중심적 주체가 된다는 것을 의미한다. 이러한 권리는 국가나 법에 의하여 부여되거나 보장받는 것이 아니고 생득적이고 절대적인 권리이다. 각국의 헌법을 포함하여 각종 문헌에 나타나는 모든 권리가 인간의 존엄성을 실현하기 위해 마련된 것이라는 측면에서 인권은 모든 권리의 기초이자 출발점이다.

아동의 권리도 인간이면 누구나 가지게 되는 권리로서 수혜자가 아닌 권리의 주체인 아동이 가지는 권리를 말한다. 아동은 성인과 마찬가지로 「헌법」에 명시된 기본적인 생존을 위한 모든 권리와 행복한 삶과 자아실현을 추구할 수 있는 기본권을 가지고 있으며, 성인이 누리는 권리와 똑같이 초국가성, 절대성, 불가침성, 불가양도성 등과 같은 항구적인 특징을 갖는다. 이런 아동의 권리는 성인의 권리와 많은 공통성을 가지고 있으면서도 성인이 되어 가는 과정 중인 신체적 · 정신적으로 발달단계에 있는 특성 때문에 갖는 차이가 있다. 따라서 아동권리의 개념은 아동이 인간으로서 가지는 일반적인 권리와 아동의 특수성으로 인한 권리의 개념을 모두 포함하는 것이다.

이처럼 아동은 신체적 · 정신적 성장과정에 있는 특성이 전제되어 있으나 결코 불완전한 존재가 아니며, 성인과 동등한 권리를 누려야 한다. 즉, 아동 스스로 선택하고 삶에 요구되는 일체의 것을 자율적으로 판단하여 영위하는 권리뿐만 아니라, 그러한 삶을 계획할 권리 등을 총칭하는 권리의 주체자인 것이다.

## 2) 아동권리의 중요성

아동은 법률상 미성년자로 친권에 종속되어 있으며, 발달단계 측면에서 볼 때, 신체적 · 정신적으로 성장과정에 있는 미성숙 상태이기 때문에 타인의 도움을 필요로 하고, 자신을 스스로 보호하기 어려우며, 경제적으로도 의존 상태에 있다. 또한 아동보다 많은 힘을 가지고 있는 성인에 의해 구타, 유괴, 성폭행 등 아동을 해치거나 건전한 성장발달에 악영향을 주는 상황이나 집단으로부터 특별히 보호를 받아야 하는 취약성도 가지고 있다. 따라서 아동이 건전한 성인으로 성장하기 위해서는 좋은 환경에서 보호를 받고, 적절한 교육을 제공할 수 있는 가정과 기관이 필요한 것이다. 그럼에도 불구하고 성인과 다른 아동의 특성이 가정과 기관에서 잘못 이해되어 아동을 종속적인 대상으로 인식하거나, 성인들의 힘에 의하여 아동의 권리가 제대로 존중받지 못하는 경우를 신문, 뉴스 등의 미디어 매체를 통해 자주 볼 수 있는 것이 현실이다(류수정, 2012).

전통적으로 우리 사회는 유교사상의 영향을 받아 부모에 대한 효도, 어른이나 연장자에 대한 공경이 문화 · 관습적인 덕목으로 중요시되어 아동에 대한 부모나 보호자의 훈육권이 강조된 데 비해, 아동은 보호 대상으로만 취급되었고 아동을 권리의 주체로서 인식하는 사고는 매우 취약하였다. 더불어 가족의 기능 변화, 구조의 축소와 분화도 일어나고 있으며, 별거, 이혼율의 급속한 증가 등으로 인한 가족해체현상도 늘어나고 있어 수동적인 아동의 지위도 보장받기 어려운 실정이다. 이러한 변화는 아동의 생활을 보다 복잡하고 불안정하게 만들고 있으며, 아동의 권리가 위협받고 있는 양상으로 더욱 복잡하며 심각해지고 있다. 그러나 아동에 관한 이러한 사안들은 정책의 우선순위에서 벗어나 성인 위주의 사회에서 아동은 계속해서 위험에 노출되어 있고 아동의 지위는 여전히 사회적 약자에 위치해 있다(이재연 외, 2009).

아동권리 보장의 모습은 성인들이 아동권리 보장의 의미를 어떻게 인식하고 실천하느냐에 따라 달라진다고 해도 과언이 아니다. 아동권리 보장의 의미를 3가지로 구분해 보면, 아동에 대한 부모의 결정권에 대한 의미, 아동을 위한 사회적인 보호를 의미하는 경우, 아동 자신에게 더 많은 결정권을 인정해 주는 의미로 이해하는 경우이다(류수정, 2012).

**표 1-1 아동권리 보장의 의미**

| 구분 | 내용 |
|---|---|
| 아동에 대한 부모의 결정권 | 아동을 위한 부모의 결정권이 보장된다는 의미로 이해하는 것은 아동이 독립적인 인격체가 아닌 부모에게 속해 있는 존재로 인식한다는 뜻이다. 아동은 자신을 위해 정확한 판단과 결정을 할 수 없으며, 부모의 도움과 보호가 반드시 필요하다고 인식하는 것이다. |
| 아동을 위한 사회적인 보호 | 아동의 권리가 아동을 위한 사회적인 보호를 의미하는 것으로 이해하는 경우이다. 이는 사회가 얼마나 아동을 위해 노력하고 있는가의 정도로 이해하는 것으로, 아동의 인권은 주체적인 인권이라기보다는 보호받을 권리라고 이해할 수 있다. 그러나 권리는 적극적인 것이고 주체적인 것으로 소극적이거나 부모나 타인에 의한 권리주장은 인권의 의미를 제한시키거나 왜곡시킬 수 있다. |
| 아동의 결정권 인정 | 아동 자신에게 더 많은 결정권을 인정해 주는 의미로 이해하는 경우이다. 이것은 아동 스스로 자신의 문제를 결정할 수 있게 한다는 것은 아동을 하나의 주체적인 인간으로 인정한다는 것이며, 아동도 자신의 삶을 위해 바람직한 결정을 내릴 수 있는 능력과 자신의 삶을 책임질 수 있는 권리가 있다는 사실을 인정하는 것이다. |

이처럼 아동의 권리보장을 위한 여러 가지 의미가 있지만, 아동의 권리가 성인과 동등한 권리로 보장되기 위해서는 부모나 사회의 보호를 필요로 하는 대상으로 인식하기보다는 적극적인 권리의 주체로 인식하는 것이 중요하다. 그러나 아동의 권리 주체성에 대하여 많은 논란이 존재한다. 권리라는 것이 인간의 가치와 자율을 바탕으로 이루어지는 것인데, 자율적 인간으로 인정되지 못하는 아동은 권리의 주체가 될 수 없다는 주장이다. 아동의 권리를 부정하는 또 다른 주장은 권리란 의무를 수반하는

개념인데, 아동은 성인과 같은 주체로 인정하기 어렵다는 관점이다. 인권은 의무를 수반하는 영역도 있으나 자연법적인 관점에서 권리는 조건적으로 주어지는 것이 아니며, 권리주체성은 권리능력을 의미하는 것이 아니다. 아동의 인권을 부정하는 이러한 주장은 범실증주의의 틀에서 발생하는 법적인 권리에 치우친 오류가 있다. 아동에게 권리능력이 부족하거나 자율성이 부족하여도 인권은 모든 인간에게 동등하게 적용되어야 하는 것이다.

그러므로 아동도 출생과 더불어 발생하는 자연법적 인권을 가진 자율적인 존재이다. 아동은 성인과 같은 권리를 가지고 있지만 스스로 생존을 보장할 수 없는 특별한 존재이기 때문에 보호권과 양육권이 추가될 뿐이다. 아동의 권리를 온전하게 보장하기 위해서는 소극적인 권리뿐만 아니라 참여를 통한 실질적인 권리까지도 보장하는 적극적인 권리를 인정하여야 한다. 특히 아동의 보호를 가능하게 하는 자원과 정보들이 효율적으로 아동의 필요와 욕구에 맞게 반영되도록 하기 위해서는 직접적인 참여가 필수적이다.

이처럼 보호를 받아야 하는 취약성을 가지는 아동들의 권리가 존중되기 위해서는 성인들의 노력이 필수적이다. 특히 전통적 유교사상으로 아동의 권리를 침해하기 쉬운 우리나라는 아동권리가 제대로 존중되도록 보호하면서도 아동의 필요와 욕구에 맞게 자원과 정보를 제공할 수 있는 아동권리의 중요성을 인식하고 실천하는 부모나 성인들의 역할이 더욱 강조된다.

# 3. 아동복지의 이해

## 1) 아동복지의 개념

아동복지의 개념은 학자와 관점에 따라 다르게 정의될 수 있다. 카두신과 마틴(Kadushin & Martin, 1988)은 아동복지를 가족의 기능을 보충하는 잔여적 의미로, 부모가 아동양육의 역할을 수행할 수 없거나 지역사회가 아동 및 가족이 요구하는 보호와 자원을 제공할 수 없을 때 특정기관에서 아동에게 제공하는 서비스라고 주장하였다(김미숙 외, 2011). 프리드랜더와 앱트(Friendlander & Apte, 1980)는 아동복지를 사회적·경제적 활동으로의 아동복지 기능을 강조하였는데, 아동복지는 단지 빈곤·방치·유기·질병·결함 등을 지닌 아동 또는 환경에 적응하지 못하는 비행아동들에만 관심을 두는 것이 아니라 모든 아동이 신체적·정서적·지적 발달에 있어서 안전하며 행복할 수 있도록 공공과 민간기관에서 실시하는 사회적·경제적·보건적인 제반 활동들이라고 정의하였다. 코스틴(Costin, 1985)은 아동복지란 가족생활을 강화하기 위한 사회복지의 한 분야로서 아동과 그 가정의 복리증진을 위한 것이라고 하였으며, 라이트와 하트만(Laird & Hartman, 1985)는 아동복지를 아동이 충분히 만족한 삶을 누릴 수 있도록 양육조건과 환경을 제공하는 것이라고 하였다(문선화 외, 2012). 그리고 메이어(Meyer, 1985)는 아동복지를 지속적인 사회체계의 하나로 아동의 복지를 증진시키기 위한 사회제도이며, 하나의 전문직으로서 사회사업의 한 분야라고 정의하였다. 또한 미국사회복지사전(Encyclopedia of Social Work, 2003)에서는 아동복지를 아동의 행동이나 활동분야에 초점을 두고, 아동복지란 아동들이 행복하게 살며, 그들의 생활에서 잠재력을 최대한으로 발휘할 수 있는 건강하고 건전한 개인들로 성장·발달할 수 있도록 하는 광범위한 행동이나 활동이라고 정의하였다.

우리나라 사회복지사전에서는 아동복지를 일반적으로 특수한 장애를 가진 아동은 물론 모든 아동들이 가족 및 사회의 일원으로서 육체적으로나 정신적으로 건전하게 성장 · 발달할 수 있도록 지역사회나 사회복지서비스 분야에 있는 공공기관이나 민간 단체들이 협력하여 아동복지에 필요한 사업을 계획하며 실행에 옮기는 조직적인 활동을 의미한다고 보았으며(한국사회복지협의회, 1995), 「아동복지법」 제3조 2항에서는 아동복지란 아동이 행복한 삶을 누릴 수 있는 기본적인 여건을 조성하고 조화롭게 성장 · 발달할 수 있도록 하기 위한 경제적 · 사회적 · 정서적 지원을 말한다고 하였다.

지금까지의 논의를 종합해 보면, 아동복지는 특별한 문제나 욕구가 있는 아동을 포함한 모든 아동들이 가족 및 사회의 일원으로서 건강하고 건전하게 성장할 수 있도록 개인 · 민간 · 지역사회와 국가가 상호 협력하여 아동의 권리를 실질적으로 보장하는 제반의 활동으로 정의할 수 있다(조용남, 2015).

## 2) 아동복지에 대한 욕구

복지정책 분야에 있어서 욕구(needs)의 개념은 매우 중요하다. 욕구(needs)는 원래 사회사업실천의 영역으로 인간이 사회생활을 영위하는 데 충족되어야 할 기본 욕구 또는 요건을 지칭하거나 또는 이러한 기본 요건이 충족되지 않은 것이라고 할 수 있다(이순자, 2008). 심리학에서는 생명을 유지하고 발전시키는 데 필요한 것으로 정의되기도 하는데, 복지정책의 분야에 있어서는 인간생활의 기본 욕구로서 논의되고 있다.

아동의 욕구(needs)란 아동이 스스로 자립할 때 필요한 것으로 스스로 할 수 없는 상태, 의존적인 상태에서 발생한다. 아동복지정책 분야에서의 욕구(needs)란 마샬(Marshall, 1950)이 주장한 바와 같이 집단적 가치체계에 기초를 두고 있으며, 집단가치체계는 집단주의적인 욕구 충족이라는 규범을 가지고 있다. 즉, 욕구는 단지 인간생활에 필요한 기본 욕구라든지, 빠뜨릴 수 없는 필요한 것이 아니라 어떤 상태를 해결하거나 개선하는 것이 필요하다고 하는 사회적 판단에 따른다는 것이다. 그러나 이 판단은 개인의 판단에 의한 것이 아니라 사회적으로 승인된 가치판단이라는 점에서 규범적 성격을 가진다. 따라서 아동복지정책에서의 욕구란 사회적으로 개선하거나 해결을 필요로 하는 상태로서 그 상태를 해결하는 것이 사회적으로 필요할 것이라는 사회적 인식이 포함되어야 한다. 즉, 기본적으로 욕구(needs)는 복지정책의 목표와 이념을 포함하는 사회적 가치체계에 관계되는 것이지만 그 상태가 해결 또는 개선될 필요성이 사회적으로 인식 또는 규명되어진 것이라고 볼 수 있다.

### 3) 아동복지 출현의 요인

아동의 문제는 인간의 역사와 더불어 시작되어 오늘에 이르고 있다. 한 생명이 세상에 태어나 하나의 성숙된 인간이 되기까지는 상당한 시간이 소요되며, 그 성장과정에서도 뜻하지 않은 많은 어려운 문제에 직면하게 된다. 예를 들어, 빈곤, 질병, 불의의 재해, 심신장애, 가정결손, 열악한 주거환경, 노동의 착취 등으로 인하여 아동의 복지는 장애를 받게 된다. 사회의 발전과정에서 이와 같은 각종 아동문제가 발생함에 따라, 이에 대처하기 위하여 초기에는 자선적, 구호적 차원의 보호가 제공되었다. 오늘날에는 인도주의 이념이나 사상이 발전되고 아동에 대한 과학적 지식의 발달 및 정치적, 사회·경제적 변화와 발전 등으로 인하여 아동문제에 대처하는 전문적인 프로그램과 서비스를 담당하는 아동복지 전문직의 출현에까지 이르게 되었다. 오늘날의 아동복지서비스의 출현은 다음과 같은 제 요인에 의해 설명될 수 있다(김이영 외, 2023; 장인협, 오정수, 2003).

### (1) 인도주의 이념과 사상의 발전

역사적으로 아동문제 해결의 한 가지 방안으로 시도되었던 것은 가능한 그 문제의 원천을 해결하고자 하는 것이었다. 즉, 대표적인 것으로 전근대적인 방법의 피임이나 유기, 유산을 들 수 있다. 이러한 방법들은 각기 상이한 사회에서 오랫동안 다양하게 사용해 왔음을 찾아볼 수 있다. 원시적 피임방법은 기계적이었고, 사회적으로 용인되었다.

고대사회에서는 일차적 피임이나 이차적 유산이 실패했을 경우에 아동문제의 원초적인 해소방법으로 유아살해를 시도하였는데, 이 방법은 사회적으로 용납되었고 때에 따라서는 강제성을 지니기도 하였다. 이러한 유아살해는 직접적인 방법 대신에 간접적인 방법으로 유기가 지배적이었다. 유기의 방법을 살펴보면, 어린이를 돌볼 수 없는 부모가 그 아동을 양육할 수 있는 집 앞에 갖다 놓기도 하였다. 우리나라의 관습에도 이러한 형태로서 개구멍받이가 있었다. 부모의 결손, 사생아 출생, 기형불구아 및 쌍둥이의 출생 등은 받아들이기가 어려웠기 때문에 방임이나 유기의 대상이 되기도 하였다. 그러나 오늘날은 이상의 여러 형태의 피임, 유산, 유기가 사회사상이나 이념의 발전과 변화로 인하여 점차 감소되고 있다. 그 대표적인 이데올로기로서 인도주의와 기독교 사상을 들 수 있고, 이들의 등장으로 인하여 기존의 아동문제 해결방법의 부당함을 명확히 하여 아동생명의 경시는 곧 범죄임을 주장되게 된 것이다. 따라서 아동복지는 이러한 인도주의 사상에 기초하여 발전된 하나의 사회제도이다.

### (2) 경제와 정치적 변화 및 발전

경제적 상황이 좋지 못하면 아동에 대한 보호를 실현하기가 어렵다. 산업혁명은 모든 사회구성원들의 생산능력을 증대시켰고, 따라서 많은 수의 요보호아동들을 보호할 수 있는 경제적 부양능력을 증대시켰다. 그 결과, 사회적으로 신체장애아동, 정신질환

아동, 부모의 보호를 받지 못하는 요보호아동을 사회적으로 지원하고 보호할 수 있게 되었다.

그리고 정치적 요인으로는 아동의 복지문제를 다루기 위해 지역사회가 후원하는 시설의 필요성을 증대시켰다는 점이다. 아동복지는 아동의 욕구를 충족시킴으로써 사회의 불안이나 불균형의 위협을 감소시킬 수 있는 것이다. 아동복지사업을 대비하지 못할 때에는 비행아동의 증가뿐만 아니라 신체적 · 정신적 장애아의 발생을 증대시킴으로써 사회불안을 초래하게 된다. 오늘날은 투표권 등 정치적 권한이 빈곤계층의 부모를 포함하여 모든 국민에게 부여되어 있기 때문에, 정치적으로 이러한 요구를 잘 인식해야 한다. 이와 같이 아동복지는 정치적 불안의 위협에서 벗어나기 위해서라도 전개되어질 필요가 있었다.

### (3) 아동기의 발견

인간의 평균수명이 40세를 넘을 수 없었던 시대에는 독립된 아동기가 존재하지 않았다. 당시에는 어려서부터 성인의 역할과 책임을 수행하지 않으면 안되었으므로 아동들은 6~7세에 이미 생계에 가담해야만 했다. 물론 생물학적 차이 때문에 아동이 성인과 다르다는 것은 분명하지만, 아동기는 빨리 지나가 버리는 짧은 기간으로 간주되었던 것이다. 따라서 아동이나 아동기에 대한 관심은 적었으며, 아동기는 성인기의 일부로만 여겼던 것이다.

아동에 대한 관심이 생산적인 경제발전과 상호관계가 있는 것과 같이, 현대 교육의 발전과 아동의 이념 간에도 관계가 있다. 중요하고 의미심장한 시기로서 아동에 대한 견해는 공식적이며, 보다 고도화된 교육체계의 필요성을 증대시키고 있다. 이러한 점이 아동기의 특성에 대한 생각을 강화하고 있다. 따라서 오늘날은 인생주기에 있어 아동기는 다른 주기와는 다른 특성을 지닌 시기라는 인식이 널리 받아들여지게 되었고, 아동복지는 아동기에 대한 올바른 인식의 변화에 따라 발전하게 되었다.

### (4) 사회제도의 전문적 분화

아동복지의 발전을 초래한 다른 요인은 사회제도의 전문적 분화이다. 고대의 농경사회에서는 조그마한 마을에서 수 세대 동안 함께 생활하면서 친숙한 이웃으로 지내 왔다. 먼 친척까지 포함하는 확대가족은 물론이고, 친척이 아니더라도 부모가 자기 역할과 의무를 다하지 못하여 유기하는 경우의 아동들에 대해서도 보호와 양육을 해 주는 미덕을 가지고 있었다. 중세사회에 이르러 아동을 위하여 권리와 의무를 따르는 공식적 상호부조체계가 마련되어, 부모 중 어느 일방이나 쌍방이 자녀양육의 의무를 감당하지 못하는 경우에는 그 자녀를 보호할 책임도 가졌다. 따라서 처음에는 친척, 이웃 등 1차적 집단에서 점차적으로 상조회, 교회, 직업조직, 친선단체, 공공단체, 전문적 기관 등으로 제도적인 측면에서 분화되어 오늘에 이르고 있다. 이와 같이 가족의 기능이나 아동의 분야에 대한 중요성의 인식이 증대되고 있으며, 사회제도적인 차원에서 전문지식과 기술을 활용할 수 있는 아동복지시설과 기관의 활동이 필요하게 되었다.

### (5) 가정과 아동의 지위변화

가족은 그 구성원들의 기본적 욕구를 충족시키는 사회적 단위이며, 아동의 지위는 가족의 지위와 밀접하게 관련되어 있다. 역사를 거슬러 올라가 볼 때, 가족의 중요성은 인정받지 못하였으며, 오히려 다른 사회조직, 즉 교회, 학교, 직업집단, 동료집단, 정치조직과 국가 등이 우위를 차지하고 있었으므로 상대적으로 가족의 지위는 약화될 수밖에 없었고, 또한 아동의 지위도 경시당하는 상황이었다. 그러나 가정이 인간생활에 있어서 특히 아동들에게 가장 중요한 안식처로 인식되기 시작하면서, 다른 체계들이 가족에 연계되는 경향으로 전환되고 있다. 핵가족화는 이러한 경향을 가속화시키고 있다. 이와 같이 가족체계 내에서 중요한 지위를 차지하고 있는 아동에 대한 인식의 증대로 그들이 직면하고 있는 제반문제에 대비하기 위하여 아동복지의 학문이나 서비스가 발전하게 되었다.

### (6) 아동의 법적 지위 향상

17세기의 아동에 관한 한 문헌에 의하면, "어린이는 진정한 의미에서 동물도 아니고 진정한 인간도 아니다"라고 하여 그 지위의 비천함을 보여 주고 있다. 초기 서구사회의 법체계에 있어서 아동의 권리는 거의 인정을 받지 못하였다.

우리나라에 있어서도 아동에 대한 구타나 학대는 누구의 제재도 받지 않았으며, "내 자식 내가 때리는데 남이 상관할 바 아니다"라는 말을 종종 들을 수 있다. 선진국의 경우, 오늘날은 아동의 인권이 법적으로 보장되어 부모의 강압적 통제는 허용되지 않으며, 극단적인 경우 부모의 자녀양육에 대한 권한이 박탈되기도 한다. 이러한 아동의 법적 지위는 선진국에 국한되어서는 안된다는 관점에서 1954년 11월 유엔 총회에서 아동의 권리선언을 선포하기에 이르렀다. 그 결과, 각국에서 「헌법」이나 「아동복지법」 및 아동과 관련된 제 법률에서 아동의 복지권이 규정되었다. 우리나라 「아동복지법」에서도 모든 아동이 건전하게 출생하여 행복하게 육성되도록 그 복지를 보장해야 한다고 규정하고 있다. 이러한 경향이 오늘날 아동복지에 대한 필요성의 인식과 서비스의 발전에 있어 중요한 계기가 되었다.

## 4) 아동복지의 원칙

아동은 인간의 생활주기에서 가장 특별한 보호와 지도를 요하는 시기이므로 인간의 행복추구권, 인간의 평등 및 기회균등보장, 그리고 복지실현의 사회적 책임성 등이 더욱 강조되고 있다. 아동복지정책을 실천하는 데 기초가 되는 원칙을 살펴보면 그림 1-2와 같다(김이영 외, 2023).

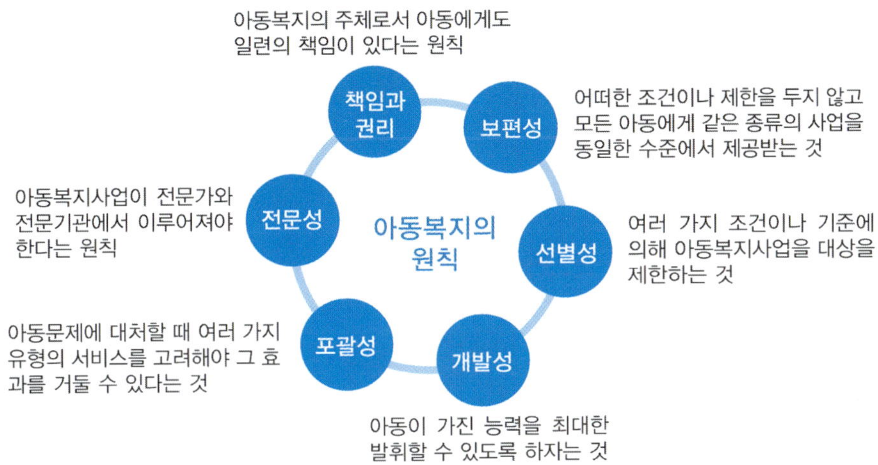


그림 1-2 아동복지의 원칙

### (1) 책임과 권리의 원칙

아동복지의 주체로서 아동에게도 일련의 책임이 있다는 원칙이다. 이것은 권리의 주체임을 주로 내세웠던 종래의 입장에서 진일보한 것인데, 아동관의 변화에 큰 영향을 받았다. 즉, 아동은 단순히 성인의 보호를 필요로 하는 의존적이고, 수동적인 존재가 아니라 독립된 개체로서 자신의 삶을 능동적으로 받아들이고 행동해야 한다는 것을 의미한다. 예를 들어, 우리나라 「청소년기본법」(1991)에서는 청소년은 자신의 개발과 건전한 가치관의 확립에 힘쓰고, 가정, 사회, 국가의 구성원으로서의 책임을 다하도록 힘써야 한다고 명시하고 있다.

① 부모의 권리와 책임의 원칙

오늘날 아동복지에 대한 책임이 사회나 국가로 많이 이양되기는 하였지만, 자녀양육에 대한 1차적 책임은 부모에게 있다. 또한 이 책임은 사회주의 성향의 사회보다도 자본주의 성향의 사회에서 더 높은 비중으로 부여되어 있다. 세계 아동의 권리선언(1959)에서도 "아동은 가능한 한 양친의 보호와 책임 아래서 자라날 권리가 있다"고 선언한 바 있다.

이러한 부모의 양육책임 범위는 매우 광범위하다. 궁극적으로는 이상적인 아동발달을 목표로 하는 일련의 내용이 포함되겠지만, 적어도 기본적인 사회생활을 유지할 수 있는 범위 내에서의 양육책임이 포함된다. 예를 들어, 우리나라의 아동복지 관계법에서 부모와 가정의 책임을 규정하고 있다. 즉, 「아동복지법」(제5조 제1항)에서는 모든 보호자는 아동을 건전하게 육성할 책임을 진다고 명시하고 있으며, 「영유아보육법」(제4조 제2항)에서 국가와 지방자치단체는 보호자와 더불어 영유아를 건전하게 보호할 책임을 진다고 명시하고 있다. 그리고 「청소년기본법」 제1장 총칙에서 가정은 청소년의 개성과 자질을 바탕으로 자기 발전을 실현하고, 가정뿐 아니라 국가와 사회의 구성원으로서 책임을 다하는 후계 상대로 성장할 수 있도록 노력해야 된다고 명시하고 있는 데서 알 수 있다.

② 사회 및 국가 권리와 책임의 원칙

모이니한(Moyniham, 1986)이 '한 사회의 미래는 그 사회가 아동을 어떻게 보호하고, 교육하느냐에 의해서 예측할 수 있다'고 한 말은 아동복지에 대한 사회와 국가책임의 중요성을 단적으로 나타내는 것이다. 아동복지사업의 전개에서 사회와 국가의 책임은 아동과 가정이 처한 상황에 따라 달라진다. 원칙적으로는 부모역할의 지지, 보충하는 입장에 서며, 책임의 정도도 최저한도의 생활보장을 기본선으로 하고, 궁극적으로는 이상적인 생활을 목표로 삼는다. 예를 들어, 우리나라의 「아동복지법」에서는 모든 국민은 아동을 보호 · 양육하고 사회생활에 적응하도록 육성할 책임을 지며, 또한 국가와 지방자치단체는 보호자와 더불어 아동을 건전하게 육성할 책임을 지고, 지방자치단체는 영유아를 건전하게 보호할 책임을 진다고 명시하고 있으며, 그리고 「청소년육성법」에서는 모든 국민은 청소년의 사고와 행동양식의 특성을 인식하고, 사랑과 대화로서 청소년을 이해하고 지도해야 하며, 청소년의 탈선을 방임하거나 포기해서는 안 되며, 모든 국민은 청소년을 대상으로 하거나 청소년이 쉽게 접근할 수 있는 장소에서 그들의 정신적, 신체적 건강에 해를 끼치는 행위를 해서는 안될 뿐만 아니라, 청소년에게 유해한 환경을 정화하여야 한다고 명시하고 있다. 그리고 국가는 청소년이 올바른 국가관과 건전한 가치관을 가지고, 나라와 겨레의 앞날을 이어갈 훌륭한 국민이 되도록 청소년의 육성에 대한 책임을 진다고 명시하고 있는 데서 알 수 있다.

### (2) 보편성의 원칙

보편성의 원칙이란 어떠한 조건이나 제한을 두지 않고 모든 아동이 같은 종류의 사업을 동일한 수준에서 제공받는 것을 의미한다. 그러므로 이 원칙은 평등의 이념과 함께 건강하고 건전한 육성을 통해 아동문제 및 사회문제를 예방하려고 하는 가정이 전제되어 있다.

이 원칙은 아동복지 접근방법 중에서 특히 정책적 접근의 궁극적인 목표라고 할 수 있을 만큼 의미 있는 원칙이다. 즉, 아동양육을 위한 최저소득의 보장, 기본적 의료조치, 최소한도의 사회생활을 영위할 수 있도록 하기 위한 생활훈련과 기초교육 등이 이 원칙하에서 실시되기 때문이다. 따라서 이 원칙은 국가재정의 부담이라는 문제와 깊은 관련이 있으므로 비교적 경제수준이 높고, 사회보장제도가 발달한 선진국에서 많이 활용되고 있다. 그렇지만 복지국가를 지향하고자 하는 모든 나라에서는 이 원칙의 실제적 적용을 목표로 하고 있다. 구체적인 실례로서 영국의 아동수당제도를 들 수 있다.

### (3) 선별성의 원칙

선별성의 원칙은 선정성의 원칙이라고도 하는데, 이 원칙은 여러 가지 조건이나 기준에 의해 아동복지사업 대상을 제한하는 것을 말한다. 대부분의 경우 부모의 양육능력의 정도가 기준이 된다. 즉, 부모가 양육책임을 다하기 어렵거나 또는 거의 불가능한 경우로서, 이른바 요보호아동이 그 대상이 된다. 역사적으로 볼 때 아동복지의 대상은 주로 요보호아동이었다. 지금도 많은 나라에서 요보호아동을 우선적인 정책대상으로 간주하고 있으며, 점차적으로 일반아동으로 확대하여 실시하고 있다. 이러한 양상은 우리나라에서도 비슷하다. 그 이유는 국가재정의 부족에도 원인이 있지만, 적어도 자유주의 성향의 나라에서는 아동복지에 대한 책임을 부모에 더 많이 둘 뿐만 아니라, 책임수준을 고려하기 때문이다. 선별성의 원칙이 적용된 예로서, 특수교육대상자에 대한 무상교육, 저소득층의 맞벌이부부의 자녀를 위한 무료 탁아를 들 수 있다.

### (4) 개발성의 원칙

아동이 가진 능력을 최대한 발휘할 수 있도록 하자는 것으로, 모든 아동이 이 원칙의 적용을 받는다. 그렇지만 특히 아동발달상의 편차가 심한 장애아동과 우수아동, 결손된 양육환경에서 자라는 고아나 빈곤가정 아동이 주 대상이 된다. 따라서 이 원칙에는 아동의 사회적 자립과 함께 사회적 기여라는 관점이 내포되어 있다. 빈곤가정의 아동인 경우에는 실조된 환경이 학업성취를 저해하고, 이로 인해 직업적 성공이 어려워져 빈곤의 악순환을 되풀이할 가능성이 크기 때문이다. 더구나 개인의 능력을 중시하며, 업적 지향적인 현대사회에서 개발의 원칙은 실제적인 의미가 크다. 따라서 장애아동을 대상으로 한 직업재활과 빈곤가정의 아동을 대상으로 한 직업훈련이 우리나라에서도 매우 강조되고 있다.

### (5) 포괄성의 원칙

아동문제에 대처할 때 여러 가지 유형의 서비스를 고려해야 그 효과를 거둘 수 있다는 것이다. 그것은 아동발달이 서로 유기적인 관련을 가지고 전개되므로 한 영역의 발달손상은 다른 영역에 파급되며 아동의 문제는 여러 가지 요소가 결합된 복합적인 양상을 보이기 때문이다. 이 원칙은 아동을 전인적으로 파악하고 있음이 전제되며, 대표적인 예로서, 심신장애아동을 대상으로 한 복지대책을 들 수 있다. 즉, 장애아동의 사회적 자립을 위해서 의료재활, 교육재활, 심리재활 및 직업재활이 종합적으로 제공되는 것을 의미한다. 그러므로 관련 분야 간의 상호 유기적인 이해와 협조는 아동복지의 증진에 기여한다고 볼 수 있다.

### (6) 전문성의 원칙

전문성의 원칙이란 아동복지사업이 전문가와 전문기관에서 이루어져야 한다는 원칙이다. 왜냐하면 아동의 문제는 복잡하고 다양하므로, 전문적인 지식과 기술이 필요하기 때문이다. 이 원칙은 전문적 접근에서 중요하게 고려되는 원칙으로서 예전보다 더욱 세분화되고 있다. 예를 들어, 종래의 개별이나 집단 사회사업가에서 의료, 학교, 교정, 산업 등을 전문적으로 다루는 사회사업가가 등장하게 되었다. 이러한 경향은 종래의 동정심에 호소하는 실제적인 자선에서, 아동복지를 기술과학의 입장에서 파악하게 해 준다. 나아가 아동복지의 수준을 향상시키는 데 기여하는 동인이 되고 있다. 최근에는 정책적 접근에서도 강도 있게 고려되고 있는데, 아동복지정책의 결정과정에 전문가가 참여하는 것이 그것이다.

Chapter 02

# 아동권리와 복지의 내용 및 분류

## 배울 내용

1. 아동권리의 유형과 분류
2. 아동복지의 분류

## 학습목표

1. 아동권리의 유형 및 분류를 설명할 수 있다.
2. 아동복지의 분류를 설명할 수 있다.

## 개 요

권리란 나이, 인종, 피부색, 성별, 언어, 종교, 국적에 관계없이 누구에게나 주어진 기본적인 자유를 의미하며, 아동의 권리란 모든 아동들이 보장받아야 할 기본 권리를 말한다. 즉, 아동의 자유와 존엄 속에서 사회적·정서적으로 성장할 권리가 있으며, 신체적이나 정신적 결함이 있는 경우에는 치료와 보호를 받을 권리가 있다. 그리고 각 개인의 고유 문화와 자질을 발달시킬 수 있도록 의무교육을 무상으로 받을 권리가 있다. 또한 놀이와 여가를 즐길 권리, 방치되지 않고 보살핌을 받을 권리, 차별대우로부터 보호받을 권리, 서로 이해하고 인내하며 평화로운 환경 속에서 성장할 권리 등이 있다. 따라서 본 장에서는 아동권리의 유형과 분류 및 아동복지의 분류에 대해 구체적으로 살펴보고자 한다.

02
Chapter

# 아동권리와 복지의 내용 및 분류

## 1. 아동권리의 유형과 분류

### 1) 아동권리의 유형

권리는 어떤 일을 주체적으로 하거나 타인에 대해 정당하게 주장하고 요구할 수 있는 힘 또는 자격을 말한다. 이러한 권리는 인간의 여러 가지 욕구에 대한 사회적 표명이므로 권리의 내용은 욕구로 볼 수 있다(도미향, 2017). 따라서 아동 역시 한 인간으로서 권리를 가진 주체적 존재임을 전제로, 아동의 권리란 인간으로서 누려야 할 기본적인 욕구이며 아동이 독립된 인간으로서 최소한의 기본생활을 영위하기 위해 필요한 욕구를 가졌다는 것을 의미한다. 아동의 권리를 자유권, 평등권, 복지권으로 구분하여 자세하게 살펴보면 다음과 같다(김이영 외, 2023).

### (1) 아동의 자유권

아동이 가진 자유권은 소극적 자유권과 적극적 자유권으로 나눌 수 있다. 소극적 자유권이란 자신이 하고자 하는 바를 타인으로부터 침해받지 않을 권리를 의미한다. 즉, 방임, 유기, 체벌, 학교폭력, 왕따 같은 대부분의 아동권리침해 문제는 아동의 소극적 자유권 침해에서 발생한다. 그리고 소극적 자유권 침해는 부모 이혼 등의 가정 해체와 아동이 주로 생활하는 일상생활 및 기관과 학교 상황을 중심으로 발생하는 경향이 있다. 따라서 소극적 자유권은 모든 권리를 향유하고 행사하는 초석이 된다는 점에서 중요한 존재 이유를 가진다.

적극적 자유권은 아동이 능동적으로 행사하는 권리를 의미한다. 아동이 능동적으로 행사할 수 있는 권리란 적극적인 행동의 자유, 학문의 자유, 의사표현의 자유, 집회 및 결사의 자유, 표현의 자유, 두발과 복장의 자유 등이 포함된다. 결국 적극적 자유권이란 아동이 스스로 선택하고 계획한 현재와 미래의 삶에 요구되는 모든 것을 자율적으로 판단하는 권리와 그러한 삶을 계획할 권리 등을 모두 포함하는 권리를 의미한다.

### (2) 아동의 평등권

평등권이란 아동이 부모의 사회·경제적 지위에 따른 차별을 받지 않을 권리, 교육상의 동등한 대우를 받을 권리, 동등한 공교육을 받을 권리, 동등한 교육기회에 접근할 권리, 성으로 인한 차별을 받지 않을 권리, 신체적 자유로 차별을 받지 않을 권리, 학업부진으로 인한 교육기회를 박탈하지 않을 권리 등을 포함한다.

이러한 아동의 평등권은 아동권리의 보장이라는 측면에서 매우 중요한 의미를 지닌다. 즉, 평등권은 아동의 실제 생활 속에서 아동의 권리를 실질적으로 신장시키고 개선하기 위해 현실적으로 필요한 것이다. 아동의 평등권 실현을 위해서는 아동의 개인차 및 개성 존중, 문화의 차이 인정, 교육기회의 실질적인 보장과 같은 노력이 요구되며, 이러한 노력은 사회의 정책적 배려와 불평등을 조장하는 구조적 모순을 해소하는 일을 포함한다.

### (3) 아동의 복지권

복지권이란 기본적 생계와 교육에 대한 결핍에서 벗어날 수 있는 권리를 의미한다. 따라서 아동의 복지권은 생활보호대상 아동의 문제, 결식아동의 문제, 소년소녀가장의 문제 등을 포함하는 매우 포괄적인 권리이다. 여기에는 무상의무교육의 형태로 기본적인 교육을 받을 권리가 포함된다.

실제로 아동을 대상으로 하는 권리교육프로그램의 상당 부분이 복지권에 할애되어 있다는 것은, 전 세계의 많은 아동이 기본적인 양육과 교육이 결핍된 상황에 놓여 있어 이들을 위한 특별한 보호와 양육이 필요함을 시사한다. 인간이 자신의 자유의사에 따라 하고 싶은 것을 하기 위해서는 우선 기본적인 생활이 보장되어야 하기 때문이다.

## 2) 아동권리의 분류

「국가인권위원회법」 제2조에서는 인권을 "헌법 및 법률에서 보장하거나 대한민국이 가입·비준한 국제인권조약 및 국제관습법에서 인정하는 인간으로서의 존엄과 가치 및 자유와 권리"라고 정의하고 있다. 인권은 보편적 권리이므로 아동 역시 한 인간으로서 적절한 의·식·주를 제공받으며 건강하고 위생적인 삶을 향유하며 문화적인 생활을 누릴 수 있는 복지권을 가진다. 또한 모든 아동은 폭력과 공포, 학대나 방임으로부터 보호받을 권리를 가지며, 자신의 의견을 주장하고 결정할 수 있는 권리와 자신이 원하는 각종 활동에 참여할 수 있는 권리를 갖는다.

### (1) 아동인권 사상

인권은 인간이기 때문에 갖는 권리이다. 어른과 아동, 피부색, 종교와 정치, 문화적 배경, 사는 곳에 상관없이 사람이라면 누구나 행복하고 건강하게 살 기본적인 권리가 있다. 사람으로서 가진 기본적인 권리가 존중받아야 함을 세계 최초로 인정한 것은 1948년 유엔의 세계인권선언이다. 세계인권선언 1조는 "모든 사람은 자유로운 존재로 태어났고, 똑같은 존엄과 권리를 가진다"라고 명시하고 있다. 세계인권선언은 현재 세계적으로 가장 많이 인용되는 인권선언으로 많은 국제협약과 선언의 바탕이 되었으며, 세계인권선언에 담긴 인권존중의 이념은 현재 수많은 국가의 「헌법」과 법률에 반영되어 있다.

그럼에도 불구하고 아동은 인권을 가진 권리의 주체로서 인식되기까지 매우 오랜 시간이 걸렸다. 즉, 아동은 부모의 소유물, 종족 유지, 국가 방위의 수단으로 간주되기도 하였으며, 20세기에 들어와서야 보호의 대상으로 인식되기 시작하였다. 즉, 아동은 나이가 어리다는 이유로 부모의 소유물로 여겨지기도 하였고, 자신에 대한 결정을 내릴 수 없는 미성숙한 존재로 여겨지기도 하였다. 이 때문에 아동은 권리의 주체로 인정받기 어려웠으며, 어른이 될 때까지는 아동 자신에 대한 중요한 결정을 부모나 어른이 대신할 수 있다고 여겨져 왔다.

그러나 세계인권선언, 아동권리에 관한 제네바선언, 아동권리선언은 아동이 특별한 보호와 도움을 받을 권리를 지니고 있음을 명시하고 있다. 즉, 아동은 아직 신체적, 정신적으로 발달하는 단계에 있기 때문에 어른이 될 때까지 건강하게 잘 자랄 수 있도록 특별한 보호와 보살핌을 받을 권리를 가지고 있다는 것이다. 이는 아동에 대한 보호와 보살핌을 그들이 마땅히 누려야 할 권리로 명시하고 있다는 점, 아동을 바라보는 시각과 태도, 양육 방식, 아동과 관련된 제도와 정책에 많은 영향을 미치고 있다는 점에서 중요한 의의가 있다(국가인권위원회, 2018).

### (2) 아동권리의 분류

아동권리는 아동을 하나의 인격체로 존중하는 것으로 아동이 자신의 권리를 알고 누리며 어떠한 상황에서도 누구에게나 차별받지 않고 살아갈 권리이며 발달에 맞게 적극적으로 보장받아야 하는 권리이다.

이러한 아동권리는 아동에게 필요한 자원들을 적절하게 제공(provision)받고, 열악한 환경으로부터의 보호(protection)받으며, 아동이 스스로 자신의 성장과 미래에 대한 결정에 참여(participation)하는 것으로 제공 · 보호 · 참여의 3P 개념으로 볼 수 있다. 3P의 내용을 구체적으로 살펴보면 표 2-1과 같다.

표 2-1 3P의 내용

| 조항 | 내용 |
|---|---|
| 제공 | 제공(provision)은 아동의 생존에 필요한 인적 · 물적 자원을 제공받고 사용할 수 있는 권리를 말한다. 제공은 아동의 욕구와 관심을 인정하고 충족해 주고자 하는 것으로서 이름과 국적을 가질 수 있는 권리, 교육 및 보건서비스를 받을 수 있는 권리, 복지 및 문화 활동의 기회 제공과 보호가 필요한 요보호아동, 장애아동, 난민아동이 보호를 받을 권리를 의미한다. |
| 보호 | 보호(protection)는 열악하고 유해한 환경이나 행위로부터 보호받아야 할 권리를 말한다. 분쟁이나 착취 상황, 자유의 박탈, 법적으로 금지된 노동 등으로부터 아동에 대해 보호와 지원이 이루어져야 하며, 모든 형태의 착취와 학대로부터 보호받을 권리가 있다. |
| 참여 | 참여(participation)는 아동이 자신의 삶에 중요한 영향을 미치는 결정에 대하여 알고 능동적으로 참여할 수 있는 권리를 말한다. 아동의 동의가 필요한 의사결정에는 친권상실, 이혼, 입양 등에 아동의 의사가 존중되어야 하며, 자신의 삶을 결정하는 데 간섭을 받지 않고 참여할 수 있는 권리이다. |

표 2-1에서 제시된 아동권리의 3P 개념에 근거하여 Save the Children(1999)은 아동권리협약의 제1부 제6조에서 제40조에 걸쳐 규정된 아동권리를 크게 생존권, 보호권, 발달권, 참여권 등 네 가지 유형으로 분류하고 개념을 정의하고 있는데, 이들 네 가지 유형의 의미는 그림 2-1과 같다.

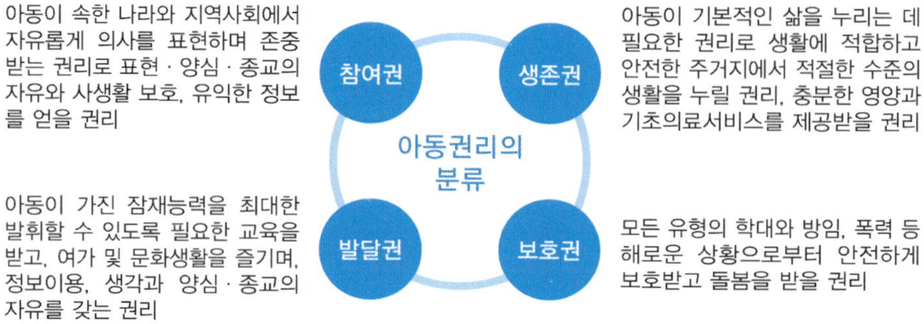


**그림 2-1 아동권리의 분류**

첫째, 생존권은 아동이 삶에 대해 생명을 유지하기 위해 보장받는 가장 기본적인 권리로 적절한 생활 수준을 누릴 권리, 안전한 주거지에서 살아갈 권리, 충분한 영양을 섭취하고 생명을 유지하며 건강과 의료혜택을 받을 권리 등 생명을 유지하기 위하여 기본적인 삶을 누리는 데 필요한 권리이다.

이러한 생존권에 대한 아동권리협약의 관련 조항으로는 제6조 생명권으로 모든 아동은 고유의 생명권을 가지고 있음을 인정하였다. 아동이 살아가는 데 있어 필요한 제7조 성명 및 국가권, 제8조 신분 보존권과 아동이 유해한 환경으로부터 안전하게 생활할 수 있도록 제9조 부모로부터의 분리 제한, 제19조 폭력 · 학대 · 착취 등으로부터의 보호, 제32조 노동 착취 방지 및 보호, 제33조 마약 및 향정신성 물질로부터의 보호, 제34조 성적 착취와 성적 학대로부터의 보호, 제35조 아동의 약취, 유괴, 유인, 매매, 거래 금지, 제38조 무력분쟁 시의 아동보호 등의 조항이 있다. 또한 기본적인 사회적 지원을 받고 질병으로부터 건강하게 살아갈 수 있도록 제24조 건강 및 의료지원, 제26조 사회보장권, 제27조 적정생활수준 향유권 등이 보장되어 있으며 특별한 요구가 있는 아동을 위해 제20조 결손 아동의 특별보호, 제21조 입양제도, 제23조 장애아동의 보호, 제30조 소수자 · 원주민 아동의 보호, 제39조 피해아동의 사회복지지원 등을 명시하였다.

둘째, 보호권은 차별로부터 보호하고 모든 형태의 학대와 방임, 폭력 등 아동에게 유해한 것으로부터 보호받을 권리이며, 모든 아동이 보호받을 권리와 특별히 곤란한 조건하에 있는 아동의 권리 내용이 포함되어 있다.

이러한 보호권에 대한 아동권리협약의 관련 조항으로는 제2조 차별의 금지로 모든 아동은 누구에게나 차별로부터 보호받을 권리를 가지고 있으며, 제7조 성명 및 국가권, 제10조 가족 재결합을 위한 출입국보장 등을 통해 아동이 이름과 국적을 가질 권리가 있고, 부모로부터 안전하게 보호받을 수 있다. 또한 제22조 난민아동의 보호, 제23조 장애아동의 보호, 제30조 소수자 · 원주민 아동의 보호를 통해 특별한 보호가 필요한 아동에게 특별한 보호가 제공되어야 하며, 제19조 폭력 · 학대 · 착취 등으로부터의 보호, 제32조 노동 착취 방지 및 보호, 제33조 마약 및 향정신성 물질로부터의 보호, 제34조 성적 착취와 성적 학대로부터의 보호, 제35조 아동의 약취, 유괴, 유인, 매매, 거래 금지, 제36조 기타 형태의 착취 금지, 제37조 아동에 대한 고문, 사형 등 일체의 가혹 행위 금지 등을 통해 유해한 것으로부터 보호받을 수 있다. 이 외에도 제11조, 제16조, 제20조, 제21조, 제23조, 제25조, 제38조, 제39조, 제40조 등을 통해 모든 아동은 그들의 나이와 발달에 맞게 특별한 보호를 받아야 한다.

셋째, 발달권은 아동이 가진 잠재능력을 최대한 발휘하는 데 필요한 아동이 성장하면서 가질 수 있는 정규 · 비정규교육은 물론 아동의 전인적 발달을 위해 필요한 평균 수준의 생활을 누릴 권리로서 놀이, 여가, 정보를 누릴 권리, 문화 활동, 사상, 양심, 종교의 자유를 누릴 권리를 포함한다.

발달권에 대한 아동권리협약의 관련 조항으로는 제6조 생명권으로 국가는 가능한 한 최대한으로 아동의 생존과 발달을 보장할 의무가 있다. 제17조 정보와 자료에 대한 접근권, 제28조 교육권, 제29조 교육의 목표, 제31조 휴식 · 여가 및 문화 활동의 참여 등을 통해 아동의 능력을 최대한으로 개발시켜 주어야 하며 휴가와 여가를 즐기며 다양한 문화 · 예술 활동에 참여할 수 있어야 함을 명시하였다. 또한 제7조, 제9조, 제10조, 제11조, 제14조, 제24조 등을 통해 아동이 건강하게 성장할 수 있도록 도와야 함을 명시하고 있다.

넷째, 참여권은 아동이 하나의 인격체로서 권리 행사의 주체로서 자신의 나라와 지역사회 활동에 적극적으로 참가할 수 있는 권리로 자신의 의견을 표현하고 자신의 삶에 영향을 주는 문제들에 대해 발언권과 결정권을 가지며 자신과 관련된 모든 일에 자유롭게 표현할 수 있는 권리이다.

이러한 참여권에 대한 아동권리협약의 관련 조항으로는 제12조 아동의 의사표현권으로 아동이 자신의 생각을 자유롭게 표현할 권리를 가지며, 제13조 의사표현의 자유에서 아동이 타인의 권리를 침해하지 않는 범위 내에서 자신의 생각을 표현할 수 있는 권리를 가지고 있음을 명시하고 있다. 또한 제15조 결사 · 집회의 자유, 제17조 정보와 자료에 대한 접근권, 제18조 부모의 양육책임 등을 통해 아동이 자유롭게 단체 활동에 참여할 수 있으며 아울러 부모는 아동의 참여를 적극적으로 지원해 주어야 한다.

생존 · 보호 · 발달권은 아동이 가지는 고유의 권리로서 생존과 적절한 성장 · 보호와 발달을 국가에게 청구할 수 있다. 또한 자신의 의사를 표현하는 참여권은 「헌법」이 보장하고 있는 인간의 존엄과 가치와 행복추구권의 실현을 위한 수단이며, 아동이 최선의 이익을 확보하기 위한 절차적 권리이다. 자기결정권은 타인에게 해를 끼치지 않는 한 일정한 사적인 것에 대해서 공권력의 간섭 없이 스스로 결정할 수 있는 권리로 개인의 인격적 생존에 불가결한 권리가 포함된다.

# 2. 아동복지의 분류

아동복지서비스는 그 분류의 기준에 따라 다음의 몇 가지로 나누어 볼 수 있다. 첫째, 서비스가 전달되는 장소를 기준으로 분류하면 가정내 서비스와 가정외 서비스로 양분할 수 있다. 둘째, 가족의 욕구에 따라 가정서비스와 가정 밖의 서비스로 분류할 수 있다. 셋째, 서비스가 갖고 있는 기능을 중심으로 분류하면 지지적 서비스, 보충적 서비스, 대리적 서비스로 분류할 수 있다. 넷째, 가정이 아동을 위한 일차적인 서비스의 중심임을 강조하여 아동의 기본적인 생리적 · 심리적 · 사회적 욕구가 충족되지 못하거나 부모-자녀 간의 관계에서 역할수행에 장애가 있는 경우의 아동복지서비스가 수행하는 방어선(line of defence)의 위치에 따라 제1차 방어선, 제2차 방어선, 제3차 방어선으로 서비스를 분류하기도 한다(김이영 외, 2023; 장인협, 오정수, 2000).

## 1) 서비스 제공 장소에 의한 분류

서비스 제공 장소에 따른 이 개념은 아동복지서비스의 분류에서 가장 전통적이고 일반적인 방법으로 보편적으로 사용되고 있다. 아동복지서비스의 분류의 기준에 따라 가정내 서비스와 가정외 서비스에 대해 구체적으로 살펴보면 다음과 같다.

### (1) 가정내 서비스

가정내 서비스(in-home service)는 아동이 부모를 비롯한 가족구성원과 함께 생활하면서 필요한 양육과 서비스를 제공받는 것이다. 가정내 서비스는 아동의 양육에서 가장 핵심적인 위치와 중요성을 지니고 있다는 점에서 아동복지서비스에서 강조되고 있다. 우리나라의 「아동복지법」 제3조(기본이념)에서 언급하고 있는 것과 같이, 아동의 완전하고 조화로운 인격발달을 위하여 안정된 가정환경에서 행복하게 자라나야 한다는 아동복지의 기본이념과 아동복지를 실현함에 있어 강조되는 가정 중심의 보호원칙에 비추어 볼 때, 가정내 양육과 서비스의 중요성은 아무리 강조해도 지나치지 않는다.

#### (2) 가정외 서비스

가정외 서비스(out-of-home service)는 아동이 자신이 거주하는 가정과 가정 밖의 서비스 제공을 통해 보호나 서비스를 받는 경우, 그리고 자신의 출생가정을 떠나서 일시적으로 또는 장기적으로 보호시설이나 다른 위탁가정 등에 거주하면서 양육이나 서비스를 제공받는 경우를 모두 포함한다. 아동의 보호에 있어 안정된 가정생활과 가정중심의 보호원칙의 중요성에도 불구하고, 가정이 해체되거나 아동의 특별한 욕구를 충족시키기 위하여 불가피하게 가정을 떠나 보호를 받아야 하는 경우가 발생한다. 이러한 경우 가정외 서비스를 부정적인 관점에서 보기보다는 적극적인 선택(positive choice)으로서 아동의 복지를 위한 최선의 대안으로 제공하여야 한다.

### 2) 가족의 욕구수준에 따른 분류

가족의 욕구수준에 따라 아동복지서비스는 그림 2-2와 같이 분류된다. 이 분류체계는 미국의 아동보호기금이란 단체에 의하여 개발되었다(Children's Defence Fund, 1993). 그림 2-2는 가족 욕구수준에 따른 서비스의 피라미드 형태의 연속성을 보여 주는데, 피라미드의 맨 아래로 갈수록 욕구수준은 낮지만 대상자가 많아지고, 피라미드의 위로 올라갈수록 욕구수준은 높지만 대상자는 적어진다는 특성을 지닌다.

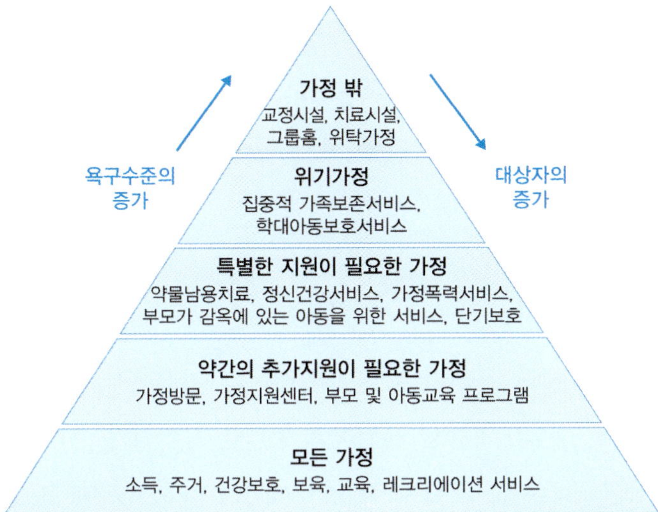


| 구분 | 내용 |
|---|---|
| 모든 가정을 위한 서비스 | 피라미드의 가장 아래에 위치한 모든 가정을 위한 서비스는 모든 가정의 아동을 위한 보편적인 서비스이며, 적절한 소득, 주거, 건강보호, 보육, 교육, 레크리에이션 서비스가 포함된다. |
| 약간의 추가지원이 필요한 가정을 위한 서비스 | 약간의 추가지원 서비스에는 가정방문프로그램, 가정지원센터의 서비스, 부모 및 아동교육 프로그램을 포함한다. |
| 특별한 지원이 필요한 가정을 위한 서비스 | 특별한 지원이 필요한 가정을 위한 서비스에는 약물남용치료서비스, 정신건강서비스, 단기보호서비스, 가정폭력서비스, 부모가 감옥에 있는 아동을 위한 서비스 등이 포함된다. |
| 위기가정을 위한 서비스 | 위기가정서비스는 욕구수준이 상당히 높은 단계로서 집중적 가족보존서비스, 학대아동보호서비스 등이 포함된다. |
| 가정 밖의 서비스 | 아동이 자신의 가정에서 보호받지 못하는 상황이 되면, 아동은 자신의 가정을 떠나 외부의 가정이나 시설에서 보호를 받는다. 가정을 떠난 외부 서비스에는 비행아동을 위한 교정시설, 치료시설, 그룹홈, 위탁가정 등이 포함된다. |

**그림 2-2 가족의 욕구수준에 따른 아동복지서비스**

출처: 김이영 외(2023). 아동권리와 복지. 양성원.

## 3) 서비스의 기능에 의한 분류

이 분류는 카두신(1974)이 제시한 것으로 아동양육을 위한 가정의 역할에 대하여 아동복지서비스가 어떤 기능을 지니는가에 따라 지지적 서비스, 보충적 서비스, 대리적 서비스로 구분한다(김이영 외, 2023).

### (1) 지지적 서비스

지지적 서비스(supportive service)는 부모와 아동의 관계에서 일어나는 문제를 해결할 수 있도록 부모나 가족의 기능을 지원하고 능력을 강화시켜 주는 서비스이다. 지지적 서비스는 다른 서비스와는 달리 아동들이 자신의 가정에 머물러 생활하면서 받을 수 있는 서비스이다. 이러한 서비스를 제공함에 있어서 서비스의 기능은 부모나 동의 역할을 대신해 주는 것이 아니라 가족구조나 구성원의 역할을 침해하지 않고, 다만 외부에서 가족 내부의 역할과 기능이 제대로 수행될 수 있도록 지원해 주는 역할을 한다. 지지적 서비스의 목표는 가족구성원의 사회적 기능을 향상시킴으로써 가족의 붕괴 위험을 감소시키는 것이다.

지지적 서비스가 필요한 상황은 일반적으로 아동의 양부모가 함께 생활하고, 부모의 역할을 효과적으로 수행할 의사와 능력이 있지만 부모-자녀 간의 갈등이나 부부갈등의 결과 부모-자녀관계에 어려움이 있는 경우이다. 지지적 서비스를 제공하는 과정에서 부모-자녀관계의 역기능이 있더라도 서비스는 가족의 구조를 손상시키지 않거나 가족구성원의 역할과 기능을 대신하지 않는다. 서비스는 가족구조의 외부에서 머무르면서 도움을 제공하게 된다. 이러한 지지적 서비스를 제공하는 주요 기관에는 가족서비스기관과 아동상담기관이 있으며, 가족구성원에 대한 개별지도와 집단서비스, 가족치료 등의 접근방법이 활용된다.

### (2) 보충적 서비스

보충적 서비스는 가족서비스를 제공하는 사회복지기관이나 아동상담소 등에서 아동문제에 대하여 부모들이 자신의 역할을 잘 수행할 수 있도록 그들을 강화시킴으로써 아동복지를 실행하는 것이라고 할 수 있다. 따라서 이들 서비스는 일반적으로 가정 외부에서 이루어진다. 반면에 보충적 서비스(supplementary service)는 아동이 가정 내에서 생활하도록 지원하면서, 부모들이 가진 역할의 일부를 대신 수행하는 서비스이다. 아동양육을 위한 부모의 역할이 일시적으로 충족되지 못할 때 이러한 보충적 서비스가 필요하게 된다. 부모의 일차적인 역할은 아동을 양육하고 건강하게 보호하는 일이다. 이러한 역할은 현금소득을 필요로 하며 부모는 경제적인 활동을 통하여 소득을 마련하여야 한다. 그러나 부모의 사망, 질병, 장애, 실업 등의 예기치 않은 상황은 가족의 역할을 대신해 줄 사회적 장치가 필요하게 된다. 보충적 서비스는 이와 같이 가족의 적절한 역할수행에 어려움을 경험하는 경우에 아동의 욕구를 충족시키는 사회적 장치로서 의미가 있다.

보충적 서비스에는 빈곤가정을 지원하는 소득보장(income maintenance)으로서 현금급여 또는 아동수당, 일하는 어머니를 도와주는 보육서비스(day care), 부모가 질병이나 부재중일 때 아동의 집안일을 도와주는 가정봉사원(homemaker) 서비스 등이 포함된다.

### (3) 대리적 서비스

대리적 서비스(substitute service)란 부모가 아닌 제3자가 부모역할의 전부를 대신하는 경우이다. 이러한 급격한 양육역할의 변화는 아동의 출생가정이 기능을 상실하여 아동에게 필요한 최소한의 양육활동과 보호를 제공할 수 없게 된 경우가 발생하기 때문이다. 따라서 아동은 자신의 가정을 완전히 떠나서 다른 가족이나 양육자, 생활시설 등에 의하여 일시적으로 혹은 영구적으로 보호를 받게 된다. 여기에는 가정위탁, 입양, 집단보호 등의 서비스가 포함된다.

### 4) 방어선의 위치에 의한 분류

방어선의 개념은 카두신의 저서 『아동복지서비스』(1974)에서도 부분적으로 제시된 바 있으며, 카두신은 지지적 서비스를 1차 방어선, 보충적 서비스를 2차 방어선, 대리적 서비스를 3차 방어선의 개념으로 인식하였다. 한편 주커만(Zuckerman)은 그의 저서 『아동복지』(1983)에서 다음과 같은 방어선의 개념에 의해 아동복지서비스를 체계적으로 분류하였다(Zuckerman, 1983). 주커만은 지지적 서비스와 보충적 서비스의 대부분을 1차 방어선(The First Line of Defence)으로 보았으며, 대리적 서비스 중 가정 형태의 서비스를 제공하는 가정위탁과 입양을 2차 방어선(The Second Line of Defence), 집단보호 서비스를 3차 방어선(The Third Line of Defence)으로 구분하였다.

#### (1) 제1차 방어선으로서 가정내 서비스

가정은 아동에게 일차적인 방어선으로서의 기능을 수행한다. 그러나 가정이 아동의 기본적인 욕구를 충족하지 못할 위험에 처하거나 부모-자녀의 역할관계에 장애가 있을 경우, 가정의 사회적 기능을 회복, 유지, 강화함으로써 제1차 방어선으로서의 역할을 수행해야 한다. 가정에서 생활하는 아동과 가족을 위한 서비스로는 지역사회의 기관에서 제공하는 아동상담이나 가족복지서비스 등이 대표적이다.

### (2) 제2차 방어선으로서 대리가정 서비스

가정이 정상적인 기능을 충분히 수행하지 못하면 아동에게 원가정의 역할을 대신할 수 있는 다른 보호의 장이 요구된다. 이러한 경우 가능한 한 가정과 유사한 자연스러운 보호의 장으로서 대리가정을 마련해 주는 것이 가장 바람직하다. 이러한 주장은 최소침해대안(the least detrimental alternative)의 원칙이라고 불린다. 이 원칙은 가정의 기능수행에 장애가 있을 경우, 아동에게 가장 적절한 형태의 보호와 서비스가 무엇인가를 결정하는 기준으로 널리 수용되고 있다. 이 원칙이 제시하는 서비스의 목표는 아동의 삶과 가정에 대하여 제한적인 요소를 최소한도로 줄이는 것이다. 따라서 구조화된 생활시설에 비하여 덜 구속적이고, 가정생활의 환경에 근접하며, 지역사회에 자유롭게 접근할 수 있는 보호의 장으로서 대리가정이 제안되는 것이다. 대리가정 서비스의 대표적인 형태로는 가정위탁과 입양서비스를 들 수 있다.

### (3) 제3차 방어선으로서 집단보호(생활시설) 서비스

그룹홈이나 생활시설에 의한 서비스는 앞서 언급한 최소침해대안의 원칙에 따라 아동의 욕구가 출생가정이나 대리가정에 의하여 충족될 수 없는 경우에 한하여 집단적인 보호를 제공하는 것이다. 또래집단과의 관계가 중요한 요소인 집단적인 생활환경이 필요한 아동, 특수한 욕구를 가진 장애아동에게 이러한 집단적 주거환경에 의한 서비스가 제공된다. 집단보호는 6~12명의 아동을 수용한 소규모 집단가정에서부터 대규모 수용시설에 이르기까지 규모와 형태가 다양하다. 어떤 가정은 직원이 대리부모의 역할을 수행함으로써 가정의 형태로 운영되기도 한다. 또한 정서적인 장애를 지닌 아동이나 가정에서 행동장애를 일으키는 아동을 위하여 치료적인 기능을 수행하는 시설도 있다. 대부분의 집단보호 프로그램은 공공 또는 민간 복지기관에 의하여 운영되며 공공재원의 지원을 받는다.

Chapter 03

# 아동권리와 복지의 역사

## 배울 내용

1. 아동권리의 발달과정
2. 우리나라의 아동복지 발달과정
3. 외국의 아동복지

## 학습목표

1. 아동권리의 사상의 발전과정을 설명할 수 있다.
2. 국내 아동권리와 복지 발달과정 및 특징을 설명할 수 있다.
3. 국외(영국과 미국) 아동권리와 복지 발달과정 및 특징을 설명할 수 있다.

## 개 요

아동권리의 보장이 아동복지의 주요 과제라는 맥락에서 아동의 권리와 복지는 상호관계가 있다. 지난 과거에서의 전개과정을 살펴보면, 우리나라의 아동복지정책은 매우 소극적인 보호형태를 취해 왔으며 아동에 대한 권리주체로서의 가치를 인식하지 못하였다. 20세기에 접어들어서야 아동들도 아동으로서의 고유한 가치를 인정받기 시작하였다. 서구사회에서는 급격한 산업화와 도시화, 경제공황으로 인하여 요보호아동이 증가되기 시작하였고 이후 아동복지와 관련된 제반 정책 및 서비스들이 제공되기 시작하였다. 우리나라 아동복지의 발달과정 또한 시대적 배경과 상황에 따라 변천과정을 경험하였으며, 한국전쟁 이후 구호적 아동복지에서부터 출발하여 선별적 복지, 오늘날 보편적 복지를 지향하는 방향으로 발달해 왔다. 아동을 둘러싼 환경이 변화하면서 아동복지의 목적과 대상, 서비스 내용 또한 바뀌게 되었다. 아동기 특성에 대한 이해가 높아지고 아동권리 인식이 확대된 것도 아동복지를 변화시키는 주요한 요인이 되었다. 특히 유엔 아동권리협약에 비준한 국가에게 국가의 의무와 책임을 강조한 것은 아동복지 발달에 큰 영향을 미쳤다. 이 장에서는 시대별로 아동의 지위와 처우가 어떻게 달라졌는지, 아동복지서비스가 어떻게 시작되었는지 등 아동권리와 복지의 발달에 관련한 전반적인 내용을 탐색하고자 한다. 또한 우리나라 아동복지가 발달해온 과정을 시대별로 살펴봄으로써 우리나라 아동복지의 지속적인 발전을 전망해보고자 한다.

03
Chapter

# 아동권리와 복지의 역사

## 1. 아동권리의 발달과정

### 1) 아동권리 사상의 발전

역사적으로 볼 때, 아동의 권리는 성인의 권리에 비하여 뒤늦게 인정받았다. 즉, 시민의 인권이 확립되고 선언된 것은 18세기 후반이었지만, 아동은 시민의 한 사람으로 인식되지 않았다. 당시 시민은 납세의 의무를 질 수 있는 일정한 소득이 있는 성인 남성만으로 인식되었기에 성인 여성조차 오랫동안 참정권을 가지지 못했다. 참정권이 없는 아동과 청소년이 권리의 주체로 인식되기 위해서는 더 많은 시간이 필요하였다(이용교, 1999).

한편 아동이 차별받지 않고 평등하게 존중되어야 한다는 사상을 전개한 루소는 당시 프랑스 사회가 '어린이'를 '어린 인간'으로 보지 않고 '작은 어른' 또는 '성인의 축소판'으로 취급하고 인간성을 무시하며 형식적인 교육에 중점을 둔 것을 비판하고 인간으로서의 아동의 고유한 가치와 인권을 주장하였다.

그리고 1922년 영국의 국제아동기금단체연합이 발표한 세계아동헌장은 아동권리선언의 선구자 역할을 하였는데, 이는 1989년의 '아동의 권리에 관한 협약(United Nations Convention on the Rights of the Child: UNCRC)'이 성립하게 된 주요배경이 되기도 하였다.

### (1) 제네바 아동권리선언

아동에게도 권리가 있으며 그들이 특별한 보살핌과 보호를 받아야 하는 존재임을 최초로 인정한 국제적 선언은 1924년 제네바에서 개최된 국제연맹회의에서 채택된 '아동의 권리에 관한 제네바 선언(The Geneva Declaration on the Rights of the Child)'이다. 제네바 선언은 제1차 세계대전으로 인해 당시 아동들이 처한 참혹한 상황 속에서 아동을 보호하기 위한 목적으로 설립된 비정부단체 아동구호기금세계연맹(The Save the Children Fund International Union)에서 초안을 작성한 5개항으로 구성되어 있는 문서이다. 이 선언의 전문에서는 '모든 나라의 남성과 여성은 인류가 아동에 대하여 최선의 것을 주어야 할 의무를 진다는 것을 인정하고 인종·국적 또는 신념에 관한 어떠한 사유에 관계없이 모든 아동에게 다음과 같은 사항을 보장할 것을 선언하고 또한 자신의 의무로서 수락한다'는 기본이념을 분명히 하였다. 이 선언은 그 대상을 일반 남녀로 하고, 아동에 대하여 최선의 것을 주는 것이 인류의 의무라고 인정하였다. 제네바 아동권리선언의 전문 및 본문 5개 조항은 **표 3-1**과 같다.

**표 3-1 제네바 아동권리선언(1924년)**

〈전문〉 모든 나라의 남성과 여성은 인류가 아동에 대하여 최선의 것을 주어야 할 의무를 진다는 것을 인정하고 인종 · 국적 또는 신념에 관한 어떠한 사유에 관계없이 모든 아동에게 다음과 같은 사항을 보장할 것을 선언하고 또한 자신의 의무로서 수락한다.

**제1조.** 아동에게는 정상적인 발달을 위하여 필요한 물질적, 정신적 수단이 제공되어야 한다.
**제2조.** 굶주린 아동에게는 먹을 것을, 병든 아동에게는 치료를, 발달이 늦은 아동에게는 도움을, 비행 아동에게는 교정(교화)의 기회를, 고아와 부랑아에게는 주거와 원조를 제공하여야 한다.
**제3조.** 아동은 위험에 처했을 때 가장 먼저 구제되어야 한다.
**제4조.** 아동은 생계를 유지할 수 있는 상황을 보장받아야 하며, 모든 형태의 착취로부터 보호되어야 한다.
**제5조.** 아동은 자신의 재능을 인류에게 이바지해야 한다는 인식하에서 양육되어야 한다.

제1조는 아동의 생존권 보장, 제2조는 아동보호의 접근 방법, 제3조는 아동보호의 최우선 원칙, 제4조는 자립과 착취에서의 보호, 제5조는 아동육성의 궁극적 목표를 제시하고 있다. 이러한 제네바 선언은 전쟁의 가장 큰 희생자인 아동을 구제하고 특별한 보호를 해야 한다는 국제적 인식에서 시작되었다. 이는 아동의 권리를 보장하고자 하는 국제적 첫걸음으로 아동에게 최상의 것을 제공해야 한다는 것과 아동을 가장 먼저 구제해야 한다는 것을 강조하여 이후 아동 관련 국제선언이나 조약의 사상적 기초가 되었다. 하지만 아동을 특별한 보호와 우선적 돌봄의 객체로 인식하였다는 점은 아동을 권리의 주체로 인정하지 못한 한계를 가지고 있다고 볼 수 있다.

### (2) 유엔(UN) 아동권리선언

제2차 세계대전 이후 국제연합(UN)은 제네바 선언을 재검토하여 1959년 11월 20일 제14차 총회에서 10개 조항으로 확장된 「아동권리선언(Declaration of the Rights of the Child)」을 만장일치로 채택하였다.

국제연합에서 선포한 「아동권리선언」은 '아동은 신체적으로나 정신적으로 미숙하기 때문에 그 출생 전후부터 법적 보호는 물론, 이를 여러모로 잘 보살펴야 할 필요가 있다'는 권리보장의 국제적 승인이다. 이는 아동을 인권의 주체로 인정하고 아동의 최선이익을 실현하겠다는 국제적 의지의 표현이며, 모든 아동들은 권리적 존재라는 인식이 반영되어 있고, 권리보장이라는 측면에서 아동의 복지권이 강조되고 있다. 「아동권리선언」은 모든 아동이 누려야 할 권리와 자유를 보장하는 내용으로 전문과 총 10개의 원칙으로 구성되어 있으며, 자세한 내용은 표 3-2와 같다.

**표 3-2 유엔 아동권리선언**

**〈전문(前文)〉** 아동 모두가 행복한 생활을 지내며, 자신과 사회의 복지를 위해서 다음과 같은 권리와 자유를 누릴 수 있어야 함을 요청하고 있다.

**제1조.** 모든 아동은 선언에 명시된 권리를 보장받아야 한다. 아동은 인종, 피부색, 성별, 언어, 종교, 정치적 견해, 국가적 또는 사회적 출신, 재산 등에 따라 차별을 받지 않을 권리를 가진다.

**제2조.** 아동은 법률에 의해 자유와 존엄성을 보장받으며, 건강하고 정상적으로 발달할 수 있도록 특별한 보호를 받을 권리를 갖는다. 이를 위해 법률을 제정함에 있어 아동의 최선의 이익을 최대한 고려해야 한다.

**제3조.** 아동은 출생 시부터 이름과 국적을 부여받을 권리가 있다.

**제4조.** 아동은 사회보장의 혜택을 받을 권리가 있다. 이를 위해 출산 전 및 출산 후 적절한 진료를 포함하여 아동과 어머니 모두에게 특별한 보살핌과 보호가 제공되어야 한다. 아동은 적절한 영양, 주거, 여가 및 의료 서비스에 대한 권리를 가진다.

**제5조.** 신체적, 정신적, 사회적으로 장애가 있는 아동에게는 자신의 특수한 상태에 따라 요구되는 특별한 치료와 교육 및 보호를 제공받을 권리를 가진다.

**제6조.** 전인적 성장, 발달을 위해 아동은 사랑과 이해를 필요로 하므로 아동은 가능한 한 가정에서 양친부모에 의해 양육되어야 한다. 이것이 불가능할 경우에는 사회는 가정이 없는 아동에 대해 특별한 보호를 제공할 의무를 갖는다.

**제7조.** 아동은 적어도 초등학교까지는 의무교육을 받을 권리를 가지며, 아동의 교육과 지도는 아동의 최상 이익에 근거하여 이루어져야 한다. 또한 아동에게는 교육뿐 아니라 놀이와 여가도 제공되어야 하며, 사회는 이러한 권리를 증진시키기 위해 노력하여야 한다.

**제8조.** 아동은 언제나 최우선적으로 보호와 혜택을 받을 권리가 있다.

**제9조.** 아동은 모든 형태의 방임, 학대, 착취로부터 보호받아야 하며, 적절한 연령에 도달하기 전까지 노동을 해서는 안 된다.

**제10조.** 아동은 다음과 같은 관행으로부터 보호받아야 한다. 아동은 인종적, 종교적, 기타 형태의 차별적 관행으로부터 보호되어야 하며, 자신의 재능을 이웃에게 이바지할 수 있도록 양육되어야 한다.

아동권리선언은 세계인권선언의 보편적 인권이념을 토대로 하면서도 아동의 특성을 강조하는 아동의 권리를 구체적으로 선언하고 있다는 점에서 의미가 있다. 하지만 선언문 자체로서 선언에 그칠 뿐 당사국들에 대한 구속력을 갖지 못한다는 한계를 지니고 있다.

### (3) 유엔(UN) 아동권리협약

아동권리선언 10개 조항이 제정 된 후 20주년을 기념하기 위하여 유엔(UN)은 1979년을 '세계 아동의 해(International Year of the Child)'로 지정하였다. 당시 폴란드 정부는 제34차 유엔 인권위원회에 '아동권리선언'을 법적 구속력을 갖는 조약으로 바꿀 것을 제안하였고, 그 해부터 유엔(UN) 아동권리협약(Convention on the Rights of the Child: CRC)을 채택하기 위한 준비 작업을 시작하였다.

1979년 1월 폴란드 바르샤바에서 폴란드법률사협회 등의 주관 하에 아동권리선언 20주년 기념행사가 개최되어 아동권리에 관한 21개 원칙이 채택되었고, 이는 동년 2월 유엔 인권위원회에 제출되었다. 그리고 1988년 유엔 아동권리협약의 초안 작성 작업이 완성되었고, 그 다음 해인 1989년 11월 20일 제44회 유엔 총회는 콘센서스 절차에 의해 유엔 아동권리협약을 뉴욕에서 만장일치로 채택하였다.

유엔 아동권리협약(UNCRC)[1]은 18세 미만 아동의 모든 권리를 담은 국제적인 약속으로 1990년 8월 3일 법적 효력 발생에 필요한 20개국이 비준함에 따라 1990년 9월 2일부터 국제법으로 효력이 발생하게 되었다.

우리나라는 1990년 협약에 서명하고 1991년 우리나라의 현행 관련법들과 저촉되는 일부 조항을 유보[2]하는 형태로 11월 20일에 비준서를 유엔에 기탁함으로써 1991년 12

1) 「유엔 아동권리협약」은 제3부 총54조의 본문으로 구체적으로는 전문, 1부(제1조~제41조)는 실질적 규정, 2부(제42조~제45조)는 이행에 관한 규정, 3부(제46~제54조)는 부칙으로 구성되어 있다. 이 협약은 총 6개 국어(영어, 프랑스어, 러시아어, 스페인어, 아랍어, 중국어)로 작성되어 있다.

월 20일부터 아동권리에 관한 국제협약(Convention on the Rights of the Child)의 당사국이 되었다.

과거 아동 관련 국제문서들이 아동을 보호의 객체로서 인식하는 선언적 성질을 갖는 것에 그쳤다면, 유엔 아동권리협약은 아동을 실질적 권리의 주체로 인식하고, 국제법적 지위를 가지고 당사국들을 구속할 수 있는 효력을 갖게 되었다는 것에 의미가 있다. 또한 유엔 아동권리협약은 아동에 대한 국제사회의 시각에 변화를 주었다. 이 협약은 아동을 보호의 대상자이면서 동시에 어른이나 부모에게 예속된 존재가 아닌 권리의 주체로 인식하는 아동에 대한 적극적인 시각을 제시하였다. 즉, 세계 모든 아동들에게 변화를 약속하는 국제적인 문서로서 유엔 아동권리협약은 '보호의 대상자'로서의 아동과 '권리의 주체자로서의 아동' 두 개념 간의 조화를 강조한다.

### ① 유엔 아동권리협약의 일반원칙과 기본적 권리

유엔 아동권리협약의 일반원칙(general principles)은 네 가지로 구분되며, 이 원칙은 협약의 이행 정도를 판단할 수 있는 척도가 될 수 있다(박한비, 2014; 이노홍, 2013; 정진경, 2010).

**표 3-3 유엔 아동권리협약의 일반원칙**

| | |
|---|---|
| 비차별 원칙(non-discrimination, 제2조) | 유엔 아동권리협약에 제시된 조항은 모든 아동에게 차별 없이 보장되어야 함을 의미한다. 구체적으로 모든 아동은 성별, 연령, 종교, 인종, 사회적 출신 등에 관련 없이 차별받지 않도록 해야 한다. 협약 당사국은 아동이 차별받지 않고 제시된 권리를 누릴 수 있도록 관련 대책을 마련해야 한다. |
| 아동 최선의 이익 원칙(best | 아동과 관련된 모든 사안에 있어 아동 최선의 이익이 고려되어야 함을 |

2) 유보한 조항과 이유
① 부모면접권 보장: 「민법」에서는 부모의 면접권만을 보장할 뿐 아동의 부모면접권은 보장되어 있지 않다.
② 관계당국의 허가를 통한 입양만 인정: 「민법」에 따르면 당사자의 합의나 「호적법」에 따른 입양신고가 가능하다.
③ 상소권의 보장: 범법행위를 한 아동이 상급사법당국의 심사를 받을 권리를 보장한 상소권 보장제도이다

| | |
|---|---|
| interests of the child, 제3조) | 의미한다. 유엔 아동권리위원회는 이 원칙을 위해 아동이 자신과 관련된 사안에 대해 스스로 결정하거나 의사를 표현하는 등 시민적 자유권을 보장해야 함을 규정하였다. 아동 이익이 부모의 이익이나 공익이나 국가의 행정적 편의와 충돌할 때도 아동의 이익이 최선으로 고려되어야 한다. |
| 생명 · 생존과 발달 보장 원칙(the right to life, survival and development, 제6조) | 아동은 생명, 생존과 발달의 권리를 가지며 이 권리에는 신체 · 정서 · 사회 · 문화적 발달이 모두 포함된다. 아동의 건강한 발달을 위해 기본 교육, 보건서비스 등 다양한 지원과 보호를 받아야 한다. |
| 참여 및 견해존중 원칙(respect for the views of the child, 제12조) | 아동이 가정, 학교, 사회, 법적 절차 등 자신과 관련된 다양한 사안에 의사를 표현하고 이 의사는 존중 받아야 함을 의미한다. 아동의 의사 표현은 나이와 성숙도에 따라 적절한 비중이 주어져야 하며 성인의 기준에 따라 아동의 참여와 견해가 제한되지 않는 것을 의미한다. |

그리고 유엔 아동권리협약에 제시된 기본적 권리는 생존권, 보호권, 발달권, 참여권으로 구분하여 살펴볼 수 있다(김인숙 외, 2011). 유엔 아동권리협약의 기본적 권리는 일반원칙과 함께 아동권리 존중의 핵심적 요소로 볼 수 있다.

**표 3-4 유엔 아동권리협약 기본적 권리**

| 권리 | 내용 | 관련 조항 |
|---|---|---|
| 생존권 | 아동이 기본적인 삶을 누릴 수 있는 권리로서 안전하게 주거할 권리, 충분한 영양을 섭취하고 기본적인 보건서비스를 받을 권리 등이 포함된다. | 제6, 7, 8, 19, 20, 21, 23, 24, 26, 27, 30, 32, 33, 34, 35, 38, 39조 |
| 보호권 | 아동이 모든 차별, 폭력, 학대, 고문 등으로부터 보호받을 권리로서 약물과 성폭력, 부당한 형사적 처벌, 과도한 노동 등 아동에게 유해한 것으로부터 보호 받을 권리 등이 포함된다. | 제7, 10, 11, 16, 19, 20, 21, 22, 23, 25, 30, 32, 33, 34, 35, 36, 37, 39, 40조 |
| 발달권 | 아동이 가진 잠재능력을 최대한 발휘할 수 있도록 하는 권리로서 여가를 즐길 권리, 문화생활에 참여할 권리, 교육 받을 권리, 정보를 얻을 권리 등이 포함된다. | 제6, 7, 10, 11, 12, 13, 14, 15, 17, 24, 28, 29, 31조 |
| 참여권 | 아동이 자신과 관련된 다양한 사안에 대해 의사를 표현할 수 있는 권리로서 표현의 자유, 사상 · 양심 · 종교의 자유, 사생활을 보호 받을 권리, 유익한 정보를 얻을 권리 등이 포함된다. | 제12, 13, 15, 16, 17, 18조 |

### ② 유엔 아동권리협약 당사국의 의무

유엔 아동권리협약에는 아동권리를 보장하기 위한 당사국의 역할이 제시되어 있다. 협약 가입국은 협약에 제시된 권리를 이행하기 위해 가능한 모든 방법을 동원해야 하며, 구체적으로 정책 방향, 제도, 행정 체제, 권리 교육, 모니터링 체제 등이 규정되어 있다(김효진, 2009). 그리고 유엔 아동권리협약 당사국은 협약 비준 후 2년 이내, 이후에는 5년마다 아동권리 보장 이행 결과에 대한 국가보고서를 유엔 아동권리위원회에 제출해야 한다.

10명의 전문가로 구성된 유엔 아동권리위원회는 제출한 보고서를 심의하고 당사국에 대한 제안과 권고를 할 수 있다. 우리나라는 유엔 아동권리협약 가입 후 1994년(제1차), 2000년(제2차), 2009년(제3, 4차), 2017년(제5, 6차)에 이행보고서를 제출하였다. 우리나라는 아동권리 관련 법을 제 · 개정하며 유엔 아동권리협약 이행을 위해 노력해왔다. 예를 들어, 혼인 가능 연령을 남자 만 18세, 여자 만 16세에서 남녀 모두 만 18세 이상으로 조정하였다. 우리나라는 협약 비준 당시 3개 조항을 유보했으며, 유엔 아동권리위원회의 심의결과 권고사항을 반영하여 유보철회를 위한 노력을 진행하고 있다.

**표 3-5 한국의 유보조항 및 진행상황**

| 유보조항<br>(비준 당시) | 진행상황(제5, 6차 국가보고서 기준) |
|---|---|
| 면접교섭권 | 2007년 「민법」을 개정하여 유보를 철회했다. |
| 입양허가제 | 2011년 8월 「입양특례법」을 개정하여 국내 · 외 입양 모두 법원의 허가를 받도록 했다. 또한 2012년 '미성년자의 입양에 관한 가정법원의 허가' 조항을 신설하고 2013년 '입양 허가의 절차'를 도입하여 가정법원이 입양 허가 심판을 할 때 양자가 될 사람이 13세 이상인 경우 당사자의 의견을 듣도록 했다. 입양제도 보완에 따라 2017년 당시 정부가 유보했던 제21조(a)항을 비준하고 유보철회 절차를 완료했다. |
| 상소권보장제도 | 「대한민국헌법」의 '비상계엄 하의 군사재판', 「군사법원법」의 '전시 · 사변 시의 특례 규정' 관련 조항에 따라 유보했다. 이후 1987년 「대한민국헌법」 개정으로 사형을 선고하는 경우 상소권을 보장할 수 있게 하고, 「군사법원법」의 경우 비상계엄 단심제 |

| 유보조항<br>(비준 당시) | 진행상황(제5, 6차 국가보고서 기준) |
|---|---|
| | 재판에서 관할관이 한 번 더 심사하여 형을 감경하거나 집행을 면제할 수 있는 규정을 두어 상소권 제한으로 인한 불이익을 최소화하고자 노력해왔다. 현재 협약 제40조제2항(b)(v) 유보철회를 검토 중이다. |

유엔 아동권리협약을 비준할 당시 유보했던 조항이 철회되는 흐름을 볼 때, 우리나라는 아동권리 실현을 위해 국가보고서를 제출하고 유엔 아동권리위원회의 권고 사항을 이행하기 위해 노력하고 있음을 알 수 있다. 2017년 우리 정부는 유엔 아동권리위원회의 권고 내용을 이행하기 위한 노력을 보고했고, 유엔은 미진한 이행내용에 대해 권고했다. 우리 정부의 최근 이행현황 보고에 따른 유엔 아동권리위원회의 권고사항은 표 3-6과 같다.

**표 3-6 최근 이행현황 보고에 따른 권고사항**

| 분야 | 권고 주요내용 |
|---|---|
| 일반원칙 | • 모든 보육과 교육환경의 실내 공기질과 유해물질 노출 모니터링<br>• 아동 견해 표현 기회 보장<br>• 아동과 관련된 모든 사안에서 견해 표현할 권리의 연령제한 폐지 |
| 시민적 권리와 자유 | • 모든 아동의 출생신고 보편적 이용 보장<br>• 미혼부의 자녀등록절차 간소화<br>• 베이비박스 금지 |
| 아동에 대한 폭력 | • 모든 아동 대상 모든 폭력 및 학대 사건의 국가 데이터베이스 구축<br>• 간접체벌과 훈육적 처벌 포함 모든 체벌의 명시적 금지<br>• 아동에 대한 모든 형태의 성적 착취 및 학대 방지 |
| 가정환경 및 대안양육 | • 돌봄 서비스 유연성 확대<br>• 모든 아동의 국적에 관계 없는 보육시설 및 재정적 지원 동등 보장<br>• 한부모가족에 대한 편견과 차별방지 및 근절 조치 |
| 장애 · 기초보건 및 복지 | • 난민신청아동과 이주아동과 모든 장애아동의 복지, 의료적 지원<br>• 아동 자살예방과 정신적 웰빙향상 노력의 지속적 강화<br>• 빈곤층 아동 지원을 위한 계획과 시행 |

| 분야 | 권고 주요내용 |
|---|---|
| 교육 · 여가 및 문화 | • 장애아동 통합교육 및 편의제공<br>• 대안학교 학력인정 및 청소년 성교육 및 자유학기제 강화<br>• 아동의 휴가, 여가 및 충분한 놀이시간과 안전, 적합한 시설 보장 |
| 특별보호조치 | • 이주아동 구금 금지 및 권리 교육 강화<br>• 인신매매 아동피해자를 위한 쉼터 및 통합서비스 지원 강화<br>• 「소년법」에 구금의 명확한 근거 마련 |

## 2) 우리나라 아동권리의 발전

### (1) 아동권리공약 3장

우리나라에서 처음 아동의 권리를 선언한 것은 '제네바 선언(1924)'보다 한 해 앞선 1923년이다. 당시 우리는 주권을 일본에게 빼앗긴 가운데에서도 민족의 새싹인 어린이를 사랑하고 씩씩하게 키우기 위하여 '어린이날'을 제정하였다. 바로 그해 5월 1일 어린이날 기념식장에서 '소년운동협회'가 소년운동선언에서 '아동권리공약 3장'을 선포하였다(김승훈, 2005).

소파 방정환에 의해 발표된 '아동권리공약 3장'은 우리나라 최초의 아동권리선언으로 이는 제네바 선언보다 아동의 권리를 더 포괄적으로 담고 있으며, 아동의 인격적 독립과 노동금지, 아동의 놀 권리를 보장해 줄 것을 선언한 것이다.

**표 3-7 아동권리공약 3장**

첫째, 어린이를 재래의 윤리적 압박으로부터 해방하여 그들에 대한 완전한 인격적 대우를 허(許)하라.
둘째, 어린이를 재래의 경제적 압박으로부터 해방하여 만 14세 이하의 그들에 대한 무상 또는 유상의 노동을 폐(廢)하라.
셋째, 어린이에게 그들이 고요히 배우고 즐거이 놀만한 각양의 가정 또는 사회적 시설을 행(行)하라.

소파 방정환

표 3-8 어린이 선언문(소파 방정환)

| 어른들에게 | 어린 동무들에게 |
|---|---|
| • 어린이를 내려다 보지 마시고 치어다 보아 주시오.<br>• 어린이를 가까이 하시어 자주 이야기하여 주시오.<br>• 어린이에게 경어를 쓰되 늘 보드랍게 하여 주시오.<br>• 이발이나 목욕, 의복 같은 것을 충분히 하게 하여 주시오.<br>• 산보와 원족 같은 것을 가끔가끔 시켜 주시오.<br>• 어린이를 책망하실 때는 쉽게 성만 내지 마시고 자세하게 타일러 주시오.<br>• 어린이들이 서로 모여 즐겁게 놀만한 놀이터와 기계같은 것을 지어 주시오.<br>• 대우주의 뇌신경의 말초는 늙은이에게 있지 아니하고 젊은이에게도 있지 아니하고 오직 어린이에게만 있는 것을 늘 생각해 주시오. | • 돋는 해와 지는 해를 반드시 보기로 합시다.<br>• 어른들에게는 물론이고 당신들끼리도 서로 존대하기로 합시다.<br>• 뒷간이나 담벽에 글씨를 쓰거나 그림 같은 것을 그리지 말기로 합시다.<br>• 꽃이나 풀을 꺽지 말고 동물을 사랑하기로 합시다.<br>• 전차나 기차에서는 어른들에게 자리를 사양하기로 합시다.<br>• 입을 꼭 다물고 몸을 바르게 가지기로 합시다. |

### (2) 대한민국 어린이헌장

어린이헌장은 한국동화작가협의회에서 처음 발표하고 정부와의 심의 · 보완 과정을 거친 후 보건사회부(당시)에서 1957년 5월 5일, 제35회 어린이날을 맞이하여 공포되었다. 최초의 어린이헌장은 모두 9개 항목으로 구성되었으며, 이 헌장은 어린이를 위해 국가와 사회가 해야 할 일을 규정하고 있으나 법적 효력이 있는 것은 아니었다. 이후 어린이헌장은 1988년 보건복지부에서 전문과 11개의 조문으로 개정하였다. 새 어린이헌장은 시대에 맞지 않는 조항 등이 수정되었고, 어린이가 이 나라 장래의 주인이라는 점에서 어린이를 책임 있는 민주시민으로 건강하게 키워야 할 역할이 어른에게 있음을 밝히고 있다.

**표 3-9** **대한민국 어린이헌장 개정**

대한민국 어린이헌장은 어린이날의 참뜻을 바탕으로 하여 모든 어린이가 차별 없이 인간으로서의 존엄성을 지니고 나라의 앞날을 이어나갈 새 사람으로 존중되며 아름답고 씩씩하게 자라도록 함을 길잡이로 삼는다.

1. 어린이는 건전하게 태어나 따뜻한 가정에서 사랑 속에 자라야 한다.
2. 어린이는 고른 영양을 취하고, 질병의 예방과 치료를 받으며, 맑고 깨끗한 환경에서 살아야 한다.
3. 어린이는 좋은 교육시설에서 개인의 능력과 소질에 따라 교육을 받아야 한다.
4. 어린이는 빛나는 우리 문화를 이어받아, 새롭게 창조하고 널리 펴나가는 힘을 길러야 한다.
5. 어린이는 즐겁고 유익한 놀이와 오락을 위한 시설과 공간을 제공받아야 한다.
6. 어린이는 예의와 질서를 지키며, 한겨레로서 서로 돕고, 스스로를 이기며 책임을 다하는 민주 시민으로 자라야 한다.
7. 어린이는 자연과 예술을 사랑하고 과학을 탐구하는 마음과 태도를 길러야 한다.
8. 어린이는 해로운 사회환경과 위험으로부터 먼저 보호되어야 한다.
9. 어린이는 학대를 받거나 버림을 당해서는 안 되고, 나쁜 일과 힘겨운 노동에 이용되지 말아야 한다.
10. 몸이나 마음에 장애를 가진 어린이는 필요한 교육과 치료를 받아야 하고, 빗나간 어린이는 선도되어야 한다.
11. 어린이는 우리의 내일이며 소망이다. 나라의 앞날을 짊어질 한국인으로, 인류의 평화에 이바지 할 수 있는 세계인으로 자라야 한다.

### (3) 청소년헌장

청소년헌장은 청소년의 이상과 포부를 제시한 전문과 청소년의 권리 · 의무, 가정의 기능, 학교의 사명, 청소년 건전육성을 위한 국가와 사회의 역할 및 책임을 담은 5개항의 본문으로 구성되었으며 1990년 5월 12일 선포되었고 1998년 10월에 개정되었다. 개정 선포된 청소년헌장은 청소년의 주체적인 삶과 자율적인 참여를 보장하고 청소년이 누려야 할 기본적인 권리와 이에 상응

동아일보 1998년 10월 23일 금요일 제24019호

'청소년헌장' 8년만에 개정… 25일 선포

일할권리·여가권등 파격적인 내용담아

딸의 일기장을 훔쳐 보는 것도, 아들의 방을 넘겨다 보는 것도 이제부터는 '청소년헌장'을 어기는 것이 될 수 있다.

최근 국무회의를 통과해 22일 신낙균(申樂均)문화관광부장관에 의해 발표된 새 청소년헌장이 '청소년은 사적인 삶의 영역을 침해 받지 않을 권리를 가진다'고 규정하고 있기 때문이다.

8년만에 개정된 새 청소년헌장의 '파격적' 내용이 화제다. 헌장 개정작업에 대학생과 고교생 등이 참여하고 공청회 과정에서 7명의 청소년이 참가한 것도 이례적인 일이다.

새 청소년헌장은 우선 청소년을 보호와 지도의 대상이 아닌 '독립된 인격체로서 스스로 생각하고 활동하는 주체적인 존재'로 규정하고 있다.

또 청소년의 '기본적인 생존권' '차별받지 않을 권리' '폭력으로부터 보호받을 권리' '자유로운 생각과 활동을 할 권리' '일할 권리' '여가권' '다양한 문화 예술활동 참여권' '정보에 접근할 권리'를 천명하고 있다. 권리에 못지 않은 책임도 빠뜨리지 않았다.

헌장 선포방식도 파격적.

25일 오후 서울 올림픽공원 제조경기장에서 열리는 신세대창작가요제에서 신장관과 8천여명의 청소년이 '한 목소리'로 헌장을 낭독할 예정이다.

〈이승재기자〉 sjda@donga.com

'청소년 헌장' 전문

를 실현해 갈 권리를 가진다.

1. 청소년은 일할 권리와 직업을 선택할 권리를

출처: 동아일보(1998). 10월 23일자 신문

하는 책임을 주요내용으로 다루었다.

청소년의 권리로서 기본적인 생존권, 차별받지 않을 권리, 폭력으로부터 보호받을 권리, 자유로운 생각과 활동할 권리, 일할 권리, 여가권, 다양한 문화 · 예술활동 참여권, 정보에 접근할 권리 등이 있으며 청소년의 책임으로서 자신이 선택한 삶에 대한 책임, 다른 삶의 방식도 존중할 책임, 생명을 소중히 여기며 평화 공존의 책임, 가정에서의 책임, 남여 평등의 가치와 소외받는 사람들과 더불어 살아갈 책임 등을 명시하였다.

**표 3-10 청소년헌장(1998. 10. 22 개정)**

청소년은 자기 삶의 주인이다. 청소년은 인격체로써 존중받을 권리와 시민으로서 미래를 열어 갈 권리를 가진다. 청소년은 스스로 생각하고 선택하며 활동하는 삶의 주체로서 자율과 참여의 기회를 누린다. 청소년은 생명의 가치를 존중하며 정의로운 공동체의 성원으로 책임있는 삶을 살아간다. 가정 · 학교 · 사회 그리고 국가는 위의 정신에 따라 청소년의 인간다운 삶을 보장하고 청소년 스스로 행복을 가꾸며 살아 갈 수 있도록 여건과 환경을 조성한다.

**청소년의 권리**

1. 청소년은 생존에 필요한 기본적인 영양 · 주거 · 의료 · 교육 등을 보장받아 정신적 · 신체적으로 균형있게 성장할 권리를 가진다.
2. 청소년은 출신 · 성별 · 종교 · 학력 · 연령 · 지역 등의 차이와 신체적 · 정신적 장애 등을 이유로 차별받지 않을 권리를 가진다.
3. 청소년은 물리적 폭력뿐만 아니라 공포와 억압을 포함하는 정신적인 폭력으로부터 보호받을 권리를 가진다.
4. 청소년은 사적인 삶의 영역을 침해받지 않을 권리를 가진다.
5. 청소년은 자신의 생각과 느낌을 자유롭게 펼칠 권리를 가진다.
6. 청소년은 자유로운 의사에 따라 건전한 모임을 만들고 올바른 신념에 따라 활동할 권리를 가진다.
7. 청소년은 배움을 통해 진리를 추구하고 자아를 실현해 갈 권리를 가진다.
8. 청소년은 일할 권리와 직업을 선택할 권리를 가진다.
9. 청소년은 여가를 누릴 권리를 가진다.
10. 청소년은 건전하고 다양한 문화 · 예술 활동에 자유롭게 참여할 권리를 가진다.
11. 청소년은 다양한 매체를 통하여 자신의 삶에 필요한 정보에 접근할 권리를 가진다.
12. 청소년은 자신의 삶과 관련된 정책결정 과정에 민주적 절차에 따라 참여할 권리를 가진다.

**청소년의 책임**

- 청소년은 자신의 삶을 소중히 여기며 자신이 선택한 삶에 책임을 진다.
- 청소년은 앞 세대가 물려준 지혜를 시대에 맞게 되살려 다음 세대에 물려줄 책임이 있다.
- 청소년은 가정 · 학교 · 사회 · 국가 · 인류공동체의 성원으로서 자기와 다른 삶의 방식도 존중할 줄 알아야 한다.
- 청소년은 삶의 터전인 자연을 소중히 여기고 모든 생명들과 더불어 살아간다.
- 청소년의 통일 시대의 주역으로서 평화롭게 공존하는 방법을 익힌다.
- 청소년의 남녀 평등의 가치를 배우고 이를 모든 생활에서 실천한다.
- 청소년은 가정에서 책임을 다하며 조화롭고 평등한 가족문화를 만들어 간다.
- 청소년은 서로에게 정신적 · 신체적 폭력을 행사하지 않는다.
- 청소년은 장애인을 비롯한 소외받기 쉬운 사람들과 더불어 살아간다.

### (4) 아동권리헌장

우리나라는 1991년 유엔 아동권리협약에 비준하였고 아동권리 증진을 위해 많은 노력을 하였으나 아동의 삶의 만족도와 아동권리에 대한 인식 수준은 여전히 낮은 상황이다. 이에 보건복지부는 2016년 5월 2일 어린이날을 맞아 '아동의 권리와 어른들의 책임'을 규정한 '아동권리헌장'을 제정하였다. 전문과 9개 조항으로 이루어진 아동권리헌장은 유엔 아동권리협약의 조항들을 함축적으로 모아 간결하게 정리하였고, 아동들이 학대 등으로부터 보호받을 권리, 놀 권리, 표현의 자유와 참여, 상상과 도전, 창의적 활동 등을 비중 있게 다루고 있다.

**표 3-11 아동권리헌장**

모든 아동은 독립된 인격체로 존중받고 차별받지 않아야 한다. 또한 생명을 존중받고, 보호받으며, 발달하고 참여할 수 있는 고유한 권리가 있다. 부모와 사회, 국가와 지방자치단체는 아동의 이익을 최우선적으로 고려해야 하며, 다음과 같은 아동의 권리를 확인하고 실현할 책임이 있다.

① 아동은 생명을 존중받아야 하며 부모와 가족의 보살핌을 받을 권리가 있다.
② 아동은 모든 형태의 학대와 방임, 폭력과 착취로부터 보호받을 권리가 있다.

③ 아동은 출신, 성별, 언어, 인종, 종교, 사회 · 경제적 배경, 학력, 연령, 장애 등의 이유로 차별받지 않을 권리가 있다.
④ 아동은 개인적인 생활이 부당하게 공개되지 않고 보호받을 권리가 있다.
⑤ 아동은 신체적 · 정신적 · 사회적으로 건강하게 성장하고 발달하는 데 필요한 기본적인 영양, 주거, 의료 등을 지원받을 권리가 있다.
⑥ 아동은 자신이 살아가는 데 필요한 지식과 정보를 알 권리가 있다.
⑦ 아동은 자유롭게 상상하고 도전하며 창의적으로 활동하고 자신의 능력과 소질에 따라 교육받을 권리가 있다.
⑧ 아동은 휴식과 여가를 누리며 다양한 놀이와 오락, 문화 · 예술 활동에 자유롭고 즐겁게 참여할 권리가 있다.
⑨ 아동은 자신의 생각이나 느낌을 자유롭게 표현할 수 있으며, 자신에게 영향을 주는 결정에 대해 의견을 말하고 이를 존중받을 권리가 있다.

## 2. 우리나라의 아동복지 발달과정

아동에 대한 복지는 그 시대의 아동에 대한 인식과 아동을 둘러싼 사회 · 환경의 변화에 따라 영향을 받는다. 우리나라 아동복지 발달 또한 우리 사회가 겪어 온 역사와 사회변동 과정에 따라 다양한 변화를 경험하였다. 우리나라 아동복지 발달과정에서 1961년 「아동복리법」 제정과 1981년 「아동복지법」 개정은 중요한 전환점으로 간주된다. 여기에서는 전통사회와 근대사회의 아동복지에 대해 알아보고, 현재까지의 아동복지 발달과정을 살펴보고자 한다.

## 1) 전통사회의 아동복지

### (1) 삼국시대

삼국시대부터 아동문제에 대한 개입은 고아와 자연재해로 인한 기아, 부모의 보호를 받지 못하는 걸식아동을 대상으로 이루어졌다. 삼국사기에 의하면 제3대 유리왕 때 '환과고독노병(鰥寡孤獨老病: 홀아비, 과부, 고아, 늙어서 자식이 없는 사람, 늙고 병든 사람 등)을 요보호대상자로 정하여 왕명으로 무료급식과 양육을 하였다. 백제에서는 온조왕 33년(서기 15년)에 고구려 태조왕 56년(서기 108년)에 재해를 당한 사람들 속에 아동을 포함하여 관곡을 배급하였다고 기록되어 있다(공계순 외, 2006).

### (2) 고려시대

고려시대에는 불교가 융성함에 따라 불교의 기본정신인 자비사상에 입각하여 고아와 기아 및 빈곤아동들을 사찰에서 위탁형태로 보호하였다. 제6대 성종 13년(서기 994)에는 왕명에 의해 돌봐줄 친족이 없고 나이 어린 고아에게 10세까지 관에서 수용하고 이후부터는 본인의 의사에 따라 원하는 곳에 거주하도록 하였다. 이에 대해 하상락(1989)은 이를 우리나라 최초의 시설구제라 평가하고 있다. 그후 충목왕(忠穆王) 3년(서기 1347년)에는 관립의 영아원이라 할 수 있는 해아도감(孩兒都監)을 설치하여 유아들을 보호, 양육하였다.

### (3) 조선시대

조선시대에는 고려시대보다 진일보하여 고아와 기아 및 빈곤아동에 대한 법령이 제정되기도 하였다. 제18대 임금인 현종 2년(1661년)에는 유기된 아동을 대상으로 민가수양을 실시하였으며 아동이 10세에 이르면 양육한 사람으로 하여금 그 아이를 사역할 권리를 가지게 하였다. 제19대 숙종 22년(1696년)에는 '수양임시사목(收養臨時事目)'을 시행하기도 하였다. 이는 유기 또는 부랑아동의 생명을 보호하기 위해 국가에서 수양·보호하거나 민가에서 수양하여 양자 또는 노비로 삼는 것을 허가하는 것을 의미한다. 오늘날의 입양제도와 유사하다고 할 수 있다. 제22대 정조 7년(1783년)에는 「자휼전칙(字恤典則)」이라는 법령을 제정하고, 유기 및 부랑걸식 아동보호법을 공포하였다. 이는 우리나라 전근대시대의 대표적인 아동법령이다. '수양임시사목'이나 「자휼전칙(字恤典則)」은 아동구제사업에 대한 국가의 책임과 역할을 일정 부분 인정하였다는 점에서 그 의의를 찾아볼 수 있다(하상락, 1989).

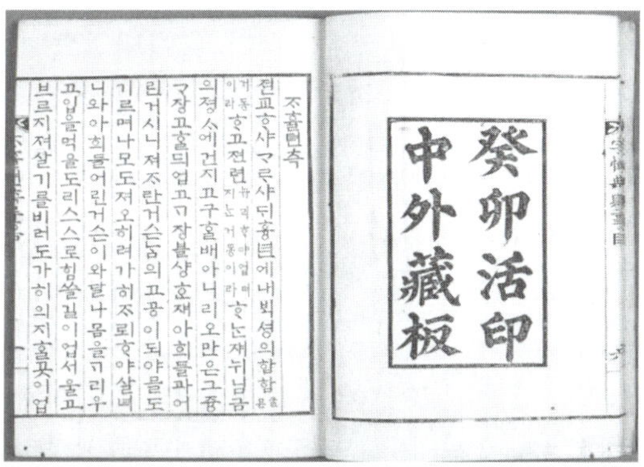


자휼전칙(字恤典則)은 9개조로 이루어져 있으며 구호 대상자인 '행걸아(行乞兒)'는 부모 및 친척이나 상전(上典)이 없어 의탁할 수 없는 4세부터 10세까지의 어린이이며, '유기아(遺棄兒)'는 3세 이하의 유아이다.

**그림 3-1** **자휼전칙**

출처: 한국민족문화대백과사전.

## 2) 근대적 아동복지

조선시대 말부터 대한제국까지 정치적 격동기와 맞물리면서 정부의 구제사업은 거의 공백기였다고 할 수 있다. 이 시기 아동복지 분야에서 두드러진 활동은 서양선교사들의 자선사업이었다(박정란 외, 2001). 우리나라 근대적 육아사업의 효시는 1855년 프랑스 메스트로(Maistre) 신부에 의한 고아구제사업을 들 수 있다. 1885년에는 프랑스 신부 블랑(Blace)이 '영해원(嬰孩院)'이란 고아원을 설립하여 고아들을 돌보기 시작하였는데, 이는 우리나라 최초의 근대적 의미의 아동복지시설로 볼 수 있다. 또한 1905년에는 이필화에 의해 '경성고아원'이 설립 되었고 1910년에는 조선총독부에서 '경성고아원'을 인수하여 그 명칭을 '제생원(濟生院)'으로 개칭하였다.

1921년에는 미국의 감리교 선교사들에 의해 태화사회관이 설립되었으며, 태화진료소를 중심으로 아동건강검진, 빈곤아동을 위한 탁아사업 등 아동보건과 사회사업을 전개해 나갔다. 태화사회관은 이후 일제의 종교탄압으로 어려움을 겪게 되었고 시국에 맞지 않는다는 이유로 일제에 의해 완전중지명령이 내려지게 되었다. 이후 일본의 「구호법(救護法)」을 원용하여 1944년 3월에 「조선구호령」이 제정되었는데, 이는 65세 이상의 뇌쇠자나 13세 이하의 아동과 임신부 등 노동 능력이 없는 사람들이 그 대상자였다. 「조선구호령」은 구빈 목적이라기보다는 전시동원체제하의 식민지 통치의 목적으로 제정된 것이었다.

## 3) 현대사회의 아동복지

해방 이후 현대사회의 아동복지의 발달과정은 사회적 이념과 복지의 특성을 기준으로 1945년부터 1950년대까지의 사회구호단계(해방 이후부터 1960년), 선별주의적 아동보호단계(1960년대부터 1980년), 보편주의 아동복지단계(1980년대부터 2000년), 보편적 아동복지실행단계(2000년 이후부터 현재)로 구분할 수 있다.

### (1) 사회구호단계(1945~1960년대)

해방 이후 한국전쟁으로 인하여 1950년대까지는 전쟁으로 인한 고아, 기아, 미아의 응급구호를 위한 아동복지시설이 급속히 증가해서 1960년대에는 전체 사회복지시설의 80%에 달할 정도에 이르렀다. 이 시기에는 서비스보다는 민간과 해외원조에 의존한 빈민아동구호 활동이 중심이었다. 따라서 1950년대까지의 아동복지는 국가책임의 원칙이나 전문화된 아동서비스의 제공보다는 사회구호적인 형태로 운영되었다. 국가책임과 사회적 보호가 미비한 가운데 '기독교아동복리회(이후 한국어린이재단으로 명칭 변경)', '선명회(이후 월드비전으로 명칭 변경)' 등 민간기관이나 외국원조기관을 중심으로 요보호아동 구호사업이 주를 이루었다. 또한 전쟁 직후부터 고아의 해외입양이 시작되었으며 많은 아동이 미국과 유럽으로 입양되었다.

### (2) 선별주의적 아동보호단계(1960~1980년대)

1961년「아동복리법」제정 이후부터 1980년까지는 선별주의적 복지단계로 볼 수 있다. 이 시기는 사회복지가 시작된 시기로 각종 복지관련 법들이 제정되면서 사회복지의 기본 구조가 형성된 시기이다. 즉, 1961년 12월 30일에 「아동복리법」을 제정하여 요보호아동에 대한 국가책임원칙을 법제화하였다. 「아동복리법」에서는 보호대상을 '보호자로부터 유실, 유기 또는 이탈되었을 경우, 보호자가 아동을 양육하기에 부적당하거나 양육할 수 없는 경우'로 명확히 한정하여 사후적이고 잔여적인 성격을 갖고 있음을 알 수 있다. 그럼에도 불구하고 아동복지에 대한 국가와 사회의 책임을 최초로 명시한 것으로 아동복지사업을 정부차원에서 제도화하고자 했던 점에서 의의가 있다.

1970년대에는 「모자보건법」, 「입양특례법」 등 아동복지와 관련된 법이 차례로 공포되는 등 아동보호정책이 국가중심체제로 전환되기에 이르렀으나 여전히 선별주의원칙에 입각한 잔여적 형태의 아동서비스를 제공하였다.

### (3) 보편적 아동복지단계(1980~2000년대)

1981년「아동복지법」의 전면개정 이후부터 2000년까지는 보편주의적 복지단계로 볼 수 있다. 「아동복리법」을 개정하여 입법된 「아동복지법(1981)」은 아동복지의 대상을 요보호아동에서 전체 아동으로 확대하여 규정함으로써 아동복지의 보편주의를 지향하였다.

맞벌이 부부 및 취업여성의 증가에 따른 보육수요의 확대에 의하여 1991년에 「영유아보육법」이 제정되었는데, 이 법을 통해 보호대상뿐만 아니라 일반아동에 대한 보육서비스가 확대되었다. 이러한 보육서비스는 보편주의적 복지이념을 반영하는 대표적인 사업이라고 볼 수 있다.

1990년 9월에는 '유엔 아동권리협약'에 서명하고 1991년부터 협약당사국이 됨으로써 우리나라 아동복지의 내용과 기준이 범세계적인 규약을 충족시키기 위한 준비를 갖추게 되었다. 또한 이 시기는 아동복지의 영역과 내용이 다양화·세분화된 시기이기도 하다.

### (4) 보편적 아동복지실행단계(2000년대 이후)

우리나라는 외환위기 이후 2000년대에 들어서면서 가족 내 경제적 위기와 해체의 증가, 출산율의 저하라는 사회적 변화를 경험하고 있다. 2000년대 이후에는 요보호아동에 대한 보호대책과 함께 아동의 인권과 권리, 학대아동에 대한 보호 및 아동안전 등과 관련된 정책을 추진하는 등 개별적 서비스에서 보편적 서비스로의 전환이 이루어지고 있다. 또한 아동의 권리를 향상시키기 위한 법률적 지원노력이 시행되었으며, 2011년에는 11년 만에 「아동복지법」 전부개정(2012. 8. 5 시행)이 이루어졌다. 이를 통해 아동종합기본계획, 아동종합실태조사 등의 실시근거를 마련하게 되었고 아동복지 증진을 위한 정책 수립의 기초가 강화되었으며, 2013년에는 아동종합실태조사를 실시하였다.

또한 아동복지에 대한 책임의 주체는 가족중심에서 국가책임으로 증대되었다. 아동복지 보호대상 또한 일부 아동에서 전체 아동으로 확대되었으며 보호의 형태는 시설보호에서 가정과 지역사회의 보호로 전환되었고, 아동복지서비스 또한 단순한 수용보호에서 시작하여 다양하고 전문화된 서비스로 발전하게 되었다.

이처럼 우리나라의 아동복지는 삼국시대를 기점으로 급격한 발전을 이루어 왔다. 아동을 보는 시각 및 아동복지 대상 등이 변하면서 우리 사회는 아동의 건강한 성장과 발달을 위해 다양한 제도를 의무화하거나 지원하기 위해 노력해오고 있다. 앞으로도 아동문제를 예방하기 위해 다양한 아동복지사업이 이루어져야 하며, 우리나라의 아동복지 수준을 국제적인 수준으로 끌어올리기 위한 사회적 노력이 필요하다.

## 3. 외국의 아동복지

아동복지와 관련된 정책이나 관련 법들은 그 시대의 아동관, 지배적 가치 등이 반영된다. 서양의 경우 중세 이전의 아동들은 성인의 소유물로 취급받았으며, 산업혁명 시기에는 값싼 노동력 착취를 위해 이용되었다. 근대사회에 들어와서야 아동은 성인과 다른 고유한 인격체로 인정받기 시작하였다. 영국과 미국을 비롯한 서구사회에서 아동복지의 발달은 산업혁명의 시작과 더불어 자본주의 제도가 탄생한 시기에 이루어졌다. 산업혁명으로 인해 노인, 아동, 여성 등 사회적 약자에 대한 보호의 문제가 사회적 문제로 대두되기 시작한 것이다.

## 1) 영국의 아동복지

### (1) 산업혁명 이전

산업화 이전의 영국은 엄격한 신분계급사회였다. 이러한 사회구조 속에서 아동은 가장 하찮은 사회적 지위를 차지할 수밖에 없었으며, 필요한 노동력과 군사력의 차원에서 존재의 가치를 겨우 부여받았을 뿐이다. 일부 상류층의 자제를 제외한 대부분의 아동들은 무시되거나 단지 미성숙한 어른으로 여겨지는 정도였다. Hall은 “아이의 운명에 대한 잔인한 무관심(brutal indifference to a child's fate)”이라는 표현으로 아동권리에 대한 무지함을 강조하였다.

### (2) 산업화와 아동복지

산업사회에 접어들면서 이전의 봉건제도 사회가 급속히 붕괴되기 시작하였다. 그러자 대규모의 이농민이 발생하였고 도시인구는 폭발적으로 증가하였다. 그 결과, 과거 사회에서는 찾아보기 힘들었던 빈곤, 실업, 주택문제 등 다양한 사회문제들이 발생하였다. 아울러 아동에 대한 인식 또한 바뀌기 시작하였다. 과거에 아동을 단지 성인의 축소판으로 인식했던 아동관은 아동에 대한 과학적인 연구가 진행되면서 변화하게 되었다. 즉, 아동은 성인과는 다른 욕구와 능력을 가졌고, 생애주기에서 성인기와 구분되는 독특한 시기를 통해 성장한다는 점을 점차 인정하기 시작한 것이다. 영국의 아동복지 발달사는 「빈민법」 제정과 1946년 커티스위원회(The Curtis Commitee) 보고서 및 1948년 「아동법」 제정이 주요 분기점이 된다.

① 빈민법

영국은 1601년 「빈민법(Poor Law Reform Amendment Act)」이 제정되었다. 국가가 빈곤을 책임지는 「빈민법」 제정으로 빈곤아동들은 국가의 보호를 받기 시작하였다. 당시 제정된 「빈민법」에서는 도제제도를 통해 빈곤아동을 구하려고 하였으며, 이를 통해 자립능력을 키워주고자 하였으나 노동력 착취 등의 문제점이 적지 않았다(장인협, 오정수, 1993). 그러나 1834년 개정된 「빈민법」에서는 9세 이하의 아동의 노동을 금지하고 일정 노동시간을 제한하였으며, 장애아동을 위한 특수학교가 설립되기도 하였다.

② 커티스위원회의 보고서

1942년 베버리지 보고서가 영국을 복지국가체제로 진입하는 아동복지에 대한 국가책임을 강조한 계기가 되었다면 커티스위원회의 커티스보고서(1946년)는 영국의 아동정책 및 입법에 중요한 영향을 미쳤다. 2차 세계대전 중 위탁부모로부터 학대받아 살해된 오닐(O' Neil) 사건을 계기로 정상적인 가정생활을 박탈당한 아동들을 보호하기 위한 목적으로 정부에서 커티스위원회를 임명하였다. 이 위원회 보고서는 1948년에 제정된 「아동법(Children's Act)」의 기초가 되었으며 아동국(Children's Department)의 설치를 가져왔다. 커티스위원회 보고서(1946)의 주요원칙은 보호받는 아동을 친부모에게로 회복시키는 것, 수용시설보다는 탈시설(boarding out)을 강조하는 것, 입양에 대한 강조점 등을 포함하고 있다.

### ③ 다양한 아동관련 법 제정

제2차 세계대전을 겪으면서 정상적인 가정에서의 보호를 받을 수 없게 되는 아동들이 속출하자 1945년 「가족수당법(family allowance act)」을 제정하여 부모의 경제적 사회적 지위 등과 무관하게 한 가정에 자녀가 둘 이상으로 16세 미만인 아동에게 1인당 매주 수당을 지급하도록 하였다. 그리고 1948년에 이르러 「아동법」이 제정되게 되었다. 이 법은 보호받는 아동을 다른 일반아동과 같은 권리를 지닌 개인으로 인정하고, 양친이 없는 아동, 유기아동, 부모와 떨어져 사는 아동, 특히 아동부양능력이 없는 부모의 자녀들은 지역사회와 공공단체가 부모의 역할을 담당해야 하는 개념이 확립하였다는 의미를 갖는다. 이 법의 제정으로 아동복지가 보호가 필요한 아동에 대한 보호뿐만 아니라 예방 역시 중요하다는 인식이 생겨났다.

1948년 「아동법」이 수차례의 개정을 거치게 되면서 1989년에 개정된 「아동법」은 부모의 이혼에 따른 아동의 보호, 요보호아동과 가정에 관한 지원 등을 포함한 제반 법률을 하나로 모은 것이다. 개정된 「아동법」은 부모는 자녀의 양육을 책임지며, 법원이나 지방 정부에서 아동보호를 담당할 경우에는 아동의 이익이 우선적으로 고려되어야 한다는 유엔 아동권리협약의 원칙에 의거하고 있다. 또한 아동복지서비스를 민간부분과 공공부분이 역할을 분담하지만 지방정부가 아동복지를 실행하는 과정에서 계획을 수립하고 실행하는 중심적 역할을 하며 민간기관과의 협력이 필수적이라고 보는 기본적인 입장을 가지고 있다.

이 법률의 주된 목적은 첫째, 사법과 공법을 포괄하고, 둘째, 국가의 개입을 통해서 더 나은 아동보호와 부모의 자녀양육을 도모함에 있다. 셋째, 아동과 관련된 법정단체와 부모가 파트너십을 구축하도록 하고, 넷째, 자발적인 참여 및 행동을 촉진한다.

개정된 「아동법」은 현재까지 영국 아동정책의 근간이 되고 있다. 이 법의 주요원칙은 다음과 같다(FWA, 2000). 첫째, 아동복지는 아동의 입장을 충분히 고려하는 것이 최우선되어야 한다. 둘째, 부모의 권리와 의무는 부모의 책임이라는 개념으로 대체되어야 한다. 셋째, 아동은 사법 과정에서 부모와는 독립적으로 법적 당사자가 될 수 있다. 넷째, 지방정부는 아동의 욕구, 보호, 복리 증진을 위해 부여된 의무를 이행해야 한다. 다섯째, 아동과 가족의 서비스를 위해서 지방 정부에게 일정한 의무와 권한을 준다. 여섯째, 법원은 최종 판결을 내리기 전에 여러 가지 요인들을 고려해야 한다. 일곱째, 「아동법」에 명시된 명령은 아동에게 더 나은 환경을 제공하는 것이라는 확신이 있을 경우에만 내려질 수 있다.

#### ④ 슈어 스타트 정책

영국 정부는 미국의 헤드 스타트(Head Start)에 자극받아 빈곤 · 소외계층의 아동의 문제를 극복하기 위해 1999년부터 슈어 스타트(Sure Start) 정책을 시행하였다. 슈어 스타트 프로그램은 빈곤 · 소외계층의 어린이들을 도와 인생의 '확실한 출발'을 보장하고, 더 나아가 영국 내 모든 아동이 보육시설을 이용할 수 있도록 돕는 것을 주 내용으로 한다. 이 정책은 영국의 보육 형편을 개선하는 데 가장 큰 기여를 한 것으로 손꼽힌다.

### (3) 최근의 아동복지

영국은 2000년대에 들어 그 어느 때보다 아동 · 청소년의 교육과 복지에 대한 집중적인 지원정책을 펼쳤다. 2000년에는 빅토리아 클림비(Victoria Climbié)라는 아이가 학대로 사망한 사건으로 인해 기존의 아동보호제도의 한계를 인식하고 'Every Child Matters(2003)' 녹서를 발간하게 된다. 「아동법 2004」는 'Every Child Matters' 녹서를 법률적으로 뒷받침하기 위하여 1989년 「아동법」을 전면 개정하고 시행된 법률이다. 「아동법 2004」는 모든 아동이 어떠한 배경이나 상황에서도 건강하고 안전하며 즐겁게 배울 수 있고, 사회에 기여하며, 경제적 역량을 획득할 수 있도록 필요한 서비스가 제공되어야 한다고 규정한다.

「아동법 2004」에서 주목할 점은 영국에 아동커미셔너(Children's Commissioner for

England)를 임명하도록 한 것이다. 아동커미셔너의 임명은 아동권리모니터링을 수행할 수 있는 기구를 창설해야 한다는 유엔 아동권리위원회의 권고를 수용한 것으로 아동커미셔너는 아동의 권리보호 활동과 옹호활동을 주도한다.

아동커미셔너는 아동의 최선의 이익을 보장하기 위해 노력하며, 아동의 의견을 청취하여 아동을 신체적 · 정신적 위험으로부터 보호하고 아동 자신이 필요로 하는 여가와 교육 활동을 할 수 있도록 하고, 사회적 활동에 적극적으로 참여할 수 있도록 도와 아동의 자립을 지원할 수 있어야 한다고 개정법에서 규정하고 있다. 또 하나 특징적인 것은 지방정부의 역할을 강화하여 그 주도로 아동복지서비스의 전 과정이 계획 · 실행될 수 있도록 구조화시켰다는 것이다. 아동보호와 관련된 업무는 지방정부의 주도하에 처리될 수 있도록 함으로써 아동이 어떠한 위험에 처하더라도 정상적인 발달 상태를 성취하고 유지할 수 있는 기반을 제공할 수 있게 하였다. 지방정부의 모든 공직자, 즉 아동 업무를 담당하는 지방 공직자뿐만 아니라 지역의 성인 대상 업무를 수행하는 공직자들에게도 아동보호의 책임을 부여하고 있다(황옥경, 2010).

이후 「아동수당법(Child Benefit Act 2005)」, 「아동입양법(Children and Adoption Act 2006)」, 「아동청소년법(Children and Young Persons Act 2008)」, 「아동빈곤법(Child Poverty Act 2010)」, 「아동학교가족법(Children, Schools and Families Act 2010)」 등이 제정되어 영국 아동 정책을 뒷받침하였다.

영국은 심각한 재정적자로 인하여 2011년 2월 17일에 '복지개혁법안(Welfare Reform Bill 2011)'을 발표한다. 이는 고소득층에 대한 무상혜택을 축소시키고, 구직 포기자들에 대한 지원을 축소시켜 경제활동에 참여하도록 유도하는 한편, 실업, 주택, 장애 등으로 나누어 지급되던 복지혜택을 가구단위로 통합하여 그 혜택의 수급한도를 규정하였다. 이에 더하여 자녀 양육에 있어 부모들이 국가의 지원에 의존하기보다는 자신의 힘으로 양육할 수 있도록 권장하기 위해 2011년 1월에는 '가족관계 강화, 부모 책임감 장려: 아동 부양의 미래에 관한 자문문서(Consultation Document Strengthening Families,

Promoting Parental Responsibility: the Future of Child Maintenance: Cm 7990)'를 발간하였다. 그리고 2013년부터는 무조건 지급해 온 아동급여를 연봉 44,000파운드(2016년 환율로 약 650만원) 이상 고소득자들은 자격을 제한하고, 혜택을 세 명까지로 제한하기로 하였다(최윤영, 2013).

## 2) 미국의 아동복지

미국의 아동복지는 시대의 요구와 사회적 상황에 따라 관련 법률이나 정책이 논의되거나 제정되어 왔다. 1900년대 초까지 미국은 부모로서 성인이 헌법상 보장된 사생활 보호권의 일부로서 자녀양육권을 가진다는 것이 인정되고, 아동은 단지 부모의 자녀양육권의 대상이자 객체로 여겨졌다. 1960년대를 지나면서 아동은 더 이상 부모에게 귀속된 종속적 권리, 부모에 의해서 대신 행사되는 권리가 아니고 독립되고 주체적인 아동으로 권리를 인정받기 시작하였다.

미국에서 20세기 이전까지 이루어진 아동보호 형태는 요보호아동을 시설에 수용하는 시설보호가 주를 이루었다. 즉, 위험가정으로부터 아동을 격리하는 아동분리를 강조하다가 이후 아동을 원가정에서 보호하도록 하는 가족 보존으로 선회한 후, 최근에는 아동을 고유한 인격체로 받아들이고 이를 위한 다양한 사회적 제도를 마련하여 주어야 한다는 아동권리운동, 지역사회보호로 움직여 왔다(김미숙, 2009).

### (1) 제1차 백악관 회의

미국은 사회적 관심이 국가의 정책적 지지로 이어질 때 법을 제정하고 실행하는 국가이다. '성인의 세기'에서 '아동의 세기'로 변화된 가장 큰 계기가 된 것은 1909년 제1차 백악관 회의(White House Conference)이다. 이 회의에서 당시 루즈벨트 대통령은

200명의 전문가를 백악관으로 초청하여 아동발달에 있어 부모 역할의 중요성과 가정생활의 중요성을 강조하였다. 또한 아동복지 증진을 위한 정부의 책임을 강조하였으며 아동에 대한 국가적 · 법적 보호의 필요성을 공식화하였다.

이 회의 결과를 근거로 중요한 원칙 세 가지를 제시하였는데 다음과 같다. 첫째, 가난하다는 이유로 아동을 가정과 분리할 수 없다. 둘째, 가정과 분리할 경우 최소한 가정과 비슷한 위탁가정을 차선책으로 고려해야 한다. 셋째, 시설보호를 해야 하는 경우에는 소규모 시설, 즉 소숙사(cottage system) 형태의 시설이어야 한다.

제1차 백악관 회의를 계기로 1912년 아동문제를 전담하는 '아동국(Children's Bureau)'이 설립되어 전반적인 아동문제를 담당하게 되었다. 또한 1930년의 제3차 백악관 회의에서는 '아동헌장'을 채택하여 발표하였다.

### (2) 다양한 아동복지제도

미국 최초의 아동 관련 법률은 1875년 뉴욕주에서 제정된 「아동법(Children's Act)」이지만 아동보호 및 가족지원을 위한 국가 차원의 포괄적 법령은 1935년 제정된 「사회보장법(Social Security Act: SCC)」이라고 할 수 있다. 동법에 의거해 요보호아동 가족부조(Aid to Families with Dependent Children: AFDC)를 만들어 아동이 있는 빈곤여성가구주를 지원하도록 하는 가족부조 정책의 기초를 세웠다.

1970년대에 이르러 시민권운동, 여성운동과 더불어 아동권리운동이 전개되었고, 아동학대, 청소년비행, 장애아동 등 요보호아동의 특성별로 다양한 법령체계가 이루어졌다. 그리고 1980년 입양부조와 아동복지법(Adoption Assistance and Child Welfare Act)이 제정되면서 요보호아동에 대한 국가적 개입이 활발하게 이루어졌다. 1980년대 이후 연방정부의 복지재정이 감축되면서 주정부나 지방정부가 개입하도록 하는 새로운 정책 방향에 따라 아동복지에 대한 국가적 지원이 약화되었다. 아동정책은 사회복지 예산 삭감, 적절한 통계자료의 미비, 관련 법들의 상충 등으로 인해 사후복지서비스로 범위가 축소되었으며, 아동문제에 포괄적으로 대처하지는 못하는 것으로 나타났다.

1990년대부터 아동권리운동과 더불어 아동복지의 대상이 요보호아동에 국한되지 않고 일반아동으로 확대되는 보편주의적 아동정책이 도입되었다. 미국은 가족해체가 가장 빈번하게 이루어지는 국가이지만 최근 아동정책의 경향은 개별 아동보다 가족전체를 대상으로 하는 사례관리 방식으로 변환하고 있다.

Chapter 04

# 아동권리와 복지의 정책 및 관련 법

## 배울 내용

1. 아동복지정책
2. 아동복지법
3. 아동복지 관련 법

## 학습목표

1. 아동복지정책을 이해한다.
2. 아동복지법을 설명할 수 있다.
3. 아동복지 관련 법의 과제에 대한 해결 방안을 모색해 본다.

## 개 요

현대사회에서 추구하는 아동에 대한 기본권과 복지권이 인정되고 존중되기까지는 아동복지의 발달과정에도 많은 어려움과 난관이 있었다. 한 사회의 복지수준을 결정하는 요인은 경제수준, 교육수준 및 국가 재원 등의 사회적 여건과 매우 밀접한 관련성이 있는 것처럼 아동권리와 복지도 그 사회가 추구하는 아동에 대한 가치관과 아동복지에 대한 이념 등이 매우 중요하게 작용한다고 할 수 있다. 따라서 본 장에서는 아동복지정책, 아동복지법 및 아동복지 관련 법에 대해 살펴보고 앞으로 나아갈 방향에 대해 모색해 보고자 한다.

04
Chapter

# 아동권리와 복지의 정책 및 관련 법

## 1. 아동복지정책

### 1) 아동복지정책의 개념

일반적으로 사회복지정책은 '국민에게 서비스와 소득을 제공함으로써 국민복지에 영향을 주는 정부의 활동(Malamuth et al., 1955)'을 의미하며, 복지정책은 기본적으로 여러 사람의 요구 중에서 어떤 것을 우선순위로 어떻게 충족시켜 줄 것인지에 대해 결정해야 하기 때문에 본질적으로 정치적이라고 할 수 있다. 이러한 의미에서 아동복지정책은 아동과 부모 그리고 가정에 영향을 주는 모든 정책과 프로그램 및 활동을 의미한다. 따라서 일반정책의 대상이 되는 대다수의 사람에게 영향을 주는 것과 같이 아동복지정책은 대상이 되는 아동과 부모 그리고 가정과 아동복지기관 등에 영향을 주는 국가정책이라고 할 수 있다.

아동복지정책에서 중요한 것은 사회복지정책에 어떠한 영향을 주는 여러 가치들이 아동복지 분야에서는 어떻게 고려될 수 있는가 하는 점이다. 그것은 아동복지를 포함한 모든 사회복지 영역에서 추구하고자 하는 정책 목표를 기본적으로 서비스의 대상자와 그 대상자를 둘러싼 환경과의 조정으로 보기 때문이다. 실제로 아동은 미성숙하므로 일정 기간 동안 일정한 수준의 타인 보호를 절대적으로 필요로 한다. 그럼에도 불구하고 아동은 독립된 인간이므로 이러한 측면은 아동복지정책의 가치 선택과 적용에서 기본적인 고려 사항이 되어야 한다. 예를 들어, 가정에 대한 지지적 사회보장급여나 서비스를 제공하는 아동복지 프로그램은 출생 가정과 부모의 권리를 갖게 하는 관점에서 나온 반면, 위탁가정 입양이나 시설보호 등 대체가정 프로그램은 가정의 유지보다는 아동의 보호가 우선이라는 관점에서 나온 것이다(도미향 외, 2019).

이러한 여러 견해들을 볼 때, 아동복지정책의 개념은 아동의 신체적, 심리적 욕구를 충족시켜 주기 위한 법적 장치와 이에 근거한 서비스를 하기 위한 조직화된 노력으로 볼 수 있다. 그러므로 아동, 가족, 아동복지기관 그리고 이와 관련된 서비스 지원을 위한 종합적인 정책이라고 볼 수 있다. 이 점에서 아동복지정책은 아동복지를 달성하기 위한 지침, 제도, 규칙, 법 그리고 서비스 가이드라인의 총체적 의미이다. 즉, 아동복지정책은 아동복지를 구현하기 위한 정부의 지침과 행동노선 및 계획이라고 할 수 있으며, 여러 가지 아동복지사업을 수행하기 위한 원칙과 방향을 정하거나 계획하는데 지침이 되는 정부의 조직화된 장단기 노력의 표현이라고 정의를 내릴 수 있다.

## 2) 아동복지정책의 관점

아동을 위한 사회복지정책은 개별 국가의 조건에 따라 다양한 가치체계와 목표를 가지고 있다. 각각의 관점은 특정한 시기의 입법과 정책, 실천과 관련되어 있으며 정책분석에서 가장 중요한 기초가 된다. 여기에는 아동복지정책의 목표와 가치체계를 자유방임과 가부장주의 관점, 국가개입주의 관점, 가족과 친권보호의 관점, 아동권리 및 아동해방의 관점으로 나누어 볼 수 있다(김이영 외, 2023).

### (1) 자유방임과 가부장주의 관점

자유방임주의는 아동의 보호에 있어 부모–자녀관계의 프라이버시와 성역은 보호되어야 한다는 입장을 갖는다. 부모는 자신의 방법으로 자녀를 양육할 수 있으며, 자녀의 양육이 부모–자녀관계의 특별한 유대를 가져오며, 그것을 침해를 받아서는 안 되며, 국가의 역할은 최소한으로 제한되어야 한다는 입장이다. 즉, 부모의 보호가 이루어지지 못하는 극단적인 경우에 국가의 개입이 허용되는 것을 원칙으로 한다.

이 관점의 한계는 가족이 아동양육의 의무를 충실하게 수행하지 못하는 경우에도 아동보호의 책임을 일차적으로 가족에게 둠으로써 아동의 복지가 훼손될 위험이 크다는 것이다. 또한 가족의 사회·경제적 위치, 교육환경, 문화수준 등의 불평등한 상황이 아동에게 그대로 반영되어 사회적 불평등을 재생산하는 기반이 된다는 점이다.

### (2) 국가개입주의 관점

국가개입주의는 출생부모의 보호가 항상 최선의 것이 될 수는 없으며, 심각한 해를 초래할 수도 있으며, 자유방임의 관점보다는 높은 기준을 설정하고 일정한 규범과 기준에 미치지 못하는 부모에 대하여 공권력에 의한 처벌을 가할 수도 있다는 인식에 기초한다. 또한 아동은 사회에서 높은 우선순위를 가진 존재이며, 양질의 보호를 받을 권리가 있고, 적절한 처우를 받지 못하는 경우, 필요하다면 법적 강제력을 사용하여서라도 보호되어야 한다. 따라서 부모의 권리는 자유방임의 관점과는 달리 존중되지 못한다. 아동에게 최선의 보호를 제공하는 것이 부모의 의무이지만, 이러한 의무가 충족되지 못하면 아동을 다른 양육의 장으로 옮기는 일에 있어 국가의 역할이 정당화된다.

아동의 복지가 최우선이기 때문에 성인의 욕구, 이해관계와 권리는 필요하다면 희생될 수 있다.

국가개입주의 관점의 가장 명백한 정책적 함의는 국가가 부모-아동관계에 개입할 수 있는 강제력을 가져야 한다는 것이다. 이러한 관점은 국가에 의한 강제적 개입의 법적근거를 확대하는 것을 의미한다. 아동의 복지가 위기의 상황에 처해 있고 부모가 아동을 위하여 더 이상 만족스러운 보호를 제공할 수 없다고 판단될 경우, 부모의 아동에 대한 접근을 봉쇄하는 공권력이 행사될 수 있다.

### (3) 가족과 친권보호 관점

가족과 친권보호 관점은 아동을 부모와 분리된 객체로 보는 국가개입주의 관점과 구분된다. 국가개입주의에서는 부모의 양육은 '아동의 복지를 위한 기여'라는 관점을 지니며 부모의 의무는 중요하지만 부모의 권리는 존중을 받지 못한다. 부모의 양육이 정상적으로 이루어지지 않을 경우, 국가는 타인에게 아동을 맡길 수 있으며, 부모-아동의 유대관계가 상대적으로 덜 강조되는 국가개입주의 관점과는 다르다.

사회복지정책 함의는 부모와 아동에 대한 지지를 강화하여야 한다는 점이다. 국가나 지방정부는 취약가정에 대하여 사회보장제도를 통한 가족수당, 아동을 위한 탁아보호, 기타 지지적 사회사업 서비스를 강화하는 것이다. 그러나 이러한 프로그램은 정상적인 가정위탁서비스보다 훨씬 비용이 많이 소요될 수 있다는 점에서 비판을 받고 있다. 특히 중앙과 지방정부가 복지재정을 긴축시키는 상황에서는 이 관점의 정책적 함의는 현실성이 적다. 정부가 가정에 대한 지원을 강조하지만 그것이 물리적 지원이 아닌 가정의 자율성과 가족내적 책임을 강조하는 한 자유방임의 입장인 경우가 많다.

### (4) 아동권리 및 아동해방 관점

아동권리 및 아동해방 관점은 아동을 하나의 인격적 주체로서 성인과 동일한 권리를 지닌 독립된 인간으로 그 권리를 옹호하자는 것이다. 아동에게 보다 많은 지위를 부여함으로써 성인의 억압으로부터 보호하려는 입장이다. 즉, 아동을 위하여 무엇이 최선인가에 대해 성인의 입장보다 아동 자신의 견해, 느낌, 욕구, 정의, 자유, 선택에 강조점을 둔다. 아동은 타인의 선택과 행위의 객체로서가 아닌 독립적인 자기결정의 능력을 가진 주체로서 간주된다. 국가가 해야 할 일은 아동이 그들의 부모나 다른 성인으로부터 자유로울 수 있도록 보장하는 일이다. 이러한 입장은 국가에 의한 법적 조치의 마련을 요구하기도 하지만, 일단 입법이 되면 국가의 역할은 첫번째 관점인 자유방임의 경우보다 더욱 방임적일 수 있다. 즉, 국가는 극단적으로 아동의 특별한 욕구에 대하여 아무런 행동도 취하지 않는 것일 수 있다.

## 3) 아동복지정책의 내용

우리나라에서 시행하고 있는 사회보장제도는 아동만을 직접적인 대상으로 하고 있지 않으므로 「사회보장기본법」 제3조 제1호에서 정의하는 '사회보장'을 중심으로 살펴보면 다음과 같다(김애란 외, 2023).

우리나라 정부에서 말하는 사회보장이란 출산, 양육, 실업, 노령, 장애, 질병, 빈곤 및 사망 등의 사회적 위험으로부터 모든 국민을 보호하고 국민의 삶의 질을 향상시키는 데 필요한 소득·서비스를 보장하는 사회보험, 공공부조, 사회서비스를 말한다. 여기서 대한민국 「헌법」의 사회적 기본권에 근거해서 제정된 사회보장 관계 법령은 「사회보장기본법」 제3조의 분류에 기초해서 급여의 원인관계와 입법목적을 기준으로 표 4-1과 같이 사회보험법 체계, 공공부조법 체계, 사회복지서비스법 체계, 사회보상법

체계로 구분할 수 있다.

**표 4-1 사회보장 관계 법령의 분류**

| 구분 | 사회보험법 체계 | 공공부조법 체계 | 사회복지서비스법 체계 | 사회보상법 체계 |
|---|---|---|---|---|
| 의의 | 사회적 위험이 발생하기 전에 보험료를 납부해서 보험관계를 성립시키고 사회적 위험이 현재화되면 급여를 지급하는 사회보험에 관한 사항을 규율 | 법적 원인관계를 전제로 하지 않고 순수한 사회정책적 목적에서 지급되는 급여관계를 규율 | 신체적, 정신적인 특수한 상황으로 인해 스스로의 능력으로 인격을 실현하는 데 지장이 있는 집단의 보호를 규율 | 국가유공행위 중에 발생하거나 특별히 공동체 전체에 책임이 귀속되는 개인의 인적·물적 피해에 대한 국가적 차원에서의 보상을 규율 |
| 관련 법률 | 「국민건강보험법」, 「국민연금법」, 「산업재해보상보험법」, 「고용보험법」 등 | 「국민기초생활보장법」, 「의료급여법」 등 | 「아동복지법」, 「노인복지법」, 「장애인복지법」 등 | 「국가유공자 등 예우 및 지원에 관한 법률」, 「범죄피해자 보호법」 등 |

출처: 법제처 생활법령정보포털(www.easylaw.go.kr).

### (1) 사회보험

사회보험에 의한 아동복지정책은 아동을 직접 대상으로 하기보다는 가정의 소득을 지원함으로써 아동복지를 보장하는 경우로 볼 수 있다. 이에 속하는 대표적인 사회보험으로는 사회보장연금, 건강보험, 산재보험, 고용보험을 포함하여 일명 4대 보험이라고 한다. 따라서 사회보험제도는 가족의 노령, 장애, 사망, 질병, 실업, 산업재해 등으로 인한 소득손실을 보완하여 아동의 삶의 질을 보장하는 측면에서 아동복지정책과 관련지어 설명할 수 있다. 이러한 사회보험의 특징은 표 4-2와 같다.

**표 4-2 사회보험의 특징**

| 구분 | 내용 |
|---|---|
| 사회보험 | 사회보장연금, 건강보험, 산재보험, 고용보험 |
| 주요특징 | 강제성, 전 국민 대상, 정부의 관장 및 감독, 보험료(특별세) 기반 운용 |
| 기본원칙 | • 보편적 적용의 원리<br>• 국민의 최저생활 보장<br>• 불평등 완화 및 소득재분배 효과(저소득자에게 유리하도록 설계)<br>• 형평성 보장<br>• 재정운영 방식의 균형성(미래 피보험자가 현재 피보험자에 비해 상대적으로 높은 비율의 보험료를 부담하지 않도록 설계) |

## (2) 공공부조

우리나라 「사회보장기본법」 제3조(정의)에서 공공부조는 '국가 및 지방자치단체의 책임하에 생활유지능력이 없거나 생활이 어려운 국민의 최저생활을 보장하고 자립을 지원하는 제도'라고 규정하고 있다. 선진복지국가에서는 사회보험제도와 함께 사회보장의 일환으로 이 사업을 활발히 진행하고 있다. 대상자에 대한 현금급여 및 기타 서비스로, 대상은 빈민에게 한정되고 급여 혜택은 그 대상자의 재정상태와 욕구에 따라 결정되며 재정은 정부의 일반 세입에서 충당된다. 국민기초생활보장제도에서 제공하는 기초생활보장 수급자의 자녀를 위한 지원은 생계급여, 의료급여, 교육급여 등이 있다. 이러한 공공부조의 특징은 표 4-3과 같다.

**표 4-3 공공부조의 특징**

| 구분 | 내용 |
|---|---|
| 공공부조 | • 최저생활 보장을 위한 현금급여 및 기타 서비스<br>• 재정은 정부의 일반세입에서 충당<br>• 사회보험의 보완 기능 담당 |

| 구분 | 내용 |
|---|---|
| 기본원리 | • 국가 책임의 원리<br>• 생존권 보장의 원리<br>• 최저생활 보장의 원리<br>• 무차별 평등의 원리<br>• 보충성의 원리<br>• 자립조장의 원리 |

### (3) 사회복지서비스

사회복지서비스는 국가 및 지방자치단체, 민간부문의 지원을 통해 모든 국민을 대상으로 상담, 재활, 직업 소개 및 훈련, 사회복지시설의 이용 등을 제공함으로써 정상적인 생활이 가능하도록 제도적으로 지원하는 것을 말한다. 아동복지서비스는 「아동복지법」, 「청소년기본법」, 「영유아보육법」 등을 근간으로 제공되고 있다. 서비스의 내용은 시설아동, 장애아동, 다문화가정의 아동, 빈곤아동, 한부모가정의 아동 등을 대상으로 아동·청소년 보호서비스, 아동학대 예방 및 방지서비스, 상담 및 위기서비스, 발달 재활 및 상담서비스, 언어발달 지원서비스, 건강관리지원서비스, 자립지원서비스, 보육서비스, 방과후 서비스 등이다.

### (4) 아동수당

아동수당은 「아동수당법」(2018년 9월 시행)에 기초하여 마련된 아동복지정책으로 아동양육에 따른 경제적 부담을 경감하고 아동의 건강한 성장 환경을 조성하며, 아동양육에 대한 국가의 책임성을 강화하려는 취지가 있다. 그동안 아동은 우리 사회의 소중한 구성원이자 미래 사회를 책임지게 될 중요한 세대임에도 불구하고 아동에 대한 재정적·정책적 지원에는 소극적이었다.

당초 이 법은 6세 미만 아동을 대상으로 보호자와 그 가구원의 경제적 수준을 고려하여 아동수당을 지급하도록 하였으나, 아동수당의 도입취지가 모든 아동이 누려야 할 기본적 권리와 복지의 증진 및 미래 세대인 아동에 대한 사회적 투자라고 볼 때, 아동수당을 경제적 수준을 고려하여 선별적으로 지급하는 것이 적절하지 않다는 문제 제기가 있었다. 이에 일부 개정(2022년 4월)이 이루어져 아동수당의 본질적인 의미를 살리고 모든 아동이 기본적인 권리와 복지를 누릴 수 있도록 경제적 수준과 상관없이 모든 8세 미만 아동 가구에게 아동수당을 지급하고 있다.

「아동수당법」은 만 6세 미만의 모든 아동을 대상으로, 아동에게 아동수당을 지급하여 아동양육에 따른 경제적 부담을 경감하고 건강한 성장 환경을 조성함으로써 아동의 기본적 권리와 복지를 증진함을 목적으로 총 6장 26개 조문으로 구성되어 있다.

## 4) 아동복지정책의 방향

아동복지정책은 유엔 아동권리협약을 기초로 하여 아동의 생존 · 보호 · 발달 · 참여의 권리에 대하여 문제해결 중심의 사후 · 치료적 접근에서 권리주체로서 아동으로 인식하고 개별화된 다양한 요구를 맞추기 위한 정책 방향으로 전개되고 있다(김애란 외, 2023).

### (1) 유엔 아동권리협약의 이해

유엔 아동권리협약(Convention on the Rights of the Child: CRC)은 18세 미만 아동의 모든 권리를 담은 국제적인 약속으로 1989년 11월 20일 유엔에서 만장일치로 채택되었다. 우리나라를 포함해 지구촌의 196개국(2019년 기준)이 함께 한 약속으로 아동이 건강하게 자라나기 위해 꼭 필요한 권리를 구체적으로 제시하고 있다. 이 약속에 참여한 국가는 아동의 권리를 지키기 위해 노력해야 하며, 아동의 권리를 얼마나 지켜 주었는지를 유엔에 정기적으로 보고해야 한다. 이를 위해서 아동권리모니터링제도를 운영하고 있는데, 유엔 아동권리협약에서 약속한 권리가 잘 지켜지고 있는지를 살펴보고, 아동에게 가장 좋고, 이익이 되도록 의견을 제시하는 모든 활동을 말한다. 더불어 아동권리에 대해 보다 많은 사람들이 이해하도록 교육을 실시하고, 아동과 관련된 법이 수정되고 만들어지도록 노력하는 등 아동의 권리증진을 위한 다양한 옹호활동을 포함하고 있다.

### (2) 우리나라의 아동정책 기본방향

정부는 2012년 8월, 「아동복지법」을 개정 · 시행하여 아동정책에 대한 범정부 차원의 중장기계획 수립 근거(「아동복지법」 제7조)를 마련하고, 관계부처 합동으로 아동을 대상으로 하는 "제1차 아동정책기본계획(2015~2019)"을 수립하였다. 아동정책기본계획은 「아동복지법」 제10조에 근거한 '아동정책조정위원회'에서 수립되며, 아동의 권익 및 복지증진 등을 심의하는 아동정책분야 의결기구로서, 국무총리, 관계부처 장관, 민간위원 등 총 25인 이내로 구성된다.

제1차 기본계획은 생애주기에서 아동기가 가장 행복한 시기가 될 수 있도록 하고, 모든 영역에서 아동을 권리의 주체로 인정하여 아동의 권리가 온전하게 실현되도록 한다는 의미를 담았다. 이를 위해 경제협력개발기구(OECD) 국가 중 최하위인 아동의 "삶의 만족도"와 "주관적 행복지수"를 10년 내 OECD 국가 평균 수준으로 향상시키고, 유엔아동권리협약의 중요 원리인 '아동 최우선의 원칙'을 실현시킬 수 있는 기반을 조성하는 것을 핵심 목표로 설정하였다. 아동정책에 대한 기본방향, 추진목표, 분야별 주요 시책, 재원조달방안 등을 포함하며, 유사 분야 중장기 계획과 추진연도를 조정, 정책방향의 일관성을 확보하게 되었다.

그리고 우리나라는 세계 10위권 경제대국, 30-50 클럽 7번째 국가에 가입하는 등 경제적 성장에도 불구하고 국민 개개인의 행복 수준은 낮은 편이고, 그동안 제1차 아동정책 기본계획(2015~2019) 수립 · 추진으로 아동의 보편적 복지 확대 등의 노력을 하였지만 아동의 행복수준 향상에는 한계를 가지고 있었으며, 코로나 19와 같은 대규모 감염병 재난 발생으로 인한 사회변화도 고려할 필요성이 제기되었다.

따라서 "제2차 아동정책 기본계획(2020~2024)"을 통해 '아동 중심', '권리 주체'라는 기조가 정책 전반에 뿌리내리도록 하고, 코로나 19 등 재난이 아동 삶에 미치는 부정적 영향을 최소화할 수 있는 방안을 모색하고 있다. 제2차 아동정책 기본계획의 구체적인 내용은 그림 4-1과 같다.

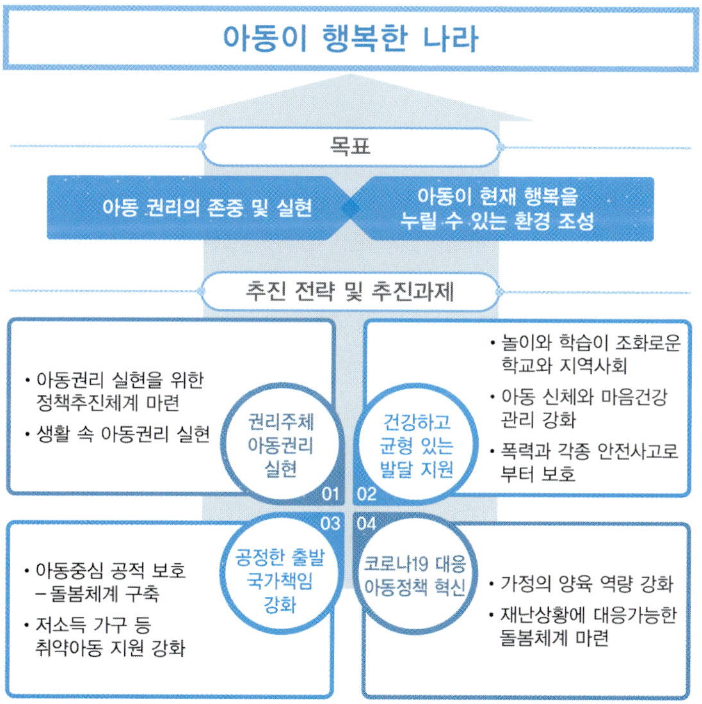


**그림 4-1 제2차 아동정책 기본계획**

출처: 관계부처합동(2020). 제2차(2020~2024) 아동정책 기본계획.

제2차 아동정책 기본계획은 '아동이 행복한 나라'의 비전 아래 아동권리의 존중 및 실현, 아동이 현재 행복을 누릴 수 있는 환경조성이라는 목표를 설정하고 있다. 이러한 목표를 달성하기 위해 권리주체 아동권리 실현, 건강하고 균형 있는 발달지원, 공정한 출발 국가책임 강화 및 코로나 19 대응 아동정책 혁신이라는 추진전략을 설정하고 있다.

그리고 보건복지부는 2024년 12월 제3차 아동정책 기본계획(2025~2029)을 위한 기획단 자문위원회를 개최하였는데, 2020년 발표된 제2차 아동정책 기본계획은 '아동이 행복한 나라'를 비전으로 하여 2024년 출생통보 · 위기임신 보호출산제 도입 등 많은 성과를 이루어냈다고 평가하면서 제3차 아동정책 기본계획이 현장중심, 아동중심으로 수립될 수 있도록 노력을 기울이고 있다.

## 2. 아동복지법

### 1) 아동복지법의 개념

「아동복지법」은 아동이 건전하게 출생하여 행복하고 건강하게 육성되도록 그 복지를 보장하는 것을 목적으로 하는 법이다(동법 제1조). 이것은 구법인 「아동복리법」이 요보호아동을 위한 적극적인 대책을 중심으로 입법된 것을 보완하여 요보호아동뿐만 아니라 일반아동의 건전한 육성을 위한 적극적인 복지대책을 실시하려는 데에 그 실질적 의의가 있다.

산업화가 될수록 가정에서 부모의 양육 기능은 점점 약화되는 반면, 사회 및 국가의 책임은 무거워져서 국가는 아동복지의 책임을 다하기 위해 여러 가지 정책을 입안하게 되며, 입안된 정책은 관계 법률의 공포를 통해서 실현된다. 아동복지의 경우에도 아동복지를 실천하고, 아동정책을 수립하기 위한 법적 장치로서 법규를 마련해야 하고, 이때 아동복지는 단일한 법으로 전반적인 아동복지정책을 실시할 수 없으므로 관련 법규들이 통합적으로 실시되어야 한다.

오늘날 아동을 둘러싼 가족의 구조와 기능, 그리고 가족관계의 양상도 크게 달라졌고, 아동이 생활하는 이웃, 학교, 전체 사회의 구조 · 기능 · 양식도 크게 변화되었기 때문에 개개 가정에서 부모의 노력과 능력만으로는 아동의 건강한 양육과 건전한 육성이 불가능한 시대가 되었다. 따라서 전체 사회의 부모 · 전체 사회의 구성원과 국가가 모두 함께 협력하여 공동의 노력과 책임으로 아동의 건강한 양육을 이루어 내지 않으면 안되게 되었다. 특히 아동의 문제는 가급적 조기에 문제해결을 시도하는 쪽이 효과적이고 그래야만 다음 세대의 건강하고 진취적이고 창의적인 국민을 형성하고 육성할 수 있다는 이념이 본 법의 기초를 이루는 정신이라고 볼 수 있다.

## 2) 아동복지법의 역사적 변천과 개요

아동복지행정을 규율하는 기본이 되는 법령은 「아동복지법」이다. 2000년 개정된 「아동복지법」은 그동안의 「아동복지법」의 문제점을 대폭 수용하여 대대적인 법개정을 하였다. 그간의 아동복지 관련 법의 변천과 2000년에 개정된 「아동복지법」의 개요를 살펴봄으로써 「아동복지법」의 내용을 검토하고자 한다. 「아동복지법」의 이념과 「아동복지법」이 가지고 있는 아동복지행정 조직 등의 내용은 다음과 같다.

### (1) 6 · 25 전쟁 후의 아동복지

6 · 25 전쟁은 아동들에게 가장 큰 불행이었으며 휴전당시의 전국의 시설수가 이미 440여 개소로 급증하였고 수용 아동만도 53,964명에 달할 정도였다. 이러한 상황에서 아동복지는 국가와 외국 원호단체에 크게 의존할 수밖에 없었다. 당시의 사회부는 이렇게 급증하는 아동복지의 필요성에 따라 1952년 10월 4일 장관 훈령인 "후생시설 운영 요령"을 시달하여 후생시설 운영과 지도 감독의 준칙으로 삼았다. 이 훈령은 종전, 후생시설의 설립이 등록제였던 것을 도지사의 인가로 설립할 수 있게 함으로써 지도 감독의 실질적 효과를 거둘 수 있게 한 점이 특이하다. 또한 1957년에는 5월 5일 어린이날을 기하여 보건사회, 내무, 법무, 문교의 4부 장관 공동 명의로 전문과 9개 조항으로 된 "대한민국 어린이헌장"을 선포하여 어린이의 기본 인권을 존중하고 이들이 건전히 자라기 위한 사회적 책무를 강조하였다. 이를 계기로 요보호아동뿐만 아니라 전체 아동의 복리증진이라는 현대적 의미와 아동복지 사상이 우리나라에 도입된 것이다.

이 시기의 아동복지 업무는 1955년 2월 17일 사회부와 보건부가 통합되기 전에는 사회부 사회국 산하에서, 통합 후에는 원호국에서 관장하였으나 1957년 9월 9일 보건사회부 직제가 개편되면서 부녀국에 아동과가 새로이 신설되어 아동문제만의 전담 행정체계를 처음으로 갖추게 되었다.

### (2) 1961년 아동복리법

1961년 군사정부는 당시까지는 「고아입양특례법」 등으로 분산 시행되던 아동복지에 대한 최초의 통합화를 시도하여 전문 29개조의 「아동복리법」을 제정하였다. 그러나 당시의 「아동복리법」은 아동을 건강하게 육성시킨다는 보편적 이념하에 제정되었다기보다는 당시의 사회 상황을 염두에 두고 요보호아동과 요보호임산부를 그 대상으로 제정되었던 것이다. 대상의 한계는 물론이고 구체적으로 어떠한 보호를 필요로 하며, 어떠한 방법으로 보호하는지에 대한 명확한 규정도 없다는 비판을 받았다.

### (3) 1981년 아동복지법

과거의 「아동복리법」은 1981년 「아동복지법」으로 전문 개정되었는데, 이것은 국가의 아동복지에 대한 노력을 반영한 것이라고 할 수 있다. 「아동복지법」은 아동보호의 대상으로 요보호아동에서 일반아동으로 확대시켰으며 아동복지에 대한 국가와 국민의 책임 조항을 신설하였고, 종래 특별시와 도에만 배치했던 아동복지요원을 시 · 군 · 구에까지 확대 배치하여 아동복지의 현실화를 도모하였다. 또한 아동에 대한 금지 행위의 처벌 규정을 강화하였고, 시설수용아동이 18세가 되면 무조건 퇴원시키던 것을 기간을 연장하여 보호받을 수 있도록 하였다는 점에서 아동에 대한 보다 적극적인 국가의 보호를 명문화하였다.

### (4) 2000년 개정 아동복지법

2000년에는 학계와 그 동안의 관련 단체들의 견해를 받아들여 「아동복지법」을 다시 대폭 개정하였다. 새로이 개정된 법은 보호의 대상을 "보호를 필요로 하는 아동"이라고 명문화하여 누구든지 장기간 혹은 단기간 보호가 필요한 경우 이 법에 명시된 보호를 요청할 수 있도록 하였다. 특히 아동학대와 관련하여 이 법의 주요 내용으로 규정하였다(제2조). 구체적으로는 아동보호전문기관(제25조)을 명시하였으며, 아동학대의 발생 신고의 의무와 그 절차(제26조)와 긴급조치(제27조, 제28조 등)를 명확히 하고 있다. 이 법에 따라 아동복지시설은 보호가 필요한 아동의 적절한 환경을 만들어 줄 수 있게 되었다.

### 3) 아동복지법의 내용

「아동복지법」은 전문, 75조와 부칙으로 되어 있다. 주요 내용은 아동복지의 대상과 책임, 아동에 관한 금지행위, 아동복지위원회와 아동상담소를 비롯한 아동복지시설의 설치와 운영, 각종 단체의 육성 및 아동복지기관에 대한 국가의 비용보조 등에 관한 사항이며, 구체적인 내용은 다음과 같다.

첫째, 아동은 자신 또는 부모의 성별과 연령, 종교, 사회적 신분, 재산, 장애유무, 출생지역 등에 따른 어떠한 종류의 차별도 받아서는 안되며, 안정된 가정환경에서 행복하게 자라야 한다. 또한 아동과 관련된 모든 활동에서 아동의 이익이 최우선적으로 고려되어야 한다.

둘째, 아동의 보호자는 아동의 성장과 발달에 적합하도록 건강하고 안전하게 양육하여야 하며, 모든 국민은 아동의 권익과 안전을 존중하여야 한다. 국가와 지방자치단체는 아동의 건강과 복지증진을 위한 시책을 실행하여야 하는데, 즉 아동학대에 대한 긴급신고전화를 설치하고 아동보호전문기관을 설치하여야 하며, 또한 아동복지단체를 지도 및 육성할 수 있다.

셋째, 시 · 군 · 구에 아동위원과 아동복지지도원을 둔다. 국가는 아동복지시설과 아동용품에 대한 안전기준을 설정하여야 한다. 시 · 도지사 또는 시장 · 군수 · 구청장은 요보호아동에 대한 최상의 보호조치를 하여야 하며, 아동의 친권자가 친권을 남용하는 등의 사유가 있을 시에는 법원에 친권행사의 제한상실의 선고를 청구하거나 후견인의 선임을 청구하여야 한다.

넷째, 아동복지시설의 종류는 아동양육시설, 아동일시보호시설, 아동보호치료시설, 아동직업훈련시설, 자립지원시설, 아동단기보호시설, 아동상담소, 아동전용시설, 아동복지관 등으로 한다. 아동복지시설은 종합적인 시설의 설치가 가능하며, 각 시설의 고유업무 외에도 아동가정지원사업, 아동주간보호사업, 아동전문상담사업, 학대아동보호사업, 공동생활가정사업, 방과후 아동지도사업 등의 업무가 가능하다. 이러한 아동복지시설에는 필요한 전문인력을 배치하여야 한다.

## 3. 아동복지 관련 법

아동복지 관련 법의 법적 체계는 사회복지의 하위 법적 체계로서 아동복지의 전 분야를 포괄적으로 다루는 단독법을 제정하는 경우와 아동복지의 기본방향을 설정하는 법과 함께 아동복지 분야의 다양성에 따라 여러 관계 법을 제정하는 경우로 구분할 수 있다.

아동복지 관련 법은 아동복지사업을 실천하기 위한 사회적 책임을 명문화한 것으로서, 아동복지사업 실천의 근거가 된다. 또한 이러한 아동복지 관련 법은 아동과 가족의 욕구와 요구에 부응하는 각종 사회복지대책을 제공하는 근거가 된다. 따라서 아동은 한 나라의 국민으로서 누려야 할 여러 가지 권리, 즉 「헌법」에서 규정하고 있는 행복추구권(제10조), 평등권(제11조), 신체의 자유권(제12조), 교육권(제31조), 인간다운 생활을 할 권리(제34조), 쾌적한 환경에서 생활할 권리(제35조), 보건권(제36조) 등을 보장하기 위해 그 하위법으로서 아동복지 관련 법을 제정 및 시행하도록 조치하고 있는 것이다.

아동복지 관련 법은 형식적 의미의 「아동복지법」과 실질적 의미의 아동복지 관련 법으로 구분하여 살펴볼 수 있다. 형식적 의미의 「아동복지법」은 법의 외적 형식을 갖춘 제반 법규로써 「아동복지법」을 의미한다. 이에 반해 실질적 의미의 아동복지 관련 법이란 법의 명칭과 관계없이 법의 내용, 목적, 기능에 따라 그 법규범에 내재하는 공통된 법 원리를 도출하고 그 법원리에 근거하여 「아동복지법」의 개념을 파악하는 것이다.

아동복지 관련 법의 체계는 사회복지 관련 법의 하위체계로서 아동복지와 관련된 법의 총체 또는 아동복지와 직·간접적으로 관련이 있는 법을 말한다. 구체적으로 아동복지 관련 법으로는 「영유아보육법」, 「한부모가족지원법」, 「청소년기본법」, 기타 아동·청소년 관련 법(「청소년보호법」, 「아동·청소년의 성보호에 관한 법률」, 「입양촉진 및 절차에 관한 특례법」, 「성매매방지법」, 「윤락행위 등 방지법」) 등이 있다.

## 1) 영유아보육법

영유아를 보호하고 교육함으로써 건강한 사회구성원으로 육성하는 동시에 보호자의 경제적·사회적 활동을 보장하여 가정복지 증진에 기여할 목적으로 제정된 법률이다. 1991년 1월 14일 법률 제4328호로 제정되었으며, 제1장 총칙, 제2장 보육시설의 설치, 제3장 보육시설 종사자, 제4장 보육시설의 운영, 제5장 건강·영양 및 안전, 제6장 비용, 제7장 지도 및 감독, 제8장 보칙, 제9장 벌칙 등 전문 56조와 부칙으로 이루어져 있다.

이 법에서 '영유아'란 6세 미만의 취학 전 아동을 말하며, '보육'이란 영유아를 건강하고 안전하게 보호·양육하고 영유아의 발달 특성에 맞는 교육을 제공하는 보육시설 및 가정양육 지원에 관한 사회복지서비스를 말한다(제2조). 보육은 영유아의 이익을 최우선적으로 고려하여 제공되어야 하며(제3조), 모든 국민은 영유아를 건전하게 보육할 책임을 진다(제4조).

보육시설을 설치·운영하려는 자는 보건복지부령으로 정하는 설치기준을 갖추어야 하는데(제15조), 미성년자·금치산자 또는 한정치산자, 정신질환자, 마약·대마 또는 향정신성 의약품 중독자, 파산선고를 받고 복권되지 않은 자, 금고 이상의 실형을 선고받고 그 집행이 종료되거나 집행이 면제된 날부터 5년이 경과되지 않은 자, 금고 이상의 형의 집행유예를 선고받고 그 유예기간 중에 있는 자 등은 보육시설을 설치·운영할 수 없다(제16조).

보육시설의 장은 보육시설을 총괄하고 보육교사와 그 밖의 종사자를 지도·감독하며 영유아를 보육하며(제18조), 시장·군수·구청장은 보육시설 종사자의 권익 보장과 근로여건 개선을 위해 보육시설 종사자의 임면과 경력 등에 관한 사항을 관리해야 한다(제19조). 보육시설의 장 또는 보육교사는 다른 사람에게 자기의 성명이나 보육시설의 명칭을 사용해 보육시설의 장 또는 보육교사의 업무를 수행하게 하거나 자격증을 대여해서는 안 된다(제22조의 2).

국가나 지방자치단체는 「국민기초생활보장법」에 따른 수급자와 보건복지부령으로 정하는 일정 소득 이하 가구의 자녀 등의 보육에 필요한 비용의 전부 또는 일부를 부담해야 하며(제34조), 보육시설이나 「유아교육법」 제2조에 따른 유치원을 이용하지 않은 영유아에 대하여 영유아의 연령과 보호자의 경제적 수준을 고려하여 양육에 필요한 비용을 지원할 수 있다(제34조의 2). 초등학교 취학 직전 1년의 유아와 장애아에 대한 보육은 무상으로 하되, 대통령령으로 정하는 바에 따라 순차적으로 실시한다(제35조).

## 2) 한부모가족지원법

「한부모가족지원법」은 제1장 총칙, 제2장 복지의 내용과 실시, 제3장 한부모가족복지시설, 제4장 비용, 제5장 보칙 등 전문 31조와 부칙으로 이루어져 있다. 1989년 4월 1일 법률 제4121호에 의해 「모자복지법」으로 제정되었다가 2002년 12월 18일 법률 제6801호로 「모·부자복지법」으로 개정되었고, 2007년 10월 17일 법률 제8655호에 따라

「한부모가족지원법」으로 명칭이 변경되었다.

이 법에서 사용하는 '한부모가족'이란 모자가족 또는 부자가족을 말하며, '아동'이란 18세 미만(취학 중인 경우에는 22세 미만을 말함)의 자를 말한다(제4조). 이 법에 따른 보호대상자 아동의 연령을 초과하는 자녀가 있는 한부모가족의 경우 그 자녀를 제외한 나머지 가족구성원을 보호대상자로 한다(제5조). 보호대상자 또는 그 친족이나 그 밖의 이해관계인은 복지급여를 관할 특별자치도지사 · 시장 · 군수 · 구청장에게 신청할 수 있으며(제11조), 국가나 지방자치단체는 생계비 · 아동교육지원비 · 아동양육비, 그밖에 대통령령으로 정하는 비용 등의 복지급여를 실시해야 한다(제12조).

국가 또는 지방자치단체는 한부모가족의 모 또는 부와 아동의 직업능력을 개발하기 위해 능력 및 적성 등을 고려한 직업능력개발훈련을 실시해야 하며(제14조), 한부모가족의 모 또는 부와 아동의 취업 기회를 확대하기 위해 한부모가족 관련 시설 및 기관과 직업안정기관 간 효율적인 연계를 도모해야 한다(제14조의 2). 또한 공공시설에 각종 매점 및 시설의 설치를 허가하는 경우, 이를 한부모가족 또는 한부모가족복지단체에 우선적으로 허가할 수 있다(제15조).

국가나 지방자치단체는 한부모가족에게 아동의 양육 및 교육서비스, 장애인 · 노인 · 만성질환자 등의 부양서비스, 취사 · 청소 · 세탁 등 가사서비스, 교육 · 상담 등 가족 관계 증진서비스, 인지청구 및 자녀양육비 청구 등을 위한 법률상담 · 소송대리 등 법률구조서비스 등을 제공하도록 노력해야 하며(제17조), 학교에서의 학적 유지를 위한 지원 및 교육비 지원 또는 검정고시 지원, 학력인정 평생교육시설에 대한 교육비 지원, 학습부진아 등에 대한 교육 지원 등을 할 수 있다(제17조의 2).

한부모가족복지시설을 설치 · 운영하는 자는 시 · 도지사 또는 시장 · 군수 · 구청장으로부터 한부모가족복지시설에 한부모가족을 입소보호하도록 위탁받으면 정당한 사유 없이 이를 거부하지 못한다(제21조). 거짓이나 그 밖의 부정한 방법으로 복지급여를 받거나 타인으로 하여금 복지급여를 받게 한 경우 복지급여를 지급한 보호기관은 그 비용의 전부 또는 일부를 그 복지급여를 받은 자 또는 복지급여를 받게 한 자로부터 징수할 수 있다(제25조의 2). 이 법에 따라 지급된 복지급여와 이를 받을 권리는 다른 사람에게 양도하거나 담보로 제공할 수 없으며, 다른 사람은 이를 압류할 수 없다(제27조).

## 3) 청소년기본법

청소년에 대한 법적 사항을 담고 있는 법률로서, 1991년 12월 31일 법률 제4477호로 제정되어 개정을 거쳐 현재에 이르고 있으며, 제1장 총칙, 제2장 청소년육성정책의 총괄조정, 제4장 청소년 시설 등 전문 66조와 부칙으로 구성되어 있다.

이 법에서 사용하는 '청소년'이란 9세 이상 24세 이하의 자를 말하며, '청소년 육성'이란 청소년 활동을 지원하고 청소년의 복지를 증진하며 근로 청소년을 보호하는 한편, 사회 여건과 환경을 청소년에게 유익하도록 개선하고 청소년을 보호하여 청소년에 대한 교육을 보완함으로써 청소년의 균형 있는 성장을 돕는 것을 말한다(제3조).

청소년의 기본적 인권은 청소년 활동 · 청소년 복지 · 청소년 보호 등 청소년 육성의 모든 영역에서 존중되어야 하며(제5조), 가정은 청소년 육성에 관해 1차적 책임이 있음을 인식하고, 따뜻한 사랑과 관심을 통해 청소년이 개성과 자질을 바탕으로 자기발전을 실현하고 국가와 사회의 구성원으로서의 책임을 다하는 후계세대로 성장할 수 있도록 노력해야 한다(제6조).

청소년육성정책은 여성가족부장관이 관계 행정기관의 장과 협의하여 총괄 · 조정하며(제9조), 국가는 청소년 육성에 관한 기본계획을 5년마다 수립해야 한다(제13조). 청소년의 능동적이고 자주적인 주인의식을 고취하고 청소년 육성을 위한 국민의 참여 분위기를 조성하기 위해 매년 5월을 청소년의 달로 한다(제16조). 국가 및 지방자치단체는 청소년 단체의 조직과 활동에 필요한 행정적인 지원을 할 수 있으며, 예산의 범위 안에서 그 운영·활동 등에 필요한 경비의 일부를 보조할 수 있다(제28조).

국가 및 지방자치단체는 청소년의 가출 및 비행을 예방하고 이들의 건전한 사회복귀를 돕기 위해 필요한 복지적 지원을 제공하고(제50조), 청소년에게 유해한 매체물과 약물 등이 유통되지 않도록 해야 한다(제52조).

Chapter 05

# 아동복지행정서비스

## 배울 내용

1. 아동복지행정의 개념
2. 아동복지전달체계
3. 아동복지행정의 전달체계

## 학습목표

1. 아동복지행정의 개념을 설명할 수 있다.
2. 아동복지전달체계를 설명할 수 있다.
3. 아동복지행정의 전달체계를 설명할 수 있다.

## 개 요

아동복지행정이란 아동복지정책의 제반활동을 조직하고 관리하는 것으로 한 사회가 추구하는 아동복지이념이나 정책적 목표들을 구체적인 서비스로 전환시키는 총제적인 과정이라고 할 수 있다. 이는 아동복지행정에 대한 광의의 개념에 해당되는 한편, 협의의 개념에서는 행정을 하나의 실천방법으로 볼 수 있다. 즉, 아동복지조직의 목표달성을 용이하게 하기 위해 관리자에 의해 수행되는 상호의존적인 과업과 기능 및 관련 활동 등을 위한 체계적인 개입과정으로도 볼 수 있다. 그러나 오늘날 아동복지사업은 정부 부처나 지방자치단체 및 각종 아동단체와 관련된 기관들을 통해 아동에게 적절한 서비스로 전달되기 때문에 아동복지행정은 협의의 개념보다는 광의의 개념으로 받아들여지고 있다. 본 장에서는 아동복지행정의 개념, 아동복지전달체계 및 아동복지행정의 전달체계에 대해 살펴보고자 한다.

05
Chapter

# 아동복지행정서비스

## 1. 아동복지행정의 개념

### 1) 아동복지행정의 개념

아동복지행정이란 아동복지조직과 아동복지 전문인력들이 서비스를 효과적으로 기획 · 실천 · 평가하도록 지원해 주는 것으로서, 아동복지 관련 법과 아동복지정책에 따라 다양한 조직을 통해 아동복지서비스를 복지 대상자에게 효과적으로 제공하는 데 기여하는 것을 목적으로 한다. 따라서 아동복지행정은 아동의 사회복지를 증진하기 위하여 아동복지정책으로 표현된 추상적인 것을 실제적인 아동복지서비스로 전환하는 공공과 민간의 전 과정을 의미하는 동시에, 단순히 기술적 방법론이면서 아동복지 조직을 관리 · 운영하는 독특한 성격을 지니고 있다고 할 수 있다. 다시 말해 아동복지행정은 사회복지조직과 전문 인력이 아동복지서비스를 효과적으로 기획 · 실천 · 평가할 수 있도록 지원하는 것이다. 따라서 아동복지행정은 아동복지정책을 실질적인 아동복지서비스로 전환하는 과정이면서 아동복지조직을 운영·관리하는 성격을 지닌다.

이러한 아동복지행정은 협의의 개념과 광의의 개념으로 구분할 수 있는데, 협의의 개념은 행정을 하나의 실천방법으로 보며, 사회복지조직의 목표 달성을 용이하도록 관리자에 의해 수행되는 상호의존적인 과업과 기능 및 관련활동 등의 체계적 개입 과정을 의미하고, 광의의 개념은 행정을 조직의 모든 활동 과정에 다양하게 기여하는 조직 구성원들의 협동적·조정적 노력으로 보며, 사회정책을 사회복지서비스로 전환시키는데 필요한 사회복지조직에서의 총체적인 활동을 의미한다. 즉, 사회복지조직에서의 총체적 활동을 의미하는 것으로 목표 달성의 책임이 조직의 모든 구성원들에게 공유되며, 따라서 사회복지조직 내의 모든 활동은 그것이 개인적 차원이든 조직적 차원이든 행정과정에서 매우 중요하다는 것을 강조함으로써 행정의 개념을 보다 민주화에 두고 있다. 오늘날 사회복지는 국가의 주요한 제도로 발전하고 있고, 이에 따라 사회복지서비스도 공적, 사적 사회복지 조직을 통해 전달되고 있다.

이와 같은 아동복지행정의 특성은 세 가지로 구분하여 살펴볼 수 있다(김성경, 김혜영, 2021). 첫째, 아동복지행정은 아동복지에 대한 국가가 책임을 지는 규정에 근거하여 아동복지정책을 실현함으로써 아동과 가족의 복지 욕구를 충족하는 방법이다. 그러므로 국가의 행정 이념에 따라 아동복지행정이 결정되며, 아동복지 관련 법에 근거하여 아동복지가 실행된다. 둘째, 아동복지행정은 아동복지 목표를 달성하기 위한 총괄적인 과정으로서 아동복지정책을 실현하기 위한 계획, 운영, 평가 등에 관련된다. 셋째, 아동복지행정은 서비스로서 아동과 가족에게 직접 아동복지서비스를 전달해야 한다. 아동복지서비스를 전달하거나 받는 대상이 모두 인간이므로 아동복지행정에서 인간관계는 매우 중요한 요소이다. 또한 아동복지서비스를 전달하는 전문가 및 사회복지 종사자가 필요하며, 이들의 인간관계 기술은 아동복지서비스 효과성에 큰 영향을 미친다는 것이다.

한편 현재 우리나라 아동복지행정의 현황과 문제점을 살펴보면 다음과 같다(이병렬

외, 2019). 첫째, 인구 감소로 인해 도시소멸의 위기에 처해 있다는 것이다. 초저출산 및 고령화에 따라 생산가능인구가 감소하고 있는데, 이러한 인구구조 변화는 가족의 구조 변화를 초래하므로 아동복지정책이 포괄적인 서비스 제공의 개념으로 확대되었다. 둘째, 아동복지 관련 정책은 법에 따라 부처가 나누어져 있고, '아동'의 정의도 상이하다. 예를 들어, 「아동복지법」과 「입양특례법」에서 아동은 18세 미만으로 구분되며, 「아동수당법」에서 아동은 7세 미만으로 구분된다. 그리고 「청소년기본법」에서는 아동이 아닌 청소년의 용어로 규정되어 있으며, 9세 이상 24세 이하로 정한다. 또한 「유아교육법」에서는 만 3세부터 초등학교 취학 전 유아, 「영유아보육법」에서는 6세 미만의 취학 전 아동 등으로 구분되어 있다.

따라서 우리나라 아동복지 현황과 문제점에 따라 아동에 대한 복지를 체계화하여 통합적으로 접근할 수 있는 아동기본법을 마련할 필요가 있다. 또한 아동의 참여를 도모할 수 있는 아동복지 기반과 서비스 체계를 갖추어야 한다.

## 2) 아동복지행정의 전제조건

아동복지행정의 전제조건은 그림 5-1과 같이 효과성, 효율성, 공평성 및 편익성(접근성)으로 구분할 수 있다.

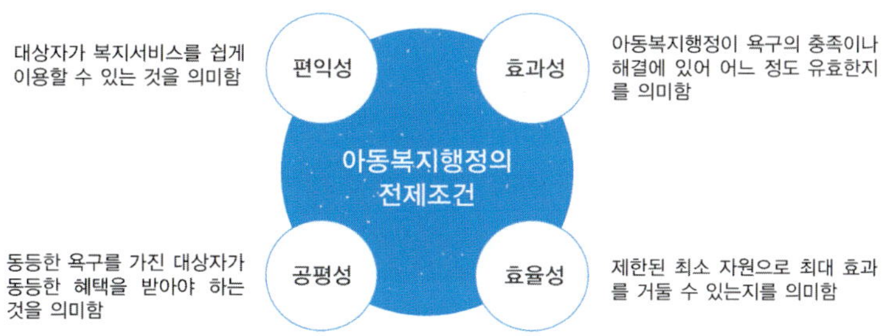


**그림 5-1 아동복지행정의 전제조건**

### (1) 효과성

행정이 욕구의 충족 또는 해결에 어느 정도 유효한가를 의미하는 것이다. 즉, 욕구 충족을 위해 선택된 서비스가 어느 정도 적합한가의 관점에서 판단되는 것이다. 아동복지서비스가 대상자에게 의존성을 조장하게 된다면 자주성, 주체성에 위배되는 것이므로 효과성이 없는 것으로 평가를 받게 된다. 복지시설의 뇌성마비 환자들에게 스스로 식사할 수 있는 장애아동 행동 개선 프로그램을 적용한 후 몇 명이 스스로 식사할 수 있는지 파악하는 것이 효과성의 예로 볼 수 있다.

### (2) 효율성

최소의 자원으로 최대의 효과를 어떻게 거둘 것인가 하는 것이다. 이 개념은 자원의 유한성을 전제로 하는 경우 항상 문제가 되는 것으로서, 제한성이 있는 아동복지서비스의 공급과 관련하여 중요시되는 개념이다. 다만 아동복지에서의 효율성은 경영에서의 효율성과 다르므로 한정된 자원의 양보다는 같은 자원으로 대상자에게 최적의 복지서비스를 제공할 수 있어야 하는 것을 의미한다.

### (3) 공평성

동일한 욕구를 가진 대상자는 동일한 혜택을 받아야 한다는 것이다. 특히 아동복지서비스의 공급에서 공평성이 배려되지 않으면 안 된다. 공평성은 서비스를 받는 기회와 내용뿐만 아니라 그 비용 등을 포함한 측면에서 고려되어야 한다. 그러나 형식적 평등만을 의미하는 것은 아니기 때문에 간혹 기회의 평등이 확보되더라도 결과의 평등을 얻지 못하는 경우도 있다. 따라서 공평성은 융통성 있게 유동적으로 판단할 필요가 있다.

### (4) 편익성(접근성)

대상자가 서비스를 쉽게 이용하는 것으로 복지 욕구 중 특히 비화폐적 욕구 충족의 경우에 문제가 된다. 비화폐적 욕구 충족은 금전 급여와는 달리 현물 또는 상담서비스이기 때문에, 이용자들이 쉽게 이용할 수 있어야 한다. 어떤 종류의 욕구 충족을 위해 시설서비스가 필요한 경우 시설이 충분한 설비와 기능을 갖추었다 하더라도 물리적으로 떨어져 있거나 그 시설의 운영관리가 지나치게 관료적이면 그 서비스는 욕구 충족의 기능을 다하지 못할 가능성이 높다.

# 2. 아동복지전달체계

## 1) 아동복지전달체계의 개념

전달체계란 조직과 인력을 중심으로 정책이나 제도의 실현을 가능하게 하는 인프라를 뜻한다. 사회복지전달체계는 사회복지서비스를 기획하여 필요한 대상자에게 서비스가 전달되기까지의 구조와 과정으로 정의할 수 있다. 이 구조와 과정에는 인력, 지식과 정보, 재원, 시설, 기기 등이 포함된다. 즉, 누구에게 어떤 서비스를 제공할 것인지, 어떻게 전달할 것인지를 정하는 것이 사회복지전달체계와 관련된 것이다(이재연 외, 2013). 사회복지서비스는 한 사람의 노력만으로 공급되기 어려우며 제공자(제공기관)와 제공자(제공기관), 제공자(제공기관)와 이용자의 관계가 포함되어야 한다(이현주 외, 2003). 사회복지서비스 전달체계를 계획할 때 고려해야 하는 사항은 표 5-1과 같다(Gibert & Terrell, 2005).

**표 5-1 사회복지서비스 전달체계의 고려사항**

- 중앙집권적인 행정체계를 갖출 것인가 혹은 지방분권적인 행정체계를 갖출 것인가
- 다양한 서비스를 종합적으로 제공할 것인가 혹은 한 가지 서비스를 제공할 것인가
- 한 장소에서 서비스를 제공할 것인가 혹은 여러 장소(기관)로 분산할 것인가
- 여러 기관이 의사소통을 통한 협조체계를 제공할 것인가 혹은 협조체계 없이 단독으로 제공할 것인가
- 전문가 직원들에게 의존할 것인가 혹은 자원봉사자들도 서비스 제공자로서 이용할 것인가
- 공무원이 직접 서비스를 제공할 것인가 혹은 민간 기관에 위탁 계약할 것인가

사회복지전달체계의 개념에 따라 아동복지전달체계는 아동복지서비스가 필요한 대상자에게 서비스를 제공하는 제반 과정으로 정의할 수 있다. 다시 말해 아동복지전달체계란 아동 및 가정에 복지서비스를 효율적으로 전달하기 위해 어떤 조직을 통해 어떻게 실천할 수 있을지의 전략을 선택하는 것이다.

## 2) 아동복지서비스의 전달체계 구축 시 고려사항

아동복지서비스의 전달체계의 구축 시에 고려할 주요한 원칙에 대해서 길버트 등(Gilbert et al., 1993)이 제시한 일반적인 사회복지전달체계 구축의 원칙을 고려해야 한다(그림 5-2). 아동복지서비스의 전달체계 구축시 고려사항으로는 전문성의 원칙, 적절성의 원칙, 포괄성의 원칙, 지속성의 원칙, 통합성의 원칙, 평등성의 원칙, 책임성의 원칙 및 접근용이성의 원칙 등이 있는데, 이를 구체적으로 살펴보면 다음과 같다.

**그림 5-2** 아동복지서비스의 전달체계 구축시 고려사항

### (1) 전문성의 원칙

아동복지서비스의 제공 업무는 그 특성에 따라 반드시 전문가가 하지 않아도 되는 것도 상당수이지만 핵심적인 주요 업무는 반드시 전문가가 담당해야 한다. 아동복지 분야의 종사자는 전문성의 정도에 따라서 전문가, 준전문가, 비전문가인 자원봉사자로 구분된다. 이외에 의사, 간호사, 보육교사, 물리치료사, 작업치료사, 영양사 등 여러 분야의 전문가들도 아동복지 분야에 참여하고 있다.

### (2) 적절성의 원칙

아동복지서비스는 그 양과 질, 그리고 제공하는 기간이 클라이언트나 소비자의 욕구충족(또는 문제해결)과 서비스의 목표(자활, 재활) 달성에 충분해야 한다. 그러나 이 원칙은 재정 형편상 제대로 지키기 어려운 경우가 많으며, 적절성의 수준에 대한 논란이 있을 수 있다. 또한 대상자의 상황 변황에 신속하게 대응하지 못하면 서비스의 효과성이 감소한다. 이러한 문제를 해결하기 위해서는 정교한 욕구 조사 및 서비스 평가 시스템이 필요하다.

### (3) 포괄성의 원칙

사람들의 욕구는 다양할 뿐만 아니라 한 가지 문제는 다른 여러 가지의 문제와도 관련되어 있는 것이 일반적이기 때문에, 다양한 욕구나 문제를 동시에 또는 순서적으로 해결하기 위하여 다양한 서비스를 필요로 한다. 서비스의 포괄성을 달성하기 위해서는 한 사람의 전문가가 여러 문제를 다루거나 아니면 각각 다른 전문가가 한 사람의 각각의 문제를 다룰 수도 있고 또는 여러 전문가들이 한 팀이 되어 문제를 해결할 수도 있다.

### (4) 지속성의 원칙

한 개인의 문제나 욕구를 해결하는 과정에서 필요한 서비스의 종류와 질이 달라져야 하는 경우가 많은데, 한 개인이 필요로 하는 다른 종류의 서비스와 질적으로 다른 서비스를 지역사회 내에서 계속적으로 받을 수 있도록 그러한 서비스들이 상호연계되어야 한다. 이 원칙이 잘 적용되기 위해서는 같은 조직 내의 서비스 프로그램 간의 상호협력이 잘 이루어져야 할 뿐만 아니라 지역사회 내의 아동복지서비스 조직 간에도 유기적인 연계가 잘 이루어져야 한다. 즉, 정부와 민간 부문의 협력을 통해 장기적인 자원 확보와 안정적인 서비스 운영을 도모해야 한다.

### (5) 통합성의 원칙

아동의 문제는 많은 경우 복합적이고 상호 연관되어 있기 때문에 이러한 문제해결을 위한 서비스도 서로 연관되어야 한다. 한 아동의 각각 다른 문제들을 해결하기 위한 서비스들이 서로 연결 없이 제공된다면 아동을 조각으로 분리하는 것과 같다. 그러므로 서비스가 통합적으로 제공되기 위해서는 한 행정책임자 아래 서비스들이 제공되고 서비스 제공 장소(조직)들이 지리적으로 상호 근접되고 서비스 프로그램 간 또는 조직 간에 상호유기적인 연계와 협조체계가 갖추어져야 한다. 즉, 서비스의 통합성을 높이기 위해서는 협력 체계 강화와 공동 정보 플랫폼 구축이 필요하다.

### (6) 평등성의 원칙

특별한 경우를 제외하고는 성별, 연령, 소득, 지역, 종교, 지위에 관계없이 모든 아동에게 아동복지서비스를 제공해야 한다. 서비스의 평등성을 보장하기 위해서는 사회적 약자와 소외계층을 위한 정책과 제도적 장치가 필수적이다. 그러나 구조적 차별이나 불평등한 사회적 환경은 서비스 제공에 있어 공정성을 저해할 수 있다. 이를 해결하기 위해 법적, 제도적 개혁이 필요하다. 평등성의 강화는 관련 법률 제정, 인식 개선 캠페인, 공정한 자원 배분 등 다양한 방식을 통해 이루어져야 한다.

### (7) 책임성의 원칙

아동복지조직은 사회가 아동의 권리로 인정한 복지서비스를 전달하도록 위임받은 조직이므로 서비스의 전달에 대하여 책임을 져야 한다. 책임을 져야 할 주요 내용은 서비스가 수혜자의 욕구에 적절히 대응하는 것인가, 서비스의 전달 절차가 적합한가, 서비스가 효과적이고 효율적인가, 서비스 전달과정에서의 불평과 불만의 수렴장치는 적합한가에 대한 것이어야 하고, 조직이 구체적으로 책임을 지는 대상자는 사회나 국가를 대표하는 실체인 중앙정부 및 지방정부와 서비스의 수급자가 되어야 한다. 책임성 강화를 위해서는 체계적인 내부 감사 시스템과 외부 평가 메커니즘이 필요하다. 그러나 이러한 시스템의 구축과 유지에는 상당한 시간과 비용이 소모된다.

### (8) 접근용이성의 원칙

아동복지서비스는 그것을 필요로 하는 사람들이면 누구나 쉽게 받을 수 있어야 하기 때문에 아동이 접근하기에 용이해야 한다. 접근성을 강화하는 과정에서도 여러 도전이 따른다. 지리적 제약으로 인해 서비스 이용이 어려운 농촌이나 오지의 경우, 교통 인프라 부족이 문제로 작용할 수 있다. 또한 언어적 장벽과 정보접근의 어려움은 이민자나 다문화가정이 사회복지서비스를 활용하는데 장벽이 된다. 경제적 여건이 어려운 사람들은 서비스 비용을 부담하기 힘들어 하기 때문에 이러한 계층을 위한 추가적 지원이나 보조금 정책이 필요하다. 접근성 개선을 위해서는 지역사회의 적극적인 참여와 다양한 채널을 통한 서비스 홍보가 요구된다.

# 3. 아동복지행정의 전달체계

## 1) 아동복지행정 전달체계의 의미

아동복지에 관한 국가의 정책은 국가와 지방자치단체, 민간조직의 전달체계를 통하여 집행되어 대상자에게 급여나 서비스가 제공된다. 아동복지행정은 급여 또는 서비스를 효율적으로 대상자에게 전달하기 위하여 어떠한 조직과 인력을 통해서 실천할 것인가의 전략을 선택하는 것이며, 아동복지 분야의 공공과 민간 조직들이 필요한 사업을 계획하여 실천에 옮기는 체계적인 활동이다. 이러한 활동에는 아동복지를 실현하기 위하여 공공과 민간의 조직에 의한 전달체계의 형성과 효율적인 운영이 필수적이다.

「아동복지법」 제4조에 의하면, ① 국가와 지방자치단체는 아동의 건강과 복지증진에 노력하여야 하며, 이를 위한 시책을 시행하여야 한다. ② 아동의 보호자는 아동을 가정 안에서 그의 성장시기에 맞추어 건강하고 안전하게 양육하여야 한다. ③ 모든 국민은 아동의 권익과 안전을 존중하여야 하며, 아동을 건강하게 양육하여야 한다. 따라서 아동복지의 실천주체는 국가, 지방자치단체, 민간 기관 · 단체 · 시설 또는 지역주민들이 포함된다. 국가는 아동을 건전하게 육성할 정책개발과 추진의 책임을 지며, 지방자치단체는 국가의 정책에 호응하여 아동들의 욕구충족이나 문제해결을 도모하며, 민간 기관 · 단체 · 시설이나 지역주민은 아동권리사상과 상부상조의 정신에 입각하여 자발적으로 아동들을 보호하는 책임을 지는 주체가 되는 것이다.

## 2) 아동복지의 공공조직과 민간조직

### (1) 아동복지의 공공조직 전달체계

아동복지전달체계는 서비스 전달을 기획 · 지원 · 관리하는 행정체계로서 유형화하면 서비스가 공적으로 제공되는지, 민간에 의해 제공되는지에 따라 구분할 수 있다. 즉, 운영주체에 따라 공공 전달체계와 민간 전달체계로 구분된다(양정하, 2014). 우리나라는 주로 중앙부처에서 지원하거나 권한을 위임하는 공공주도 서비스 전달체계가 다수를 차지한다. 아동복지서비스는 중앙부처인 보건복지부, 여성가족부 등에서 관할하며 광역자치단체에 사무를 위임하고, 시 · 군 · 구나 읍 · 면 · 동으로 공공 전달체계를 갖거나 민간 기관을 통해 민간 전달체계를 갖는다(강영주, 최지민, 2018).

먼저 공공 아동복지전달체계의 주체는 중앙부처, 지방자치단체로 구분하여 살펴볼 수 있다(최윤영, 2013). 첫째, 공공 아동복지전달체계 주체로 중앙부처가 있다. 아동복지 주무 부처는 보건복지부로서 2010년 개정 정부조직법에 근거하여 아동권리, 아동복지서비스, 장애아 정책, 아동 대상 식품안전 및 의료건강 정책, 아동 정신보건, 교육, 안전, 아동학대 · 보호, 입양 · 위탁 등을 관장한다. 중앙부처의 아동복지전달체계 상위 부서는 보건복지부의 인구정책실이다. 보건복지부의 아동복지전달체계를 그림으로 나타내면 그림 5-3과 같다.

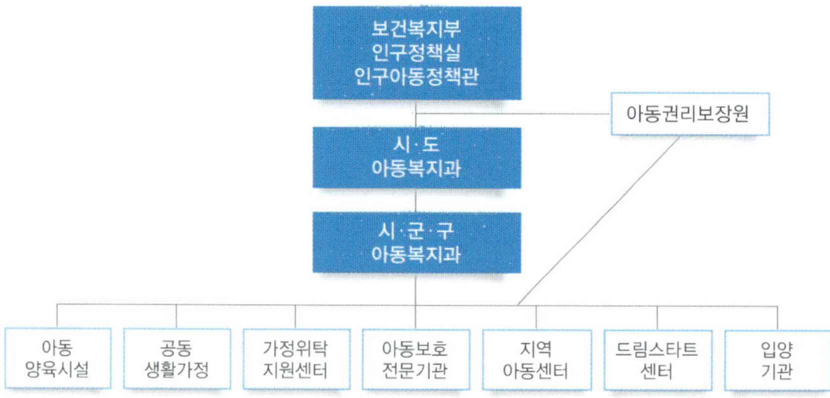


**그림 5-3 보건복지부의 아동복지전달체계**

출처: 김성경, 김혜영(2022). 현대사회 아동복지론. 양서원.

이외에도 여성가족부, 교육부, 고용노동부, 안전행정부 등에서 아동복지를 실현하기 위한 업무를 담당한다. 아동정책의 개선과 예산 지원, 아동정책 관련 중앙부처 간 협조, 아동 관련 국제조약의 이행과 평가 등을 위해 2004년 아동정책조정위원회를 설치하였다. 이후 2019년 아동정책의 효과적 추진, 드림스타트를 통한 아동통합사례관리, 학대아동보호, 아동자립지원, 입양지원 등을 위해 아동권리보장원이 설립되었다.

둘째, 공공 아동복지전달체계 주체로 지방자치단체가 있다. 지방자치단체는 사회복지 관련 업무 중 공공부조와 복지서비스 분야 수행을 담당한다. 시 · 도지사, 시장 · 군수 · 구청장은 소속 아동복지심의위원회를 두어 연도별 아동정책시행계획에 관한 사항, 아동의 보호조치, 지원대상 아동의 선정과 지원 등에 관한 사항을 심의한다. 행정조직으로는 아동복지 및 보육담당 부서가 있으며 아동복지 업무수행을 위한 아동복지 전담공무원을 둘 수 있다. 이외에도 지방자치단체 내에서 직접적으로 아동복지 업무를 수행하는 기관으로는 학교, 보건소, 아동보호전문기관, 지역아동센터, 가정위탁지원센터 등이 있다. 「아동복지법」에 규정된 공공 아동복지전달체계 관련 내용은 표 5-2와 같다.

**표 5-2 「아동복지법」의 아동복지전달체계**

- (제7조) 보건복지부장관은 아동정책의 효율적인 추진을 위하여 5년마다 아동정책기본계획을 수립하여야 한다.
- (제8조) 보건복지부장관, 관계 중앙행정기관의 장 및 시 · 도지사는 매년 기본계획에 따라 연도별 아동정책시행계획을 수립 · 시행하여야 한다.
- (제10조) 아동의 권리증진과 건강한 출생 및 성장을 위하여 종합적인 아동정책을 수립하고 관계 부처의 의견을 조정하며 그 정책의 이행을 감독하고 평가하기 위하여 국무총리 소속으로 아동정책조정위원회를 둔다.
- (제10조의2) 보건복지부장관은 아동정책에 대한 종합적인 수행과 아동복지 관련 사업의 효과적인 추진을 위하여 필요한 정책의 수립을 지원하고 사업평가 등의 업무를 수행할 수 있도록 아동권리보장원을 설립한다.
- (제12조) 시 · 도지사, 시장 · 군수 · 구청장은 소속으로 아동복지심의위원회를 각각 둔다.
- (제44조의2) 시 · 도지사 및 시장 · 군수 · 구청장은 초등학교의 정규교육 이외의 시간 동안 돌봄서비스를 실시하기 위하여 다함께돌봄센터를 설치 · 운영할 수 있다.

이에 더하여 우리 정부는 읍 · 면 · 동의 위치적인 중요성을 고려하여 '읍 · 면 · 동 복지기능강화' 정책을 확대해 왔다. 즉, 복지 대상자와 가장 가까운 위치에 있는 읍 · 면 · 동이 다양한 아동복지서비스를 연결시키는 게이트웨이 역할을 수행할 수 있다는 것이다. 저소득, 노인, 보건, 정신건강 등 다양한 대상에게 제공할 수 있는 다양한 서비스 영역을 읍 · 면 · 동에 연결시켜 효율적인 복지서비스 전달을 도모하고 있으며 아동보호서비스 영역도 포함되어 있다. 읍 · 면 · 동 내 보호가 필요한 아동의 가정에 대하여 일차적 책임이 부여된 시 · 군 · 구 단위의 아동서비스 담당부서와 연결되어 있다. 공공 전달체계와 읍 · 면 · 동 게이트웨이 기능을 살펴보면 그림 5-4와 같다.

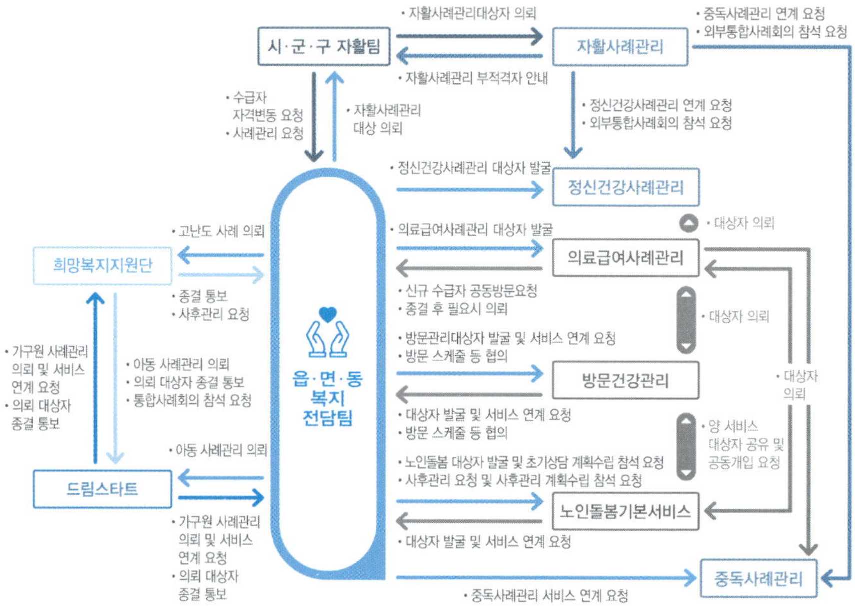


**그림 5-4 공공 전달체계와 기능**

출처: 사회보장정보원(2019). 공공부문 사례관리 연계 · 협력 업무 안내.

그림 5-4에서 보는 것과 같이 사례관리대상자의 주거지인 읍 · 면 · 동에 찾아가는 보건복지팀이 있고 지역에 설치된 개별사업기관들이 여러 경로를 통해 의뢰 · 접수된 대상자에 대하여 찾아가는 복지팀과 상호 연계를 통하여 접수에서 종결까지 지속적인 소통을 하게 된다. 여기에는 기본적으로 행복e음이라는 복지행정시스템을 중심으로 개별행정시스템이 연계되는 방식으로 대상자 선정과정을 공유하고 통합사례회의 개최를 통해 대상자와 관련된 기관 사례관리자들 간의 주 사례관리자 선정, 제공될 서비스에 대한 상호제공, 모니터링 계획 등을 협의하도록 하는 지침을 따르고 있다.

### (2) 아동복지의 민간조직 전달체계

민간 아동복지전달체계는 민간단체나 민간시설과 같은 민간 공급주체가 대상자에게 서비스를 제공하는 체계를 의미한다. 이들은 공공 아동복지전달체계를 보완하면서 중앙, 시 · 군 · 구의 정책을 계획, 수립 · 집행하는데 지원하는 역할도 한다. 복지서비스 대상자에게는 서비스 제공자로서의 주체적 위치에 있으며, 중앙정부나 지방자치단체로부터 지원 · 감독을 받는 객체적 위치에도 있는 것이다. 민간 아동복지전달체계 공급주체의 경우 민간조직이 비영리조직일 수도 있고 영리조직일 수도 있다. 이론상으로는 비영리조직이 보다 높은 수준의 공적인 책임을 갖고 있으며, 영리조직은 서비스 제공에 있어 효율성과 효과성이 높을 수 있으므로 복지서비스 전달체계에서 배제할 수 없다(김영한 외, 2008). 아동복지전달체계의 민간조직은 표 5-3과 같다.

**표 5-3** 아동복지전달체계의 민간조직

| 아동복지 민간조직 | | 시설의 종류 |
|---|---|---|
| 아동복지시설 | 생활시설 | 아동양육시설, 아동일시보호시설, 아동보호치료시설, 자립지원시설, 공동생활가정 |
| | 이용시설 | 아동상담소, 아동전용시설, 지역아동센터 |
| 어린이집 | | 국공립어린이집, 사회복지법인어린이집, 법인 · 단체 등 어린이집, 직장어린이집, 가정어린이집, 부모협동어린이집, 민간어린이집 |
| 아동보호전문기관 | | 중앙아동보호전문기관, 지방아동보호전문기관 |
| 입양기관 | | 국외입양기관, 국내입양기관 |
| 가정위탁지원센터 | | 중앙가정위탁지원센터, 지방가정위탁지원센터 |
| 실종아동전문기관 | | 실종아동전문기관 |

Chapter 06

# 빈곤아동복지서비스

## 배울 내용

1. 빈곤과 빈곤해체가족
2. 빈곤아동의 특성
3. 빈곤가족의 유형과 아동문제
4. 빈곤가족의 현황
5. 빈곤아동을 위한 복지서비스

## 학습목표

1. 빈곤과 빈곤해체가족에 대한 정의를 이해한다.
2. 빈곤아동의 특성을 설명할 수 있다.
3. 빈곤가족의 유형과 아동문제를 숙지한다.
4. 빈곤가족의 현황을 파악한다.
5. 빈곤아동을 위한 복지서비스를 바탕으로 발전 방향을 모색해 본다.

## 개 요

아동기의 빈곤이 아동성장과 발달에 부정적인 영향을 미친다는 것은 잘 알려진 사실이다. 구체적으로 빈곤가정에서 자란 아동의 경우, 그렇지 않은 아동보다 신체발달, 정서발달, 인지발달 측면에서 낮은 수준의 성취를 보이는 것으로 보고되고 있다. 또한 빈곤가구의 아동은 사회의 구성원으로서 건강하게 성장하기 위한 경제적, 사회적 기회의 박탈 가능성이 높아 빈곤의 부정적인 영향이 성인기에도 누적되어 빈곤의 대물림 가능성이 높다. 따라서 본 장에서는 빈곤과 빈곤해체가족, 빈곤아동의 특성, 빈곤가족의 유형과 아동문제, 빈곤가족의 현황 및 빈곤아동을 위한 복지서비스에 대해 살펴보고자 한다.

06

Chapter

# 빈곤아동복지서비스

## 1. 빈곤과 빈곤해체가족

### 1) 빈곤의 개념

빈곤의 현실에 대한 정확한 파악과 설명은 그것을 바라보는 시각에 의해 결정된다. 따라서 빈곤은 개인과 가족이 일상생활을 유지하기 위하여 필요한 의 · 식 · 주의 결핍뿐만 아니라, 기타 사회적 조건을 충족시킬 수 없는 자원의 결핍상태로 정의할 수 있다. 이러한 빈곤은 다시 절대적 빈곤과 상대적 빈곤 및 주관적 빈곤으로 구분할 수 있다. 구체적으로 절대적 빈곤(absolute poverty)이란 신체적인 건강과 생산을 위한 노동력을 유지하는 데 필요한 기본수요가 결여된 상태로 전물량 방식과 반물량 방식으로 구분된다. 상대적 빈곤(relative poverty)은 한 사회의 소득수준으로 볼 때 소득이 상대적으로 낮은 계층으로 정의된다. 즉, 상대적 빈곤은 자원이나 생활양식에 의한 상대적 관점으로서 불평등과 불균등한 배분의 결과인 상대적 박탈(relative deprivation)로 규정하고 있다. 그리고 주관적 빈곤(subjective poverty)은 개인의 주관적인 평가에 근거한 것으로 개인이 빈곤하다고 느끼는 소득수준을 주관적 빈곤선으로 정의할 수 있다. 지금까지 살펴본 절대적 빈곤, 상대적 빈곤 및 주관적 빈곤의 측정에 대한 논의를 정리하면 표 6-1과 같다(조휘래, 2022).

**표 6-1 빈곤의 유형과 정의**

| 빈곤의 유형 | 빈곤선의 정의 | |
|---|---|---|
| 절대적 빈곤 | 전물량 방식 | 인간이 살아가는 데 필요한 모든 품목에 대해 최저 수준을 가격으로 환산한 값의 총합을 빈곤선으로 정의한다. |
| | 반물량 방식 | 저소득층의 최소 식료품 지출비에 "3"을 곱한 금액을 빈곤선으로 정의한다. |
| 상대적 빈곤 | 구성원 다수가 누리는 생활수준을 누리지 못하는 상태로 평균소득 또는 중위소득을 기준으로 정의한다. | |
| 주관적 빈곤 | 제3자의 입장을 묻는 방식과 자신의 입장을 묻는 방식(라이덴 방식)으로 구분된다. | |

그리고 빈곤은 경제적 빈곤, 사회적 빈곤 및 심리적 빈곤으로 구분할 수 있다. 구체적으로 경제적 빈곤은 일정수준의 생계비를 감당할 수 없는 저소득을 말하고, 사회적 빈곤은 빈곤층의 사회·문화적 성격을 그들 나름대로 독특하게 발전시키는 빈곤문화와 제도를 말한다. 그리고 심리적 빈곤은 빈민이 갖게 되는 각종 심리상태를 말하는데 모든 일에 숙명적이고 운명적이며, 인지구조의 불안 등의 상태를 말한다. 이러한 세 가지 빈곤의 측면은 어느 것이 원인이고 결과인지는 따질 수 없으며, 서로 순환되는 성격을 지니고 있다고 볼 수 있다. 또한 빈곤은 객관적이고 동시에 주관적인 현상이다. 즉, 객관적으로는 기본적 욕구를 달성하는 데 소득이 적다는 것이고, 주관적으로는 자신의 무능력이 욕구와 기대충족에 못 미쳐서 풍족한 생활양식과는 동떨어진 차별적인 느낌을 갖는다는 것을 의미한다.

빈곤은 어느 시대에서나 필연적으로 발생하는 사회문제 중의 하나이다. 그러나 빈곤의 양상과 그것이 지니는 사회·경제적 의미는 시대에 따라, 그리고 그 국가의 정치, 경제, 사회체계에 따라 상이하게 규정되며, 어떤 시기에 있어서는 한 사회에서조차도 다양한 형태를 보인다. 즉, 빈곤문제는 어느 사회에서나 존재하는 문제로서 빈곤에 대한 정의는 그 문제를 지닌 해당 사회의 사회적, 정치적, 경제적, 사회적 구조의 테두리 내에서 정해지는 것이므로 상당한 차이가 있을 수 있다.

하지만 일반적으로 빈곤이란 기본적 욕구를 충족시킬 수 있는 능력이 부족한 상태로 정의할 수 있다. 즉, 빈곤은 재화와 서비스를 사용할 수 있는 능력이 부족한 상태로 정의된다. 이러한 빈곤의 책임은 어느 한 쪽에 있다기보다는 개인, 가족, 사회 모두에 있는 것으로 어느 한 요인에 의해 한 가족이 빈곤하게 되면 빈곤의 요인은 자연히 중복되며 이것은 빈곤의 악순환을 초래할 수 있는 것이다.

어느 국가에 있어서나 고아, 방임된 아동은 초기의 구호대상이 되었으며, 다음으로 빈곤가정 아동, 그리고 정신·신체상의 장애아동 순으로 서비스를 제공하여 왔다. 특히 현대사회의 경제적 성장과 소득증대로 복지국가로의 진입이 시도되고 있지만, 비자발적 외부요인으로 인해 건강권에서 소외되는 빈곤아동이 여전히 발생하고 있는 실정이다. 빈곤아동은 경제적 어려움과 부모의 사망, 유기, 방임 등으로 충분한 부양을 받지 못하는 사회적으로 보호가 필요한 요보호아동을 의미한다. 현재 소년소녀가장세대, 저소득 한부모가족의 아동과 법적 지원체계에서 벗어난 차상위 계층에 속하는 결손·결식가정의 아동들이 빈곤아동에 포함될 수 있다.

모든 아동은 행복하고 건강하게 성장할 권리를 가지고 있다. 모든 아동이 건강하게 성장하기 위해 누려야 할 아동의 권리로는 튼튼하게 태어날 권리, 건전하게 키워질 권리, 정상적 가정생활을 누릴 수 있는 권리, 교육을 받을 권리, 도덕적·정신적 훈련을 받을 권리, 놀이나 오락을 즐길 수 있는 권리를 주장하고 있다. 그러나 많은 빈곤아동이 이와 같은 아동의 기본권리를 누릴 수 없는 상황에 놓여져 있는 게 현실이다.

## 2) 빈곤해체가족

빈곤가정은 절대적인 빈곤가정과 상대적인 빈곤가정 및 심리적, 사회적 문화적인 빈곤가정을 통칭하는 의미로 사용된다. 그리고 해체의 개념은 가족의 구조적인 측면으로 접근하여 부부가 해체된 해체가정이라고 하며, 가족의 기능적인 측면에서는 결손가정이라고 하기도 한다.

가족의 해체는 가족이 구조적, 기능적으로 붕괴된다는 것을 의미하는 가족에 대한 기능주의적 개념이다. 이 관점은 가족은 사회를 구성하는 가장 핵심적인 단위로서 가족해체는 곧 사회를 해체시킬 줄 모른다는 암묵적인 동의는 가족의 불행이 사회의 순기능과 통합을 저해할지도 모른다는 위기감을 지니고 있다. 가족해체에 대한 부정적인 의미는 빈곤가족과 연결되어 사용할 때, 빈곤집단에 불이익을 가져다줄 수 있기 때문에 충분하게 고려해서 사용되어야 한다. 그러나 이미 빈곤가정은 혈연중심의 가족(family)의 의미를 상실한 지 오래고, 빈곤가족의 아동 · 청소년을 양육하는 생태환경인 가정(home)까지도 파괴되는 실질적인 결손가정과 형태적인 결손가정으로 구분한다.

실질적인 결손가정 내지 위기가정은 지속적인 부부 불화가정, 지속적인 아동학대가정, 근친에 의한 성폭행이 일어나서 자녀를 양육할 수 있는 가정환경이 상실되고 경제적인 어려움을 겪는 빈곤가정 등이다. 실질적인 해체(결손)가정은 부부가 자녀와 함께 살더라도 질병, 무능력, 실업, 가족불화, 알코올중독 등으로 자녀들을 보호 · 양육할 수 있는 환경이 실질적으로 유지되지 못하고 파괴되고 결국 해체되는 과정에 있어도 실질적인 결손가정으로 볼 수 있다. 반면에 형태상으로 볼 때 편부 · 편모, 이혼, 미혼모의 가정을 말하지만 실질적인 결손가정보다 더 자녀를 잘 보호 · 양육하고, 교육하며 올바르게 민주시민으로 한 인간으로 양육할 때는 결손가정이라고 볼 수 없다.

가족이란 결혼, 혈연, 입양에 의해 맺어진 친밀한 관계로 법적으로 보호받는 지속적인 관계이며 경제활동과 자녀양육 및 정서적인 기능을 담당하며, 가족구성원은 동고

동락하여 어느 사회 집단보다도 구성원 간의 밀접한 유대 관계를 지닌 공동 운명체로서 법적 유대, 경제적 협조, 부부 간의 성적 욕구충족, 정서적 상호 협조 등이 통합된 생활 공동체이다. 또한 가족은 자녀에게 인격형성과 사회화 교육을 시켜 주는 훈련장으로 사회와 교량역할을 해 주는 기초 사회 집단이다.

결손가정은 가족의 일반적인 기능이 결여된 가족을 통칭하는 것으로 가족의 기능에 대한 정의를 종합한 내용에 비추어 볼 때, 성적 욕구의 충족 기능이 단칸방 생활과 빈곤으로 제대로 이루어지지 못하고, 자녀 출산과 양육 기능 또한 빈곤과 부모로부터 이미 양육받지 못하거나 학교, 사회교육에서 제대로 교육받지 못하여 그 임무를 다하지 못하는 부모들에 의해서 결여되고 있다. 뿐만 아니라 경제적인 협동 기능 역시 배우지 못하고 기술과 자본이 없기 때문에 원활하지 못하고 정서적인 지지 기능도 열등감과 무능력 그리고 가정폭력과 알코올중독 부모와 모성과 부성을 포기한 결손 가정 1세대들에 의해 물려받은 정서적인 불안함 등으로 서로에게 정서적으로 안정된 관계를 이루지 못하고 있다.

이 모든 것이 종합되어 사회화 교육의 기능을 다하지 못하고 결손가정의 자녀들은 결손을 대물림 받아서 다시 유산으로 넘겨 주며, 빈곤 또한 사회구조적인 악순환이 지속되어 빈곤해체가정도 대물림되는 경향이 강하다고 할 수 있다.

## 2. 빈곤아동의 특성

모든 아동들은 의 · 식 · 주에 대한 기본적인 요구를 가지고 있으며, 아동들의 잠재성을 발휘하기 위해서는 건강과 교육, 그리고 안정된 가정환경을 필요로 하며, 아동에게 안정감을 주기 위해서는 가정에서 생활에 필요한 최소한도의 물질적 요구가 충족되어야 하며, 아동의 기본적 요구의 해결은 그들의 심신의 발달에 필수적인 요소이다. 그러나 빈곤층 아동들은 저소득의 영향으로 발전성과 지속성이 부정적이고 정서적 안정과 창조성, 그리고 인간의 생활 등에 제한을 받게 된다.

일반적으로 빈곤은 경제적, 사회적, 심리적 측면에서 규정될 수 있다. 경제적 빈곤은 일정수준의 생계비를 감당할 수 없는 저소득을 말하고, 사회적 빈곤은 빈곤층의 사회·문화적 성격을 그들 나름대로 독특하게 발전시키는 빈곤문화와 제도를 말한다. 그리고 심리적 빈곤은 빈민이 갖게 되는 각종 심리상태를 말하는데, 모든 일에 숙명적이고 운명적이며 인지구조의 불안 등의 상태를 말한다.

이러한 세 가지 빈곤의 측면은 어느 것이 원인이고 결과인지 따질 수 없으며, 서로 순환되는 경향을 지니고 있다고 볼 수 있다. 아동은 일반적으로 의존, 성숙, 민감성, 요구, 적응이라는 특성을 가지고 있다. 빈곤아동은 이러한 일반적 특성과 더불어 빈곤 환경에서 오는 영향으로 일반아동과 구별되는 특성들을 가지게 되는데, 빈곤아동의 인지적 측면, 사회·심리적 측면 및 정서적 측면의 특성을 살펴보면 표 6-2와 같다.

**표 6-2 빈곤아동의 특성**

| 구분 | 내용 |
|---|---|
| 인지적 측면 | 표준화된 지능검사를 실시한 많은 연구에서 빈곤아동의 지적능력(IQ)이 중류층 아동에 비해 유의하게 낮은 것으로 나타났다. 또한 빈곤아동들은 어려운 말 사용, 상식, 활동에 관한 참가와 계획, 글씨에 대한 흥미 등 언어적 측면의 발달이 매우 낮게 나타나는데, 이것은 빈곤가정의 언어적 결핍을 보여 주는 것이라고 할 수 있다. |
| 사회·심리적 측면 | 빈곤아동은 성취동기가 보다 낮은 경향을 보이며, 비난과 승인에 대해서 다소 민감한 반응을 보이는 것으로 나타났다. 즉, 간단한 과제수행에 관한 승인이나 비난을 했을 때, 빈곤아동들의 수행은 중류층에 비해 비난을 받았을 때는 하락했고, 승인을 받았을 때는 보다 향상을 보인다는 것이다. 그리고 사회사업의 관심 대상이 되는 아동기 전기의 문제는 TV, 만화영화, 광고, 스마트폰을 통한 위험한 장면을 모방하는 등의 공격적인 행동이며, 아동 후기에는 학습장애이다. 학습장애는 언어문제, 시각과 인식에 관련된 문제, 운동장 |

| 구분 | 내용 |
|---|---|
| | 애, 과잉행동으로 구분된다. 또한 청소년기에는 청소년 비행으로 이어지는 시기로 재활과 상담서비스를 제공하지만 우범지역에 거주하는 청소년일수록 일탈적 태도와 기술을 습득할 가능성이 높다. 이처럼 아동 · 청소년 발달 시기에 적절한 지지를 받지 못한 경우 생기는 역기능 장애 행동들은 빈민지역의 해체가정 아동과 청소년들에게 흔히 나타나는 현상이다. |
| 정서적 측면 | 빈곤층 아동들이 중류층 아동에 비해 충동적인 성향을 갖고 있어 초기 읽기 상황에 지장을 줄 수 있으며, 이것은 학업수행 시에 광범위한 부적 효과를 줄 수 있다. 아동들은 또래와의 사회적 관계에서 바람직한 관계를 형성하기 위해서는 먼저 다른 사람의 정서를 이해해야 한다. 또한 빈곤아동들은 다른 계층 아동보다 학업성적 부진, 무단결석, 싸움, 비행, 가출, 반항 등의 문제를 가지고 있으며, 사회의 윤택한 환경과 가정의 틈바구니에서 그들의 요구를 해결할 수 없기 때문에 사회의 악에 쉽게 물들게 되며 항상 불만이 가득 차 있고, 부모에게 반항하기 쉬운 특성을 지니므로 상류계급 자녀들에 비해 도덕적 규율이 낮고 범죄자가 되기 쉽다. |

그리고 빈곤층 부모들은 자녀에게 설명도 하지 않고 명령을 내리고 자녀가 원하는 것에 대해 자녀와 상의하는 경우가 적으며, 자녀가 바람직한 행동을 하였을 때에도 칭찬을 하는 경우가 드물다. 이러한 부모역할 방식은 자녀들에게 다양한 사회 · 정서적인 문제를 발생하게 되는 요인으로 작용하게 된다. 부모의 처벌적이고 일관성 없는 훈육 방식은 청소년 자녀로 하여금 비행이나 약물사용, 우울증, 과민증, 자신에 대한 부정적인 감정 등을 가지게 한다. 나이가 어린 아동들은 친구와 잘 다투고, 반항적이고, 격한 감정을 보이는 행동을 하기가 쉽고 청소년기나 그 이전 단계에서 부모가 신경질적이고, 변덕스럽고, 처벌적이면 자녀들은 반사회적이고 공격적이 될 수 있는 가능성이 커진다.

이러한 유형의 부모역할은 부정적인 생활사건과 연관이 있으며, 부정적인 생활사건이 발생하게 되면 부모의 자녀에게 정서적으로 거리감을 두고, 제한적이고 처벌적인 부모역할 방식을 사용하게 된다.

# 3. 빈곤가족의 유형과 아동문제

## 1) 빈곤가족의 유형

가족이란 인간이 발전시켜 온 기본적인 사회제도 중에서 가장 오래된 것으로서, 인간의 성장과 발달에 필요한 모든 것을 가르치고 양육하는 일반적인 집단이다. 그러나 개인이 경험하는 가족은 역사와 민족, 시대적 변천에 따라 다양하므로 한마디로 정의하기는 어렵다. 그 이유는 가족은 인간에게 보편적인 제도로서 존재해 왔지만, 그 구조적 특성과 형태가 갖는 다양성과 가변성은 매우 크기 때문이며, 또한 가족을 연구하는 각 분야 이론가들의 관점과 접근방법이 다르기 때문이다.

보편적인 의미에서 가족이란 인간의 생물학적 조건에 기반해서 형성된 가장 원초적인 공동체이며, 동시에 자녀출산과 양육, 의·식·주의 제공, 성(性)과 애정의 요구 등을 충족시키는 사회적 기본 단위이다. 즉, 긍정적 측면에서 본다면 인간성 회복과 애정적인 인간관계, 따뜻한 보금자리로서의 안식처, 구원의 장소로서의 가족이 존재해 왔다. 가족특성에 기반하여 미누친(Minuchin)은 아동의 문제를 유발시키는 빈곤가족의 유형을 표 6-3과 같이 다섯 가지로 구분하고 있다.

**표 6-3 아동의 문제를 유발하는 빈곤가족의 유형**

| 구분 | 내용 |
|---|---|
| 이탈된 가족 | 이탈된 가족(the disengaged family)은 부모가 집행하위체계로서의 기능을 포기해 버린 상태이다. 즉, 가족 간의 접촉과 반응이 결여되어 있고, 부모의 아동에 대한 통제와 지도는 부적절하며, 특히 어머니는 가족에 대한 과부담과 자신의 무력감으로 스스로 착취당하고 있다는 생각을 가지고, 가족 외부의 지지적인 사회적 관계망을 가지고 있지 못하는 가족이다. |

| 구분 | 내용 |
|---|---|
| 속박된 가족 | 속박된 가족(the enmeshed family)은 아동양육에 대한 과중한 부담이 부모체계에 지워져 자녀의 행동에 대한 비효과적이고 잦은 통제를 가하는 상태이다. 즉, 가족 간의 상호작용은 빈번하지만 일관성 있는 가족규칙 없이 즉각적인 반응 위주로 이루어지고, 부모의 일시적인 행동통제와 아동의 즉각적인 저항이 반복적으로 나타난다. 또한 가족 외부의 지지적 자원에 대한 약간의 연결망을 가지고 있지만, 그 관계는 직접적인 원조를 기대할 수 있는 친지와 이웃에 한정되어 있고 권위적인 행정기관이나 사회적 지원망에 대해서도 친숙하지 못하다. |
| 부(父)가 주변적인 가족 | 부(父)가 주변적인 가족(the family with peripheral male)은 이탈된 가족과 속박된 가족의 연속선 위에서 주변적인 남성의 존재를 빈곤가족의 공통적인 특징으로 가지는 가족이다. 즉, 빈곤가족의 경우 대체로 부부하위체계의 상호보완적인 기능보다는 부모하위체계로서의 기능이 전면에 드러나 있음에도 불구하고, 자녀양육기능에서 아버지의 역할은 상대적으로 주변적이라는 것이다. 이것은 가장의 경제적 무능력과 심리적 박탈감으로 인해 가장의 역할이 극도로 권위적이거나 억압적이다. |
| 미성숙 부모 가족 | 미성숙 부모 가족(the family with nonevolved parents)은 중첩되는 가족주기로 인한 가족경제의 혼란을 가지고 있는 가족이다. 즉, 나이 어린 부모와 그들의 어머니가 동거하는 경우, 할머니가 손자에 대한 부모역할을 맡고 나이 어린 손위 형제의 위치를 점하게 되는 경우이다. 이러한 가족에서는 역할의 분화가 미흡하여 가족발달에 따른 가족구조의 적절한 변화가 방해받고 있다는 것이다. |
| 미성년 부모 가족 | 미성년 부모 가족(the family with juvenile parents)은 청소년기까지의 발달과업을 완수하지 못한 부모가 성인의 과업에 직면함에 따라, 이를 회피하기 위해 동년배 같은 보충적인 대상을 필요로 하는 경우이다. 이들은 너무 어린 나이에 부모가 됨으로써 부모와 배우자로서의 역할과 책임을 수행할 수 없는 상태에 있는 것이다. |

## 2) 빈곤가족의 아동문제

빈곤가족의 문제는 일반적으로 기본적인 욕구충족을 위협하는 낮은 소득과 자녀교육, 주거의 불안정성, 그리고 생활의 어려움으로 인한 가족관계에서의 갈등 등을 들 수 있다. 빈곤가족은 수입증대를 위한 투자인 교육 및 훈련, 체력강화, 사업운영에 필요한 자금동원 및 정보수집 등을 하지 못하거나 불충분한 내용에 그치게 되며, 자녀에 대한 재투자의 부족으로 빈곤을 세습화시키는 경향을 보이고 있다. 빈곤문화와 사회 · 경제적 문제, 아동의 사회화와 교육문제, 가정의 심리적 · 환경적인 측면, 생활변천의 문제를 중심으로 빈곤가족의 아동문제를 살펴보면 다음과 같다.

### (1) 빈곤문화와 사회 · 경제적 문제

여러 사회학자나 인류학자들에 의하면, 빈곤한 가구는 빈곤하지 않은 가구와 비교하여 볼 때, 특유한 사회적 또는 심리적 특성을 지니고 있다고 한다. 빈곤층이 가지는 제반 특성을 루이스(Lewis)는 '빈곤문화'라고 부르고 있다. 그에 의하면, 빈곤문화는 기존 사회의 가치관이나 목표에 의해서는 성공이 불가능하다고 인식되었을 때 야기되는 무기력과 절망감에 대처하려는 노력으로 표현될 수 있다. 루이스가 지적한 빈곤문화의 특징은 표 6-4와 같다.

**표 6-4** **빈곤문화의 특징**

- 효율적인 참여의식의 결여로 불신감, 소외감, 무기력을 경험함
- 조직의 미발달로 공식적 조직결성 노력이 없음
- 유년시절의 결여로서, 이는 생계유지 때문에 가정에 머물 시간이 없고, 대부분 한방에서 살기 때문에 어릴 때부터 어른의 생활을 직접 경험하게 됨
- 잦은 분쟁과 큰소리, 그리고 위협적인 언어사용
- 공 · 사의 구분이 잘 안되며, 남의 일에 참견하는 자아에 대한 관념의 미발달
- 생계를 위한 공동작업 때문에 함께 농담과 술을 주고받으므로 남녀의 구분이 잘안됨
- 소비지향적이며, 미래를 대비한 생활의 결여
- 모계 중심의 가정인 경향이 강함
- 쉽게 생각하고 판단하는 경향
- 행동자제력과 욕구 억제력의 결여

그리고 빈곤문화를 가진 빈곤층 가정의 일반적인 경제활동상의 특성은, 첫째, 다른 소득계층에 비해서 무직의 비율이 높으며, 둘째, 직업이 있다 하더라도 단순노동, 노점, 영세자영업 등 소득이 낮고, 비영속적이어서 생계안정이 어렵다는 점이다. 특히 이들이 취업하고 있는 대부분의 직종은 일일고용 또는 임시고용이며, 계절적 변동에 민감하고 기후에 따라 작업 여부가 결정되는 경우가 많다. 또한 빈곤가구가 취업하고 있는 직업은 직장의료보험이나 상여금, 퇴직금, 산재보험 등이 제대로 적용되지 않아 생계가 불안한 상태에 있게 된다.

이와 같이 빈곤층은 지속적인 경제적 빈곤과 소외감에서 오는 정서적 불안감으로 심리적인 문제를 안고 있다. 또한 빈곤층 가정은 빈곤과 소외에서 탈피하는 길은 자녀가 교육을 통해 사회적인 가치와 기회를 얻고, 이를 통해 사회적 계층이 상승하는 것이 유일한 빈곤탈출 방법이라고 주장한다. 따라서 금전, 재산 등의 물질적 측면을 더 중요시하고 이는 사회상승주의, 물질 지향적, 현실적 환경을 중시하게 된다. 아동의 사회상승욕구가 높은 반면, 사회구조와 환경은 쉽사리 바뀌는 것이 아니기 때문에 빈곤문화는 대를 잇는 것이 일반적이다. 이러한 경제적 · 문화적 소외와 박탈감은 아동에게 정서적 · 심리적 발달에 장애를 가져다주어, 빈곤층은 문제행동을 보일 가능성이 높다고 할 수 있다.

### (2) 아동의 사회화와 교육문제

현대사회에서 자녀양육을 위해서는 정신적 · 물질적 측면에서 부모의 지원이 많이 필요해지고 있는데, 빈곤층은 상대적으로 낮은 학력과 낮은 수입, 가구소득에의 참여를 위한 시간제약 등으로 인해 어머니로의 역할수행에 어려움을 경험한다.

이와 같이 현재 빈곤가족의 아동은 불충분한 소득으로 인하여 충분한 보호를 보장받기가 어렵다. 빈곤가족의 경우 생계유지를 위해 맞벌이를 하는 경우가 많고, 보육시설을 활용할 수 없는 미취학자녀의 경우 돌보는 이가 없어 열악하고 위험한 주거환경에 방치되기 쉽다. 따라서 빈민 지역의 아동들은 일반가구의 아동들에 비해 생활환경, 교육환경이 상대적으로 열악한 상태에 놓여 있으며, 아동기부터 교육기회에서 제한받고 있다. 그리고 가정 내에 아동의 교육적 기회가 제한되어 아동은 문화실조 혹은 학습부진을 경험할 가능성이 매우 높다.

미비한 양육 및 교육적 여건은 아동으로 하여금 사회적 상승이동의 기회를 더욱 제한시켜 빈곤의 악순환을 유발시키며, 생활에의 불만, 낮은 자아정체감 등으로 아동이 가출을 하거나 비행을 저지르기 쉽다. 대부분이 맞벌이인 빈곤 자녀들은 부모로부터 충분한 정서적 욕구를 충족하지 못하는 경우가 많으며, 교육제도로부터 소외되고 방과 후에도 혼자 남겨져 안전사고의 위험에 노출되어 있다. 또한 과도한 TV 시청 및 스마트폰 사용(불량 콘텐츠 시청), 각종 오락 및 유흥산업에 노출되어 이는 곧 청소년비행으로 이어진다. 이러한 요인은 빈곤의 세습요인으로 작용할 위험을 안고 있다.

이러한 빈곤층은 결손가정이나 장애가 있는 경우가 많아 가정의 본래적 기능을 수행할 수 없을 뿐만 아니라, 아동의 열등감, 불안정감, 정서 통제력의 결핍, 대인관계가 원만하지 못하며, 비사회성, 공격적 행동을 통제하지 못하는 등 인격형성에 부정적인 영향을 미친다. 이러한 기능적 결여는 아동의 반사회적 문제행동의 원인으로 이어지게 된다. 그러므로 아동은 건전한 성장, 발달에 많은 어려움을 겪게 되는데, 이는 빈곤아동들이 항상 경제적인 긴장상태에 놓여 있으므로 심리적 불안상태가 인성구조의 중심을 이루게 되는 경우가 많으며, 이로 인한 소극적 태도, 긴장, 불안감 등은 다양한 환경에서의 적응이 어려워 지속적인 학업성취 및 행동발달에 부정적인 영향을 미치게 된다.

### (3) 가정의 심리적 환경

아동의 행동을 이해하기 위해서는 필수적으로 아동의 환경의 영향을 고려해야 한다. 일반적으로 환경이란 개체를 둘러싸고 있는 외계라고 생각할 수 있지만 의미 있는 환경이란 단순한 외계가 아닌, 개인의 행동과 어떤 관련을 맺고 있는 외계를 말하는 것으로, 고정적인 것이 아닌 역동적 개념으로 보아야 한다. 아동에게 영향을 미치는 여러 역동적 환경 중, 인간행동의 초기 사회화 과정을 가정에서 보낸다는 점에서 가정환경의 중요성은 아주 크다고 할 수 있다.

가정환경의 주요 요인은 바로 인간이며, 그 인간이 어떠한 특징을 지니고 있고, 또 어떻게 행동하느냐에 따라 환경적인 특징이 결정된다고 해도 무방하다. 따라서 가정환경의 구성요인 중 가족성원과의 관계, 성격, 가정분위기 등이 포함되는 심리적 환경의 중요성은 더욱 크다고 할 수 있다.

그러나 빈곤가족 자녀들의 성장환경을 보면 빈곤가정은 경제적 어려움뿐만 아니라, 부모의 낮은 사회 · 경제적 지위와 낮은 교육수준, 열악한 주거환경과 저속한 문화적 배경 속에 놓이게 된다. 부모 또한 생계유지에 급급하다 보니 자녀들에게 많은 관심과 시간을 함께하기 어렵고, 부모의 낮은 사회 · 경제적 지위로부터 오는 부모의 무능력과 무기력은 부모의 가치관과 양육방법을 결정짓게 하여 자녀의 지적, 정서적 발달 또는 성격형성과 자아개념의 발달에 부정적 영향을 주게 된다.

빈곤가족의 아동은 주로 빈곤 지역 부모들이 사회 · 경제적인 스트레스에 의하여 그렇지 않은 부모들에 비해서 자녀와 부정적인 상호작용을 하고, 양육의 질도 떨어지며, 보다 적은 심리사회적 자원을 소지하고 있다는 점에 주목한다. 이는 배우자의 폭력, 약물남용, 범죄와 같은 위험요소에 많이 노출되어 있기 때문에 사회통합적인 부모-자녀 관계나 상호작용에 대한 중요성을 덜 강조된다고 주장한다. 즉, 빈곤가족 특유의 비일관성, 위협, 강압적 훈육, 지도감독의 소홀, 약한 부모-자녀 간의 애착으로 인해 자녀는 비행과 같은 부적응 양상을 일으킨다는 것이다. 이렇게 경제적 박탈을 경험한 아동들은 화를 내는 빈도와 부정적, 공격적인 행동경향이 연령에 따라 증가되는데, 아동의 연령이 많아질수록 빈곤이 미치는 부정적인 영향은 더 커진다고 할 수 있다.

빈곤은 다양한 연령의 아동들에게 많은 사회 · 정서적 문제를 유발시키는데, 이 문제에는 우울증, 또래관계 어려움, 낮은 자아신뢰감, 행동문제, 높은 수준의 전반적인 사회부적응과 심리적 장애 등이 포함되어 있다. 즉, 가정의 심리적 환경은 아동의 지적, 정서적, 사회적 발달 등 모든 영역의 발달에 지대한 영향을 미침을 알 수 있다.

### (4) 생활변천의 문제

생활변천의 문제와 관련하여 살펴보면, 빈곤이 지속적이며 세습 가능성이 높게 나타나고, 일단 빈곤해진 후에는 빈곤의 악순환에서 벗어나는 것이 어려우며, 경제적·물질적 빈곤에서 오는 심리적 박탈감이 가족들(특히 가구주)에게 심리적으로 불안과 억압을 갖게 할 뿐만 아니라, 개인의 생의 주기에 따라 스트레스를 가중시킴으로써 가구주의 음주문제, 가구주의 정신질환, 가구주의 적대감, 배우자의 자포자기, 배우자의 가출, 배우자의 역할수행 문제 및 직접적인 경제적 빈곤영향은 아니지만 간접적인 영향으로 가구주의 외도와 배우자의 별거문제 등이 나타나고 있다. 이러한 상황들은 자녀들에게도 부정적인 영향을 줌으로써 자녀의 적대감, 자녀의 가출, 정신질환, 학습부진, 진로문제, 불량교우문제 등과 같은 가족문제가 나타나고 있다.

자녀들에게는 충분한 정서적 요구를 충족시키지 못한 가운데 모성박탈현상을 보일 가능성이 있고, 교육 면에서 볼 때 자녀들의 진학률은 높은 편이지만 학업성적이 좋지 않으며, 교육을 통한 상향이동의 가능성이 매우 낮다. 이들은 고학년으로 갈수록 학업성적이 떨어지거나 가출, 불량교우문제 등이 나타나고 있다.

가족구조상의 결손은 빈곤현상에도 관련되어 있으며, 아버지의 사망으로 인한 자녀의 정신질환, 여성가구주의 과도한 역할수행에서 나타나는 질병문제 등이 있다.

# 4. 빈곤가족의 현황

빈곤가족 현황을 아동빈곤 현황과 여성가구주의 빈곤현황으로 구분하여 살펴보면 다음과 같다.

## 1) 아동빈곤 현황

한국보건사회연구원(2023)에 의하면〈그림 6-1〉, 중위 50%를 기준으로 하였을 때, 18세 미만 아동빈곤율(가처분중위소득 50% 기준)은 2016년 기준 15.5%에서 지속적으로 감소하다가 2020년 12.9%로 상승하였다가 2021년 12.7%로 감소하고 있는 것으로 나타났다.

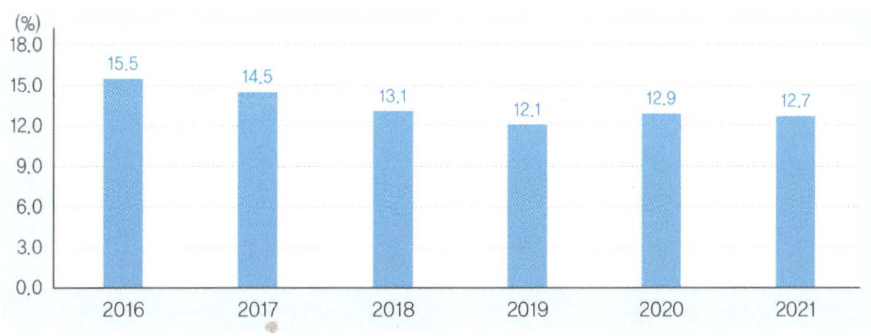


**그림 6-1 국내 아동빈곤율(가처분중위소득 50% 기준)**

출처: 한국보건사회연구원(2023). 2023년 빈곤통계연보.

OECD 국가들과 비교했을 때도, 스웨덴, 덴마크, 노르웨이와 같은 노르딕 국가에 비해 아동빈곤율이 약간 높지만 전체 평균 아동빈곤율보다는 낮은 수준에 있다. 구체적으로 OECD(2011)에 따르면, 중위소득 50% 미만의 소득을 가진 가구에 사는 아동의 비율이 한국은 9.7%, 덴마크는 3.8%, 핀란드는 4%, 노르웨이는 5.4%로 나타났다.

한국의 아동빈곤율의 감소의 원인으로는, 첫째, 아동가구의 가구소득이 증가하였기 때문이다. 인구고령화의 영향으로 노인가구 비중이 높아짐으로 아동가구의 상대소득이 높아진 결과도 이에 포함된다. 둘째, 아동가구에 대한 재분배효과가 커진 것이 아동빈곤 감소요인으로 작용한 것으로 보인다(여유진, 2017). 그러나 아동빈곤율이 감소됨에도 불구하고 빈곤은 아동의 삶에 부정적인 영향을 미치며 아동가구의 소득 빈곤 감소만으로는 아동의 삶이 나아졌다고 단정할 수는 없다(조휘래, 2022).

## 2) 여성가구주의 빈곤현황

여성가구주의 빈곤율 추이를 보여 주는 그림 6-2를 살펴보면, 중위 50%를 기준으로 하였을 때, 외환위기 이후 여성가구주는 수적인 증가뿐만 아니라 여성가구주의 상대적 빈곤율이 지속적으로 증가하는 양상을 보여 주고 있다. 2021년 기준 여성가구주의 상대적 빈곤율은 39.9%로 나타나 남성가구주의 상대적 빈곤율 17.3%보다 22.6%가 더 높은 현상을 보여 주고 있다. 이러한 남녀가구주의 젠더 간 빈곤율 격차는 2000년 이후 복지지출이 확대되고 경제가 회복되었음에도 불구하고 더욱 커지고 있다. 남성가구주의 경우 2000년을 지나면서 외환위기의 영향으로부터 점진적으로 회복되는 경향을 나타내고 있지만 외환위기를 지나면서 빈곤층에 진입했던 대다수의 여성가구주는 빈곤층으로부터 탈피하지 못하고 여성빈곤의 고착화 현상을 보여 주고 있다(김혜연, 2017; 석재은, 2013).

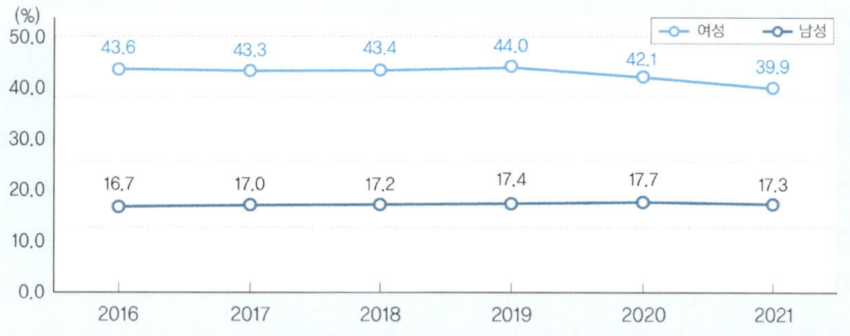


**그림 6-2** **성별 상대적 빈곤율 추이**

출처: 한국보건사회연구원(2023). 2023년 빈곤통계연보.

표 6-5에서 소득구성에 따른 여성가구주 가구의 상대적 빈곤율 추이를 살펴보면, 시장소득, 경상소득, 가처분소득에 의한 여성가구주의 빈곤율이 2006년부터 꾸준히 전체 가구에 비해 지속적으로 더 높은 빈곤율을 보여 주고 있다. 이러한 현상은 여성가구주 취업자는 남성가구주 취업자보다 상대적으로 사회적, 법적보호와 고용혜택이 부족한 일자리에 종사하는 비중이 높아 소득수준이 더 낮기 때문인 것으로 보인다(한국노동연구원, 2020). 특히 코로나 19 대유행으로 인해 여성노동자가 남성노동자보다 더 큰 타격을 받을 수 있다고 경제협력개발기구(OECD, 2020)가 경고한 바와 같이 한국의 경우도 코로나 19를 경험하면서 남·녀 가구주 간의 성별 빈곤율 격차가 더욱 확대된 것으로 나타났다.

**표 6-5** **소득원별 여성가구주 가구의 상대적 빈곤율(중위 50%)** (단위: %)

| 연도 | 여성가구주 가구 | | | 전체 가구 | | |
|---|---|---|---|---|---|---|
| | 시장소득 | 경상소득 | 가처분소득 | 시장소득 | 경상소득 | 가처분소득 |
| 2006 | 34.1 | 30.2 | 28.7 | 19.9 | 16.9 | 16.3 |
| 2007 | 33.4 | 30.1 | 28.5 | 20.3 | 17.8 | 17.2 |
| 2008 | 33.8 | 30.4 | 28.7 | 21.2 | 18.2 | 17.8 |
| 2009 | 36.7 | 32.6 | 30.8 | 22.0 | 18.9 | 18.4 |
| 2010 | 35.8 | 32.6 | 31.7 | 22.7 | 18.9 | 18.3 |
| 2011 | 37.0 | 33.3 | 31.3 | 22.5 | 18.8 | 18.3 |
| 2012 | 35.8 | 32.4 | 31.1 | 22.2 | 18.9 | 18.5 |
| 2013 | 37.2 | 33.5 | 31.6 | 22.6 | 18.9 | 18.5 |
| 2014 | 36.8 | 33.2 | 31.1 | 23.1 | 18.9 | 18.2 |
| 2015 | 39.6 | 33.5 | 31.3 | 23.7 | 18.8 | 18.1 |
| 2016 | 43.6 | 39.5 | 37.9 | 25.5 | 21.6 | 21.0 |
| 2017 | 43.3 | 38.9 | 37.1 | 25.5 | 21.1 | 20.6 |
| 2018 | 43.4 | 38.0 | 36.7 | 25.6 | 20.9 | 20.3 |

주: 통계값 산출 기준자료가 2015년까지는 가계동향조사가 적용되었지만, 2016년 이후는 가계 금융복지조사로 변경됨.
출처: 한국보건사회연구원(2020). 빈곤통계연보.

한국사회에서 여성가구주의 빈곤은 단순한 개인적 차원의 문제가 아니라 남성중심의 가족구조와 정책적 개입의 부재로 인한 양상이기 때문에 더욱 심각하게 인식되어야 할 필요성이 있다. 즉, 여성가구주의 빈곤에 대한 적절한 정책적 대응이 이루어지지 않는다면, 사회적 비용과 복지지출규모의 급격한 증가가 예상된다고 할 수 있다(박명아, 2022).

# 5. 빈곤아동을 위한 복지서비스

빈곤아동을 위한 복지서비스를 빈곤가족에 대한 서비스와 빈곤아동의 사회복지정책으로 구분하여 살펴보면 다음과 같다.

## 1) 빈곤가족에 대한 서비스

우리나라는 2015년부터 국민기초생활보장제도의 운영을 맞춤형 급여제도로 개편하면서 중위소득과 연동한 상대적 빈곤 개념의 급여별 선정기준을 도입하여 최저보장수준으로 삼고 있다. 빈곤가족에 대한 구체적인 서비스 현황을 국민기초생활보장제도, 급여 지원, 긴급복지지원서비스, 자활지원서비스 및 의료보장서비스로 구분하여 구체적으로 살펴보면 표 6-6과 같다(김성철 외, 2020; 박귀영 외, 2023).

**표 6-6 빈곤가족에 대한 서비스 현황**

| 구분 | 내용 |
|---|---|
| 국민기초생활보장제도 | 「국민기초생활보장법」은 구(舊) 「생활보호법」을 대체한 법률로 1999년 9월 7일에 제정되었고, 2000년 10월 1일부터 시행되었다. 「국민기초생활보장법」의 실시로 인하여 시혜적 단순보호차원의 생활보호제도로부터 저소득층에 대한 국가책임을 강화하는 복지시책으로 전환을 하는 계기가 마련되었다. |
| 급여 지원 | 「국민기초생활보장법」에 의하여 기초생활수급자에게 보장되는 7종 급여는 생계급여, 의료급여, 주거급여, 교육급여, 해산급여, 장제급여, 자활급여로 저소득계층이 인간으로서 기본적인 생활을 유지할 수 있도록 돕고 있다. |

| 구분 | 내용 |
|---|---|
| 긴급복지지원 서비스 | 2005년 「긴급복지지원법」이 제정됨에 따라, 긴급복지 요청이 있을 경우 시 · 군 · 구 긴급지원 담당공무원은 실 근무시간 기준 8시간 이내에 직접 현장을 확인한 후 필요성이 인정되면 긴급복지지원을 시행한다. |
| 자활지원 서비스 | 근로의욕 고취를 위하여 노동능력이 있다고 판단되는 기초생활보장수급자들은 반드시 노동을 하도록 규정하고 있는데 이것이 자활사업이다. |
| 의료보장 서비스 | 의료급여는 저소득층 국민이 저렴한 비용으로 의료서비스를 받을 수 있도록 국가가 지원하는 제도인데 1977년에 최초로 도입되었다. 도입 당시에는 시혜차원의 보호개념이 강하였으나 2000년 10월 국민기초생활보장제도가 도입되고 2001년 5월 「의료보호법」이 「의료급여법」으로 전면 개편되면서 국민의 권리로 보장받게 되었다. |

## 2) 빈곤아동의 사회복지정책

### (1) 국민기초생활보장제도에 의한 빈곤가족 지원

2000년 10월 1일부터 시행된 국민기초생활보장제도는 1997년 이후 경제위기와 구조조정에 따른 대량실업으로 근로능력이 있는 빈곤인구가 급증하고, 사회문제가 확대되면서 근로능력에 관계없이 최저생계비 이하의 저소득층에게 국가가 기초생활을 보장하되 종합적 자립자활서비스 제공으로 생산적 복지를 구현해야 할 필요성을 인식하면서 국민의 최저생활을 보호하기 위하여 시행되었다.

### (2) 빈곤아동의 보육 및 교육지원

빈곤아동의 보육 및 교육지원을 보육 및 교육에 대한 제도적 지원정책, 교육 · 문화 · 복지지원서비스 및 소년소녀가장세대에 대한 지원으로 구분하여 구체적으로 살펴보면 표 6-7과 같다(김성철 외, 2020).

**표 6-7 빈곤아동의 보육 및 교육지원**

| 구분 | 내용 |
|---|---|
| 보육 및 교육에 대한 제도적 지원정책 | • 여성가족부는 2004년 6월 보건복지부로부터 유아보육업무를 넘겨받아 기존의 '가족위임형' 보육에서 부모와 국가가 책임을 나누는 '책임공유형'으로 전환하고 정부는 보육료를 차등하여 지원하고 있다. 정부지원보육료는 원칙적으로 부모가 아이사랑 카드로 결제를 하면 어린이집으로 입금이 되는 방식으로 이루어지고 있다. 또한 「영유아 보육법」 및 「영유아보육법 시행령」에 근거하여 유아보호업무를 관리한다. 유아보육시설은 국·공립 보육시설, 직장보육시설, 법인보육시설, 가정보육시설, 부모협동보육시설, 민간보육시설을 의미하며, 「국민기초생활보장법」에 의한 수급자와 여성부령이 정하는 일정소득 이하의 가구자녀의 보육비를 전부 혹은 일부 보조한다.<br>• 교육부는 「유아교육법」 및 「유아교육법 시행령」에 근거하여 유아교육업무를 관리한다.<br>• 보건복지부는 「국민기초생활보장법」과 「한부모가족지원법」에 근거하여 빈곤가정의 아동을 지원한다. 「국민기초생활보장법」에 의한 급여는 생계급여, 주거급여, 해산급여, 장제급여, 의료급여를 제공하며, 급여원칙은 최저생활보장원칙, 보충급여원칙, 자립지원원칙, 개별성원칙, 가족부양 우선원칙, 타법우선원칙을 지향한다. 「한부모가족지원법」 제12조 제1항은 복지급여로 생계비 이외에 아동교육지원비 및 아동양육비 지원을 규정하고 있다. |
| 교육·문화·복지지원 서비스 | • 지역아동센터는 2004년부터 민간 공부방이 지역아동센터로 제도화되어 초·중학생의 방과후 보호, 학습지원, 급식제공 등의 기능을 담당하고 있다.<br>• 학교사회복지는 민간단체, 사회복지공동모금회, 지역교육청 등의 지원으로 지속되어 온 학교사회복지가 2004년부터 교육부를 통하여 시범적으로 시행되고 있다. 학교 현장에 전임사회복지사를 배치하여 학교폭력을 포함한 다양한 학생문제를 예방, 치료하며, 빈곤가족 아동의 문제에도 통합적으로 접근하고 있다.<br>• We-Start 사업은 저연령에서부터 예방적으로 통합적인 개입을 통하여 빈곤탈피를 목적으로 하고 있는 '빈곤대물림 끊어주기' 사업으로 0~12세 빈곤층 아동들에게 교육, 보건, 주거, 복지서비스를 통합적으로 제공하는 것을 목적으로 한다.<br>• 교육복지투자 우선 지역사업은 지역사회 교육전문가라는 명칭을 가진 전문인력을 학교에 배치하여 빈곤아동들에게 교육, 복지, 문화서비스를 총괄적으로 제공하고 있다. |
| 소년소녀가장 세대에 대한 지원 | 지원대상은 국민기초생활보장수급자 중에서 18세 미만의 아동으로만 구성된 세대이거나 18세 미만의 아동이 부양능력이 없는 부모와 동거하는 세대이며, 부양의무자와 동거하는 경우에는 대리양육가정으로, 부양의무자가 아닌 경우에는 가정위탁으로 선정하여 지원한다. 15세 미만의 아동으로만 구성되어 있는 경우에는 시설입소, 가정위탁을 권장하고 있으며 아동이 18세가 넘었지만 중·고등학교에 재학 중일 경우에는 졸업까지 연장한다. |

# Chapter 07

# 보육서비스

## 배울 내용

1. 보육의 개념 및 중요성
2. 보육기관의 유형
3. 보육기관과 보육교직원의 현황
4. 우리나라 보육의 역사와 보육서비스

## 학습목표

1. 보육의 개념 및 필요성을 이해한다.
2. 보육기관의 유형별 특색을 숙지한다.
3. 보육기관과 보육교직원 현황을 파악한다.
4. 우리나라 보육의 역사와 보육서비스를 살펴보고 앞으로의 방향을 모색해 본다.

## 개 요

보육의 주체는 영유아이고 보육과 교육의 기능적 균형에 대한 합의 노력이 이루어지고 있으며, 보육의 방향은 특정한 대상의 자녀를 선별하는 차원에서 수요자의 요구를 적극적으로 반영하는 방향으로 전환되고 있다. 최근에는 영유아가 안전하게 보호받고 누구나 교육받을 수 있는 기본적인 권리에 대한 사회적 책임을 강조하고 있다. 보육은 취학 전 영유아를 대상으로 보호자가 보호하기 어려운 영유아를 안전하고 조화로운 교육을 통하여 건강한 사회구성원으로 길러 내고, 부모의 사회적 · 경제적 활동을 원활하게 지원하여 가정복지 증진에 기여하는 것을 목적으로 한다. 여성의 경제활동 참여율을 높이기 위해 맞춤형 보육형태로 다양하게 지원하는 것이 세계적인 추세라고 할 수 있다. 따라서 본 장에서는 보육의 개념을 바탕으로 보육의 중요성, 유형, 현황 및 역사와 보육서비스에 대해 살펴보고자 한다.

07
Chapter

# 보육서비스

## 1. 보육의 개념 및 중요성

### 1) 보육의 개념 및 목적

현재 우리나라는 산업화로 인해 여성의 취업 기회 증대와 소규모 핵가족화, 다양한 유형의 가족 및 저출산과 같은 사회적인 현상으로 인해 더 이상 보육을 개별 가정의 문제가 아닌 사회적, 공공의 문제로 인식하게 되었다. 즉, 소규모 핵가족사회에서 취업모 증가는 개별 가정에서 일과 양육을 함께 병행하는 데 어려움을 초래하게 되었고 국가와 사회는 약화된 가정의 양육기능을 지원해 줄 수 있는 보육서비스를 제공할 필요성이 대두되었다.

이런 이유로 우리나라에서는 1991년 「영유아보육법」이 제정되었는데, 「영유아보육법」에서는 보육의 목적을 "심신의 보호와 건전한 교육을 통하여 영유아를 건강한 사회구성원으로 육성함과 동시에 보호자의 경제적 · 사회적 활동을 원활하게 함으로써 가정복지 증진에 기여하는 것"이라고 명시하고 있다. 이는 영유아의 전인적 발달을 지원할 수 있도록 양질의 프로그램을 제공해야 함은 물론 기혼여성이 육아와 일을 양립하도록 지원함으로써 가족복지 및 사회복지서비스를 제공하는 효과를 얻게 한다는 것을 의미한다.

과거 보육의 목적은 자기 집에서 양육받기 어려운 가정의 영유아를 일정 시간 동안 맡아 주는 탁아의 개념이 강한 보호적 서비스로 인식하였다. 그러나 양질의 보육서비스에 대한 요구와 보육의 질적 서비스 수준 향상을 이루고자 하는 부모 및 사회적 관심은 궁극적으로 객관적 기준에 근거한 질 높은 보육서비스에 대한 요구로 이어지게 되었다. 따라서 최근의 보육목적은 단순히 영유아를 보호하는 차원이 아닌 발달에 적합한 보육경험을 제공하는 질 높은 보육서비스를 통해 교육과 보호적 기능을 수행하여 전인적 발달을 도모할 뿐 아니라 가족복지를 실현함으로써 취업여성의 가정양육과 여성의 자아실현을 지원하는 종합적인 서비스로 인식되고 있다. 이와 같이 보육은 직업을 가진 여성이 자신의 일과 가정양육을 동시에 수행할 때 발생되는 어려움을 국가와 사회가 지원하기 위해 시작되었으며, 이를 통해 가족복지서비스를 증진시키고자 하는 데 그 필요성 및 의의가 있다.

이상의 논의를 종합해 보면, 보육이란 "영유아가 전인적 성장·발달을 도모할 수 있도록 차별성 없는 평등한 조건하에서 심신의 보호와 건전한 교육을 병합한 서비스를 제공하고 경제발전에 필요한 여성인구의 원활한 사회적 참여를 조장해서 영유아와 부모, 가족이 함께 행복해지고 지역사회 발전을 도모하기 위해 사회와 국가가 함께 제공하는 통합사회복지서비스"라고 정의할 수 있다.

## 2) 보육의 필요성

우리나라의 보육사업은 1921년 태화사회복지관에서 처음으로 시작되었으며, 초기에는 빈곤가정의 자녀양육을 지원해 주기 위한 선별주의적인 복지서비스 형태로 시작되었다. 그러나 점차 여성의 지위 향상과 사회참여로 인해 취업률이 증가하고 가족구조가 핵가족화, 한부모가족, 조손가족 및 다문화가족 등으로 다양하게 변화됨에 따라 단순히 빈곤계층에게 제공되던 서비스가 보편주의적인 접근인 모든 계층의 자녀를 보육대상에 포함시키게 되었다. 이러한 보편적 서비스는 단순히 영유아를 보호하는 차원이 아닌 교육적인 기능과 질 높은 서비스를 요구하게 되었고, 더불어 영유아의 전인적 발달과 권리뿐만 아니라 부모의 자녀양육 지원 및 경제적, 사회적인 욕구를 충족시켜 줄 수 있는 보육 및 복지서비스를 요구하게 되었다. 이처럼 보육서비스의 필요성이 그 어느 때보다 절실히 강조되고 있는데, 그 이유를 살펴보면 다음과 같다(김이영 외, 2023; 시옥진 외, 2023).

### (1) 여성의 취업률 증가

여성의 교육 수준 및 지위가 향상되고 노동 현장에서 기혼여성의 경제활동 참가율(표 7-1에서 보면 2024년 18세 미만 자녀와 함께 사는 기혼여성의 취업자 수는 2,668,000명으로 고용률은 62.4%로 나타났으며, 연령별로는 50~54세는 68.6%, 45~49세는 66.7%, 40~44세는 62.2%, 35~39세는 60.2%, 30~34세는 56.3%로 연령계층이 높을수록 높게 나타났음)의 변화 추이로 맞벌이부부 가정이 늘어나면서 전통적으로 육아를 담당해 온 어머니의 역할을 대신할 누군가가 필요하게 되었다. 그러나 가족구조는 점차 핵가족 소규모화되면서 가정 내에서 양육기능은 상실되어 가고 있다. 여성의 취업률이 50% 이상이면 더 이상 개인적으로 양육을 해결할 수 없다고 한다(서영숙 외, 2013).

이에 국가와 사회가 나서서 일과 가정을 양립할 수 있도록 제도적 지원을 할 필요성과 여성의 경제활동 참여를 활성화시켜 경력이 단절됨이 없이 일을 지속할 수 있도록 보육서비스를 제공해 줌으로써 여성 취업의 활성화와 저출산 문제를 벗어나게 할 필요성이 제기되었다. 그러므로 여성 취업으로 인한 자녀양육자 부재 현상을 해결하기 위해 집 근처에서 믿고 맡길 수 있는 질 높은 어린이집 확충이 시급한 사회문제로 대두되게 되었다. 따라서 어린이집은 주 양육자인 어머니가 일터에 나가 경제활동을 하는 동안 안심하고 자녀를 보살펴 주고 돌보아 줄뿐 아니라 전인적인 발달을 도모할 수 있는 질 높은 서비스를 제공해야 한다.

**표 7-1. 연령계층별 여성 취업자 및 고용률**

(단위: 천명, %, %p)

| | 2023년 | | 2024년 | | 증감 | |
|---|---|---|---|---|---|---|
| | 취업자 | 고용률 | 취업자 | 고용률 | 취업자 | 고용률 |
| 전체 | 2,609 | 60.0 | 2,668 | 62.4 | 58 | 2.4 |
| 15~29세 | 51 | 41.8 | 53 | 47.5 | 2 | 5.7 |
| 30~34세 | 271 | 52.7 | 266 | 56.3 | −4 | 3.6 |
| 35~39세 | 562 | 57.2 | 551 | 60.2 | −10 | 3.0 |
| 40~44세 | 861 | 61.0 | 863 | 62.2 | 2 | 1.2 |
| 45~49세 | 644 | 65.1 | 683 | 66.7 | 38 | 1.6 |
| 50~54세 | 221 | 67.3 | 252 | 68.6 | 32 | 1.3 |

출처: 통계청(2024). 2024년 상반기 지역별고용조사 기혼여성의 고용 현황.

최근에는 경제적인 측면을 떠나 여성 자신의 자아성취를 목적으로 중산층 이상의 여성들이 사회·경제활동에 적극적으로 참여하고 있어 전통적인 가정의 역할과 기능에 큰 변화를 가져오게 되었고 이러한 현상은 가족기능의 약화를 불러오게 되었다. 전통적으로 여성이 가정 내에서 담당해 오던 가사와 육아에도 커다란 변화가 초래되어 아이를 낳고 양육하는 육아 문제는 이제 가정의 문제가 아닌 사회의 문제로 전환되어 가고 있다. 여성의 사회참여에 따른 육아지원의 필요성과 요구 증대에 따라 보육수요가 증가하였고, 영유아들이 좀 더 장시간 돌봄과 교육을 병행할 수 있는 다양한 보육서비스의 요구가 급증하게 되었다. 이로 인해 영유아시기에 가정이 아닌 보육기관에서 제공되는 양질의 경험은 그들의 발달에 기초성과 적기성이 매우 중요한 일로 대두되고 있다.

### (2) 가족구조의 변화

우리나라에서는 1970년대 경제개발정책을 추진하면서 가족계획정책에 따라 강력한 인구억제정책을 실행하였고 이에 출산률이 감소하게 되었다〈그림 7-1〉. 농경사회에서는 자녀가 노동력으로 인식하여 출산률이 높았으나 산업화사회에서는 많은 수의 자녀가 개인적 생활과 교육비 증가로 인해 적은 수의 자녀를 선호하거나 자녀를 낳지 않으려는 딩크(DINK; Double Income No Kids)족까지 나타나고 있다. 또한 산업화 · 도시화되면서 대가족보다는 핵가족, 소규모 가족이 용이하므로 점차 가족 규모가 소규모화되었으며 가족에 관한 가치관의 변화와 함께 전통적인 가족 형태에서 가족해체 현상과 다양한 생활 형태가 반영된 한부모가족, 재혼가족, 조손가족, 다문화가족 등의 형태가 나타나고 있어 이들 가정에 보육서비스를 제공할 필요가 높아지고 있다.

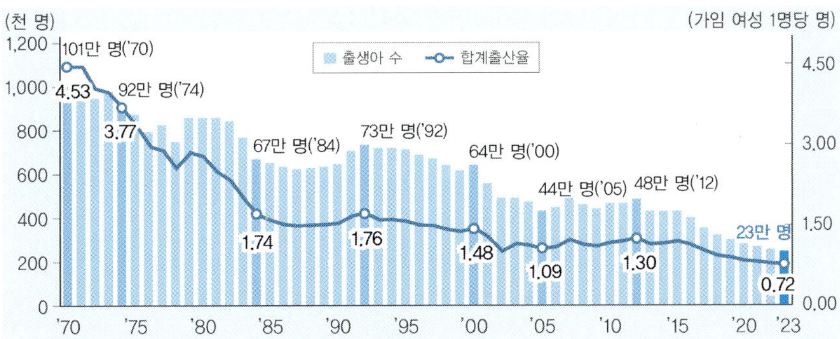


**그림 7-1 출산율**

출처: 통계청(2024). 2023년 인구동향조사: 출생 · 사망통계.

또한 핵가족화 경향은 부모의 역할과 책임에 변화를 가져왔으며, 가족의 고립이 촉진되고 가족의 본래 기능이었던 자녀의 양육 및 사회화의 기능이 약화되었다. 가정의 기본적인 기능에는 자녀의 양육과 교육 및 사회화가 있는데, 자녀들이 가정생활을 통해 일상적인 언어와 태도, 기본생활습관과 예절, 대인관계기술, 도덕적 윤리의식 등을 배우게 된다. 이와 같은 가정의 교육적 기능은 이전의 확대가족 내지 대가족형태에서 가능했지만 지금의 핵가족 또는 소가족 형태에서는 제대로 이루어지지 않고 있는 실정이다.

무엇보다 가족이 핵가족화되면서 가정 내에서 대인관계 기회의 감소와 소수의 특수한 인간관계만을 체험하게 되어 인간 상호작용의 결함을 가져올 수 있으며, 영유아기의 사회화과정의 기능 약화를 초래하기도 한다. 따라서 보육기관에서 경험되는 인간 상호 간의 관계를 도모하는 인간발달 프로그램, 긍정적인 자아상을 갖게 하는 프로그램 등의 제공이 영유아의 중요한 발달과정을 설명하는 요인이 되고 있다.

### (3) 영유아의 권리

취업 여성의 자녀 양육을 지원하기 위한 수단으로 시작된 보육서비스는 경제적 · 사회적 요구를 수용하게 되면서 영유아 입장에서 잘 자랄 권리, 적절한 서비스를 받을 권리 등이 보장되지 못한 측면이 발생되어 온 것은 사실이다.

맞벌이가정의 증가로 인해 불가피하게 보육서비스를 이용해야 한다면, 인간발달 초기에 제공되는 보육서비스는 영유아의 건강한 발달을 도모할 수 있는 발달에 적합한 환경이어야 하며 개별적인 아동의 요구가 반영되어 각자의 잠재능력을 발휘할 수 있는 질 높은 보육서비스를 제공해야 한다. 최근의 연구에 의하면, 양질의 보육경험은 영유아의 애착 및 제반 영역발달에 긍정적인 영향을 받는다고 주장하고 있다. 그러므로 영유아발달에 있어 가장 중요한 요인은 보육경험 유무라기보다는 어떤 보육서비스를 제공받았는지, 그 내용의 질이 더 중요한 요인으로 인식되고 있다.

# 2. 보육기관의 유형

어린이집 유형은 운영주체에 따른 유형, 보육장소에 따른 유형, 보육시간에 따른 유형, 보육대상에 따른 유형으로 구분할 수 있다. 다양한 어린이집 유형에 대해 자세하게 살펴보면 다음과 같다(고정곤 외, 2019; 김이영 외, 2023; 시옥진 외, 2023).

## 1) 운영주체에 따른 유형

운영주체에 따른 분류는 「영유아보육법」 제10조[1]에 7가지 유형으로 명시되어 있는데, 어린이집 유형별 특성을 요약해 보면 표 7-2와 같다.

1) 제10조(어린이집의 종류) 어린이집의 종류는 다음 각 호와 같다.
1. 국공립어린이집: 국가나 지방자치단체가 설치 · 운영하는 어린이집
2. 사회복지법인어린이집: 「사회복지사업법」에 따른 사회복지법인(이하 "사회복지법인"이라 한다)이 설치 · 운영하는 어린이집
3. 법인 · 단체등어린이집: 각종 법인(사회복지법인을 제외한 비영리법인)이나 단체 등이 설치 · 운영하는 어린이집으로서 대통령령으로 정하는 어린이집
4. 직장어린이집: 사업주가 사업장의 근로자를 위하여 설치 · 운영하는 어린이집(국가나 지방자치단체의 장이 소속 공무원 및 국가나 지방자치단체의 장과 근로계약을 체결한 자로서 공무원이 아닌 자를 위하여 설치 · 운영하는 어린이집을 포함한다)
5. 가정어린이집: 개인이 가정이나 그에 준하는 곳에 설치 · 운영하는 어린이집
6. 협동어린이집: 보호자 또는 보호자와 보육교직원이 조합(영리를 목적으로 하지 아니하는 조합에 한정한다)을 결성하여 설치 · 운영하는 어린이집
7. 민간어린이집: 제1호부터 제6호까지의 규정에 해당하지 아니하는 어린이집

**표 7-2 어린이집 유형별 특성 요약표**

| 유형 | 운영주체 | 규모(상시 영유아) | 대표자 |
|---|---|---|---|
| 국 · 공립 | 국가나 지방단체 | 11인 이상 | 시장, 구청장, 군수 등 지방단체장 |
| 사회복지법인 | 사회복지법인 | 21인 이상 | 법인 대표자 |
| 법인 · 단체 등 | 사회복지법인을 제외한 비영리법인 | 21인 이상 | 법인 대표자 |
| 직장 | 사업주(지방자치단체장 포함) | 5인 이상 | 사업주 대표자 |
| 가정 | 개인 | 5인 이상 20인 이하 | 개인 |
| 협동 | 보호자 및 보육교직원 조합(비영리) | 11인 이상 | 조합원 중에서 1인 선정 |
| 민간 | 상위 6개 유형을 제외한 모든 어린이집 | 21인 이상 | 법인 혹은 개인 대표자 |

### (1) 국 · 공립 어린이집

국 · 공립어린이집은 국가나 지방자치단체가 설치 · 운영(위탁운영 포함)하는 어린이집을 말하며(「영유아보육법」 제10조), 국가 및 지방자치단체의 장이 인가 절차 없이 직접 설치하되, 어린이집 수급계획 등을 포함한 보육계획을 사전에 수립하여야 한다. 국 · 공립 어린이집을 설치할 때 지방자치단체의 장은 지방보육정책위원회 심의를 거쳐야 한다. 즉, 국 · 공립어린이집은 「영유아보육법」 제10조 제1호에 '국가나 지방단체가 설립 운영하는 어린이집'으로 규정하고 있다.

### (2) 사회복지법인어린이집

사회복지법인어린이집은 「사회복지사업법」에 따라 사회복지법인이 설치 · 운영하는 어린이집을 말하며, 법인 · 단체 등 어린이집은 각종 법인(사회복지법인을 제외한 비영리법인)이나 단체 등이 설치 · 운영하는 어린이집으로서 학교법인, 종교단체, 근로복지공단, 교육훈련시설 등이 설치 · 운영하는 어린이집이 해당된다. 즉, 사회복지법인어린이집은 「영유아보육법」 제10조 제2호에 '「사회복지사업법에 따른 사회복지법」(이하 '사회복지법인'이라 함)이 설치 · 운영하는 어린이집'으로 규정하고 있다.

### (3) 법인 · 단체 등 어린이집

법인 · 단체 등 어린이집은 「영유아보육법」 제10조 제3호에 '각종 법인(사회복지법인을 제외한 비영리법인)이나 단체 등이 설치 · 운영하는 어린이집으로, 대통령령으로 정하는 어린이집'으로 규정하고 있다. 즉, 사회복지법인어린이집은 「사회복지사업법」에 따른 사회복지법인이 설치 · 운영하는 어린이집이다.

### (4) 직장어린이집

직장어린이집은 영유아 5명 이상 보육하고, 사업주가 사업장의 근로자를 위하여 설치 · 운영하는 어린이집을 말한다. 상시 '여성근로자 300명 이상 또는 근로자 500명 이상을 고용하고 있는 사업장'의 사업주는 직장어린이집을 설치하여야 하고, 의무사업장의 사업주가 직장어린이집을 단독으로 설치하기 어려운 경우에는 사업주 공동으로 직장어린이집을 설치 · 운영하거나, 지역의 어린이집과 위탁계약을 체결하여 근로자 자녀의 보육을 지원하거나 근로자에게 보육수당을 지급하여야 한다. 즉, 직장어린이집은 「영유아보육법」 제10조 제4호에 '사업주가 사업장의 근로자를 위하여 설치 · 운영하는 어린이집(국가나 지방자치단체의장이 소속 공무원을 위하여 설치 · 운영하는 어린이집을 포함한다)'으로 규정하고 있다.

### (5) 가정어린이집

개인이 가정 또는 그에 준하는 곳에 설치 · 운영하는 어린이집을 말하며, 상시 영유아 5인 이상 20인 이하를 보육할 수 있는 시설을 갖추어야 하고, 「영유아보육법」상의 설치 기준을 모두 갖추어야 하며, 관할 시장, 군수 또는 구청장에게 사전에 인가를 받아야 한다. 즉, 가정어린이집은 「영유아보육법」 제10조 제5호에 '개인이 가정이나 그에 준하는 곳에 설치 · 운영하는 어린이집'으로 규정하고 있다.

### (6) 부모협동어린이집

보호자 11인 이상이 조합법을 결성하여, 설치 · 운영하는 어린이집을 말하며, 상시 영유아 11인 이상 보육할 수 있는 시설을 갖추어야 하고, 「영유아보육법」상의 설치 기준을 모두 갖추어야 하며, 관할 시장, 군수 또는 구청장에게 사전 인가를 받아야 한다. 즉, 부모협동어린이집은 「영유아보육법」 제10조 제6호에 '보호자들이 조합을 결성하여 설치 · 운영하는 어린이집'으로 규정하고 있다.

### (7) 민간어린이집

민간어린이집은 국공립, 사회복지법인, 법인 · 단체 등, 직장 · 가정 · 협동어린이집이 아닌 어린이집으로 상시 영유아 21인 이상을 보육할 수 있는 시설을 갖추어야 하고, 관할 시장, 군수 또는 구청장에게 사전에 인가를 받아야 한다. 즉, 민간어린이집은 「영유아보육법」 제10조 제7항 '제1호부터 제6호까지의 규정에 해당하지 아니하는 어린이집'으로 규정하고 있다.

## 2) 보육장소에 따른 유형

보육장소에 따른 유형에는 크게 가정보육과 기관보육으로 나눌 수 있다. 가정보육이란 기관이 아닌 가정에서 이루어지는 보육형태로 자기 집에서 이루어지는 보육과 다른 가정에서 이루어지는 보육으로 나누어지는데 가정보육은 본인의 집 또는 유사한 가정에서 편안함과 익숙한 환경 안에서 보육된다는 장점이 있는 대신 기관보육에 비해 전문성 있는 교사나 보육환경, 프로그램 등의 운영 면에서 소홀할 수 있다. 이와 같은 형태는 개인적으로 육아를 맡기는 경우, 여성가족부에서 실시하는 아이돌보미사업에 의해 파견되는 형태가 대표적이라고 할 수 있다. 반면에 기관보육은 보육의 일반적인 형태로 우리나라에서는 "어린이집"이란 명칭을 사용하고 있으며 「영유아보육법」에 근거해 주무부서인 보건복지부의 관리 · 감독을 받아 운영하고 있는 기관을 말한다.

### 3) 보육시간에 따른 유형

운영시간에 따른 보육의 유형을 살펴보면, 어린이집은 종일제(오전 7:30~19:30)를 원칙으로 하며 보호자의 근로시간 등을 고려하여 조정 · 운영할 수 있다. 또한 공휴일을 제외하고 연중 계속 운영하여야 하는데 운영시간에 따라 시간제 보육, 야간보육, 24시간 보육, 휴일보육, 방과후 보육서비스가 있다. 시간제 보육서비스는 기본 종일제 시간 외에 부모의 요구에 따라 일시적, 비정기적으로 돌보아 주는 보육서비스로 육아종합지원센터나 거점 어린이집에서 운영하고 있다. 야간보육은 야간에 이루어지는 보육형태로 시간연장형 보육과 유사한 형태로 이루어지고 있다. 24시간 보육은 잠자리와 저녁, 아침식사를 제공하며 야근이나 늦은 밤까지 일하는 부모를 위해 제공하는 보육서비스이고, 휴일보육은 공휴일에 이용할 수 있는 보육서비스의 형태를 의미하지만 24시간 보육서비스가 제공되면서 점차 사라지고 있다. 이 외에도 방과후 보육은 초등학교 수업을 마친 후 돌보아 주는 보육의 형태로 현재 교육부에서 돌봄교실을 운영하여 실시하고 있다.

### 4) 보육대상에 따른 유형

보육의 대상에 따른 유형을 살펴보면, 과거에는 선별적인 보육서비스로 보육을 필요로 하는 요보호아동(취약계층, 저소득층) 중심의 보육이었으나 맞벌이가 증가하고 기혼여성의 취업이 증가하면서 보육대상이 확대되어 모든 영유아를 대상으로 하는 보편적 서비스로 개념이 변화되었다. 또한 초기에는 보육대상 아동이 영아보다 유아 중심의 서비스였으나 취업여성의 경력이 단절되지 않게 하기 위해서 유아보다 영아를 보육하는 어린이집에 대한 요구가 증가되어, 이런 취업모의 요구를 반영해 영아보육을 활성화하기 위한 지원정책을 실시하게 되었다. 이에 영아전담어린이집과 가정어린이집을 지원하는 정책으로 영아를 보육하는 기관이 많아지게 되었으며 이로 인해 보육대상이 유아에서 출산휴가를 마친 영아(3개월 이후)에까지 낮아졌고 그 밖에 장애아보육, 다문화 보육과 같이 사회적 요구를 반영한 다양한 보육서비스를 제공하고 있다.

## 3. 보육기관과 보육교직원 현황

### 1) 보육기관과 보육아동의 현황

어린이집 현황을 살펴보면, 2023년 12월 31일 기준으로 표 7-2와 같이 총 28,954개소의 어린이집이 설립·운영되고 있는 것으로 나타났다.

**표 7-3** 어린이집 연도별 설치 · 운영 현황

| 구분 | 계 | 국 · 공립 어린이집 | 사회복지법인 어린이집 | 법인 · 단체등 어린이집 | 민간 어린이집 | 가정 어린이집 | 협동 어린이집 | 직장 어린이집 |
|---|---|---|---|---|---|---|---|---|
| 2023 | 28,954 | 6,187 | 1,206 | 551 | 8,886 | 10,692 | 124 | 1,308 |
| 2022 | 30,923 | 5,801 | 1,254 | 610 | 9,726 | 12,109 | 132 | 1,291 |
| 2021 | 33,246 | 5,437 | 1,285 | 640 | 10,603 | 13,891 | 142 | 1,248 |
| 2020 | 35,352 | 4,958 | 1,316 | 671 | 11,510 | 15,529 | 152 | 1,216 |
| 2019 | 37,371 | 4,324 | 1,343 | 707 | 12,568 | 17,117 | 159 | 1,153 |
| 2018 | 39,171 | 3,602 | 1,377 | 748 | 13,518 | 18,651 | 164 | 1,111 |
| 2017 | 40,238 | 3,157 | 1,392 | 771 | 14,045 | 19,656 | 164 | 1,053 |
| 2016 | 41,084 | 2,859 | 1,402 | 804 | 14,316 | 20,598 | 157 | 948 |
| 2015 | 42,517 | 2,629 | 1,414 | 834 | 14,626 | 22,074 | 155 | 785 |
| 2014 | 43,742 | 2,489 | 1,420 | 852 | 14,822 | 23,318 | 149 | 692 |
| 2013 | 43,770 | 2,332 | 1,439 | 868 | 14,751 | 23,632 | 129 | 619 |
| 2012 | 42,527 | 2,203 | 1,444 | 869 | 14,440 | 22,935 | 113 | 523 |
| 2011 | 39,842 | 2,116 | 1,462 | 870 | 14,134 | 20,722 | 89 | 449 |
| 2010 | 38,021 | 2,034 | 1,468 | 888 | 13,789 | 19,367 | 74 | 401 |
| 2009 | 35,550 | 1,917 | 1,470 | 935 | 13,433 | 17,359 | 66 | 370 |
| 2008 | 33,499 | 1,826 | 1,458 | 969 | 13,306 | 15,525 | 65 | 350 |
| 2007 | 30,856 | 1,748 | 1,460 | 1,002 | 13,081 | 13,184 | 61 | 320 |
| 2006 | 29,233 | 1,643 | 1,475 | 1,066 | 12,864 | 11,828 | 59 | 298 |
| 2005 | 28,367 | 1,473 | 1,495 | 979 | 12,769 | 11,346 | 42 | 263 |
| 2004 | 26,903 | 1,349 | 1,537 | 966 | 12,225 | 10,583 | 미분류 | 243 |
| 2003 | 24,142 | 1,329 | 1,632 | 787 | 11,225 | 8,933 | 미분류 | 236 |
| 2002 | 22,147 | 1,330 | 1,633 | 575 | 10,471 | 7,939 | 미분류 | 199 |
| 2001 | 20,097 | 1,306 | 1,991 | 313 | 9,490 | 6,801 | 미분류 | 196 |
| 2000 | 19,276 | 1,295 | 2,010 | 324 | 8,970 | 6,473 | 미분류 | 204 |
| 1999 | 18,768 | 1,300 | 1,965 | 266 | 8,327 | 6,703 | 미분류 | 207 |

출처: 보건복지부(2024). 2023년 보육통계(2023년 12월 31일 기준).

운영주체에 따른 어린이집 현황을 살펴보면, 가정어린이집이 10,692개소로 가장 많았으며, 민간어린이집 8,886개소, 국 · 공립어린이집 6,187개소, 직장어린이집 1,308개소, 사회복지법인어린이집 1,206개소, 법인 · 단체 등 어린이집 551개소, 협동어린이집 124개소 순으로 나타났다. 전체 어린이집 현황은 2014년 43,742개소로 가장 많았다가 해마다 전체 어린이집의 수는 감소하고 있는데, 이는 저출산의 영향으로 판단할 수 있다. 그리고 전체 어린이집 개소는 감소하고 있는데도 불구하고 국 · 공립어린이집과 직장어린이집은 해마다 증가하고 있는 것으로 나타났다. 이러한 결과는 국 · 공립어린이집 확충이라는 국가적 과제를 해결하기 위해 정부와 지방자치단체가 적극적으로 국 · 공립어린이집 확충에 나섰으며, 그 결과 2016년 6.96%였던 국 · 공립어린이집이 2018년 9.20%, 2021년 16.35%, 2023년 21.36%로 증가한 결과를 보였다. 또한 직장어린이집은 「영유아보육법」에 직장어린이집의 설치를 상시 여성 근로자 300인 이상, 남녀 근로자 500인 이상 사업장은 설치를 의무화하였고, 더욱 강화된 법안으로 보건복지부 장관이 실태조사 후 직장어린이집의 설치 불이행의 사업장의 명단을 공개하도록 하였다. 이와 더불어 보건복지부 장관 또는 조사 기관의 장이 실태조사를 위하여 관계 행정 및 의무 이행 관련된 기관 또는 단체에 자료 및 의견 등의 제출을 요청할 경우 그 기관은 특별한 사정이 없다면 그 요청을 따라야 하도록 하고 있다. 이와 같은 이유에서 직장어린이집의 수가 2016년 2.31%에서 2018년 2.84%, 2021년 3.75%, 2023년 4.52%로 증가하고 보육아동 수도 증가하고 있는 것으로 나타났다. 어린이집 연도별 보육아동 현황은 표 7-4와 같다.

**표 7-4 이린이집 연도별 보육아동 현황**

(단위: 명)

| 구분 | | 계 | 국 · 공립 어린이집 | 사회복지법인 어린이집 | 법인 · 단체 등 어린이집 | 민간 어린이집 | 가정 어린이집 | 협동 어린이집 | 직장 어린이집 |
|---|---|---|---|---|---|---|---|---|---|
| 2023 | 계 | 1,011,813 | 286,487 | 56,812 | 24,010 | 420,219 | 159,864 | 2,851 | 61,570 |
| | 남 | 524,430 | 148,887 | 30,102 | 12,417 | 217,525 | 82,114 | 1,584 | 31,801 |
| | 여 | 487,383 | 137,600 | 26,710 | 11,593 | 202,694 | 77,750 | 1,267 | 29,769 |
| 2022 | 계 | 1,095,450 | 276,670 | 64,503 | 27,743 | 477,628 | 184,053 | 3,203 | 61,650 |
| | 남 | 567,995 | 143,794 | 34,075 | 14,463 | 247,414 | 94,644 | 1,786 | 31,819 |
| | 여 | 527,455 | 132,876 | 30,428 | 13,280 | 230,214 | 89,409 | 1,417 | 29,831 |
| 2021 | 계 | 1,184,716 | 268,967 | 72,085 | 30,998 | 535,428 | 208,842 | 3,465 | 64,931 |
| | 남 | 613,695 | 139,664 | 38,046 | 16,150 | 277,125 | 107,330 | 1,873 | 33,507 |
| | 여 | 571,021 | 129,303 | 34,039 | 14,848 | 258,303 | 101,512 | 1,592 | 31,424 |
| 2020 | 계 | 1,244,396 | 253,251 | 78,322 | 34,066 | 578,196 | 230,444 | 3,716 | 66,401 |
| | 남 | 644,496 | 131,303 | 41,100 | 17,710 | 299,290 | 118,878 | 2,010 | 34,205 |
| | 여 | 599,900 | 121,948 | 37,222 | 16,356 | 278,906 | 111,566 | 1,706 | 32,196 |
| 2019 | 계 | 1,365,085 | 232,123 | 86,775 | 38,538 | 664,106 | 273,399 | 4,121 | 66,023 |
| | 남 | 705,867 | 119,993 | 45,411 | 20,101 | 343,060 | 140,965 | 2,205 | 34,132 |
| | 여 | 659,218 | 112,130 | 41,364 | 18,437 | 321,046 | 132,434 | 1,916 | 31,891 |
| 2018 | 계 | 1,415,742 | 200,783 | 92,787 | 41,298 | 711,209 | 302,674 | 4,360 | 62,631 |
| | 남 | 731,498 | 103,444 | 48,702 | 21,633 | 367,436 | 155,682 | 2,272 | 32,329 |
| | 여 | 684,244 | 97,339 | 44,085 | 19,665 | 343,773 | 146,992 | 2,088 | 30,302 |
| 2017 | 계 | 1,450,243 | 186,916 | 96,794 | 43,404 | 738,559 | 321,608 | 4,508 | 58,454 |
| | 남 | 749,266 | 96,611 | 50,741 | 22,625 | 381,384 | 165,414 | 2,308 | 30,183 |
| | 여 | 700,977 | 90,305 | 46,053 | 20,779 | 357,175 | 156,194 | 2,200 | 28,271 |
| 2016 | 계 | 1,451,215 | 175,929 | 99,113 | 45,374 | 745,663 | 328,594 | 4,240 | 52,302 |
| | 남 | 750,122 | 91,124 | 52,038 | 23,638 | 385,046 | 168,970 | 2,197 | 27,109 |
| | 여 | 701,093 | 84,805 | 47,075 | 21,736 | 360,617 | 159,624 | 2,043 | 25,193 |
| 2015 | 계 | 1,452,813 | 165,743 | 99,715 | 46,858 | 747,598 | 344,007 | 4,127 | 44,765 |
| | 남 | 750,621 | 85,961 | 52,333 | 24,279 | 385,507 | 177,103 | 2,166 | 23,272 |
| | 여 | 702,192 | 79,782 | 47,382 | 22,579 | 362,091 | 166,904 | 1,961 | 21,493 |

| 구분 | | 계 | 국 · 공립 어린이집 | 사회복지법인 어린이집 | 법인 · 단체 등 어린이집 | 민간 어린이집 | 가정 어린이집 | 협동 어린이집 | 직장 어린이집 |
|---|---|---|---|---|---|---|---|---|---|
| 2014 | 계 | 1,496,671 | 159,241 | 104,552 | 49,175 | 775,414 | 365,250 | 3,774 | 39,265 |
| | 남 | 773,987 | 82,306 | 55,049 | 25,478 | 400,579 | 188,152 | 2,012 | 20,411 |
| | 여 | 722,684 | 76,935 | 49,503 | 23,697 | 374,835 | 177,098 | 1,762 | 18,854 |
| 2013 | 계 | 1,486,980 | 154,465 | 108,834 | 51,684 | 770,179 | 364,113 | 3,226 | 34,479 |
| | 남 | 768,523 | 79,934 | 57,048 | 26,670 | 397,270 | 187,899 | 1,735 | 17,967 |
| | 여 | 718,457 | 74,531 | 51,786 | 25,014 | 372,909 | 176,214 | 1,491 | 16,512 |
| 2012 | 계 | 1,487,361 | 149,677 | 113,049 | 51,914 | 768,256 | 371,671 | 2,913 | 29,881 |
| | 남 | 769,573 | 77,321 | 59,562 | 26,867 | 397,021 | 191,722 | 1,572 | 15,508 |
| | 여 | 717,788 | 72,356 | 53,487 | 25,047 | 371,235 | 179,949 | 1,341 | 14,373 |
| 2011 | 계 | 1,348,729 | 143,035 | 112,688 | 50,676 | 706,647 | 308,410 | 2,286 | 24,987 |
| | 남 | 699,806 | 73,850 | 59,408 | 26,341 | 366,164 | 159,878 | 1,248 | 12,917 |
| | 여 | 648,923 | 69,185 | 53,280 | 24,335 | 340,483 | 148,532 | 1,038 | 12,070 |
| 2010 | 계 | 1,279,910 | 137,604 | 114,054 | 51,126 | 671,891 | 281,436 | 1,898 | 21,901 |
| | 남 | 665,305 | 71,195 | 60,124 | 26,846 | 348,844 | 146,009 | 1,051 | 11,236 |
| | 여 | 614,605 | 66,409 | 53,930 | 24,280 | 323,047 | 135,427 | 847 | 10,665 |
| 2009 | | 1,175,049 | 129,656 | 112,338 | 52,718 | 623,045 | 236,843 | 1,655 | 18,794 |
| 2008 | | 1,135,502 | 123,405 | 113,894 | 53,818 | 615,647 | 210,438 | 1,491 | 16,809 |
| 2007 | | 1,099,933 | 119,141 | 118,211 | 55,906 | 612,484 | 177,623 | 1,444 | 15,124 |
| 2006 | | 1,040,361 | 114,657 | 120,551 | 58,808 | 582,329 | 148,240 | 1,238 | 14,538 |
| 2005 | | 989,390 | 111,911 | 125,820 | 56,374 | 552,360 | 129,007 | 933 | 12,985 |
| 2004 | | 930,252 | 107,335 | 135,531 | 48,414 | 507,398 | 119,787 | 미분류 | 11,787 |
| 2003 | | 858,345 | 103,474 | 140,994 | 37,911 | 461,640 | 103,935 | 미분류 | 10,391 |
| 2002 | | 800,991 | 103,351 | 142,035 | 30,289 | 425,647 | 90,939 | 미분류 | 8,730 |
| 2001 | | 734,192 | 102,118 | 161,419 | 16,483 | 369,044 | 77,247 | 미분류 | 7,881 |
| 2000 | | 686,000 | 99,666 | 157,993 | 15,949 | 336,625 | 67,960 | 미분류 | 7,807 |
| 1999 | | 640,915 | 99,866 | 151,652 | 13,195 | 301,630 | 67,294 | 미분류 | 7,278 |

출처: 보건복지부(2024). 2023년 보육통계(2023년 12월 31일 기준).

표 7-4에서 보는 것과 같이 2023년 12월 31일 기준 어린이집을 이용하고 있는 영유아는 전체 1,011,813명으로 나타났다. 운영주체에 따른 현황을 구체적으로 살펴보면, 민간어린이집을 이용하는 영유아가 420,219명으로 가장 많았으며, 국 · 공립어린이집 286,487명, 가정어린이집 159,864명, 직장어린이집 61,570명, 사회복지법인어린이집 56,812명, 법인 · 단체 등 어린이집 24,010명, 협동어린이집 2,851명 순으로 나타났다. 정원규모별 어린이집 설치현황을 살펴보면 표 7-5와 같다.

**표 7-5 정원규모별 어린이집 설치현황**

(단위: 개소)

| 구 분 | | 계 | 20명 이하 | 21~ 39명 | 40~ 49명 | 50~ 80명 | 81~ 99명 | 100~ 160명 | 161~ 200명 | 201~ 240명 | 241~ 300명 | 300명 초과 |
|---|---|---|---|---|---|---|---|---|---|---|---|---|
| 합계 | 소 계 | 28,954 | 11,490 | 4,835 | 3,040 | 4,790 | 2,537 | 1,628 | 357 | 137 | 136 | 4 |
| | 국공립 | 6,187 | 610 | 1,203 | 1,093 | 2,110 | 810 | 318 | 34 | 6 | 3 | 0 |
| | 사회복지법인 | 1,206 | 3 | 111 | 140 | 344 | 344 | 200 | 46 | 10 | 7 | 1 |
| | 법인 · 단체등 | 551 | 8 | 110 | 87 | 179 | 95 | 53 | 14 | 3 | 2 | 0 |
| | 민간 | 8,886 | 6 | 3,191 | 1,398 | 1,817 | 1,144 | 923 | 224 | 95 | 85 | 3 |
| | 가정 | 10,692 | 10,691 | 1 | 0 | 0 | 0 | 0 | 0 | 0 | 0 | 0 |
| | 협동 | 124 | 65 | 35 | 15 | 3 | 3 | 3 | 0 | 0 | 0 | 0 |
| | 직장 | 1,308 | 107 | 184 | 307 | 337 | 141 | 131 | 39 | 23 | 39 | 0 |

출처: 보건복지부(2024). 2023년 보육통계(2023년 12월 31일 기준).

표 7-5에서 보는 것과 같이, 정원규모별 어린이집 설치현황은 전체 28,954개소 중 20명 이하가 11,490개소로 가장 많았으며, 21~39명 정원 4,835개소, 50~80명 정원 4,790개소, 40~49명 정원 3,040개소, 81~99명 2,537개소, 100~160명 1,628개소 순으로 나타났다.

## 2) 보육교직원 현황

어린이집에 종사하는 보육교직원은 원장과 보육교사, 그리고 보조교사, 조리사, 간호사, 영양사, 사무원 등을 말한다. 2023년 12월 31일 기준 보육교직원의 현황은 표 7-6과 같다.

**표 7-6 보육교직원 연도별 추이 현황**

(단위: 명)

| 구분 | | 계 | 국·공립 어린이집 | 사회복지법인 어린이집 | 법인·단체 등 어린이집 | 민간 어린이집 | 가정 어린이집 | 협동 어린이집 | 직장 어린이집 |
|---|---|---|---|---|---|---|---|---|---|
| 2023 | 계 | 302,800 | 80,817 | 16,029 | 6,499 | 108,353 | 68,696 | 888 | 21,518 |
| | 남 | 9,643 | 1,367 | 1,574 | 490 | 5,302 | 669 | 23 | 218 |
| | 여 | 293,157 | 79,450 | 14,455 | 6,009 | 103,051 | 68,027 | 865 | 21,300 |
| 2022 | 계 | 311,996 | 73,511 | 16,975 | 7,027 | 116,442 | 76,144 | 953 | 20,944 |
| | 남 | 10,502 | 1,346 | 1,670 | 551 | 5,931 | 771 | 27 | 206 |
| | 여 | 301,494 | 72,165 | 15,305 | 6,476 | 110,511 | 75,373 | 926 | 20,738 |
| 2021 | 계 | 321,116 | 67,191 | 17,673 | 7,351 | 123,655 | 83,758 | 1,009 | 20,479 |
| | 남 | 11,261 | 1,305 | 1,754 | 579 | 6,511 | 880 | 22 | 210 |
| | 여 | 309,855 | 65,886 | 15,919 | 6,772 | 117,144 | 82,878 | 987 | 20,269 |
| 2020 | 계 | 325,669 | 59,974 | 18,313 | 7,695 | 129,306 | 89,552 | 1,030 | 19,799 |
| | 남 | 11,598 | 1,207 | 1,797 | 610 | 6,845 | 914 | 23 | 202 |
| | 여 | 314,071 | 58,767 | 16,516 | 7,085 | 122,461 | 88,638 | 1,007 | 19,597 |
| 2019 | 계 | 331,444 | 50,436 | 18,835 | 8,062 | 139,344 | 95,763 | 1,043 | 17,961 |
| | 남 | 12,392 | 1,094 | 1,861 | 647 | 7,542 | 1,017 | 27 | 204 |
| | 여 | 319,052 | 49,342 | 16,974 | 7,415 | 131,802 | 94,746 | 1,016 | 17,757 |
| 2018 | 계 | 333,420 | 41,122 | 19,139 | 8,259 | 146,386 | 100,987 | 1,051 | 16,476 |
| | 남 | 12,956 | 971 | 1,882 | 668 | 8,118 | 1,100 | 26 | 191 |
| | 여 | 320,464 | 40,151 | 17,257 | 7,591 | 138,268 | 99,887 | 1,025 | 16,285 |
| 2017 | 계 | 330,217 | 36,098 | 18,845 | 8,254 | 146,920 | 104,176 | 1,066 | 14,858 |
| | 남 | 13,648 | 954 | 1,895 | 691 | 8,644 | 1,260 | 28 | 176 |
| | 여 | 316,569 | 35,144 | 16,950 | 7,563 | 138,276 | 102,916 | 1,038 | 14,682 |

| 구분 | | 계 | 국·공립 어린이집 | 사회복지법인 어린이집 | 법인·단체 등 어린이집 | 민간 어린이집 | 가정 어린이집 | 협동 어린이집 | 직장 어린이집 |
|---|---|---|---|---|---|---|---|---|---|
| 2016 | 계 | 321,766 | 32,937 | 18,920 | 8,436 | 145,609 | 101,891 | 979 | 12,994 |
| | 남 | 14,124 | 941 | 1,928 | 726 | 9,013 | 1,330 | 29 | 157 |
| | 여 | 307,642 | 31,996 | 16,992 | 7,710 | 136,596 | 100,561 | 950 | 12,837 |
| 2015 | 계 | 321,067 | 30,823 | 18,933 | 8,637 | 145,724 | 105,124 | 970 | 10,856 |
| | 남 | 14,447 | 942 | 1,908 | 725 | 9,226 | 1,470 | 29 | 147 |
| | 여 | 306,620 | 29,881 | 17,025 | 7,912 | 136,498 | 103,654 | 941 | 10,709 |
| 2014 | 계 | 311,817 | 28,977 | 19,045 | 8,749 | 141,977 | 102,947 | 856 | 9,266 |
| | 남 | 14,270 | 884 | 1,878 | 729 | 9,117 | 1,527 | 25 | 110 |
| | 여 | 297,547 | 28,093 | 17,167 | 8,020 | 132,860 | 101,420 | 831 | 9,156 |
| 2013 | 계 | 301,719 | 26,750 | 18,765 | 8,703 | 136,180 | 102,731 | 730 | 7,860 |
| | 남 | 13,182 | 806 | 1,768 | 672 | 8,304 | 1,534 | 18 | 80 |
| | 여 | 288,537 | 25,944 | 16,997 | 8,031 | 127,876 | 101,197 | 712 | 7,780 |
| 2012 | 계 | 284,237 | 23,725 | 18,011 | 8,094 | 126,239 | 101,273 | 614 | 6,281 |
| | 남 | 10,496 | 643 | 1,492 | 556 | 6,255 | 1,475 | 17 | 58 |
| | 여 | 273,741 | 23,082 | 16,519 | 7,538 | 119,984 | 99,798 | 597 | 6,223 |
| 2011 | 계 | 248,635 | 22,229 | 17,491 | 7,724 | 112,779 | 82,911 | 485 | 5,016 |
| | 남 | 8,663 | 501 | 1,364 | 496 | 5,076 | 1,161 | 14 | 51 |
| | 여 | 239,972 | 21,728 | 16,127 | 7,228 | 107,703 | 81,750 | 471 | 4,965 |
| 2010 | | 229,084 | 20,980 | 17,368 | 7,708 | 104,531 | 73,895 | 398 | 4,204 |
| 2009 | | 206,912 | 19,397 | 17,042 | 7,988 | 95,668 | 62,863 | 348 | 3,606 |
| 2008 | | 175,729 | 17,132 | 16,145 | 7,653 | 84,140 | 47,348 | 298 | 3,013 |
| 2007 | | 169,585 | 15,628 | 16,020 | 7,687 | 83,088 | 44,167 | 345 | 2,650 |
| 2006 | | 156,306 | 14,910 | 16,226 | 8,206 | 78,960 | 35,425 | 252 | 2,327 |
| 2005 | | 136,916 | 13,656 | 15,922 | 7,220 | 70,384 | 27,492 | 267 | 1,975 |
| 2004 | | 125,147 | 13,145 | 16,797 | 6,519 | 63,319 | 23,621 | 미분류 | 1,746 |
| 2003 | | 125,931 | 14,957 | 24,666 | 5,212 | 59,400 | 19,946 | 미분류 | 1,750 |
| 2002 | | 117,572 | 15,180 | 25,866 | 3,103 | 53,982 | 17,896 | 미분류 | 1,545 |
| 2001 | | 103,924 | 14,500 | 23,155 | 2,147 | 49,065 | 13,675 | 미분류 | 1,382 |

* 보육교직원수: 정상운영중인 어린이집에서 임용, 출산휴가 상태인 보육교직원 수.
* 남/여 구분: 보육교직원의 주민등록번호 7번째 자릿수가 홀수이면 남, 짝수이면 여.

출처: 보건복지부(2024). 2023년 보육통계(2023년 12월 31일 기준).

표 7-6에서 보는 것과 같이, 2023년 현재 어린이집에 근무하고 있는 보육교직원은 전체 302,800명으로 나타났다. 운영주체에 따른 보육교직원 현황을 살펴보면, 민간어린이집에 종사하는 보육교직원이 108,353명으로 가장 많았으며, 국·공립어린이집 80,817명, 가정어린이집 68,696명, 직장어린이집 21,518명, 사회복지법인어린이집 16,029명, 법인·단체 등 어린이집 6,499명, 협동어린이집 888명 순으로 나타났다. 보육교직원 수가 전년 대비 국·공립어린이집과 직장어린이집에 종사하는 보육교직원은 증가하는 데 비해 사회복지법인어린이집, 법인·단체 등 어린이집, 민간어린이집, 가정 어린이집 및 협동어린이집에 종사하는 보육교직원은 감소한 것으로 나타났다. 어린이집 유형별 보육교직원의 현황은 표 7-7과 같다.

**표 7-7 어린이집 유형별 보육교직원 현황**

(단위: 명)

| 구분 | | 계 | 원장 | 보육교사 | 특수교사 | 영양사 | 간호사 | 조리원 | 기타 |
|---|---|---|---|---|---|---|---|---|---|
| 계 (전국) | 소계 | 302,800 | 28,818 | 226,134 | 1,387 | 941 | 776 | 27,523 | 17,221 |
| | 국공립 | 80,817 | 6,140 | 62,674 | 702 | 157 | 181 | 7,328 | 3,635 |
| | 사회복지 법인 | 16,029 | 1,200 | 10,889 | 508 | 57 | 47 | 1,429 | 1,899 |
| | 법인·단체 등 | 6,499 | 551 | 4,474 | 50 | 34 | 33 | 635 | 722 |
| | 민간 | 108,353 | 8,838 | 82,644 | 122 | 469 | 299 | 8,988 | 6,993 |
| | 가정 | 68,696 | 10,658 | 48,540 | 0 | 0 | 0 | 6,751 | 2,747 |
| | 협동 | 888 | 124 | 608 | 1 | 0 | 2 | 116 | 37 |
| | 직장 | 21,518 | 1,307 | 16,305 | 4 | 224 | 214 | 2,276 | 1,188 |

출처: 보건복지부(2024). 2023년 보육통계(2023년 12월 31일 기준).

표 7-7에서 보는 것과 같이, 보육교사가 226,134명으로 가장 많았으며, 원장 28,818명, 조리원 27,523명, 기타 17,221명, 특수교사 1,387명, 영양사 941명, 간호사 77명 순으로 나타났다.

# 4. 우리나라 보육의 역사와 보육서비스

## 1) 보육의 역사

보육사업의 변천을 역사적으로 살펴보면, 초기의 보육시설들은 19세기를 전후로 시작되었다. 주로 저소득층을 중심으로 어머니들이 일터로 나가게 되면서 그들의 자녀들을 돌보아 줄 사람 없이 방치된 상태에 놓이게 되자 이들을 보호하려는 구빈적 차원에서 보육시설들이 자생적으로 생겨나게 된 것이다. 그러나 20세기로 넘어오면서 산업사회의 발전, 여성교육의 향상, 여성의 의식변화, 가족구조의 변화 등의 이유로 여성의 취업률이 높아지고, 아동교육에 대한 인식이 변화함에 따라 이제 보육이란 저소득층 대상 자녀만이 아니라 모든 계층을 포함하여 출생 시부터 영유아 전체가 대상이 되는 폭넓은 의미에서 접근하기에 이르렀다. 동시에 보육이란 발생초기의 단순한 보호의 개념에서 벗어나 영유아에 대한 보호와 교육이 통합된 개념으로 통용되기에 이르렀다. 한국 보육의 변천사를 구체적으로 살펴보면 표 7-8과 같다.

**표 7-8 한국 보육의 변천사**

| 시기 | 진행과정 |
|---|---|
| 해방 전 | 태화사회관 탁아프로그램, 은총탁아소 건립 |
| 1962~1981년 | 「아동복리법」에 따라 보건사회부 주관, 탁아사업 실시 |
| 1981년 | 「아동복지법」 제정 |
| 1982년 이후 | 「유아교육진흥법」에 의거 어린이집이 새마을유아원에 흡수 운영 |
| 1987년 | 남녀고용평등에 의거 직장 탁아제 도입 |
| 1989년 | 「아동복지법 시행령」에 의거 탁아사업 실시 근거 부활 |
| 1990년 | 탁아시설의 설치 · 운영 규정 제정 |
| 1991년 | 「영유아보육법」에 의한 보육사업 실시 |
| 1992년 | 「영유아보육법 시행규칙」 개정 |

출처: 행정안전부(2019). 한국 보육의 변천사.

한국에서 보육사업이 본격적으로 활성화되기 시작한 것은 1991년 「영유아보육법」의 제정 이후라고 할 수 있다. 20세기에 들어와 발달하기 시작한 보육정책은 발전단계에 따라 4단계로 나누어 볼 수 있는데, 어린이집 시기(1921년~1981년), 새마을유아원 시기(1982년~1990년), 「영유아보육법」 시기(1991년~1999년, 「영유아보육법」 제정 이후 보육제도의 정착과 보육시설 확장기), 보육수준 향상기(2000년~현재, 공보육의 모색과 보육의 질 제고기)이다.

보육정책은 2000년을 전후하여 빠르게 발전하고 있다. 특히 보육업무가 2004년 6월 보건복지부에서 여성부로 이관되었고, 「영유아보육법」이 1991년 제정된 이후 2004년 1월에 전면 개정되는 등 보육정책에 대한 변화와 발전이 가속화되고 있다. 그리고 보육업무는 2008년 다시 보건복지가족부로 이관되었다. 각 단계별 추진된 보육정책의 특징은 다음과 같다.

1단계 어린이집 시기는 1921년~1981년 사이로 최초의 탁아프로그램 개설에서 「유아교육진흥법」이 제정되기 이전까지의 기간이다. 이 시기에 탁아시설을 어린이집으로 명칭하게 되었다.

2단계는 「유아교육진흥법」이 제정되면서 기존의 어린이집이 새마을유아원으로 변경되어 내무부에서 관장하게 되는 시기이다. 이로써 탁아시설이 대폭 확대되기에 이른다.

3단계는 「영유아보육법」이 제정되어 보육이 본격적으로 활성화되는 시기이다. 기존의 탁아라는 개념이 보호와 교육을 통합한 보육이라는 개념으로 변경되었다. 또한 "보육시설 확충 3개년 계획"이 진행되었으며, 그 결과 보육시설이 대폭 확대되는 양적 확충의 특징을 가진다. 그러나 민간시설에 의존한 보육시설의 양적 확충은 서비스 수준이 낮아지는 현상을 가져왔다. 보육의 대상은 점차 확대되었으나 보육수요자들은 믿고 맡길 만한 시설이 없다는 의견을 개진하기 시작하여 보육서비스의 수준을 높여야 한다는 문제가 제기되기 시작하였다.

이에 따라 4단계에서는 보육에 대하여 국가가 보다 적극적으로 책임을 져야 한다는 공공성이 주장되면서 현재에 이르기까지 보육서비스의 수준 향상을 위한 정책이 추진되고 있다.

## 2) 아동복지정책

아동정책은 1961년 「아동복리법」의 제정으로 출범한 이후 1981년 「아동복지법」으로 개정되면서 구호적 성격의 복지 제공 중심에서 전체 아동의 복지를 보장하기 위한 여건을 마련하고자 하였다. 2012년 8월 아동의 인권증진을 중심으로 「아동복지법」을 전부 개정하여 아동의 이익을 우선하는 정책 추진 기반을 조성하였다. 아동정책의 역사는 크게 3기로 나누어 볼 수 있다.

**표 7-9 아동정책의 역사**

| 구분 | 내용 |
|---|---|
| 1기 | 1950년대에 전쟁으로 인한 고아, 기아, 미아의 응급구호를 위한 아동복지시설이 급속히 증가하였고 1960년대에 이르러서 전체 사회복지시설의 80%에 달하였다. 이 시기는 서비스보다는 민간과 해외원조에 의존한 빈민아동구호 중심이었다. 이어 1960년대는 「아동복리법」을 제정하여 보호대상아동에 대한 국가책임원칙을 법제화하였다. |
| 2기 | 1970년대에는 「모자보건법」, 「입양특례법」 등 아동복지와 관련된 법이 차례로 공포되는 등 아동보호정책이 국가중심체제로 전환되었으나 여전히 선별주의원칙에 입각한 잔여적 형태의 아동서비스를 제공하였다. 1980년대에는 「아동복리법」이 「아동복지법」으로 개정되어 다양한 복지서비스를 제공하기에 이르렀다. |
| 3기 | 2000년대 이후에는 보호대상아동에 대한 보호 대책과 함께 아동의 인권과 권리, 학대 아동에 대한 보호 및 아동안전 등과 관련된 정책을 추진하는 등 개별적 서비스에서 보편적 서비스를 지향하였다. 2011년에는 11년 만에 「아동복지법」을 전면 개정하였다(2012. 8. 5. 시행). |

아동정책 기본계획, 아동종합실태조사 등의 실시 근거를 마련하여 아동복지 증진을 위한 정책 수립의 기초를 강화하였다. 이에 따라, 2013년에 아동종합실태조사를 실시하였고, 2015년에는 아동정책의 효율적 추진을 위하여 복지 · 건강 · 문화 · 여가 등 여러 분야를 포괄한 범정부 차원의 "제1차 아동정책 기본계획(2015~2019)"을 수립하였으며, 학대로 고통받는 아동이 없도록 아동학대 근절을 위한 대책도 적극 추진하였다. 또한 제1차 아동정책기본계획의 최우선 가치였던 "아동의 행복과 삶의 질"에 대한 정책적 지향을 지속추구하면서 보다 아동에 대한 국가책임성의 확대를 목표로 "제2차 아동정책 기본계획(2020~2024)"을 수립하였으며, 매년 아동정책 시행계획 수립 및 평가를 통해 제2차 아동정책 기본계획의 수립사항을 적극적으로 추진하여 왔다. 그리고 "제3차 아동정책 기본계획(2025~2929)"을 현장중심, 아동중심으로 수립하기 위해 2024년 12월 기획단 자문위원회를 개최하여 진행하고 있다.

또한 「아동복지법」 일부를 개정(2016. 3. 22.)하여 아동이 태어난 가정에서 건강하게 성장할 수 있도록 지원하는 원가정 보호원칙을 규정하고, 아동보호에 대한 국가 및 지자체의 책무를 더욱 강화하였으며, 2017년에는 미래세대인 아동에 대한 투자 확충을 통해 건강한 성장환경 조성 및 아동의 기본적 권리와 복지증진을 위한 '아동수당제도' 도입을 새정부 국정과제로 선정하여 추진하고 있으며, 아동수당제도가 보다 보편적 아동복지의 일환이 될 수 있도록 제2차 아동정책기본계획의 중점 추진과제 중 하나로 선정하여 아동수당 발전방안을 모색하고 있다.

아동복지에 대한 책임의 주체는 가족중심에서 국가책임으로 증대되었다. 아동복지 보호대상 또한 일부 아동에서 전체 아동으로 확대되었으며 보호의 형태는 시설보호에서 가정과 지역사회의 보호로 전환되고, 아동복지서비스 또한 단순한 수용보호에서 시작하여 다양하고 전문화된 서비스로 발전하고 있음을 알 수 있다.

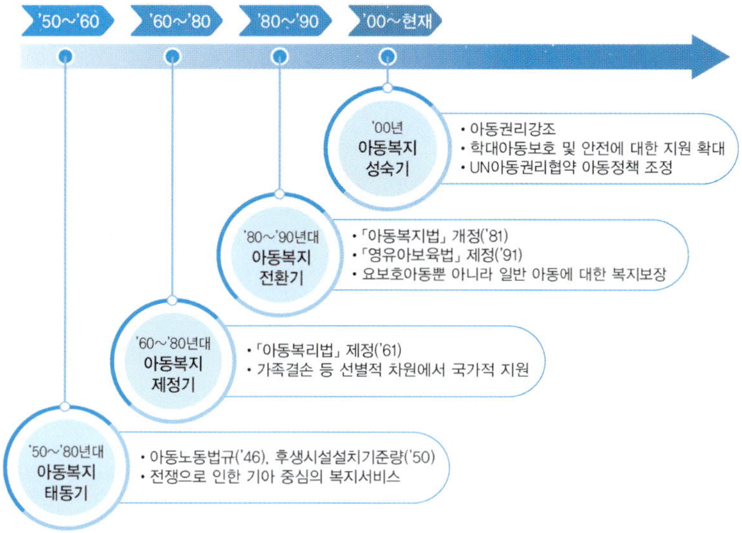


**그림 7-2** **아동정책의 변천 과정**

출처: 보건복지부(2022). 2021 보건복지백서.

## 3) 보육과정의 변천

'보육'이란 의미는 시대와 사회환경 변화에 따라 함께 변화되어 왔으며 보육과정 또한 함께 변화되어 왔다. 즉, 한 시대의 인구, 가족구조, 경제, 문화, 교육, 가치 등에 따른 여성의 경제활동과 그 시대에 아동을 바라보는 지배적인 철학과 아동관은 보육과정에 영향을 미치고 변화하게 되는 계기가 되었다.

오늘날 보육은 단순히 한 가정의 문제만이 아니다. 우리나라의 최고 국정과제가 '저출산·고령화 정책'이 되었듯이 '보육정책'은 더 이상 영유아를 위한 보육과 교육의 정책 범위를 넘어섰다고 볼 수 있다. 이제 보육은 건강한 가족의 기능회복을 위한 보충적 가족복지 증진의 문제이고 여성인력 활용을 극대화하여 국가 경쟁력 강화를 해야 할 국가 원동력이며, 지역사회와 국가 존속의 가장 중요한 정책적 과제인 '저출산' 문제를 해결하기 위한 과제인 것이다. 보육을 이해하기 위하여 보육과정의 변천 과정을 크게 2005년 「영유아보육법」 개정을 통한 '표준보육과정' 개발 이전과 이후로 나누어 살펴보면 표 7-10과 같다(시옥진 외, 2020).

**표 7-10 보육과정의 변천**

| 구분 | 시기 | 내용 | 세부 내용 |
|---|---|---|---|
| 표준보육과정 이전 | 1921 | 태화기독교사회복지관 | • 빈곤가정의 자녀를 위한 탁아프로그램을 실시: 단순한 돌봄 개념의 빈민 구제적 성격 |
| | 1961 | 「아동복리법」이 제정 | • 탁아사업이 아동복지서비스임을 최초로 법제화 |
| | 1962 | 아동복리시설기준령 | • 아동복리증진과 보장을 위한 내용을 명시 |
| | 1968 | 미인가 탁아시설: 임시 조치령 | • 어린이집이라는 명칭을 사용 |
| | 1981 | 「아동복지법」 개정 | • 아동보육시설의 형태, 운영주체, 유형 등이 변화 확대 |
| | 1991 | 「영유아보육법」 제정 | • '탁아'라는 명칭을 '보육'이란 명칭으로 전환: 보육사업으로 확대발전 |
| | 2005 | 「영유아보육법」 개정 | • 표준보육과정 개발 · 보급 법적 근거 마련 |
| 표준보육과정 이후 | 2007 | 제1차 표준보육과정 | • 여성가족부 표준보육과정 개발하여 고시(2008년 적용) |
| | 2011 | 만 5세 공통과정 | • 「만 5세 공통과정」을 도입 |
| | 2012 | 제2차 표준보육과정 | • 5세 누리과정 제정: 이원화된 유치원, 어린이집교육 통합<br>• 0~4세를 포함하여 제2차 표준보육과정을 고시 |
| | 2013 | 제3차 표준보육과정 | • 표준보육과정 앞에 '어린이집'을 추가하여 용어를 개념화<br>• 5세 누리과정을 3~5세로 확대하여 고시<br>• 3차표준보육과정 개정: 0~1세, 2세 보육과정, 3~5세 보육과정(누리과정)<br>• 3차 표준보육과정 개발 보급 |
| | 2019 | 누리과정개정 | • 누리과정개정 놀이중심, 영유아 중심으로 개정 |
| | 2020 | 제4차 표준보육과정 | • 표준보육과정 놀이중심, 영유아 중심으로 개정 |

제4차 표준보육과정은 2019 개정 누리과정 고시에 따라 3월 12일 개정안을 발표하였으며, 7월 24일 고시, 2020년 9월 1일부터 시행되었다. 제4차 표준보육과정은 개정 누리과정과 같은 방향으로 놀이중심, 영유아중심, 현장 자율성 확대, 보육수준의 적정화를 통한 영유아의 전인적 발달 및 창의성 신장을 골자로 한다. 또한 구성방향, 추구하는 인간상, 구성의 중심 및 교수 · 학습도 개정 누리과정과 동일하게 제시하여 맥락을 같이 하고 있다. 그리고 2024년 영유아중심의 새로운 교육 및 돌봄체계 마련을 위한 유보통합이 추진되고, 교육중심의 관리체계의 통합으로 생애 초기부터 책임교육의 기반을 마련하기 위해 2024년 제4차 표준보육과정을 개정하여 2025년 3월 1일부터 시행하게 되었다.

개정 누리과정은 인간중심 · 경험중심의 교육과정 철학에 기반을 두고 놀이와 학습이 서로 연계된 유아에게 의미 있는 배움이 일어난다는 놀이중심 교육과정의 실천이다. 그동안의 교사중심 수업을 지양하고 유아의 주체성과 능동성을 바탕으로 의미 있는 경험을 통해 스스로 배움을 주는 유아중심 · 놀이중심 교육과정을 추구한다. 충분한 놀이 경험을 통해 유아가 몰입과 즐거움 속에서 자율 및 창의성을 신장하고, 전인적 성장과 행복을 추구할 수 있도록 하고 있다.

Chapter 08

# 다양한 가족의 아동복지서비스

## 배울 내용

1. 다문화가족의 아동복지
2. 북한이탈주민가족의 아동복지
3. 한부모가족의 아동복지
4. 조손가족의 아동복지

## 학습목표

1. 다문화가족의 아동복지서비스에 대해 이해한다.
2. 북한이탈주민가족의 아동복지서비스에 대해 이해한다.
3. 한부모가족의 아동복지서비스에 대해 이해한다.
4. 조손가족의 아동복지서비스에 대해 이해한다.

## 개 요

아동의 발달은 아동을 둘러싸고 있는 환경의 이해로부터 시작된다. 아동은 가족, 이웃, 국가라는 여러 가지 환경의 영향을 받으며 발달한다. 특히 가족 환경과 같이 직접적인 상호작용에 따라 발달적 변화를 가져올 수 있는 환경적 요인은 영유아기 성장에서 매우 중요하다고 할 수 있다. 따라서 아동을 이해하기 위해서는 그들을 둘러싸고 있는 가족 환경 체계에 대한 이해가 필요하다. 또한 세계화로 인한 국제결혼 증가, 북한을 이탈하여 귀화한 가족의 증가, 부모의 이혼이나 가출 등으로 인한 조손가족 증가, 싱글맘 또는 싱글대디라는 신조어가 낯설지 않은 한부모가족도 사회구조의 변화 속에서 꾸준히 증가하고 있다. 이처럼 다양한 배경을 가졌을지라도 모든 아동은 자신의 요구와 필요를 충족시킬 권리가 있으며, 아동을 보호하는 가족 및 국가는 모든 아동이 건강하게 삶을 유지해 나가도록 차별 없는 아동복지정책을 수립하고 적절한 서비스를 제공할 의무가 있다. 따라서 본 장에서는 다문화가족, 북한이탈주민가족, 한부모가족 및 조손가족의 아동복지서비스에 대해 살펴보고자 한다.

08
Chapter

# 다양한 가족의 아동복지서비스

## 1. 다문화가족의 아동복지

### 1) 다문화가족의 개념

세계화와 이주화의 영향으로 우리 사회는 이미 다문화사회로 진입하였고, 이는 국제결혼의 급증, 다문화가족 자녀의 증가, 외국인 가족의 대두 등 가족 영역에서도 그대로 재현되어 다문화가족이 증가하고 있다.

근대 이후 한국의 다문화가족은 1950년 한국전쟁 이후 생겨난 미군 병사와 한국여성으로 구성된 가족, 1980년대 중반 이후 외국으로부터 유입된 이주 노동자를 중심으로 구성된 가족, 그리고 1990년대 후반 이후 결혼이민자와 한국인 배우자로 이루어진 가족을 다문화가족의 주체로 포함시킬 수 있다. 그리고 최근 대두되는 외국인으로만 구성된 가족이나 외국인과 귀화자로 이루어진 가족 등도 다문화가족으로 볼 수 있다.

시대별로 다문화가족의 모습이 변화할 뿐 아니라 다문화가족 개념 자체는 연구자에 따라 상이하여 다양하게 정의되고 있다. 즉, 좁은 의미에서는 국제결혼으로 한정하여 결혼이민자와 한국인으로 형성된 가족을 지칭하기도 하고, 넓은 의미에서는 우리와 다른 민족·문화적 배경을 가진 사람들로 구성된 가족을 통칭하여 규정하기도 하며, 한국사회에 거주하고 있는 외국인노동자, 결혼이민자, 외국인거주자 및 그들의 자녀까지 포함하여 정의하기도 한다. 또한 북한이탈주민이 대한민국에 넘어오게 되면 대한민국 국적을 취득하게 되므로 다문화가족의 범주에 포함될 수 없지만 그들이 외국인노동자 및 외국인거주자와 결혼하여 가정을 꾸리게 되면 다문화가족의 범주에 포함된다.

그리고 관련 법인 「다문화가족지원법」에서는 대한민국 국민과 혼인관계(또는 혼인경험이 있는)에 있는 재한외국인과 대한민국 국적을 가진 한국인으로 이루어진 가족 또는 「국적법」에 의해 귀화허가를 받은 자와 출생 시부터 대한민국 국적을 취득한 자로 이루어진 가족으로 정의하고, 「재한외국인처우기본법」에서는 대한민국 국민과 혼인한 적이 있거나 혼인관계에 있는 재한외국인인 결혼이민자를 포함하고 있다.

### 2) 다문화가족의 현황

2023년 다문화출생아는 12,150명으로 전년 12,526명보다 376명(−3%)이 감소하였다. 우리나라 2023년 전체 출생이 23만명으로 전년보다 7.7% 감소한 데 비해, 다문화 부모의 출생아는 3% 감소하여 상대적으로 감소폭이 적었으며, 전체 출생에서 다문화출생이 차지하는 비중은 5.3%로 전년보다 0.3% 증가하였다〈그림 8-1, 표 8-1〉.

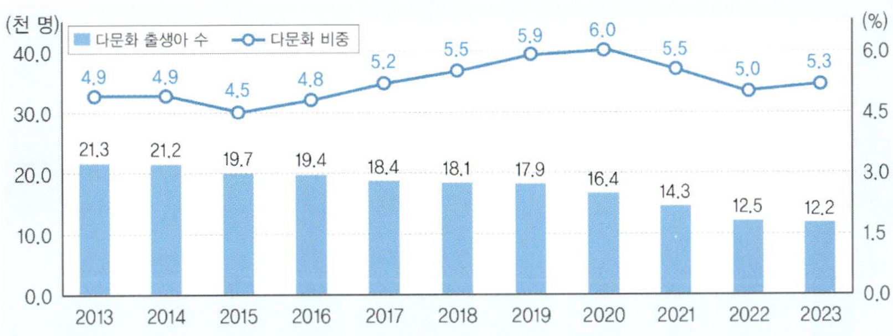


**그림 8-1 다문화 출생아 수 및 전체 출생 중 다문화 비중 추이(2011~2021년)**

출처: 통계청(2024). 2023년 다문화 인구동태 통계.

**표 8-1 다문화 출생아 수 및 출생성비(2019~2021년)**

(단위: 명, %, 여아 100명당 남아 수)

| | | 전 체* | | | 다문화 부모[1)] | | | 출생기준 한국인 부모[2)] | | |
|---|---|---|---|---|---|---|---|---|---|---|
| | | 2021 | 2022 | 2023 | 2021 | 2022 | 2023 | 2021 | 2022 | 2023 |
| 출생아 수 | | 260,562 | 249,186 | 230,028 | 14,322 | 12,526 | 12,150 | 244,144 | 234,051 | 215,413 |
| 비 중 | | 100.0 | 100.0 | 100.0 | 5.5 | 5.0 | 5.3 | 93.7 | 93.9 | 93.6 |
| 전년 대비 | 증 감 | -11,775 | -11,376 | -19,158 | -2,099 | -1,796 | -376 | -9,082 | -10,093 | -18,638 |
| | 증감률 | -4.3 | -4.4 | -7.7 | -12.8 | -12.5 | -3.0 | -3.6 | -4.1 | -8.0 |
| 남 아 | | 133,516 | 127,454 | 117,862 | 7,322 | 6,410 | 6,371 | 125,164 | 119,731 | 110,215 |
| 여 아 | | 127,046 | 121,732 | 112,166 | 7,000 | 6,116 | 5,779 | 118,980 | 114,320 | 105,198 |
| 출생성비 | | 105.1 | 104.7 | 105.1 | 104.6 | 104.8 | 110.2 | 105.2 | 104.7 | 104.8 |

* 부모 국적 미상(기아, 영아사망 등) 포함.
1) 다문화 부모: 부모 중 한 명이 외국인 또는 귀화자인 경우 또는 부모 모두 귀화자인 경우.
2) 출생기준 한국인 부모: 부모 모두 출생기준 한국인인 경우.
출처: 통계청(2024). 2023년 다문화 인구동태 통계.

또한 다문화 출생아 중 남아는 6,371명, 여아는 5,779명, 성비(여아 100명당 남아)는 110.2명으로, 출생기준 한국인 부모의 출생성비 105.1명보다 높은 것으로 나타났다. 다문화가족 자녀 연령별 현황은 그림 8-2, 표 8-2와 같다.

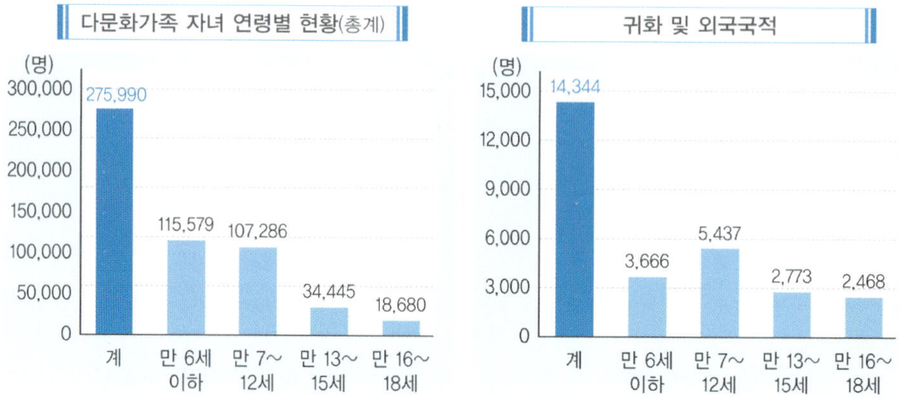


**그림 8-2** 다문화가족 자녀 연령별 현황(2020)

**표 8-2** 다문화가족 자녀 연령별 현황

(단위: 명)

| 연도 | | 연령별 현황 | | | | |
|---|---|---|---|---|---|---|
| | | 계 | 만 6세 이하 | 만 7~12세 | 만 13~15세 | 만 16~18세 |
| 2020 | 총계 | 275,990 | 115,579 | 107,286 | 34,445 | 18,680 |
| | 국내출생 | 261,646 | 111,913 | 101,849 | 31,672 | 16,212 |
| | 귀화 및 외국국적 | 14,344 | 3,666 | 5,437 | 2,773 | 2,468 |
| 2019 | 총계 | 264,626 | 117,045 | 104,064 | 26,524 | 16,993 |
| | 국내출생 | 251,966 | 113,920 | 99,144 | 24,068 | 14,834 |
| | 귀화 및 외국국적 | 12,660 | 3,125 | 4,920 | 2,456 | 2,159 |
| 2018 | 총계 | 237,506 | 114,125 | 92,368 | 19,164 | 11,849 |
| | 국내출생 | 226,145 | 111,338 | 87,888 | 17,100 | 9,819 |
| | 귀화 및 외국국적 | 11,361 | 2,787 | 4,480 | 2,064 | 2,030 |

출처: 행정안전부(2020). 외국인주민현황조사.

다문화가족의 연령별 현황은 만 6세 이하가 115,579명으로 가장 많았으며, 만 7~12세 107,286명, 만 13~15세 34,445명, 만 16~18세 18,680명 순으로 나타났다. 그리고 총 275,990명 중 국내출생은 261,646명, 귀화 및 외국국적은 14,344명이었고, 귀화 및 외국국적은 만 7~12세가 5,437명으로 가장 많았으며, 만 6세 이하 3,666명, 만 13~15세 2,773명, 만 16~18세 2,468명 순으로 나타났다. 다문화학생 증가 추이 현황은 그림 8-3, 표 8-3과 같다.

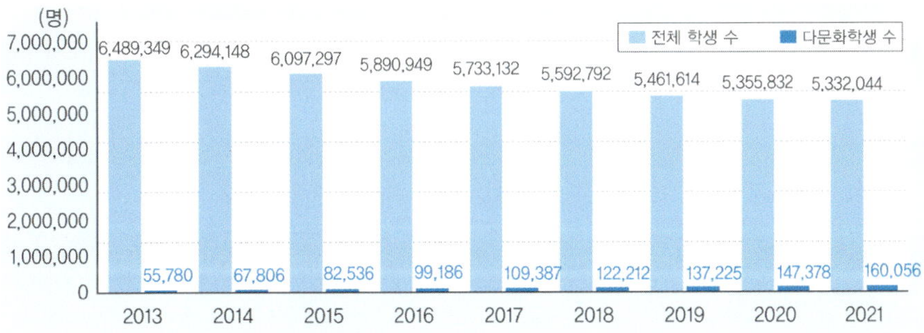


그림 8-3 다문화학생 증가 추이

표 8-3 다문화학생 증가 추이 (단위: 명)

| 구분 | 2013 | 2014 | 2015 | 2016 | 2017 | 2018 | 2019 | 2020 | 2021 |
|---|---|---|---|---|---|---|---|---|---|
| 다문화학생 수 (A) | 55,780 | 67,806 | 82,536 | 99,186 | 109,387 | 122,212 | 137,225 | 147,378 | 160,056 |
| 전체학생 수 (B) | 6,489,349 | 6,294,148 | 6,097,297 | 5,890,949 | 5,733,132 | 5,592,792 | 5,461,614 | 5,355,832 | 5,332,044 |
| 다문화학생 비율 (A/B*100) | 0.9% | 1.1% | 1.4% | 1.7% | 1.9% | 2.2% | 2.5% | 2.8% | 3.0% |

출처: 행정안전부(2022). 외국인주민현황조사.

전체학생 수는 2013년 6,489,349명에서 해마다 감소하여 2021년 5,332,044명으로 감소하였는데, 다문화학생의 수는 2013년 55,780명에서 해마다 꾸준히 증가하여 2021년에는 160,056명으로 전체학생 수의 3%를 차지하고 있는 것으로 나타났다. 학교 급별(초 · 중 · 고) 다문화학생 수에 대한 현황은 그림 8-4와 같다.

**그림 8-4 학교 급별(초 · 중 · 고) 다문화학생 수**

출처: 교육부(2023). 교육통계.

2022년 현재 학교에 재학 중인 결혼이민자 가정 자녀는 전체 168,645명으로 초등학교 111,640명, 중학교 39,714명, 고등학교 16,744명으로 나타났다.

## 3) 다문화가족을 위한 아동복지서비스

다문화가족 자녀의 안정적 성장과 역량 강화는 증가 추세에 있는 다문화가족 아동의 안정적 성장을 위한 역량 강화 및 맞춤형 사회적응 지원의 확대를 위한 것으로 주요내용은 안정적 성장을 위한 환경 조성, 학업 및 글로벌 역량 강화 지원, 진로준비 및 사회진출 지원 및 중도입국자녀 맞춤형 지원 확대 등이다. 구체적인 내용은 표 8-4와 같다.

**표 8-4 다문화가족 아동의 안정적 성장과 역량 강화의 구체적인 내용**

<table>
<tr><th>구분</th><th>내용</th></tr>
<tr><td>안정적 성장을 위한 환경 조성</td><td>
• 건강가정 · 다문화가족지원센터에서 운영하는 '다재다능' 프로그램을 확대하여 다문화가족 자녀의 사회성, 리더십 개발 등 지원<br>
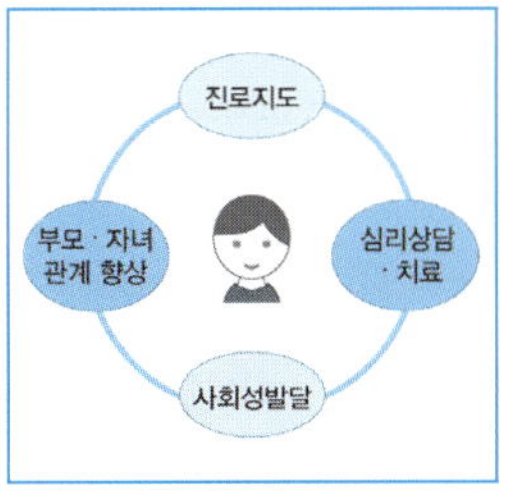

<table>
<tr><th>구분</th><th>프로그램 내용</th></tr>
<tr><td>부모 · 자녀 관계 향상</td><td>자아정체성 확립, 가족상담, 부모교육, 가족통합캠프 운영 등, 멘토링 연계</td></tr>
<tr><td>사회성발달</td><td>사회성 진단, 청소년 동아리활동, 봉사활동, 리더십캠프, 체험활동 프로그램 등</td></tr>
<tr><td>미래설계<br>(진로코칭)</td><td>동기부여, 적성검사, 진로소양교육, 진로설계, 직업체험활동 등 지원</td></tr>
<tr><td>위기사례지원</td><td>심층상담, 미술, 음악, 놀이치료 등</td></tr>
</table>
• 다문화청소년 진로진학 · 전문상담교사 역량강화를 위한 원격 연수 콘텐츠<br>
• 자녀발달 주기별 부모교육 · 상담 및 정보제공 강화, 자녀 창의 · 인성 함양 지원<br>
• 다문화감수성 향상을 위한 또래상담 역량 프로그램 강화
</td></tr>
<tr><td>학업 및 글로벌 역량 강화 지원</td><td>
• 다문화가족 자녀가 이중언어로 소통할 수 있는 환경조성 강화, 이중언어교육 전자책 추가 개발(몽골어, 태국어, 캄보디아어, 인도네시아어, 시아어 추가) 등 글로벌 인재 양성 지원<br>
• 다문화학생의 학교적응과 기초학습능력 향상을 위한 멘토링, 교과보조교재 개발(중학 수학 · 과학), 지역 특화 프로그램 등 운영<br>
• 글로벌 청년인재 양성의 일환으로 추진하는 청년 대상 봉사단 프로그램 추진 시 다문화청소년 참여기회 확대
</td></tr>
<tr><td>진로준비 및 사회진출 지원</td><td>
• 다문화학생 대상 원격영상 진로멘토링, 온라인 진로상담 운영(커리어넷(www.career.go.kr)) 및 진로 · 지도 매뉴얼 배포<br>
• 글로벌 청년인재 양성을 위해 KOICA 영프로페셔널(청년인턴) 선발 시 다문화 청년 가산점 부여, KOICA 코디네이터 선발 시 사회형평적 채용 실시<br>
• 한국어교육부터 심리 · 정서 상담, 진로교육, 취업지원 등 이주배경 청소년의 안정적 정착을 위한 종합서비스 지원 운영<br>
• 현장실무중심의 교육훈련 및 인력 양성을 추진하는 다문화청소년 특화 폴리텍 다솜학교 운영 지속
</td></tr>
</table>

| 구분 | 내용 |
|---|---|
| 중도입국자녀 맞춤형 지원 확대 | • 다문화교육 정책학교의 한국어 학급 확대<br>• 표준한국어 익힘책, 교사용 지도서 개발 및 보급<br>• 중도입국 청소년의 공교육 진입 공백 최소화를 위해 '다문화학생을 위한 학적관리 매뉴얼' 재개정 및 보급 강화<br>• 중도입국 등 이주배경청소년의 대상 상담 및 사례관리를 통한 심리 · 정서적 어려움 해소지속 추진 |

# 2. 북한이탈주민가족의 아동복지

## 1) 북한이탈주민가족의 개념

「북한이탈주민의 보호 및 정착지원에 관한 법률」 제2조 1항에 따르면, 북한이탈주민이란 군사분계선 이북지역에 주소, 직계가족, 배우자, 직장 등을 두고 있는 사람으로서 북한을 벗어난 후 외국 국적을 취득하지 아니한 사람을 말한다.

1990년대 중반 이후 북한의 경제난으로 인해 북한을 탈출하는 주민이 늘어나면서 탈북자라는 용어가 보편적으로 사용되기 시작하였다. 1997년 1월 「북한이탈주민의 보호 및 정착지원에 관한 법률」이 제정되면서 기존의 귀순 개념이 북이탈로 바뀌었으며 북한을 떠난 후 아직 외국 국적을 취득하지 않은 사람들을 북이탈주민으로 규정하였다. 2005년 통일부는 탈북자라는 용어가 부정적인 인식을 심어 줄 수 있다는 취지에서 새로운 명칭을 마련하여 한국 거주 탈북자를 새터민으로 바꾼다고 발표하였다. 그러나 탈북단체들이 새터민이라는 용어 사용에 대해 부정적인 입장을 보이는 등 용어개념에 대한 문제가 제기되면서 2008년 11월 통일부는 가급적 새터민이라는 용어를 쓰지 않겠다고 발표하였고, 이후 북한이탈주민을 탈북자의 공식적인 명칭으로 사용되고 있다.

## 2) 북한이탈주민가족의 현황

북한을 이탈한 주민은 대부분 우리나라로 귀화한다. 그러나 북한을 이탈한 주민의 가정을 볼 때, 우리나라와 같은 민족이면서 같은 언어를 사용하지만 생활환경의 이질감으로 인해 이방인과 같은 고립감을 느끼고 있어 새로운 이주민으로 받아들여야 한다는 관점이 지배적이다. 특히 북한의 사회환경 중 영유아기 영양실조는 매우 심각한 상황으로 전해진다. 국제사회 식량지원에도 불구하고 오랜 기근으로 인한 식량보급은 매우 부족한 형편이고, 전염병까지 복합적으로 작용하고 있는 실정이어서 영유아의 건강한 성장에 위험한 요인으로 작용한다. 연도별 북한이탈주민의 입국 추세에 대한 현황은 그림 8-5, 표 8-5와 같다.

**그림 8-5** 연도별 북한이탈주민의 입국 추세

출처: 통일부(2022). 북한이탈주민 정착지원실무편람.

**표 8-5 북한이탈주민의 연도별 입국현황**

(2022. 9월 말 기준, 단위: 명)

| 구분 | ~'98 | ~'01 | '02 | '03 | '04 | '05 | '06 | '07 | '08 | '09 | '10 | '11 | '12 | '13 | '14 | '15 | '16 | '17 | '18 | '19 | '20 | '21 | '22.9 (잠정) | 합계 |
|---|---|---|---|---|---|---|---|---|---|---|---|---|---|---|---|---|---|---|---|---|---|---|---|---|
| 남 | 831 | 565 | 510 | 474 | 626 | 424 | 515 | 573 | 608 | 662 | 591 | 795 | 404 | 369 | 305 | 251 | 302 | 188 | 168 | 202 | 72 | 40 | 17 | 9,492 |
| 여 | 116 | 478 | 632 | 811 | 1,272 | 960 | 1,513 | 1,981 | 2,195 | 2,252 | 1,811 | 1,911 | 1,098 | 1,145 | 1,092 | 1,024 | 1,116 | 939 | 969 | 845 | 157 | 23 | 25 | 24,365 |
| 합계 | 947 | 1,043 | 1,142 | 1,285 | 1,898 | 1,384 | 2,028 | 2,554 | 2,803 | 2,914 | 2,402 | 2,706 | 1,502 | 1,514 | 1,397 | 1,275 | 1,418 | 1,127 | 1,137 | 1,047 | 229 | 63 | 42 | 33,857 |

출처: 통일부(2022). 북한이탈주민 정착지원실무편람.

북한이탈주민의 현황을 살펴보면, 1990년 중반부터 북한의 식량 사정의 악화를 계기로 꾸준히 증가하기 시작하였으며, 2001년 1,000명을 넘어선 이래 2011년에는 2,706명이 입국하는 등 해마다 증가추세를 보였으나, 2012년부터 점차 감소추세를 보이며, 2021년에는 63명이 입국하였다. 또한 북한이탈주민 여성의 입국비율이 높았지만 2021년에는 남성이 여성보다 많은 것으로 나타났다. 북한이탈주민의 연령대별 입국현황은 표 8-6과 같다.

**표 8-6 북한이탈주민 연령대별(입국 시 연령 기준) 입국현황**

(단위: 명)

| 구분 | 0~9세 | 10~19세 | 20~29세 | 30~39세 | 40~49세 | 50~59세 | 60세 이상 | 계 |
|---|---|---|---|---|---|---|---|---|
| 남 | 651 | 1,705 | 2,623 | 2,157 | 1,396 | 586 | 352 | 9,470 |
| 여 | 646 | 2,106 | 6,969 | 7,557 | 4,608 | 1,461 | 995 | 24,342 |
| 합계 | 1,297 | 3,811 | 9,592 | 9,714 | 6,004 | 2,047 | 1,347 | 33,812 |
| 비율 | 3.8 | 11.3 | 28.4 | 28.7 | 17.8 | 6.1 | 4.0 | 100 |

* 최근 입국하여 보호시설에 있는 일부 인원 제외.
출처: 통일부(2022). 북한이탈주민 정착지원실무편람.

연령대별 비율로는 30~39세(9,714명)가 가장 많았으며, 다음은 20~29세(9,592명), 40~49세(6,004명) 순으로 나타났다.

## 3) 북한이탈주민가족의 지원 및 아동복지서비스

북한을 이탈하여 우리나라로 귀화하는 경우, 자녀를 동반한 탈북 가족들이 늘어남에 따라 이들이 우리 사회에 정착하여 다른 가족들과 함께 잘 생활할 수 있도록 가족서비스를 제공하는 것이 필요하다. 또한 이들이 탈북하는 과정에서 겪었던 심리적인 스트레스와 불안감을 정서적으로 위로해 주고, 우리나라에 정착하면서 경험하게 되는 부적응 문제를 해결할 수 있도록 도와야 한다. 여성가족부 산하 건강가정지원센터에서는 언어생활, 문화생활 등 북한이탈주민 가족이 고민하는 다양한 문제와 관련하여 서비스를 제공함으로써, 안정적인 정착 및 사회·경제적인 자립지원을 도모하는 사업을 추진하고 있다. 구체적인 북한이탈주민가족의 지원 및 아동복지서비스는 표 8-7과 같다.

**표 8-7 북한이탈주민가족의 지원 및 아동복지서비스**

| 구분 | 내용 |
|---|---|
| 상담 프로그램 | 자녀교육, 경제적 어려움 등 남한 정착과정에서 발생하는 다양한 고민에 대해서 내방 또는 찾아가는 서비스로 상담을 실시한다. |
| 부모교육 프로그램 | 북한이탈주민을 대상으로 부모-자녀 프로그램 진행을 통해 자녀양육의 어려움을 해소하고, 북한이탈주민의 자녀양육에 대한 의식개선을 통해 실질적인 자녀양육이 가능하도록 지원하는 프로그램이다. |
| 자조모임 | 북한이탈주민들 간의 자조모임을 구성하고, 이들이 서로 의지하고 살아갈 수 있도록 모임서비스를 구축한다. |
| 자녀학습 멘토링 | 자녀들의 경우에는 새로운 환경, 또래, 언어 등 다양한 부분에서 새로운 환경에 적응해야 하고, 이 과정에서 학습부진으로 어려움을 겪는 경우에 이들을 대상으로 학습 멘토링 등의 서비스를 제공한다. |
| 지역사회 내 관계망 구축 프로그램 | 북한이탈주민들이 지역사회의 일원으로 함께 더불어 생활할 수 있도록, 센터 내 프로그램 또는 지역사회 네트워크를 통해 관계망을 구축하는 프로그램을 운영하고 있다. |

# 3. 한부모가족의 아동복지

## 1) 한부모의 개념

「한부모가족지원법」 제4조에 의하면, 한무모가족이란, '모' 또는 '부'가 다음의 어느 하나에 해당하는 자로서 아동인 자녀를 양육하는 자를 말한다. 즉, 배우자와 사별 또는 이혼하거나 배우자로부터 유기(遺棄)된 자, 정신이나 신체의 장애로 장기간 노동능력을 상실한 배우자를 가진 자, 교정시설 · 치료감호시설에 입소한 배우자 또는 병역복무 중인 배우자를 가진 사람, 미혼자(사실혼(事實婚) 관계에 있는 자는 제외)를 말한다. 다시 말해, 한부모가족은 아버지 또는 어머니와 자녀가 살고 있는 가족을 말하고, 세대주가 아니더라도 사실상 그 가족을 부양하는 조손가족을 포함하고 있는 개념이라고 할 수 있다.

기존의 한부모를 일컫는 명칭들, 즉, 편모, 편부, 편부모가족 등의 용어들이 결손, 부족 등의 부정적인 이미지를 내포하고 있어 이를 개선하기 위해 1999년 한국여성민우회가족과 성상담소가 '한부모가족'이란 용어를 만들었다. 여기서 '한'은 '하나로도 온전하고 가득하다'는 의미로서, 하나의 '부' 혹은 '모'만으로도 양부모가족과 똑같이 평등하고 건강하게 행복할 수 있다는 긍정적인 의미를 지니고 있어 일반적으로 더 많이 쓰이고 있다(김안나 외, 2010).

## 2) 한부모가족의 유형

한부모가족은 표 8-8과 같이 가족구성원에 따른 유형과 표 8-9과 같이 원인에 따른 유형으로 구분할 수 있다(박귀영 외, 2023).

**표 8-8 가족구성원에 따른 유형**

| 구분 | 내용 |
|---|---|
| 편모(모자)가정 | 엄마와 자식들만으로 구성되어 있는 가정을 말한다. 부자가정보다 정서적 안정을 가져올 수 있지만 경제적 자립이 주된 문제가 된다. |
| 편부(부자)가정 | 아버지와 자식들만으로 구성되어 있는 가정을 말한다. 이 가정은 경제적 부양기능에 있어서 모자가족만큼 장애를 가져오지는 않지만 가정관리(가사나 자녀 양육)가 주된 문제가 된다. |
| 미혼모가정 | 상대되는 남자와 합법적이고 정당한 결혼 절차를 거치지 않고 임신하였거나 분만한 여성을 의미하는데 미혼, 별거, 사별 등의 상태 모두를 포함한다. 미혼모의 개념은 사회문제화되는 규범 내에서 정의되는 경향이 있으므로 그 나라의 사회 · 문화적인 전통에 따라 많은 차이를 보이는데, 우리나라의 경우 대체로 혼전임신 여성 및 혼전임신으로 인한 분만 여성을 일컫는다. 최근 성문화의 개방과 더불어 청소년들의 성행태나 성문화가 달라짐에 따라 미혼모가 급증하고 있는 추세이다(전체 미혼모 중 20세 이하의 미혼모가 증가하고 있음). |

**표 8-9 원인에 따른 유형**

| 구분 | 내용 |
|---|---|
| 배우자 사망에 의한 한부모가족 | 우리나라의 한부모가족 중 70~80%를 차지하고 있고, 편부가족보다 편모가족의 비율이 더 높다. 경제적 활동으로 남성의 사망율이 여성보다 2~3배 높고, 평균수명이 여성은 남성보다 7~8년이 길기 때문이다. 사별의 주된 원인은 병사, 사고사 등이 있다. |
| 배우자 유기에 의한 한부모가족 | 부부가 별거하고 있는 상태에서 부부 중의 한쪽이 자녀를 양육하면서 가족생활을 영위하는 경우를 말한다. 편부가족보다 편모가족이 많고, 배우자 유기는 부에 의해서 주로 발생한다. |
| 이혼에 의한 한부모가족 | 법적으로 결혼한 부부가 더 이상 함께 살 수 없음을 결정하고 종래의 가족을 해체하여 남이 되는 한부모가족을 말한다. |

## 3) 한부모가족의 현황

한부모가구는 2016년 전체가구의 7.76%에서 2020년 7.14%를 보이고 있는데, 구체적인 한부모가족의 현황은 그림 8-6, 표 8-10과 같다.

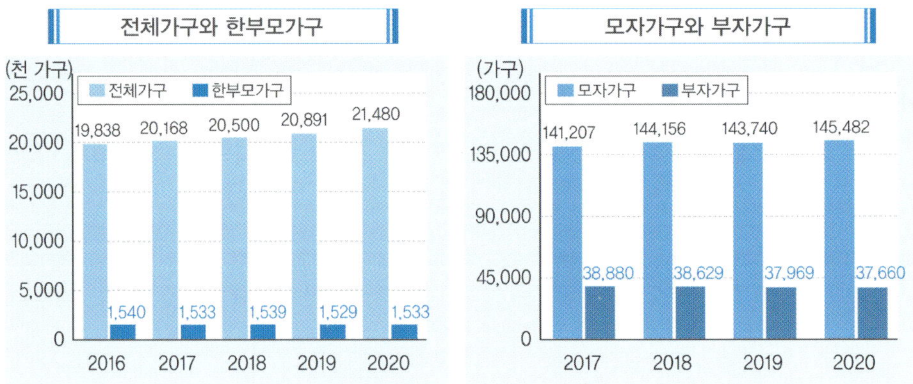


**그림 8-6** 한부모가구의 현황

**표 8-10** 전국 한부모가구 현황

(단위: 1,000가구, %)

| 세대 구성 | 막내자녀연령구분 | 2021년 | 2022년 | 증감 |
|---|---|---|---|---|
| 계 | 소계 | 1,510 | 1,495 | −15 |
| | 18세 이하 | 369 | 356 | −13 |
| | 19세 이상 | 1,141 | 1,139 | −2 |
| 부+미혼자녀 | 소계 | 374 | 365 | −9 |
| | 18세 이하 | 119 | 113 | −6 |
| | 19세 이상 | 255 | 252 | −3 |
| 모+미혼자녀 | 소계 | 1,136 | 1,130 | −6 |
| | 18세 이하 | 250 | 243 | −7 |
| | 19세 이상 | 886 | 887 | 1 |

출처: 통계청(2022). 인구주택총조사
여성가족부(2024). 2024년 한부모가족지원사업 안내.

통계청(2022)의 조사에 따르면 전국의 한부모가구는 2022년 기준 1,495,000가구이다. 이중 부자가족은 365,000가구, 모자가족은 1,130,000가구로 나타났다. 전체 한부모가구 중 여성 한부모가 꾸리고 있는 가구가 약 75%로 절대다수를 차지하고 있는 것으로 나타났으며, 부자가족과 모자가족 모두 18세 이하보다는 19세 이상의 자녀가 더욱 많은 것으로 나타났다. 한부모가족복지시설 현황은 표 8-11과 같다.

**표 8-11 한부모가족복지시설 현황**

(단위: 개소)

| 시설 유형 | 2020년 | 2021년 | 2022년 | 2023년 |
|---|---|---|---|---|
| 합 계 | 124 | 122 | 121 | 121 |
| 출산지원시설 | 24 | 25 | 25 | 26 |
| 양육지원시설 | 41 | 39 | 38 | 38 |
| 생활지원시설 | 50 | 49 | 49 | 48 |
| 일시지원시설 | 9 | 9 | 9 | 9 |

* 법 개정에 따라 2023.10월부터 현행 시설 유형 적용
출처: 여성가족부(2024). 2024년 한부모가족지원사업 안내.

한부모가족복지시설의 현황에서는 2023년 현재 전체는 121개소이며, 생활지원시설 48개소, 양육지원시설 38개소, 출산지원시설 26개소, 일시지원시설 9개소 순으로 나타났다.

## 4) 한부모가족의 지원 및 아동복지서비스

한부모가족의 지원사업은 한부모가족자녀 양육비 지원, 청소년한부모 자립지원, 한부모가족복지시설 지원 및 한부모가족 무료법률구조로 구분할 수 있는데, 구체적인

한부모가족지원사업의 내용은 표 8-12, 한부모가족지원사업의 업무처리과정 및 주요 내용은 표 8-13과 같다.

**표 8-12** **한부모가족지원사업의 내용**

| 사업명 | 개요 | 사업대상 | 수행기관 |
|---|---|---|---|
| 한부모가족자녀 양육비 등 지원 | • 아동양육비: 18세 미만 자녀(단, 고등학교 이하 재학 중인 경우 22세 미만), 월 21만원<br>• 추가아동양육비<br>– 조손 및 35세 이상 미혼 한부모가족 5세 이하 자녀, 월 5만원<br>– 25~34세 한부모가족 자녀, 월 5~10만원 지원<br>• 학용품비: 중학생·고등학생 자녀, 연 9.3만원<br>• 생활보조금: 시설 입소가구, 월 5만원 | 소득인정액 기준 중위소득 63% 이하 한부모 및 조손가족 | 지방자치단체 |
| 청소년한부모 자립지원 | • 아동양육비: (0~1세 자녀) 월 40만원<br>(2세 이상 자녀) 월 35만원<br>• 검정고시 등 학습지원(연 154만원 이내), 자립촉진수당(월 10만원) 등 | 소득인정액 기준 중위소득 65% 이하 24세 이하 한부모가족 | 지방자치단체 |
| 한부모가족복지시설 지원 | • 시설 기능보강: 신축, 개보수, 기자재구입 등<br>• 시설 입소자 상담·의료 지원<br>• 시설 아이돌봄서비스 지원<br>• 공동생활가정형(매입임대주택) 주거 지원<br>• 시설배치 사회복무요원 인력경비 지원 | 소득인정액 기준 중위소득 100% 이하 한부모가족<br>※ 24세 이하 위기임산부 소득기준 무관 | 지방자치단체, 한부모가족 관련 시설·단체 |
| 한부모가족 무료법률구조 | • 한부모가족 대상 법률상담, 소송대리, 기타 법률사무 등 무료법률구조 지원 | 「한부모가족지원법」 제5조, 제5조의2제2항 한부모가족 | 대한법률 구조공단 |

출처: 여성가족부(2024). 2024년 한부모가족지원사업 안내.

**표 8-13 한부모가족지원사업의 업무처리과정 및 주요내용**

<table>
<tr><th colspan="2">구분</th><th>내용</th></tr>
<tr><td colspan="2">지원대상</td><td>• 저소득 한부모가족, 조손가족, 청소년 한부모가족<br>- 가구선정 기준 및 소득인정액 기준 충족 시 지원 가능<br>※ (원칙)가구단위 지원</td></tr>
<tr><td rowspan="3">신청</td><td>신청인</td><td>• 신청권자: 지원대상 가구원·친족·기타 관계인, 공무원 직권신청(동의 필요)<br>• 신청장소: (방문)읍·면·동 행정복지센터(주민센터)<br>(온라인) 복지로 홈페이지(http://bokjiro.go.kr)</td></tr>
<tr><td>신청서</td><td>• 신청서식<br>- 사회복지서비스 및 급여 제공(변경) 신청서<br>- 청소년한부모 자립지원제공 신청서(청소년한부모에 한함)<br>- 소득재산 신고서<br>- 금융정보 등 제공동의서<br>• 구비서류(해당자에 한함)<br>- 임대차계약서, 제적등본, 외국인등록사실증명서 등</td></tr>
<tr><td>처리기한</td><td>• 30일(60일까지 연장가능)</td></tr>
<tr><td rowspan="4">선정 기준</td><td rowspan="3">소득인정액 기준</td><td>• 지원가구의 소득인정액이 다음의 선정기준 이하인 경우<br>- 한부모 및 조손가족: 기준 중위소득 63% 이하(급여지급 기준 동일)<br>- 청소년 한부모가족 : 기준 중위소득 72% 이하(급여지급 기준은 65% 이하)<br>- 소득인정액 = 소득평가액 + 재산의 소득환산액</td></tr>
<tr><td>• 소득평가액 = 실제소득 - 가구특성별 지출비용 - 근로소득공제<br>- 실제소득: 근로소득, 사업소득, 재산소득, 공적이전소득, 사적이전소득, 지원기관 확인소득</td></tr>
<tr><td>• 재산의 소득환산액 = (재산의 종류별 가액 - 기본재산액 - 부채) × 재산의 종류별 소득환산율<br>- 재산의 종류: 일반재산(주거용재산), 금융재산, 자동차, 기타 산정되는 재산<br>- 기본재산액: 서울(9,900만원), 경기(8,000만원), 광역 · 세종 · 창원(7,700만원), 기타(5,300만원)<br>- 소득환산율: 주거용재산(월 1.04%), 일반재산(월 4.17%), 금융재산(월 6.26%), 자동차(월 100%)</td></tr>
<tr><td>부양의무자 기준</td><td>• 원칙적으로 부양의무자 기준을 적용하지 않음<br>- 조손가족의 경우는 손자녀 친권자(아동의 부모)의 부양능력 유무 확인</td></tr>
<tr><td>조사</td><td>조사내용</td><td>• 지원대상자의 가족구성원 현황 및 소득·재산정도</td></tr>
<tr><td>급여</td><td>종류 및 지원액</td><td>• 저소득 한부모 및 조손가족 지원<br>- 아동양육비, 아동교육지원비(학용품비), 추가 아동양육비, 생활보조금<br>• 청소년 한부모 자립지원<br>- 아동양육비, 자립촉진수당, 검정고시 학습비</td></tr>
</table>

출처: 여성가족부(2024). 2024년 한부모가족지원사업 안내.

# 4. 조손가족의 아동복지

## 1) 조손가족의 개념

조손가족은 일반적으로 조부모와 손자녀로 구성된 가족을 의미하는 개념으로 개념 정의에 있어서는 연구자에 따라 유사하지만 약간씩 다른 차이를 보이고 있다. 김정은(2002)은 조부모가 일차적인 손자녀양육 책임자로서 부모역할을 대신 수행하는 가족이고, 옥경희(2005)는 조손가족을 가족해체 등의 원인으로 인해 아동의 부모가 아동과 실제로 동거하지 않는 상태에서 조부모가 아동과 함께 살면서 아동의 기본적인 의·식·주 및 생활 전반을 일차적으로 책임지고 있는 가족으로 정의하고 있다. 즉, 부모가 아동의 양육을 책임지지 못하거나 함께 살지 않고 조부모가 아동의 양육을 책임지는 경우를 포괄적으로 조손가족이라고 부른다. 조손가족이란 일반적으로 부모가 아동을 양육하지 못하는 상황에서 조부모가 아동과 함께 동거하면서 양육을 책임지고 있는 가족형태를 지칭한다(박옥임, 2009).

## 2) 조손가족의 현황

조손가족은 1995년부터 꾸준하게 증가하는 경향을 보이고 있는데, 조손가족 증가 추이에 대한 현황은 그림 8-7과 같다.

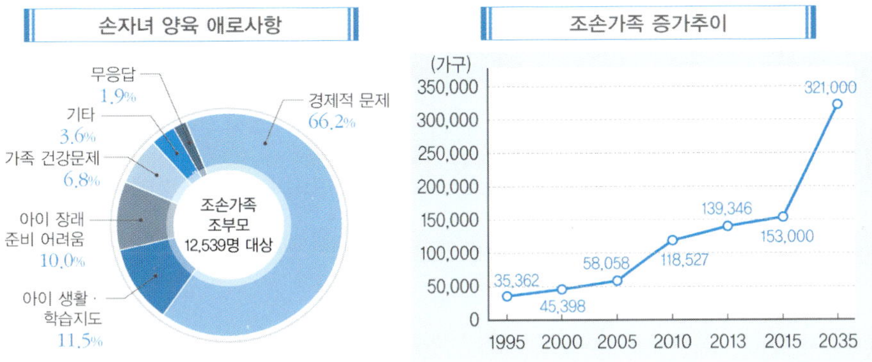


**그림 8-7** 조손가족의 증가추이

조손가족의 증가 추이는 1995년 3만 5,362 가구에서 꾸준하게 증가하여 2015년 15만 3,000 가구로 증가하였으며, 2035년 32만 1,000 가구로 증가할 것으로 예상되고 있다. 그리고 조손가족 조부모 1만 2,539명을 대상으로 손자녀 양육의 애로사항을 조사한 결과, 경제적 문제가 66.2%로 가장 높았으며, 아이의 생활과 학습지도 11.5%, 아이의 장래 준비의 어려움 10%, 가족의 건강 문제 6.8% 순으로 나타났다. 저소득 조손가족의 현황은 표 8-14와 같다.

**표 8-14** 저소득 조손가족의 현황 (단위: 세대, 명)

| 연도별 | 계 | | 모자가족 | | 부자가족 | | 조손가족 | |
|---|---|---|---|---|---|---|---|---|
| | 세대 | 세대원 | 세대 | 세대원 | 세대 | 세대원 | 세대 | 세대원 |
| 2019 | 182,606 | 453,045 | 143,740 (78.7%) | 356,895 (78.8%) | 37,969 (20.8%) | 94,064 (20.8%) | 897 (0.5%) | 2,086 (0.5%) |
| 2020 | 184,006 | 457,236 | 145,482 (79.1%) | 361,998 (79.2%) | 37,660 (20.5%) | 93,234 (20.4%) | 864 (0.5%) | 2,004 (0.4%) |
| 2021 | 185,461 | 463,084 | 146,973 (79.2%) | 367,366 (79.3%) | 37,432 (20.2%) | 93,260 (20.1%) | 1,056 (0.6%) | 2,458 (0.5%) |
| 2022 | 190,421 | 474,194 | 151,733 (79.7%) | 378,176 (79.8%) | 37,381 (19.6%) | 92,964 (19.6%) | 1,307 (0.7%) | 3,054 (0.6%) |

※ 자료: 사회보장정보시스템(행복e음) 연도말 기준
※ 기준: 한부모가족지원법에 따른 지원대상자(국민기초생활보장 동시보장결정가구 포함)
출처: 여성가족부(2024). 2024년 한부모가족지원사업안내.

2019년도부터 2022년도까지 한부모가족의 모자, 부자, 조손가족의 세대와 세대원 현황을 비교한 결과, 모자가족은 다소 증가추세이고, 부자가족은 감소추세이며 조손가족은 2020년부터 다소 증가하고 있는 것으로 나타났다. 구체적으로 조손가족은 2019년 897세대에서 2022년에는 1,307세대로, 세대원은 2019년 2,086명에서 2022년 3,054명으로 증가한 것으로 나타났다.

### 3) 조손가족의 지원 및 아동복지서비스

현재 조손가족의 지원 및 아동복지서비스는 「한부모가족지원법」의 연장선에서 지원하고 있는데 소득수준에 있어서 한부모가족보다 낮은 수준인데도 불구하고 조손가족 지원을 위한 별도의 지원법이나 제도 등이 마련되어 있지 않아 복지의 사각지대에 놓여 있다고 할 수 있다.

점점 조손가족은 증가하고 있는데, 조손가족은 구조적으로 여러 가지 문제들을 가지고 있다. 예를 들어, 조부모는 자신의 자녀들을 제대로 양육하지 못했다는 죄책감, 양육의 부담, 노화로 인한 생활 곤란 등이다. 그리고 손자녀들은 부모의 부재로 인해 두려움, 당혹, 버림받았다는 배신감 등이 왜곡되게 표현되어 정서적인 혼란과 낮은 자아존중감을 나타낸다. 또한 손자녀들은 열악한 학습조건 때문에 교육 소외 계층으로 분류된다. 적절한 역할모델의 대상이 없어서 부모에 의한 가정교육의 기회를 상실하여 가치판단이나 사회적응에 영향을 받는다. 뿐만 아니라 정서적 상처, 애어른의 역할을 경험하는 등의 어려움도 호소하고 있다.

Chapter 09

# 장애아동복지서비스

## 배울 내용

1. 장애아동의 개념
2. 장애아동의 현황
3. 장애아동 진로와 가족지원
4. 장애인과 장애인가족에 대한 지원정책

## 학습목표

1. 장애아동의 개념을 설명할 수 있다.
2. 장애아동의 현황 및 실태를 파악한다.
3. 장애아동 진로와 가족지원을 설명할 수 있다.
4. 장애인과 장애인가족에 대한 지원정책을 이해하고 개입방안을 모색해 본다.

## 개 요

장애아동은 18세 미만의 사람 중 선천적 혹은 후천적으로 신체, 정서, 인지, 언어, 학습능력 등의 장애로 인해 양육과 교육, 재활 및 사회적응에 있어 특별한 보호가 필요한 아동으로 정의되고 있다. 2016년에는 87,950명이 장애아동으로 분류되었으며, 2020년 95,420명에서 2024년 4월 특수교육대상 학생이 115,610명으로 해마다 증가되고 있는 실정이다. 장애아동을 돕기 위해서는 우선 장애아동에 대한 이해와 장애아동복지사업에 대한 이해가 선행되어야 한다. 또한 장애아동이 독립된 사회구성원으로 당당하게 살아가도록 돕기 위해서는 무엇보다 진로교육과 직업교육이 필수적이다. 그리고 장애아동의 가족은 부담을 가지고 위축된 생활로 삶의 질이 떨어져 있는 것이 일반적이다. 장애아동에 대한 가족의 부정적 정서는 장애아동 교육에 큰 장애물로 작용하고 있기 때문에 장애아동뿐만 아니라 가족까지 지원을 확대할 필요성이 있다. 따라서 본 장에서는 장애아동의 개념, 장애아동의 현황, 장애아동 진로와 가족지원 및 장애인과 장애인가족에 대한 지원정책에 대해 살펴보고자 한다.

09
Chapter

# 장애아동복지서비스

"장애"라 함은 장·단기간 혹은 일시적으로 발생한 신체적·정신적 손상, 기능상실, 질병 등이 사회적 태도나 문화적, 물리적 장벽으로 인하여 일상 또는 사회생활에 상당한 제약을 가져오는 상태를 말한다.

"장애인"이라 함은 현재 장애를 가지고 있거나, 과거 장애 경력으로 인하여 차별을 받을 가능성이 있는 사람을 말한다.

"장애인 관련자"라 함은 장애인의 가족, 주거를 같이 하는 사람, 장애인을 보조하는 사람을 말한다.

**장애의 의미**

한국장애인재활협회(2005)에서 발간한 『재활의 총체적 접근』에서는 "장애란 한 개인이 실제적인 생활을 함에 있어서 기능적인 손상으로 인하여 환경과 사회가 기대하는 기능을 수행하지 못함으로써 발생하는 만큼의 간격 또는 불균형을 의미한다"라고 하였으며,「유엔 장애인 권리선언 제 11조」에서는 "장애인이란 선천적이든 후천적이든 관계없이 신체적·정신적 능력의 불완전으로 인하여 일상의 개인적 혹은 사회적 생활에서 필요한 것을 확보하는 데 자기 자신으로서 완전하게 또는 부분적으로 할 수 없는 사람을 의미한다"라고 명시하고 있다. 즉, 장애인의 권리는 비장애인이 태어나면서 갖는 권리와 동일하다.

# 1. 장애아동의 개념

장애의 개념은 나라와 시대 및 사회적 환경에 따라 변화하고, 한 국가의 사회·문화적·정치적·경제적 상황에 따라 다르므로 보편적 정의를 내리기가 쉽지 않다. 따라서 장애아동에 대한 정의도 명확하게 정의 내리기에는 다소 어려움이 있다. 우리나라에서는 장애아동에 대해 「장애인복지법」과 「장애인 등에 대한 특수교육법」 및 「장애아동복지지원법」에서 규정하고 있다. 즉, 일반적으로 장애아동에 대한 정의는 18세 미만의 사람 중 선천적으로 혹은 후천적으로 신체, 정서, 인지, 언어, 학습능력 등의 장애로 인해 양육과 교육, 재활 및 사회적응에 있어 특별한 보호를 필요로 하는 아동으로 정의되고 있다. 그리고 1980년 국제연합의 세계장애인의 해에 ICIDH(International Classification of Impairments, disabilities, and handicaps)에서는 장애의 분류체계 접근을 손상(impairment), 능력장애(disability) 및 사회적 불리(handicap)로 표 9-1과 같이 구분하였다(이상이, 2023).

**표 9-1 장애의 분류체계 접근**

| 구분 | 내용 |
|---|---|
| 손상 | 손상(impairment)이란 의학적 손상을 의미하는 것으로 주로 사지와 신체기관, 피부 또는 정신기능을 포함한 모든 영구적, 비정상적인 상황을 말한다. |
| 능력장애 | 능력장애(disability)는 손상이 신체의 기능 상실로 이어져 일상생활이나 직업활동을 수행하는 능력이 제한되거나 없는 상태를 의미한다. |
| 사회적 불리 | 사회적 불리(handicap)는 연령, 성, 사회, 문화적 요인에 따라 정상적인 역할을 수행하는 데 방해되는 개인의 불이익을 뜻한다. 다시 말해, 비장애인은 보편적으로 갖는 기회나 사회활동 및 사회참여 등에서 장애인이 경험하는 상대적 불이익, 장애인이기 때문에 갖는 신체적, 환경적 제약을 의미한다. 예를 들어, 다리 절단으로 인해 지체장애인이 되었지만 재택근무를 하는 직장생활에 지장이 없다 하더라도 외출 시 휠체어나 보행 보조기기를 사용하기 어려운 상황에서는 다른 사람의 도움을 받아야 하며, 사고 이후 사회적 반응이 이전과 달라지고, 사회생활에 지장받게 된다면 이를 사회적 장애라고 한다. |

## 1) 장애인복지법

장애아동이란 18세 미만의 사람 중 「장애인복지법」 제32조에 따라 등록한 장애인을 말한다. 다만 6세 미만의 아동으로서 장애가 있다고 보건복지부장관이 별도로 인정하는 사람을 포함한다. 「장애인복지법」에 근거한 장애의 범주 및 종류는 2000년도에 「장애인복지법 시행령」과 시행규칙이 전면 개정되어 대폭 확대되면서 장애를 크게 신체장애와 정신장애로 구분하였으며, 「장애인복지법」상 장애분류는 표 9-2와 같다.

**표 9-2** 「장애인복지법」에 따른 장애분류표

| 대분류 | 중분류 | 소분류 | 세분류 |
|---|---|---|---|
| 신체적 장애 | 외부 신체기능의 장애 | 지체장애 | 절단장애, 관절장애, 지체기능장애, 변형 등의 장애 |
| | | 뇌병변장애 | 뇌의 손상으로 인한 복합적인 장애 |
| | | 시각장애 | 시력장애, 시야결손장애, 겹보임(복시) |
| | | 청각장애 | 청력장애, 평형기능장애 |
| | | 언어장애 | 언어장애, 음성장애, 구어장애 |
| | | 안면장애 | 안면부의 추상, 함몰, 비후 등 변형으로 인한 장애 |
| | 내부기관의 장애 | 신장장애 | 투석치료 중이거나 신장을 이식 받은 경우 |
| | | 심장장애 | 일상생활이 현저히 제한되는 심장기능 이상 |
| | | 간장애 | 일상생활이 현저히 제한되는 만성 · 중증의 간기능 이상 |
| | | 호흡기장애 | 일상생활이 현저히 제한되는 만성 · 중증의 호흡기기능 이상 |
| | | 장루 · 요루장애 | 일상생활이 현저히 제한되는 장루 · 요루 |
| | | 뇌전증장애 | 일상생활이 현저히 제한되는 만성 · 중증의 뇌전증 |
| 정신적 장애 | 발달장애 | 지적장애 | 지능지수가 70 이하인 경우 |
| | | 자폐성장애 | 소아청소년 자폐 등 자폐성 장애 |
| | 정신장애 | 정신장애 | 조현병, 조현정동장애, 양극성정동장애, 재발성우울장애, 뇌의 신경학적 손상으로 인한 기질성 정신장애, 강박장애, 투렛장애(Tourette's disorder), 기면증 |

출처: 보건복지부(2024). 장애인복지 사업안내.

표 9-2에서 보는 것과 같이 대분류는 신체장애와 정신장애로 나눌 수 있으며, 신체장애는 외부신체기능장애와 내부기관장애로 분류되고, 외부신체기능장애에는 지체장애, 뇌병변장애, 시각장애, 청각장애, 언어장애, 안면장애가 속하며, 내부기관장애에는 신장장애, 심장장애, 간장애, 호흡기장애, 장루·요루장애, 뇌전증장애가 속한다. 정신장애에는 지적장애, 자폐성장애, 정신장애로 분류된다.

「장애인복지법」 제1조에 의하면 「장애인복지법」은 장애인의 인간다운 삶과 권리보장을 위한 국가와 지방자치단체 등의 책임을 명확히 하고, 장애발생 예방과 장애인의 의료·교육·직업재활·생활환경 개선 등에 관한 사업을 정하여 장애인복지대책을 종합적으로 추진하여 장애인의 자립생활·보호 및 수당지급 등에 관하여 필요한 사항을 정하여 장애인의 생활안정에 기여하는 등 장애인의 복지와 사회활동 참여증진을 통하여 사회통합에 이바지함을 목적으로 한다고 명시하고 있다. 따라서 「장애인복지법」에서 규정하고 있는 장애아동복지사업의 궁극적인 목적은 장애아동이 가지고 있는 잠재력을 최대한 발휘하여 정상적인 생활이 가능하도록 원조하는 것이라고 볼 수 있다. 이와 같은 목적을 달성하기 위한 사업으로는 경제적 급여(특별아동부양수당)의 제공, 신체·정신적 장애를 최소화하고 사회적 핸디캡을 제거하여 사회적 재활을 최대화하기 위한 시설입소 또는 통원에 의한 보호, 치료, 교육, 훈련 등의 각종 사회복지서비스 등을 제공한다.

### 2) 장애인 등에 대한 특수교육법

「장애인 등에 대한 특수교육법 시행령」 제10조와 관련하여 특수교육 대상자는 시각장애, 청각장애, 지적장애, 지체장애, 정서·행동장애, 자폐성장애, 의사소통장애, 학습장애, 건강장애 및 발달지체의 10개 유형으로 구분하고 있으며, 선정기준은 표 9-3과 같다.

**표 9-3 특수교육대상자 유형 및 선정기준**

| 구분 | 선정기준 |
|---|---|
| 시각장애 | 시각계의 손상이 심하여 시각기능을 전혀 이용하지 못하거나 보조공학기기의 지원을 받아야 시각적 과제를 수행할 수 있는 사람으로서 시각에 의한 학습이 곤란하여 특정의 광학기구 · 학습매체 등을 통하여 학습하거나 촉각 또는 청각을 학습의 주요 수단으로 사용하는 사람 |
| 청각장애 | 청력 손실이 심하여 보청기를 착용해도 청각을 통한 의사소통이 불가능 또는 곤란한 상태이거나, 청력이 남아 있어도 보청기를 착용해야 청각을 통한 의사소통이 가능하여 청각에 의한 교육적 성취가 어려운 사람 |
| 지적장애 | 지적 기능과 적응행동상의 어려움이 함께 존재하여 교육적 성취에 어려움이 있는 사람 |
| 지체장애 | 기능 · 형태상 장애를 가지고 있거나 몸통을 지탱하거나 팔다리의 움직임 등에 어려움을 겪는 신체적 조건이나 상태로 인해 교육적 성취에 어려움이 있는 사람 |
| 정서 · 행동장애 | 장기간에 걸쳐 다음 각 목의 어느 하나에 해당하여, 특별한 교육적 조치가 필요한 사람<br>가. 지적 · 감각적 · 건강상의 이유로 설명할 수 없는 학습상의 어려움을 지닌 사람<br>나. 또래나 교사와의 대인관계에 어려움이 있어 학습에 어려움을 겪는 사람<br>다. 일반적인 상황에서 부적절한 행동이나 감정을 나타내어 학습에 어려움이 있는 사람<br>라. 전반적인 불행감이나 우울증을 나타내어 학습에 어려움이 있는 사람<br>마. 학교나 개인 문제와 관련된 신체적인 통증이나 공포를 나타내어 학습에 어려움이 있는 사람 |
| 자폐성장애 | 사회적 상호작용과 의사소통에 결함이 있고, 제한적이고 반복적인 관심과 활동을 보임으로써 교육적 성취 및 일상생활 적응에 도움이 필요한 사람 |
| 의사소통장애 | 다음 각 목의 어느 하나에 해당하여, 특별한 교육적 조치가 필요한 사람<br>가. 언어의 수용 및 표현 능력이 인지능력에 비하여 현저하게 부족한 사람<br>나. 조음능력이 현저히 부족하여 의사소통이 어려운 사람<br>다. 말 유창성이 현저히 부족하여 의사소통이 어려운 사람<br>라. 기능적 음성장애가 있어 의사소통이 어려운 사람 |
| 학습장애 | 개인의 내적 요인으로 인하여 듣기, 말하기, 주의집중, 지각(知覺), 기억, 문제해결 등의 학습기능이나 읽기, 쓰기, 수학 등 학업 성취 영역에서 현저하게 어려움이 있는 사람 |
| 건강장애 | 만성질환으로 인하여 3개월 이상의 장기입원 또는 통원치료 등 계속적인 의료적 지원이 필요하며 학교생활 및 학업 수행에 어려움이 있는 사람 |
| 발달지체 | 신체, 인지, 의사소통, 사회 · 정서, 적응행동 중 하나 이상의 발달이 또래에 비하여 현저하게 지체되어 특별한 교육적 조치가 필요한 영아 및 9세 미만의 아동 |

「장애인복지법」과 「장애인 등에 대한 특수교육법」에서 규정하고 있는 장애유형을 비교해 보면, 시각장애, 청각장애, 지적장애, 지체장애, 자폐성장애 등은 동일하지만 이 외에 「장애인 등에 대한 특수교육법」에서는 정서 · 행동장애, 학습장애, 의사소통장애 및 발달지체를 규정하고 있으며, 「장애인복지법」에서는 「장애인 등에 대한 특수교육법」에 해당되는 건강장애를 두고 있어 내부장애가 포함될 수 있으나 장루 · 요루 · 간장애 등은 아동 · 청소년에게 적용하기 적절하지 않은 것으로 보고 있다(권선진 외, 2006).

「장애인 등에 대한 특수교육법」은 「교육기본법」 제18조에 따라 국가 및 지방자치단체가 장애인 및 특별한 교육적 요구가 있는 사람에게 통합된 교육환경을 제공하고 생애주기에 따라 장애유형 · 장애정도의 특성을 고려한 교육을 실시하여 이들이 자아실현과 사회통합을 하는 데 기여함을 목적으로 2008년도 제정되었다. 이 법에 근거하여 특수아동에 대해 특수교육 관련 서비스를 제공하게 된다. 즉, 특수교육대상자의 교육을 효율적으로 실시하기 위하여 필요한 인적 · 물적 자원을 제공하는 서비스로 상담지원, 가족지원, 치료지원, 보조인력지원, 보조공학기기지원, 학습보조기기지원, 통학지원 및 정보접근지원을 제공한다.

### 3) 장애아동복지지원법

「장애아동복지지원법」은 국가와 지방자치단체가 장애아동의 특별한 복지적 욕구에 적합한 지원을 통합적으로 제공함으로써 장애아동이 안정된 가정생활 속에서 건강하게 성장하고 사회에 활발하게 참여할 수 있도록 하며, 장애아동 가족의 부담을 줄이는 데 이바지하여 모든 장애아동이 안정된 가정생활 속에서 건강하게 성장하고 사회에 활발하게 참여할 수 있도록 2011년도에 제정되었다.

장애아동지원을 위한 이 법은 각각의 아동이 가진 발달상의 특수성과 장애의 정도 및 특성을 고려하여, 이들의 발달을 보장하고 사회적 능력을 고양시켜 정상인과 다름없는 사회생활을 영위할 수 있도록 하는 데 의의가 있으며, 장애아동 가족의 지원을 통해 가족의 기능을 회복시켜 주며, 국가 및 사회에 기여하는 인적자원을 양성하는 데 의의가 있다. 장애아동을 위한 복지서비스는 「장애아동복지지원법」 제8조 제1항에 따라 중앙 장애아동지원센터와 지역 장애아동지원센터를 설치 · 운영하도록 되어 있으며, 그 업무를 적절하게 수행할 수 있는 전담 인력을 배치하는 역할을 수행하고 있다.

# 2. 장애아동의 현황

## 1) 장애아동 현황

2023년 장애인으로 등록된 현황과 장애인연금 수급자현황은 그림 9-1, 그림 9-2, 표 9-4와 같다(보건복지부, 2024).

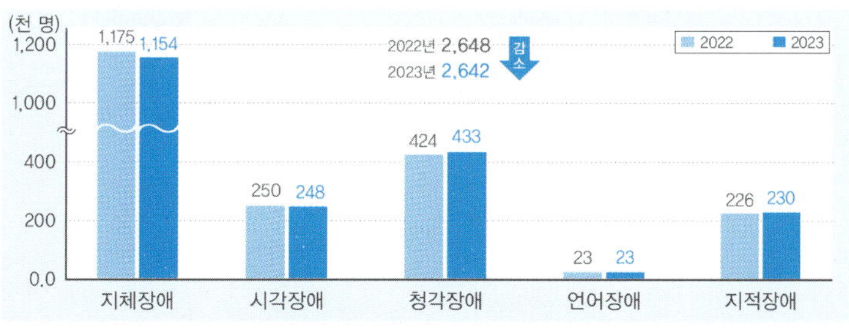


**그림 9-1 등록장애인 현황**

출처: 보건복지부(2024). 2024 보건복지통계연보.

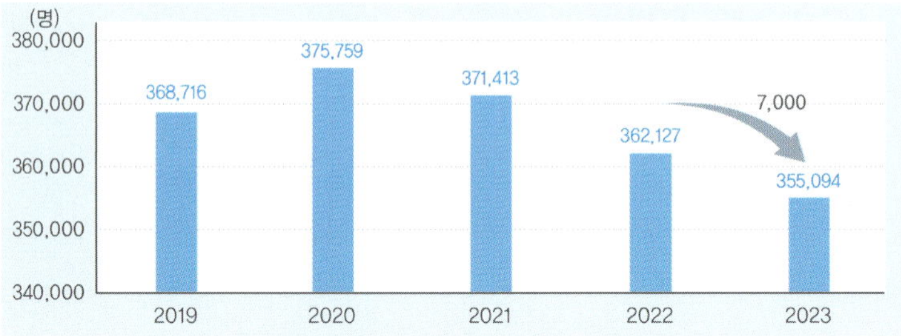


**그림 9-2** 장애인연금 수급자 현황

출처: 보건복지부(2024). 2024 보건복지통계연보.

**표 9-4** 전체인구 대비 장애등록 인구

(단위: 명, %)

| 구분 | 주민등록인구 | 장애인구 | 장애인구 비율 |
|---|---|---|---|
| 2001 | 48,021,543 | 1,134,177 | 2.4 |
| 2002 | 48,229,948 | 1,294,254 | 2.7 |
| 2003 | 48,386,823 | 1,454,215 | 3.0 |
| 2004 | 48,583,805 | 1,610,994 | 3.3 |
| 2005 | 48,782,274 | 1,789,443 | 3.7 |
| 2006 | 48,991,779 | 1,967,326 | 4.0 |
| 2007 | 49,268,928 | 2,104,889 | 4.3 |
| 2008 | 49,540,367 | 2,246,965 | 4.5 |
| 2009 | 49,773,145 | 2,429,547 | 4.9 |
| 2010 | 50,515,666 | 2,517,312 | 5.0 |
| 2011 | 50,734,284 | 2,519,241 | 5.0 |
| 2012 | 50,948,272 | 2,511,159 | 4.9 |
| 2013 | 51,141,463 | 2,501,112 | 4.9 |
| 2014 | 51,327,916 | 2,494,460 | 4.9 |
| 2015 | 51,529,338 | 2,490,406 | 4.8 |
| 2016 | 51,696,216 | 2,511,051 | 4.9 |

| 구분 | 주민등록인구 | 장애인구 | 장애인구 비율 |
|---|---|---|---|
| 2017 | 51,778,544 | 2,545,637 | 4.9 |
| 2018 | 51,826,059 | 2,585,876 | 5.0 |
| 2019 | 51,849,861 | 2,618,918 | 5.1 |
| 2020 | 51,829,023 | 2,633,026 | 5.1 |
| 2021 | 51,638,809 | 2,644,700 | 5.1 |
| 2022 | 51,439,038 | 2,648,424 | 5.1 |
| 2023 | 51,325,329 | 2,641,896 | 5.1 |

출처: 보건복지부(2024). 2024 보건복지통계연보.

2023년 전체인구(51,325,329명) 대비 장애등록 인구(2,641,896명)는 5.1%로, 2022년 보다 6,528명 감소한 것으로 나타났으며, 지체장애인이 115만 4천 명으로 가장 많았으며, 청각장애인이 전년보다 가장 많이 증가한 것으로 나타났다. 또한 2023년 장애인연금 수급자는 35만 5천 명으로 전년보다 약 7천명 감소하였으며, 전년에 이어 감소세가 지속되고 있는 것으로 나타났다. 장애영유아 현황과 장애아동 현황은 **표 9-5**, **표 9-6**과 같다.

**표 9-5** 장애영유아 현황

(단위: 명, %)

| 구분 | 전체 영유아 인구 | 장애영유아 인구 | 0세 | 1세 | 2세 | 3세 | 4세 | 5세 | 비율 |
|---|---|---|---|---|---|---|---|---|---|
| 2010 | 2,734,976 | 8,448 | 36 | 493 | 1,170 | 1,880 | 2,122 | 2,747 | 0.31 |
| 2011 | 2,777,209 | 7,933 | 37 | 401 | 1,023 | 1,569 | 2,322 | 2,581 | 0.29 |
| 2012 | 2,816,103 | 7,886 | 33 | 508 | 1,097 | 1,473 | 1,967 | 2,808 | 0.28 |
| 2013 | 2,769,255 | 7,442 | 29 | 437 | 1,088 | 1,549 | 1,908 | 2,431 | 0.27 |
| 2014 | 2,741,835 | 7,657 | 31 | 446 | 1,067 | 1,583 | 2,032 | 2,498 | 0.28 |
| 2015 | 2,739,901 | 8,122 | 26 | 459 | 1,066 | 1,566 | 2,196 | 2,809 | 0.30 |
| 2016 | 2,680,088 | 8,598 | 46 | 521 | 1,047 | 1,583 | 2,293 | 3,108 | 0.32 |
| 2017 | 2,568,516 | 8,983 | 46 | 517 | 1,157 | 1,640 | 2,313 | 3,310 | 0.35 |

| 구분 | 전체 영유아 인구 | 장애영유아 인구 | 0세 | 1세 | 2세 | 3세 | 4세 | 5세 | 비율 |
|---|---|---|---|---|---|---|---|---|---|
| 2018 | 2,415,349 | 9,175 | 41 | 482 | 1,066 | 1,804 | 2,482 | 3,300 | 0.38 |
| 2019 | 2,285,605 | 9,679 | 43 | 483 | 1,014 | 1,721 | 2,898 | 3,520 | 0.42 |
| 2020 | 2,121,390 | 9,729 | 36 | 381 | 916 | 1,614 | 2,825 | 3,957 | 0.46 |
| 2021 | 1,943,208 | 9,692 | 28 | 409 | 801 | 1,599 | 2,734 | 4,121 | 0.50 |
| 2022 | 1,622,509 | 9,233 | 20 | 354 | 728 | 1,320 | 2,701 | 4,110 | 0.52 |
| 2023 | 1,668,293 | 8,816 | 25 | 330 | 730 | 1,180 | 2,324 | 4,227 | 0.53 |

출처: 보건복지부(2024). 2024 보건복지통계연보.

**표 9-6 장애아동 현황**

(단위: 명, %)

| 구분 | 전체 아동 인구 | 장애아동 인구 | 비율 |
|---|---|---|---|
| 2008 | 10,655,575 | 77,594 | 0.73 |
| 2009 | 10,396,743 | 81,687 | 0.79 |
| 2010 | 10,156,455 | 80,075 | 0.79 |
| 2011 | 9,921,012 | 78,186 | 0.79 |
| 2012 | 9,691,876 | 76,191 | 0.79 |
| 2013 | 9,431,699 | 74,617 | 0.79 |
| 2014 | 9,186,841 | 73,195 | 0.80 |
| 2015 | 8,961,805 | 72,583 | 0.81 |
| 2016 | 8,736,051 | 72,139 | 0.83 |
| 2017 | 8,480,447 | 72,260 | 0.85 |
| 2018 | 8,176,335 | 72,618 | 0.89 |
| 2019 | 7,928,907 | 74,362 | 0.94 |
| 2020 | 7,710,946 | 75,482 | 0.98 |
| 2021 | 7,483,944 | 77,961 | 1.04 |
| 2022 | 7,271,460 | 81,361 | 1.12 |
| 2023 | 7,077,206 | 86,211 | 1.22 |

출처: 보건복지부(2024). 2024 보건복지통계연보.

장애영유아 현황에서는 2010년 8,448명에서 2020년 9,729명으로 꾸준히 증가하였다가 2023년 8,816명으로 다소 감소하여 장애영유아의 비율이 5.53%로 나타났으며, 연령별로는 5세 4,227명, 4세 2,324명, 3세 1,180명, 2세 730명, 1세 330명, 0세 25명 순으로 나타났다. 한편 장애아동 현황은 2008면 77,594명으로 전체 아동 인구 대비 0.73%에서 꾸준히 증가하여 2023년 86,211명으로 전체 아동 인구 대비 1,22%로 나타났다.

## 2) 장애아동 특수교육 현황

장애아동 특수교육 현황을 살펴보면, 2024년 특수교육대상 전체 학생 수와 교원 수 현황은 그림 9-3, 2024년 특수교육 주요현황은 표 9-7과 같다.

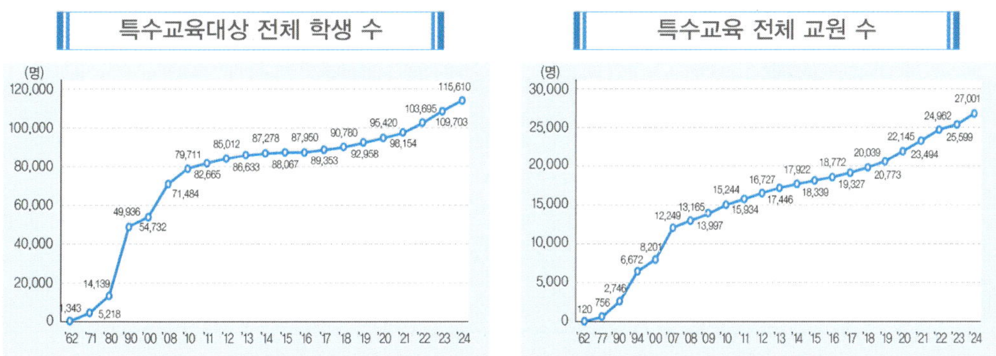


**그림 9-3 특수교육대상 전체 학생 수와 교원 수 현황**

출처: 교육부(2024). 특수교육통계.

특수교육대상 전체 학생 수와 특수교육 전체 교원 수는 해마다 증가하고 있는 것으로 나타났다.

**표 9-7** 2024년 특수교육 주요현황

| 구분 | | | 특수학교 | 일반학교 | | 특수교육 지원센터 | 계 |
|---|---|---|---|---|---|---|---|
| | | | | 특수학급 | 일반학급 (전일제 통합학급) | | |
| 특수교육대상자 수 | | | 30,027 | 65,966 | 19,254 | 363 | 115,610 |
| 학생 수 | 장애유형별 | 시각장애 | 1,025 | 213 | 459 | 1 | 1,698 |
| | | 청각장애 | 535 | 666 | 1,630 | 11 | 2,842 |
| | | 지적장애 | 14,777 | 37,299 | 5,798 | 9 | 57,883 |
| | | 지체장애 | 3,784 | 3,097 | 2,308 | 74 | 9,263 |
| | | 정서 · 행동장애 | 73 | 1,154 | 558 | – | 1,785 |
| | | 자폐성장애 | 8,742 | 11,876 | 1,574 | 2 | 22,194 |
| | | 의사소통장애 | 201 | 1,405 | 994 | – | 2,600 |
| | | 학습장애 | 6 | 632 | 427 | – | 1,065 |
| | | 건강장애 | 12 | 100 | 1,867 | – | 1,979 |
| | | 발달지체 | 872 | 9,524 | 3,639 | 266 | 14,301 |
| | | 계 | 30,027 | 65,966 | 19,254 | 363 | 115,610 |
| | 학교과정별 | 장애영아 | 107 | – | – | 363 | 470 |
| | | 유치원 | 905 | 5,803 | 2,038 | – | 8,746 |
| | | 초등학교 | 10,316 | 35,042 | 8,925 | – | 54,283 |
| | | 중학교 | 6,904 | 13,778 | 4,331 | – | 25,013 |
| | | 고등학교 | 6,895 | 11,185 | 3,960 | – | 22,040 |
| | | 전공과 | 4,900 | 158 | – | – | 5,058 |
| | | 계 | 30,027 | 65,966 | 19,254 | 363 | 115,610 |
| 학교 및 센터 수 | | | 195 | 12,166 | | 197 | 12,558 |
| | | | | 9,512 | 8,352 | | |
| 학급 수 | | | 5,582 | 13,931 | 18,255 | 69 | 37,837 |
| 특수학교(급) 교원 수 | | | 10,441 | 14,904 | – | 1,739 | 27,084 |
| 특수교육 지원인력 수 | | | 5,355 | 11,001 | 369 | – | 16,725 |

출처: 교육부(2024). 특수교육통계.

2024년 4월 기준으로 특수교육대상자 수는 115,610명으로 장애영역별로는 지적장애 57,883명, 자폐성장애 22,194명, 지체장애 9,263명 순으로 나타났으며, 학교과정별로는 초등학교 54,283명, 중학교 25,013명, 고등학교 22,040명, 유치원 8,746명 순으로 나타났다. 학교 및 센터 수는 12,558개교, 학급 수는 37,837개, 특수학교 교원 수는 27,084명, 특수교육 지원인력 수는 16,725명으로 나타났다.

# 3. 장애아동 진로와 가족지원

## 1) 장애아동의 진로 및 직업교육

진로 및 직업교육이란 아동의 직업적 잠재능력을 개발하고 그가 속한 사회와 환경 속에서 능력을 최대한 발휘할 수 있는 기회를 얻기 위해 필요한 모든 교육을 말한다. 일반아동과 마찬가지로 장애아동 또한 자신의 적성을 탐색하고 그에 적합한 직업을 갖고 독립된 사회구성원으로 살아가야 한다. 최근 장애아동의 삶의 질 향상에 대한 관심이 특수교육에서 강조되면서 특수학교에서는 장애아동들이 졸업 후 지역사회의 독립된 구성원으로서 적응하여 살아갈 수 있도록 학교에서 지역사회로의 성공적 전환에 관심을 갖고 이를 위해 노력하고 있다. 「장애인 등에 대한 특수교육법」(2024)에서는 "진로 및 직업교육이란 특수교육대상자의 학교에서 사회 등으로의 원활한 이동을 위하여 관련 기관과 협력을 통하여 직업재활훈련, 자립생활훈련 등을 실시하는 것을 말한다"라고 규정하고 있다. 또한 중학교 이상의 교육과정에서 대통령령으로 정하는 기준에 따라 진로 및 직업교육의 실시에 필요한 시설·설비를 마련하여야 한다고 규정하고 효율적인 진로 및 직업교육을 추구하고 있다. 즉, 진로 및 직업교육은 학교교육을 마치고 사회에서 잘 적응하도록 하기 위하여 직업교육, 성인 서비스, 주거생활훈련, 지역사회훈련 등의 필요한 여러 활동을 적절히 조화하여 제공하는 진로교육의 총체적인 지원 서비스 활동이다(이소현, 박은혜, 2011).

특수교육 통계(교육부, 2024)에 따르면, 2024년 4월 특수교육대상 고등부 졸업생 8,613명 중 전공과 진학자 2,325명, 전문대학 진학자 566명, 대학교 진학자 873명으로 진학률은 43.7%이며 취업자는 1,752명으로 36.1%에 해당되며, 비진학·미취업자 수는 3,097명으로 졸업생의 33.02%에 해당되는 것으로 나타났다〈표 9-8, 표 9-9〉.

**표 9-8 졸업생 진로현황**

| 졸업자수 | 진학자 수 | | | | |
|---|---|---|---|---|---|
| | 전공과 | 전문대 | 대학교 | 계 | 진학률(%) |
| 8,613 | 2,325 | 566 | 873 | 3,764 | 43.7 |

출처: 교육부(2024). 특수교육통계.

**표 9-9 취업자현황**

| 취업자 수 | | | | | | | | | | | | | | | 비진학 미취업 자 수 |
|---|---|---|---|---|---|---|---|---|---|---|---|---|---|---|---|
| 보건 의료 | 제품 제조 | 농림 어업 | 정보 통신 기술 | 식품 가공 제과 제빵 | 이료 | 영업 판매 | 청소 세탁 | 식음료 서비스 | 문화 예술 | 사무 보조 | 사서 보조 | 기타 | 계 | 취업률 (%) | |
| 83 | 409 | 15 | 11 | 142 | 58 | 30 | 239 | 260 | 101 | 159 | 31 | 214 | 1,752 | 36.1 | 3,097 |

출처: 교육부(2024). 특수교육통계.

「장애인 등에 대한 특수교육법」(2024)에서는 진로 및 직업교육으로 중학교 과정부터 시작하도록 되어 있다. 그러나 현실적으로 장애학생의 독립생활과 사회통합을 실현하기에는 짧은 준비 기간, 진로 및 직업교육의 내용 또한 제한적이기 때문에 보완이 필요한 실정이다(이은정, 2011). 따라서 장애아동이 학교 졸업 후 자신에게 적합한 진로 및 직업 선택을 위해서 장애아동, 가족, 학교 및 직업전문가들이 서로 연계하여 구체적이고 체계적인 진로 및 직업교육 내용을 선정하고 계획하는 것이 필요하다.

장애아동의 진로 및 직업교육지도 시 장애의 유형, 손상정도, 장애를 갖게 된 시기, 가족 환경 및 지역 환경에 따라 진로 및 직업교육의 내용이 달라질 수 있는데, 이때 유의할 점을 살펴보면 다음과 같다. 첫째, 장애아의 경우 장애유형과 손상 정도에 따라서 습득할 수 있는 기술이 제한되어 있다. 일부 장애아동은 복잡한 기술을 배우기가 어려울 수 있다. 따라서 장애아동이 배울 수 있는 기술의 정도는 능력과 욕구에 기초하여 결정되어야 한다. 또한 현재 및 미래의 일상생활과 직업 환경에서 가장 필요하고 중요하다고 판단된 내용을 선정해야 한다. 이러한 기술은 의사소통, 자기관리, 가정생활, 사회적 기술, 지역사회 활용, 자기 지시, 건강과 안전, 실용적인 지적교과, 여가활용, 직업기술의 10가지 영역에서 각 개인의 기능적 제한의 완화에 중요한 영역의 우선순위를 고려하여 선택하여야 한다. 둘째, 장애아동은 기술습득을 위한 시간의 양과 연습 횟수에서 일반아동과 차이를 보일 수 있다. 일반적으로 장애정도가 심할수록 어떤 기술을 의미 있는 기준에 도달하도록 가르치기 위해서는 더 많은 횟수로 지도해야 한다. 따라서 장애아동들의 특성에 알맞은 기술습득의 내용 선정과 소요 시간 횟수가 계획되어야 한다. 셋째, 장애아동은 일반아동보다 습득한 기술에 대한 망각속도가 빠를 수 있고 망각된 기술을 원래의 수준으로 회복하는 데 더 많은 시간이 필요할 수 있다. 따라서 기술들의 중요한 단계를 제대로 수행하고 있는지 정기적으로 점검할 필요가 있다. 넷째, 장애아동의 경우 습득된 기술의 전이와 일반화에 어려움을 보인다. 따라서 실제상황과 유사한 작업 환경에서 기술을 습득하여 일반화를 촉진할 수 있도록 지도해야 한다. 그리고 장애아동의 경우 배운 지식을 종합해서 사용하는 것이 어려운 경우가 있기 때문에 실제적인 환경 속에서 종합적 활동기술을 별도로 직접 가르칠 필요가 있다.

### 장애인 차별

차별이라 함은 어떤 개인이나 집단에 대해 자의적인 기준으로 불평등하게 대우하여 그 특정 개인과 집단을 사회적으로 불이익을 주거나, 배제시키는 것을 말한다.

일반적으로 차별에는 직접적인 차별과 간접적인 차별 두 가지 형태가 있다. '직접적인 차별'은 장애인을 장애인 아닌 사람과 구별하여 제한하거나 배제, 분리, 거부하는 등 불리하게 대우하는 것을 말하며, '간접적인 차별'은 형식상으로는 불리하게 대우하는 것은 아니면서 장애가 없는 사람과 획일적인 기준을 적용함으로써 장애인에게 불리한 결과를 초래하는 것을 말한다. 그러나 장애인을 차별하는 차별유형에는 이 두 가지 외에도 과도한 부담이나 현저히 곤란한 사정 등의 정당한 사유 없이 장애인에게 필수적인 편의제공을 거부하는 '정당한 편의제공 거부행위'가 추가된다. 또한 장애인에 대한 편견과 차별적 내용이 담긴 문서, 도화, 영상, 공연, 음반 등을 통해 대중에게 장애인에 대한 차별적 행위를 유포하여 차별적 행위를 조장하는 행위도 포함된다.

## 장애인 차별 유형

### ① 직접적 차별

장애인 및 장애인 관련자(이하 "장애인 등"이라 한다)를 장애인 아닌 사람과 구별하여 제한 · 배제 · 분리 · 거부 등 불리하게 대하는 경우이다.

### ② 간접적 차별

장애인등에 대하여 형식상으로 제한 · 배제 · 분리 · 거부 등 다르게 대하지 않지만 장애가 없는 사람과 획일적인 기준을 적용함으로써 정당한 사유 없이 장애인에게 불리한 결과를 초래한 경우이다.

### ③ 정당한 편의제공 거부

과도한 부담, 현저히 곤란한 사정 등의 정당한 사유 없이 장애인 등에 대하여 정당한 편의제공을 거부하는 경우이다.

### ④ 차별적 행위의 조장

장애인 등에 대한 차별행위를 부추기는 문서, 도화, 영상, 공연, 음반, 전기 · 전자 매체 등을 통한 표현물, 기타 물건을 배포 · 판매 · 임대하거나, 공연을 전시 · 상영하는 경우이다.

## 2) 장애아동 가족지원

가족이 갖고 있는 가치관, 태도, 특성은 장애아동에게 영향을 미치며, 장애아동 또한 가족구성원에게 영향을 준다. 이러한 상호작용은 긍정적일 수도 있고 부정적일 수도 있다. 장애아동에 대한 가족의 부정적 정서는 장애아동 교육에 가장 큰 방애물이며 가족구성원의 삶 또한 힘들게 만든다. 따라서 장애아동뿐만 아니라 가족까지 지원을 확대할 필요가 있다. 「장애인 등에 대한 특수교육법」 제28조 제1호에 의하면 '특수교육 관련 서비스로 특수교육대상자와 그 가족에 대한 가족상담 등 가족지원을 제공하여야 한다'고 명시하고 있으며, 동법 시행령 제23조 제1호에 의하면 '가족지원은 가족상담, 양육 상담, 보호자 교육, 가족지원 프로그램 운영 등의 방법으로 한다'고 명시하고 있다. 따라서 장애아동 교육의 효율성과 가족구성원의 삶의 질 향상을 위해서는 반드시 장애아동의 가족지원을 제공해야 한다.

### (1) 장애인가족의 특수성

장애는 장애를 가진 개인뿐만 아니라 그 개인과 지속적으로 상호작용하는 부모나 다른 비장애 형제자매들에게도 큰 영향을 미친다. 자녀의 장애를 인지하게 된 순간 부모는 충격을 받는다. 처음에는 자녀의 장애를 부인하기도 하고, 원망하기도 하고 그러면서 또 장애가 좋아질 수 있다는 희망을 가져 보기도 한다. 이러한 과정에서 장애자녀의 부모는 극심한 슬픔, 무력감, 죄책감, 자기 비난 등의 다양한 감정 상태를 경험하고, 주변 사람들과의 활발한 교류보다는 자기 고립적인 성향을 지니면서 자기 통제력을 상실하게 된다. 이는 장애인의 부모가 당면하게 되는 현실적 상황에서 유발된 절망감과 장애자녀의 미래에 대한 부정적인 전망에 따른 암담함에서 기인한다고 볼 수 있다(정영선, 조영숙, 2013).

장애인 부모는 장애자녀의 양육, 교육, 재활 치료와 관련하여 신체적, 경제적, 심리적, 사회적 부담 등으로 인해 스트레스를 경험하게 되며, 비장애자녀가 있는 경우에는 그들과의 관계와 그들의 정서적 문제 등에 관해서도 관심을 기울이고 대처해야 한다. 왜냐하면 장애인의 부모뿐 아니라 비장애 형제자매 또한 장애가 있는 형제자매와의 부자연스러운 상호관계, 장애가 있는 형제자매에게 부모의 관심이 집중되는 데서 경험하는 상실감 등과 같은 다양한 부정적 정서를 경험하게 되기 때문이다. 이렇듯 가족구성원 중에 장애인이 있다는 것은 부모뿐 아니라 다른 가족구성원들과의 상호관계와 가족의 전반적인 생활에 영향을 미치게 된다(Gupta & Singhal, 2004).

장애자녀 양육 과정에서 부모는 장애자녀의 돌봄, 교육, 치료 제공 등에 필요한 비용에 대해 경제적 부담이 가중되고, 장애자녀 돌봄으로 인한 경제 활동 및 사회 활동의 제약은 장애자녀를 둔 부모에게 더 큰 경제적 어려움과 사회적 지지망으로부터의 소외를 초래하기도 한다(유영준, 백은령, 2013). 또한 장애자녀를 키우는 부모와 다른 가족구성원들은 보편적 가정처럼 일상생활을 항상 일정하게 유지하기가 어렵고, 장애가 있는 가족의 돌봄을 위해 일하는 시간을 수시로 변경하는 등의 어려움으로 일상적인 가족생활 속에서 가족이 함께 시간을 보내는 데 어려움을 가지기도 한다. 장애인가족의 돌봄 과정에서 발생하는 다양한 문제들을 가족 내에서 해결하는 데에서 오는 엄청난 부담과 어려움은 가족 관계에 부정적인 영향을 미치기도 하며, 보편적 가족과 비교하여 가족 상호작용에서의 어려움을 경험하도록 한다(김영숙, 2010; 이창미, 2006). 특히 비장애 형제자매들은 장애자녀와 부모의 밀착 관계로 인해 때로 부모로부터 소외감을 느끼기도 한다. 이처럼 다양한 측면에서의 어려움이 장애인가족의 전반적인 삶의 질에 부정적인 영향을 미친다.

### (2) 장애인가족 지원의 특성

장애인가족 지원은 정상화 이념에 바탕을 두고 있다. 1950년대 이전에는 중도 장애인은 고도로 전문화된 환경에서 치료를 받아야 하므로 시설에서 보호해야 한다는 생각이 지배적이었으나 정상화 이념의 확산에 따라 장애인 지원이 지역사회에서 그들의 가족과 함께 생활하는 가운데 돌봄 등의 전반적 지원이 이루어지는 지역사회 기반 지원으로 변화되었다(이은미, 백은령, 2010). 나아가 개별 가족의 가족 특성(family characteristics), 가족 상호작용(family interaction), 가족 기능(family function), 가족의 생애주기(family life cycle)의 4가지 요소를 기초로 하여 각 가족의 복잡성과 독특성을 인식하고 이를 토대로 모든 가족이 모든 삶의 질 영역에서 행복을 누리도록 지원하는 것으로 정의되어 왔다(Turnbull et al., 2010).

그러나 우리나라의 「발달장애인 권리보장 및 지원에 관한 법률」과 「장애 아동복지 지원법」에서 가족지원은 언급만 되는 수준이며 가족지원 서비스에 대한 구체적인 논의가 이루어지지 못하는 실정이고, 세부적인 실행지침이나 가족지원 관련 구체적인 실천 방안 등이 제시되지 않아 미국, 일본에서와 같은 국가적 차원의 체계적이고 효율적인 가족 중심의 지원이 이루어지지 않고 있는 실정이다(김삼섭, 2019).

우선 장애인 가족지원에서 고려해야 할 기본 원칙은 공동체 의식강화, 공식적 지원에 의존하지 않도록 비공식적 지원망 구축을 도와주는 자원과 지원의 확장, 책임과 협력의 요구, 가족기능과 위상의 보호를 통한 가족의 신념 및 가치 유지 지원, 가족의 강점을 활용한 가족기능 강화, 개별적 가족 중심의 지원을 위한 적극적 휴먼 서비스 실천이다(Dunst et al., 1994). 이러한 장애인가족 지원은 가족기능의 약화, 가족 역량 감소 등을 예방하기 위해 모든 가족지원 정책과 실행에서 일관되게 반영되어야 한다.

또한 가족지원이 포함해야 할 구성 요소 세 가지를 가족지원에 관한 국가 의제(National Agenda on Family Support)로 정의하고 있는데, 첫째, 휴식, 재정적 지원, 현금지원과 같은 일상적인 필요에 대한 도구적 지원, 둘째, 면담, 자기옹호 집단, 지지집단과 같은 정신건강 및 자기효능감을 위한 정서 지원, 셋째, 지식과 기술 개발을 위한 정보 및 교육 지원이다(Hewitt et al., 2013).

### (3) 장애아동 부모의 반응

장애아동 부모는 대부분 출산 또는 양육과정에서 예기치 못한 사고로 인해서 장애아동 부모로 역할이 바뀌게 된다. 이렇게 준비되지 않은 상태에서 장애아동을 양육하면서 자녀의 장애를 수용하기까지 여러 가지 어려움을 경험하게 된다. 장애아동 부모들의 심리적 반응 단계와 그에 따른 교사의 역할을 살펴보면 표 9-10과 같다.

**표 9-10 장애아동 부모의 단계별 감정과 교사의 역할**

| 단계 | 1단계 | 2단계 | 3단계 | 4단계 | 5단계 |
|---|---|---|---|---|---|
| 특징 | 충격 · 부인 | 분노 · 원망 | 흥정 · 타협 | 좌절 · 낙담 | 수용 |
| 부모의 행동 | • 자녀의 장애를 확인하고 충격을 받는다.<br>• 다음으로 자녀의 장애를 부인하며 많은 의료기관에서 확인을 받는다. | • 지적으로 자녀의 장애를 수용하나 심리적으로 받아들이지 못한다.<br>• 원망의 대상을 찾아 자녀의 장애에 대해서 주변사람 및 본인의 태도를 원망한다. | • 어쩔 수 없이 자녀의 장애를 받아들이는 단계이다.<br>• 자녀의 장애로 인한 손상을 최소화하기 위해서 가장 많은 노력을 하는 단계이다. | • 자녀의 장애를 위해서 최선을 다하나 장애를 없앨 수 있는 것이 아님을 알고 좌절 · 낙담한다.<br>• 강한 무기력감을 경험한다. | • 자녀의 장애를 인정하고 자녀와 함께하는 삶을 받아들인다.<br>• 자녀와 함께 무엇을 할 수 있다는 것을 깨닫고 현실적인 노력을 기울인다. |
| 교사의 행동 | • 수용적인 태도로 이야기를 들어준다.<br>• 현재 감정에 대해서 공감하고 당연한 과정임을 알려준다. | • 자녀를 위해서 할 수 있는 과제를 알려 주고 부모를 나쁘게 만들어 스스로를 원망하지 않게 한다.<br>• 자녀를 위해서 부모로서의 바람직한 역할을 알려 준다. | • 부모의 노력을 격려한다.<br>• 부모가 느끼는 현재의 감정을 수용하고 정상적인 것임을 강조해 준다. | • 부모의 노력에 긍정적 측면을 강조한다.<br>• 부모 자신의 존재 및 노력에 무가치함을 느끼지 않도록 한다.<br>• 부모회 등 장애자녀를 둔 부모와 이야기를 나누도록 한다. | • 자녀에게 적합한 새로운 기술 및 필요한 기술을 지도하도록 안내한다. |

출처: 김이영 외(2015). 특수교육학개론. 양서원.

모든 부모들이 수용의 단계에 도달하는 것은 아니다. 또한 부모가 자녀의 장애를 수용했다고 해서 1~4단계의 감정이 없어지는 것도 아니다. 수용한 부분이 많으나 여전히 다양한 감정이 남아 있게 된다. 자녀의 장애를 수용하기까지 걸리는 시간은 개인마다 다르나 안정된 가족지원 체계가 있다면 그들의 혼란은 줄어들 것이다. 따라서 안정된 가족지원 체계를 구축하여 장애아동 부모들의 고충을 덜어 주어야 한다.

### (4) 장애아동 부모의 고통

모든 부모는 자녀의 건강을 희망한다. 그러나 장애아동 부모는 당연하게 생각했던 심신의 건강에 이상을 발견하고, 진단받고, 양육하는 과정에서 많은 심리적, 경제적, 신체적 어려움에 직면하게 된다. 첫째, 심리적 어려움은 부모가 장애자녀를 수용하는 어려움뿐만 아니라 장애자녀를 바라보는 주변사람들의 시선을 감당해야 하는 것을 포함한다. 장애자녀를 출산하게 되면 일반인들은 쉽게 유전이나 임신 중 부모의 태도를 원인으로 생각한다. 그러나 이는 정확한 원인이 아니며 대부분의 장애 원인은 아직 밝혀지지 않고 있다. 그럼에도 불구하고 주변인들의 태도로 인해서 장애자녀를 수용하는 데 많은 어려움을 경험하게 된다. 둘째, 경제적 어려움은 장애자녀로 인해서 발생되는 의료적, 교육적 서비스 비용의 지출이다. 현재 우리나라에서는 장애아 가족지원의 일환으로 교육비 및 치료비 일부를 제공해 주고 있으나 이는 자녀 양육에는 매우 부족한 금액이다. 또한 장애아동의 교육이 1~2년 단기로 끝나는 것이 아니기 때문에 경제적 어려움은 계속된다. 셋째, 신체적 어려움은 장애자녀를 24시간 365일 계속해서 돌보는 것이다. 일반아동의 경우 영유아기 때 부모의 집중적인 돌봄을 받다가 점차 성장하면서 교육기관, 또래들의 집단으로 유입되면서 부모의 역할이 줄어든다. 그러나 장애아동은 이러한 역할을 모두 부모가 감당해야 하기 때문에 신체적인 어려움을 경험하게 된다.

### (5) 장애아동 형제 · 자매

형제 · 자매의 관계는 부모-자녀 관계 이상으로 전 생애에 걸쳐서 지속되는 관계이다. 장애아동의 비장애 형제 · 자매 또한 장애형제 · 자매로 인해서 상호작용에 긍정적 · 부정적 관계를 모두 나타낸다. 긍정적 상호작용으로는 장애형제 · 자매와 함께 생활하면서 상황의 변화를 빠르게 인식하는 통찰력이 발달하며 자신의 욕구보다는 가족의 욕구를 우선시하는 인내심, 자신의 역할을 스스로 찾아서 감당하는 책임감, 성실함 등을 보인다(조윤경 외, 2014). 부정적 측면은 아동과 함께 성장하면서 자신의 능력이 아닌 장애형제로 인한 평가와 기대로 좌절감 및 수치심을 보이며, 부모가 우선 장애형제 · 자매를 돌봄으로 인해서 소외감을 경험하고, 자신만 건강한 것에 대해서 죄책감을 느끼거나 부모 사후 장애형제 · 자매의 돌봄을 강요하는 분위기로 인해서 거부감 및 적대감을 경험한다(노진아 외, 2011). 또한 자신도 장애인이 되거나 장애아동의 부모가 될까봐 불안함을 경험한다. 따라서 전문가는 형제 · 자매의 심리적 특성을 확인하고 이에 대한 지원을 제공해야 한다. 비장애 형제 · 자매를 도울 수 있는 방법은 그들이 막연하게 느끼는 의문점에 대한 답을 주어 긍정적 관계를 맺도록 하는 것이 매우 중요하다.

### (6) 장애아동 가족지원의 실제

장애아동 가족은 장애아동을 양육하면서 여러 가지 어려움을 직면하게 되는데, 이를 해결하기 위한 지원이 필요하다. 과거에는 장애아동 가족을 문제가 있는 대상으로 인식하고 문제를 스스로 해결할 수 없어 외부 전문가들의 도움을 받는 수동적 존재로 인식하는 것에서 벗어나 최근에는 장애아동에 대한 문제를 스스로 해결하고 지식을 갖춘 전문가로 인식하고 함께 협력하는 대상으로 받아들이고 있다. 가족지원의 유형은 그림 9-4와 같이 크게 사회적 지원과 전문가적 지원으로 나눌 수 있다.

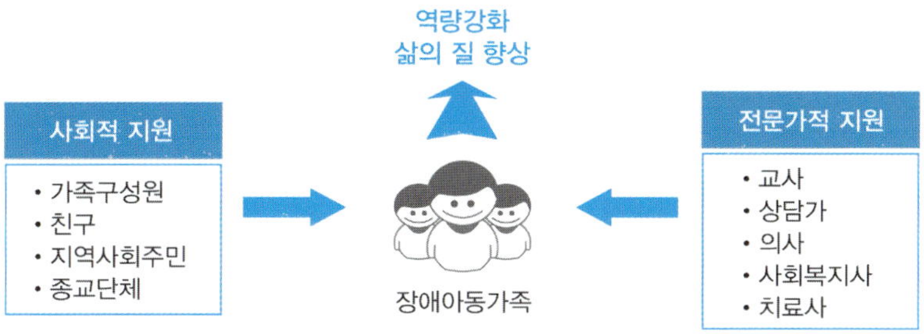


**그림 9-4 장애영유아 가족지원과 가족의 역량 강화**

출처: 김이영 외(2015). 특수교육학개론. 양서원.

사회적 지원은 가족구성원, 친구, 동료, 지역사회 주민 및 종교 모임 등이 제공하는 지원을 의미한다. 이러한 사회적 지원은 물질적, 심리적 지원이 대부분이지만 장애아동 교육 및 양육에 관한 다양한 정보를 제공하기도 한다. 전문가적 지원은 교사, 치료사, 의사, 사회복지사, 상담가, 심리학자 등이 제공하는 지원이다. 전문가들은 장애아동 가족이 경험하게 되는 심리적, 사회적, 신체적, 경제적 어려움을 스스로 해결할 수 있도록 상담 및 교육, 연계서비스를 지원하게 된다. 이러한 지원을 통해 장애아동 가족의 기능이 강화되며 궁극적으로 장애아동과 가족의 삶의 질 향상을 가져오게 된다.

장애아동 가족의 역량강화를 위한 가족지원의 실제 프로그램을 내용별로 살펴보면 정보제공, 부모교육, 아버지 교육, 형제자매 지원으로 구분할 수 있다(조윤경 외, 2014). 첫째, 정보제공은 장애의 원인 및 특성, 교육 및 치료법 등에 대한 정보를 기초로 관련 서비스 및 법률적 자문까지 제공하는 것을 의미하며 가족이 장애아동으로 인해서 궁금해 하는 질문에 대한 정보를 제공해 주는 프로그램이다. 이를 통해서 가족의 혼란을 줄이고 합리적이며 효과적인 방법으로 장애아동의 문제에 접근할 수 있도록 돕는다. 둘째, 부모교육은 가장 일반적으로 제공되는 프로그램으로 장애아동 부모로서의 역할을 인식하고 긍정적 양육 및 대처법을 습득하여 결과적으로 부모의 역량을 강화하는 프로그램이다. 보통 장애에 관련된 정보 및 지식을 제공하거나 장애아동의 문제행동

대처기술 등의 자녀 양육기술과 부모자신의 역할 및 기능을 회복하는 부모교육이 이루어진다. 셋째, 아버지 교육은 직장 생활 등의 경제적 활동으로 직접적인 양육의 역할에서 소외된 아버지들의 양육에 대한 역할을 강조하면서 부자관계 회복에 관한 프로그램을 수행하는 것이다. 이 프로그램은 어머니에게만 강조된 양육에 대한 짐을 나눔으로써 부부관계에서 서로의 입장을 이해할 수 있는 기회가 되며 아버지가 경험하게 되는 심리 · 정서적 어려움을 지원하는 기회가 된다. 넷째, 형제 · 자매 지원은 장애아동의 비장애형제 · 자매에게 필요한 정보를 제공하여 그들이 장애형제 · 자매로 인해서 경험하게 되는 불안이나 분노, 수치심 등의 부정적 정서를 해소하고 장애아동과의 상호작용 기술 향상, 자신의 감정 표현하기 등으로 가정 및 지역사회에서의 적응을 도와주는 프로그램이다.

## 4. 장애인과 장애인가족에 대한 지원정책

장애인과 장애인가족에 대한 지원정책을 경제적 지원, 교육적 지원, 의료적 지원 및 사회 · 정서적 지원으로 구분하여 살펴보면 다음과 같다.

### 1) 경제적 지원

장애자녀를 둔 가족의 경제적 부담 경감을 위해 실시되고 있는 대표적 정책으로는 '장애아동수당', '장애인자녀교육비 지원', '한부모가족을 위한 양육비 및 교육비 지원제도' 등을 들 수 있으며, 이들은 현금급여의 형태로 제공된다. 이 외의 정책들은 장애인의 경제적 부담 경감을 위해 세제감면이나 이용료 할인방식으로 제공된다. 그러나 감면이나 할인제도의 경우는 장애인 가구의 경제적 부담 경감제도로서의 취지가 무색하게 소득이 상대적으로 더 많거나 교통 및 문화시설을 더 많이 이용할수록 감면과 할인혜택이 더 커져 결과적으로 더 많은 지원을 받게 되는 문제점을 안고 있다. 장애인에 대한 연금·수당에 대한 지원서비스의 구체적인 내용은 표 9-11과 같다(보건복지부, 2024).

**표 9-11 장애인의 연금·수당 지원서비스**

<table>
<tr><th>주요사업명</th><th>지원대상</th><th>지원내용</th><th>비고</th></tr>
<tr><td>장애인연금<br>(종전 1급, 2급 및 3급 중복장애)</td><td>• 18세 이상 장애인연금법상 중증장애인<br>* 장애등록 외국인 중 난민인정자 및 특별기여자 포함<br>• 2024년도 선정기준액<br>단독가구 : 130만원<br>부부가구 : 208만원</td><td><table>
<tr><th colspan="2">구분</th><th>계</th><th>기초</th><th>부가</th></tr>
<tr><td rowspan="2">생계·의료급여</td><td>18~64세</td><td>424,810</td><td>334,810</td><td>90,000</td></tr>
<tr><td>65세 이상</td><td>424,810</td><td>–</td><td>424,810</td></tr>
<tr><td rowspan="2">주거·교육급여 차상위</td><td>18~64세</td><td>414,810</td><td>334,810</td><td>80,000</td></tr>
<tr><td>65세 이상</td><td>80,000</td><td>–</td><td>80,000</td></tr>
<tr><td rowspan="2">차상위 초과</td><td>18~64세</td><td>364,810</td><td>334,810</td><td>30,000</td></tr>
<tr><td>65세 이상</td><td>50,000</td><td>–</td><td>50,000</td></tr>
</table></td><td>읍·면·동 주민센터 방문신청·복지로 온라인 신청</td></tr>
<tr><td>장애수당 및 장애아동 수당</td><td>• 장애수당<br>국민기초생활보장법에 의한 수급자 및 차상위 계층(기준중위소득 50% 이하)의 18세 이상 등록 장애인 중 장애인연금법상 중증장애인에 해당하지 않는 자(종전 3~6급)<br>• 장애아동수당<br>국민기초생활보장법에 의한 수급자 및 차상위계층(기준중위소득 50% 이하)의 18세 미만 장애아동<br>* 장애등록 외국인 중 난민인정자 및 특별기여자는 포함<br>* 중증장애인: 장애인연금법상 중증장애인에 해당하는 자(종전 1급, 2급 및 3급 중복장애)<br>* 경증장애인: 장애인연금법상 중증장애인에 해당하지 않는 자(종전 3~6급)</td><td>• 장애수당<br>– 기초(생계, 의료, 주거, 교육) 및 차상위 : 1인당 월 6만원<br>– 보장시설 수급자(생계, 의료) : 1인당 월 3만원<br>• 장애아동수당<br>– 기초(생계, 의료) 중증 : 1인당 월 22만원<br>– 기초(주거, 교육), 차상위 중증 : 1인당 월 17만원<br>– 기초(생계, 의료, 주거, 교육) 및 차상위 경증 : 1인당 월 11만원<br>– 보장시설(생계, 의료) 중증 : 1인당 월 9만원<br>– 보장시설(생계, 의료) 경증 : 1인당 월 3만원</td><td>읍·면·동 주민센터에 신청</td></tr>
</table>

| 주요사업명 | 지원대상 | 지원내용 | 비고 |
|---|---|---|---|
| 장애아동 양육수당 | • 어린이집·유치원(특수학교 포함), 종일제아이돌봄서비스 등을 이용하지 않는 취학 전 가정양육 영유아(장애등록 외국인 중 난민인정자 및 특별기여자, 재외국민 포함하나 재외국민 출국자는 제외)<br>– 보호자가 장애아동 양육수당 지원을 신청하고, 장애인으로 등록되어 시·군·구가 장애아동 양육수당을 지원하기로 결정한 영유아 | • 장애아동 양육수당(24~85개월) : 100~200천원 | 읍·면·동 주민센터 방문신청·복지로 온라인 신청 |

출처: 보건복지부(2024). 2024년 장애인복지 사업안내(II).

## 2) 교육적 지원

「장애인 등에 대한 특수교육법」 제11조(특수교육지원센터의 설치 · 운영)와 동법 시행령 제7조(특수교육지원센터의 설치 · 운영)에 근거하여 운영되고 있는 특수교육지원센터는 지역 중심의 특수교육지원체계 구축으로 특수교육대상 학생에 대한 지원을 확대하며 가정 시설 및 일반학교의 일반학급에 배치되어 있는 장애학생의 특수교육 관련 지원을 하고 특수교육지원센터 시설 및 인력 확보를 통해 운영의 내실화를 꾀하는 것을 목적으로 운영되고 있다.

또한 「장애인 등에 대한 특수교육법」 제28조(특수교육 관련 서비스), 동법 시행령 제23조(가족지원) 등에 의거하여 특수교육대상학생의 교육을 효율적으로 실시하기 위해 상담 지원, 가족 지원, 치료 지원, 보조인력 지원, 보조공학기기 지원, 학습보조기기 지원, 통학 지원 및 정보접근 지원 등의 특수교육 관련 서비스를 제공하고 있는데, 이의 일환으로 가족지원서비스를 제공하도록 하고 있다. 장애인의 보육 · 교육에 대한 구체적인 서비스 지원은 표 9-12와 같다.

**표 9-12** 장애인의 보육 · 교육 지원서비스

| 주요사업명 | 지원대상 | 지원내용 | 비고 |
|---|---|---|---|
| 장애아 보육료 지원 | • 원칙적으로 장애인복지카드(등록증)를 소지한 12세 이하의 미취학 장애아동(장애등록 외국인 중 난민 및 특별기여자, 재외국민 포함하나 재외국민 출국자는 제외)<br>– 예외적으로 장애소견이 있는 의사진단서 또는 특수교육대상자 진단·평가 결과 통지서 제출자 가능 | • 장애아보육료 : 인건비지원시설 587천원, 인건비미지원시설 수납한도액<br>* 장애아 방과후보육료: 12세 이하 등록 장애아 또는 8세 이하 특수교육대상 취학아동 298천원 | 읍·면·동 주민센터에 신청 |
| 여성장애인 교육지원 | • 장애인복지법에 의한 등록 여성장애인 | • 여성장애인 사회참여 교육 지원<br>– 역량강화교육프로그램(정서안정, 사회성 향상, 기초 경제적 역량 강화 등 자립 능력 향상을 위한 프로그램), 상담 및 사례관리, 자조모임, 지역사회 연계 | 제공기관에 신청 |
| 장애대학생 교육활동 지원 ('22년 사업명: 대학의 장애학생 지원센터 운영 지원) | • 대학에 재학 중인 장애학생<br>– 장애의 정도가 심하지 않은 장애학생 또는 기준 외 학생은 대학 특별지원위원회 사전 심의를 거쳐 지원 가능 | • 일반교육지원인력 : 대학 학습지원(강의·시험대필 등) 및 학습활동을 위한 이동·편의 지원<br>• 전문교육지원 인력 : 수어통역사, 속기사, 점역사, 화면해설사 등에 의한 학습지원<br>※ 원격수업 등으로 인한 실시간 속기, 자막제작, 소프트웨어 지원 가능<br>※ 대학에서 교육지원인력을 선발·운영하고 활동비 지급 및 보조기기 구비 후 지원 | 대학 내 장애학생지원센터 또는 학생지원부서 신청 |
| 장애인 정보화교육 | • 집합교육 : 등록 장애인(장애등록 외국인 포함)<br>• 방문교육 : 장애의 정도가 심한 장애인(장애등록 외국인 포함) | • 집합교육 : 전국 장애인 정보화교육기관에서 PC운용, OA운용, 생활활용, 멀티미디어 등 무료 교육<br>• 방문교육 : 컴퓨터기초, 인터넷, 홈페이지 제작 등 교육생 수준을 고려한 맞춤식 1:1 무료 교육 | 한국정보화진흥원 정보화상담실 (☎1588-2670) 전화신청 국민정보화 |

| 주요사업명 | 지원대상 | 지원내용 | 비고 |
|---|---|---|---|
| | | | 교육 누리집 (www.itstudy.or.kr) 온라인 신청 |
| 장애학생 정보격차 해소 지원 | • 장애인 등에 대한 특수교육법에 따른 특수교육대상자(시각·청각·지체·지적·자폐성·정서행동·의사소통·학습·건강·발달지체 장애인)의 특수학교 및 특수학급 교사, 일반학교 교사 | • 특수교육 교수–학습 콘텐츠를 개발하여 사이트 운영 | 국립특수교육원 (www.nise.go.kr) 사이트 신청 |
| 국립특수학교 및 국립부설학교 특수학급지원 | • 국립특수학교(급)에 재학중인 장애학생(특수교육보조원 지원 대상은 특수교육대상학생 중 중증장애 학생 우선 지원)<br>• 방과후 교육비, 돌봄교실은 특수교육학생 희망자 전원 지원 | • 특수교육대상학생의 전인적 발달도모 및 부모의 사회활동 참여 증대를 위한 방과후학교 및 돌봄교실 운영 지원 | 국립특수학교 및 국립대학 부설학교에 신청 |
| 청소년 발달장애인 방과후 활동서비스 | • 6세~18세 미만의 「장애인복지법」 상 등록된 지적 및 자폐성 장애인<br>* 단, 18세 이상의 재학생의 경우 방과후활동서비스(재학증명서 필수)와 주간활동서비스 중 택1 가능(중복이용 불가)<br>** 장애인 당사자 및 가구의 소득수준과 무관하게 신청 가능 | • 발달장애인이 의미있는 낮 시간을 보낼 수 있도록 취미, 여가, 활동 프로그램을 제공하여 지역사회 참여 및 성인기 자립준비 지원, 부모의 돌봄부담 경감<br>– 서비스 제공기관 이용권(바우처) 제공(월 최대 66시간 제공) | 읍·면·동 방문신청· 복지로 온라인 신청 |
| 어린이집 우선입소 지원 | • 장애의 정도가 심한 장애인 | • 장애의 정도가 심한 장애인의 자녀 또는 형제자매에 대한 어린이집 우선입소 지원 | 어린이집 입소대기관리 시스템에 신청 |

출처: 보건복지부(2024). 2024년 장애인복지 사업안내(Ⅱ).

## 3) 의료적 지원

"장애아동 재활치료지원사업"은 성장기의 정신적 · 감각적 장애아동의 기능 향상과 행동발달을 위한 적절한 재활치료서비스 지원 및 정보 제공과 높은 재활치료 비용으로 인한 장애아동 양육가족의 경제적 부담 경감이 목적이다. 2007년 지역사회서비스 혁신사업의 일환으로 도입된 이후 2009년 1월부터 본격적으로 시행되었다. 이 사업은 만 18세 미만의 뇌병변, 지적, 자폐성, 청각, 언어, 시각장애아동을 대상으로 언어 · 청능치료, 미술 · 음악치료, 행동 · 놀이 · 심리운동치료 등 재활치료서비스 제공(장애아동 및 부모의 수요에 따라 사업 실시기관이 자율적으로 결정), 장애 조기 발견 및 발달진단서비스, 중재를 위한 부모상담 서비스를 제공한다. 구체적 지원대상으로는 전국가구 평균소득 100% 이하 가구의 아동이 해당되며, 서비스대상자의 소득 수준에 따라 바우처 지원책 및 본인부담금이 차등화된다(보건복지부 장애아동 재활치료지원사업, 2017). 장애인에 대한 의료 및 재활지원의 구체적인 내용은 표 9-13과 같다.

**표 9-13 장애인의 의료 및 재활지원 서비스**

| 주요사업명 | 지원대상 | 지원내용 | 비고 |
|---|---|---|---|
| 장애인 의료비 지원 | • 의료급여법에 의한 의료급여 2종 수급권자인 등록장애인<br>• 건강보험의 차상위 본인부담 경감 대상자인 등록장애인(만성질환 및 18세 미만 장애인) | • 의료기관 이용시 발생하는 급여항목 본인부담금의 일부 또는 전액 지원(비급여 제외)<br>– 1차 의료기관 외래진료 본인부담금 750원 일괄지원<br>• 2차, 3차 의료기관 진료<br>– 의료(요양)급여수가적용 본인부담 진료비 15%(차상위 14%, 암환자 5%, 입원 10% 등) 전액을 지원하되 본인 부담금 식대 20% 및 약제비는 지원하지 않음 | 의료급여증과 장애인등록증을 제시 |

| 주요사업명 | | 지원대상 | 지원내용 | 비고 |
|---|---|---|---|---|
| 건강보험 지역 가입자의 보험료 경감 | 자동차분 건강 보험료 전액 면제 | • 장애인복지법 규정에 의해 등록한 장애인 소유 자동차 | • 해당 자동차는 건강보험료 산정 시 제외 | 국민건강보험 공단지사에 확인 |
| | 산출 보험료 경감 | • 지역가입자 중 등록장애인이 있는 세대로 소득이 360만원 이하인 동시에 과표 재산이 1억 3천5백만원 이하<br>• 장애등록 외국인 중 영주권자(F-5), 결혼이민자(F-6)는 내국인과 동일한 경감기준 적용 | • 장애정도가 심한 장애인(상이자는 1·2등급) : 30% 경감<br>• 장애정도가 심하지 않은 장애인(상이자는 3~5등급) : 20% 경감<br>• 6·7등급 상이자 : 10% 경감 | 국민건강보험 공단지사에 신청 |
| | 장기요양 보험료 경감 | • 장애의 정도가 심한 장애인이 장기요양보험가입자 또는 그 피부양자인 경우 | • 장애정도가 심한 장애인 중 노인장기요양보험 수급자가 없는 경우 : 30% 경감 | 국민건강보험 공단지사에 신청 |
| 장애인 등록 진단서 발급비 지원 | | • 기초생활수급자로서 신규 등록 장애인<br>• 재판정으로 재진단 받는 등록장애인 중 기초수급자 또는 차상위계층<br>• 직권재판정 대상자(소득 무관)<br>• 위 조건을 충족하는 장애등록 외국인 포함 | • 진단서 발급 비용 지원<br>– 지적, 자폐성, 정신장애 : 4만원<br>– 그 외 장애 : 1만 5천원 | 읍·면·동 주민센터에 신청 |
| 장애등록 검사비 지원 | | • 기초생활수급자로서 신규 등록 장애인<br>• 재판정으로 재진단을 받는 등록장애인 중 수급자 또는 차상위계층<br>• 직권재판정 대상자(소득 무관)<br>• 위 조건을 충족하는 장애등록 외국인 포함 | • 최대 10만원 범위 내에서 실비 지원 | 읍·면·동 주민센터에 신청 |
| 발달재활 서비스 | | • 연령기준 : 18세 미만 장애아동<br>• 장애유형 : 시각·청각·언어·지적·자폐성·뇌병변 장애아동(중복장애 인정) | • 매월 17만원~25만원의 발달재활서비스 바우처 지원<br>• 언어·청능, 미술·음악, 행동·놀이·심리, 감각·운동 등 발달재활서비스 선택하여 이용 | 읍·면·동 주민센터에 신청 |

| 주요사업명 | 지원대상 | 지원내용 | 비고 |
|---|---|---|---|
| | • 소득기준 : 기준 중위소득 180% 이하(소득별 차등지원)<br>• 기타요건<br>– 장애인복지법상 등록장애아동<br>– 다만, 장애등록되지 않았지만 시각·청각·언어·지적·자폐성·뇌병변 장애가 예견되는 6세 미만 아동의 경우 발달재활 서비스 의뢰서 및 검사자료로 서비스 신청 가능<br>– 장애등록 외국인 중 예외적으로 난민인정자 포함 | – 시·군·구에서 지정한 발달재활 서비스 제공기관 중 이용자가 원하는 기관에서 서비스 이용 가능 | |
| 언어발달지원 | • 연령기준 : 12세 미만 비장애아동(한쪽부모 및 조손가정의 한쪽 조부모가 시각·청각·언어·지적·뇌병변·자폐성 등록 장애인)<br>• 소득기준 : 기준 중위소득 120% 이하 | • 매월 16만원~22만원의 언어재활 등 바우처 지원<br>• 언어발달진단서비스, 언어·청능<br>– 시·군·구에서 지정한 발달재활 서비스 제공기관 중 이용자가 원하는 기관에서 서비스 이용 가능 | 읍·면·동 주민센터에 신청 |
| 장애인 보조기기 교부 | • 장애유형 : 지체, 뇌병변, 시각, 청각, 심장, 호흡기, 언어, 자폐성, 지적장애<br>• 소득기준 : 국민기초생활법상 수급자 및 차상위 계층<br>• 교부대상 : 서비스 지원 종합조사에서 보조기기 필요(적격)로 판정된 자<br>• 위 조건을 충족하는 장애등록 외국인 포함 | • 품목 및 교부대상<br>– 욕창예방 방석 및 매트리스 : 심장장애<br>– 음성유도장치, 음성시계, 영상확대 비디오, 문자판독기, 녹음 및 재생장치, 특수키보드, 특수출력 소프트웨어 : 시각장애<br>– 신호장치, 진동시계, 헤드폰, 표준 네트워크 전화기 : 청각장애<br>– 보행차, 좌석형 보행차, 탁자형 보행차, 음식 및 음료 섭취용 보조기기, 음식섭취 보조기기(음식 및 음료 섭취용 보조기기, 식사도구, 젓가락 및 빨대, 머그컵, 유리컵, 컵 및 받침접시, 접시 및 그릇, 음식보호대), 기립틀 | 읍·면·동 주민센터에 신청 |

| 주요사업명 | 지원대상 | 지원내용 | 비고 |
|---|---|---|---|
| | | 및 기립을 위한 지지대, 목욕의자, 경사로, 이동변기, 독립형 변기 팔 지지대 및 등지지대, 환경제어 장치, 지지대 및 손잡이, 장애인용 유모차, 바닥 특수 앉기 자세유지용 장치, 목욕용 미끄럼방지용품, 차량 내 착석을 위한 좌석과 방석, 액세서리, 개조용품 : 지체·뇌병변장애인<br>– 미끄럼 및 회전을 위한 보조기기, 의류 및 신발, 휠체어 액세서리, 침대 및 탈착식 침대 판/전동조절식 매트리스 지지단, 소변수집장치 : 지체·뇌병변·심장·호흡기장애인<br>– 대화용장치 : 뇌병변·지적·자폐성·청각·언어장애인 | |
| 장애인 보조기기 건강보험급여 (의료급여) 적용 | • 건강보험 : 등록장애인 중 건강보험 가입자 및 피부양자(장애등록 외국인 포함)<br>• 의료급여 : 등록장애인 중 의료급여 수급권자<br>* 세부 대상 기준은 「국민건강보험법 시행규칙」[별표7] 및 「장애인 보조기기 보험급여 기준 등 세부사항(보건복지부 고시)」[별표2] 참조 | • 건강보험 대상자 : 전동휠체어, 의지·보조기, 자세보조용구 등 83개 품목에 대해 지급기준 금액의 90%까지 국민건강보험공단에서 지원(차상위는 100%)<br>• 의료급여 수급권자 : 전동휠체어, 의지·보조기, 자세보조용구 등 88개 품목에 대해 지급기준 금액의 100%까지 의료급여 기금에서 지원<br>* 보험급여 대상 보조기기 유형 및 기준액, 내구연한 등은 「국민건강보험법 시행규칙」[별표7] 참조 | 〈신청기관〉<br>– 건강보험 : 국민건강보험공단(지사)<br>– 의료급여 : 시·군·구청<br>※ 국민건강보험공단에 등록된 업소 및 품목에 대해 구입한 경우 급여지원(공단 홈페이지 사이버 민원센터 참조) |
| 장애인 의료재활 시설 운영 | • 등록장애인 | • 지원 내용<br>– 장애의 진단 및 재활<br>– 보장구 제작 및 수리<br>– 장애인 의료재활상담 등<br>• 의료급여수급권자 및 시·군·구청장의 무료진료 추천자는 무료, 그 외의 자는 실비 부담 | 의료급여증과 장애인등록증(복지카드)을 제시 |

| 주요사업명 | 지원대상 | 지원내용 | 비고 |
|---|---|---|---|
| 여성장애인 출산비용 지원 | • 장애인복지법 제32조에 의한 등록 여성 장애인 중 출산한 자 및 4개월 이상의 태아를 유산·사산한 자(장애등록 외국인 포함)<br>* 인공 임신중절수술은 지원불가 (모자보건법 제14조제1항의 경우는 제외) | • 출산(유산, 사산포함) 태아 1인 기준 120만원 지급 | 읍·면·동 주민센터에 신청 |
| 장애입양아동 의료비 지원 | • 18세 미만 장애아등을 입양하여 양육하는 가정 | • 장애아동 의료비(진료, 상담, 재활 및 치료소요 비용)를 연간 260만원 내에서 지원 | 시·군·구청 및 읍·면·동 주민센터에 신청 |

출처: 보건복지부(2024). 2024년 장애인복지 사업안내(II).

## 4) 사회 · 정서적 지원

장애인복지관은 가족의 사회 · 정서적 긴장을 지원하기 위한 다양한 형태의 프로그램을 운영하고 있다. 장애자녀를 둔 가족을 대상으로 한 프로그램으로는 부모상담 및 교육, 가족캠프, 형제자매 지원 프로그램 등을 들 수 있다. 구체적으로 장애인복지관은 부모교육, 장애인가족 지원(장애형제 기능강화, 부모스트레스 대처훈련, 장애인의 자녀 지원 등), 부모회 육성, 장애인부모교육 등의 사업을 운영할 수 있도록 예시를 포함하고 있다.

장애인부모 관련 단체에서도 장애자녀를 둔 가족의 사회 · 정서적 지원을 위한 프로그램을 운영하고 있다. 특히 전국장애인부모연대와 한국장애인부모회가 주축이 되어 운영하고 있는 장애인가족지원센터는 장애자녀 때문에 고통받고 있는 가족을 위한 사회 · 정서 프로그램을 운영하고 있다. 센터의 주요 사업으로는 가족관계 지원 사업, 가족기능강화사업, 인식개선사업 등이 있으며, 사회 · 정서적 프로그램으로는 가족상담,

비장애형제 지원모임, 가족휴식 지원, 장애부모동료상담 및 상담가 양성사업, 사례관리 등의 세부사업이 있다. 장애인에 대한 사회 · 정서적 지원 서비스의 구체적인 내용은 표 9-14와 같다.

**표 9-14 장애인 사회 · 정서적 지원 서비스**

| 주요사업명 | 지원대상 | 지원내용 | 비고 |
|---|---|---|---|
| 장애인 건강검진 | • 장애인에 국한되지 않으며, 노인 등 거동이 불편한 수검자 이용 가능(장애등록 외국인 포함)<br>* 다만, 중증장애인 이용시 별도의 검진 가산비용에 대해 검진기관 추가 지원 | • 유니버설 검진장비, 탈의실, 접수대 등 편의시설, 검진보조인력 배치 등 장애인 건강검진 지원서비스를 제공하여 장애인의 예방의료서비스 이용 접근성 보장<br>※ '23년 12월 말 기준 전국 110개소가 장애인 건강검진기관으로 지정됨 | 장애인 검진기관 16개소 서비스 운영 중 (인터넷 예약) |
| 특수교육 대상자 치료지원 서비스 | • 특수교육대상자 중 교육을 효율적으로 실시하기 위해 치료지원을 필요로 하는 학생 | • 병·의원, 장애인복지관, 사설치료실 등에서 특수교육대상자가 필요로 하는 물리치료, 작업치료, 언어치료 등의 서비스 지원<br>※ 보건복지부의 발달재활서비스와 동일 영역일 경우에는 중복지원 불가 | 소속 학교 또는 관할 특수교육지원 센터에 신청 |
| 장애인 산소치료 요양비 검사면제 | • 장애의 정도가 심한 호흡기장애인(장애등록 외국인 포함)<br>– 동맥혈가스 또는 산소포화도 검사결과, 기준적합여부에 해당하는 경우<br>• '19.7.1. 이전 호흡기 장애 1급 또는 2급으로 확인되는 장애인<br>– 내과, 결핵과, 흉부외과, 소아청소년과 전문의가 산소치료가 필요하다고 판단한 경우 | • 처방전 발급 후 가정용 또는 휴대용 산소발생기의 월 대여료 지원<br>※ 건강보험 : 기준금액 또는 실제 대여금액 중 낮은 금액의 90%(차상위계층은 100%) 지원<br>※ 의료급여 : 기준금액 또는 실제 대여금액 중 낮은 금액의 100% 지원 | 건강보험 : 국민건강보험공단 (지사)에 신청<br>의료급여 : 시·군·구청에 신청 |
| 지역장애인 보건의료 센터 | • 법적 등록장애인 혹은 예비장애인(손상이나 질병 발생 후 완전한 회복이 어려워 일정기간 내 장애가 발생할 것으로 보이는 장애인)(장애등록 외국인 포함) | ※ 지역내 의료기관의 장애인 건강보건관리사업 연계 및 보건소 지역사회중심재활사업 지원, 장애인 자조모임, 건강리더, 자원봉사자 양성 등 | 보건복지 상담센터 (☎129) 지역장애인 보건의료센터 |

| 주요사업명 | 지원대상 | 지원내용 | 비고 |
|---|---|---|---|
| 장애인 활동 지원 | • 6세 이상 65세 미만 장애인복지법상 등록장애인 중 서비스 지원 종합조사 결과 산출된 종합점수에 따라 활동지원급여 수급자격을 인정받은 자<br>※ 노인성질환이 있는 65세 미만의 등록장애인도 활동급여 신청 가능('23~)<br>※ 장애등록 외국인 중 예외적으로 난민인정자 신청 가능 | • 월 한도액<br>– 활동지원급여(1~15구간) : 월 971천원~7,754천원<br>– 특별지원급여<br>• 한시적 지원<br>– 출산 : 월 1,294천원<br>– 자립준비 : 월 325천원<br>– 보호자 일시부재 : 월 325천원<br>※ 노인장기요양 전환자 서비스 감소분 지원 중('21년~) | 읍·면·동 주민센터에 신청 |
| 장애아 가족 양육 지원 | • 18세 미만 장애정도가 심한 장애아동을 양육하는 가정<br>• 기준중위소득 120% 이하는 무료 지원, 초과시 본인부담금 40% (서비스 단가 : 12,140원/시간)<br>* 휴식지원 프로그램은 소득 기준 상관없이 18세 미만 모든 장애아 가족에게 지원(돌봄서비스 받는 가정 우선 지원) | • 돌봄서비스<br>– 아동의 가정 또는 돌보미 가정 등에서 돌봄서비스 제공<br>– 아동 1인당 연 1,080시간 범위내 지원(초과시 전액 본인부담)<br>• 휴식지원 프로그램<br>– 문화·교육프로그램, 휴식지원 프로그램 우영 및 상담서비스, 생활지도, 자조모임 결성 지원 | 읍·면·동 주민센터에 신청 |
| 발달장애인 주간활동 서비스 | • 18~64세 장애인복지법상 등록된 지적 및 자폐성 장애인<br>* 장애인 당사자 및 가구의 소득수준과 무관하게 신청 가능<br>• 기초조사, 종합조사의 적격 판정 및 지자체 수급자격심의위원회를 통하여 선정된 자 | • 발달장애인이 의미있는 낮 시간을 보낼 수 있도록 취미, 여가, 활동 프로그램을 제공하여 지역사회 참여 및 자립지원, 부모의 돌봄부담 경감<br>– 서비스 제공기관 이용권(바우처) 제공(월 최대 132/176시간 제공) | 읍·면·동 주민센터에 방문신청· 복지로 온라인 신청 |
| 발달장애인 공공후견 지원 | • 19세 이상 발달장애인 장애인복지법상 등록된 지적 및 자폐성 장애인 | • 공공후견 심판청구비용 : 실비, 1인당 연간 최대 50만원<br>• 공공후견인 활동비용: 월 20만원, 최대 월 50만원<br>※ 후견법인이 공공후견인이 되는 경우 활동비 동일(단, 상한 제한 없음) | 읍·면·동 주민센터 (시/군/구청)에 신청 |
| 발달장애인 공공후견인 심판청구 비용지원 | • 19세 이상 발달장애인 장애인복지법상 등록된 지적 및 자폐성 장애인 | • 공공후견인 선임을 위해 가정법원 심판 청구 시 소요되는 인지대 등 행정비용 지원(1인당 연간 최대 50만원) | 읍·면·동 주민센터 (시/군/구청)에 신청 |

| 주요사업명 | 지원대상 | 지원내용 | 비고 |
|---|---|---|---|
| 발달장애인 공공후견인 활동비용 지원 | • 가정법원에서 발달장애인의 공공후견인으로 선임 결정을 받은 자 | • 공공후견인 선임(월 20만원)<br>– 월 지급 상한(월 50만원) –<br>1인 : 20만원, 2인 : 40만원,<br>3인 이상 : 50만원 | 공공후견 법인에서 활동비 지급 |
| 발달장애인 부모상담 지원 | • 발달장애인 자녀를 가진 부모 및 보호자<br>• 장애인 유형: 장애인복지법에 근거한 지적·자폐성 장애인 | • 상담(개별/단체) 서비스 지원<br>– 1인당 월 160천원 바우처 지원 (초과금액은 본인부담)<br>– 월 3~4회, 회당 50분~100분, 12개월간 제공(특별한 경우 연장 최대 12개월 가능) | 읍·면·동 주민센터에 방문신청·복지로 온라인 신청 |
| 발달장애인 가족휴식 지원 | • 발달장애인 및 그 가족<br>• 장애인 유형: 장애인복지법에 근거한 지적·자폐성 장애인 | • 힐링캠프(가족캠프, 인식개선캠프, 동료상담캠프), 테마여행(역사, 문화 기관방문 등)<br>– 1인당 최대지원 금액: 240,000원<br>– 돌보미 및 캠프(여행도우미) (발달장애인 2인당 1명까지 지원) | 사업수행 선정기관에 신청 |
| 발달장애인 긴급돌봄 | • 발달장애인 보호자<br>• 장애인 유형: 장애인복지법에 근거한 지적·자폐성 장애인 (장애등록 외국인 포함) | • 발달장애인 보호자의 치료·입원, 경조사, 신체적·심리적 소진 등 긴급상황 시 일시적 돌봄서비스 제공<br>– 1회 최대 7일(사유별 이용일수 차이), 1년 최대 30일<br>– 이용료 15천원, 식비 15천원<br>* 국민기초생활수급자, 차상위자는 이용료 없으며 식비만 지불 | 지역발달장애인 지원센터 (평일 주간) 또는 긴급돌봄센터 (야간, 주말 및 공휴일) |
| 실비 장애인 거주시설 입소 이용료 지원 | • 아래의 소득조건을 만족하여 실비 장애인거주 시설에 입소한 장애인<br>• 소득조건(지원대상)<br>– 기준 중위소득 이하인 자 | • 실비장애인거주시설 입소시 입소장애인에 대하여 월 294천원 입소료 지원 | 시·군·구에서 해당시설에 지원 |

출처: 보건복지부(2024). 2024년 장애인복지 사업안내(II).

Chapter 10

# 아동보호서비스

## 배울 내용

1. 아동학대의 개념과 유형
2. 아동학대의 현황
3. 우리나라의 아동보호체계

## 학습목표

1. 아동학대의 개념과 유형을 설명할 수 있다.
2. 아동학대의 현황을 이해한다.
3. 우리나라의 아동보호체계의 이해를 통해 개입방안을 모색해 본다.

## 개 요

아동학대는 해마다 증가되고 있는 현상으로 사회적으로 심각한 부작용을 초래하는 현상 중의 하나이다. 최근에는 부모를 포함한 주 양육자가 자녀양육에 있어 적절한 역할을 하지 못할 경우 사회나 국가가 적극적으로 개입하여 해결해야 한다는 인식이 증가하게 되었다. 아동학대는 아동에게 해로운 행위를 가하는 작위적 행동으로서 학대받은 부위에 따라 신체학대, 정서학대 및 성학대로 구분하고, 방임은 보호자가 아동에 대한 양육 및 보호를 소홀히 하여 아동의 건강이나 복지를 해치거나 정상적인 발달을 저해하는 행위로 신체방임, 정서방임, 교육방임, 의료방임 및 성방임으로 구분된다. 따라서 본 장에서는 아동학대 개념과 유형, 현황 및 우리나라 아동보호체계를 살펴봄으로써 피해아동에 대한 개입방안들을 모색해 보고자 한다.

10
Chapter

# 아동보호서비스

## 1. 아동학대의 개념과 유형

### 1) 아동학대의 정의

아동학대는 영아 살해와 같은 인류의 역사와 맥락을 같이 해 온 것으로 볼 수 있다. 즉, 아동학대의 유형과 빈도, 정도에는 차이가 있을 수 있지만 부모의 교육 정도, 사회·경제적 상황, 연령, 종교 등에 따른 차이가 없이 거의 모든 사회에서 발생되고 있다는 특징을 지닌다. 특히 아동학대는 1960년 캠프 등(Kempe et al., 1962)이 '피학대 증후군(Battered-Child Syndrome)'을 발표하면서 아동학대를 성인의 의도에 의한 아동의 심각한 신체적 손상에 초점을 둔 협의적 개념으로 정의한 이후 형성되기 시작하였으며, 최근에는 다각적으로 확대, 발전되어 온 개념이다. 즉, 이제까지 아동학대 및 방임은 가정 내 문제 혹은 부모가 자기 자식을 어떻게 하든 제3자가 관여할 바가 아니라는 생각에서 최근에는 부모를 포함한 주 양육자가 역할을 하지 못할 경우에는 사회나 국가가 개입하여 이를 해결해야 한다는 인식을 가지게 되었다.

「아동복지법」 제3조 제7항에 따르면 아동학대란 보호자를 포함한 성인이 아동의 건강 또는 복지를 해치거나 정상적 발달을 저해할 수 있는 신체적 · 정신적 · 성적 폭력이나 가혹 행위를 하는 것과 아동의 보호자가 아동을 유기하거나 방임하는 것으로 정의된다. 즉, 아동에게 해로운 행위를 가하는 행동으로서의 학대와 아동에게 주어야 할 것을 주지 않는 행동인 방임을 포함한다. 학대의 유형은 학대받은 부위에 따라 크게 신체학대, 정서학대, 성학대로 나누며, 학대가 일어난 장소를 중심으로 가정 내 학대와 가정 외 학대로 나눈다. 방임은 보호자가 고의적 · 반복적으로 아동에 대한 양육 및 보호를 소홀히 하여 아동의 건강이나 복지를 해치거나 정상적인 발달을 저해하는 행위로 신체방임, 정서방임, 교육방임, 의료방임, 성방임으로 구분된다. 아동학대의 유형에 따른 영향을 살펴보면 다음과 같다.

## 2) 아동학대의 유형

### (1) 신체학대

신체학대는 문화에 따라 다양하게 정의되고 있지만 보편적으로 아동에 대한 양육자의 의도적인 신체적 상해를 의미하고 최근에는 아동에 대한 부당한 노동력 착취를 포함하기도 한다. 즉, 보호자를 포함한 성인이 아동에게 우발적인 사고가 아닌 상황에서 신체손상을 입히거나 또는 신체손상을 입도록 허용한 모든 행위를 말한다. 구체적으로 신체에 가해지는 행위(손, 발 등으로 때림, 꼬집어 물어뜯는 행위, 조르고 비트는 행위, 할퀴는 행위 등), 도구를 사용하여 신체를 가해하는 행위(도구로 때림, 흉기 및 뾰족한 도구로 찌름 등), 힘을 사용하여 신체를 위협하는 행위(강하게 흔듦, 신체부위 묶음, 벽에 밀어붙임, 떠밀고 잡음, 던짐, 거꾸로 매닮, 물에 빠뜨림 등), 신체에 유해한 물질로 신체에 가해지는 행위(화학물질 혹은 약물 등으로 신체에 상해, 화상을 입힘 등)가 대표적이다.

신체학대의 결과로 나타날 수 있는 대표적인 것이 신체적 상해이다. 신체적 상해란 구타나 폭력에 의한 멍이나 화상, 찢김, 골절, 장기파열, 기능의 손상 등을 말하며 또한 충격, 관통, 열, 화학물질이나 약물과 같은 다른 방법에 의해 발생된 손상을 포함한다. 어떤 이유에서도 생후 12개월 이하의 영아에게 가해진 체벌은 학대로 간주한다.

신체학대를 당한 아동들의 일반적 외상으로는, 첫째, 뇌손상으로 목 근육이 발달되지 않은 어린 아동들을 흔들어서 발생한 치명적인 상해인 흔들린 아이증후군이 있다〈그림 10-1〉. 망막출혈, 뇌진탕, 타박상, 연조직 확대, 두개골 골절, 의식혼동, 혼수, 경련, 발작, 호흡문제, 치사 상태 등이 그 증상이다. 뇌손상은 아동에게 발달지체를 야기시킨다. 둘째, 장기 · 근육 · 기관의 손상으로, 가슴과 복부를 향한 발길질과 구타에 의한 흉복부 외상 혹은 복부손상은 치사율이 12~60%에 이른다. 신체학대의 과정에서 눈을 때린 경우, 망막출혈, 초점의 불일치, 각막손상, 홍채 및 시신경 손상 등도 중요한 외상이다. 셋째, 신체학대의 가장 뚜렷한 지표로 이용되는 것이 타박상과 골절이다. 피부 표면상 가시적으로 확인되는 타박상은 다른 상해에 비해 치명적인 것은 아니지만 아동들이 학대의 희생자라는 사실을 쉽게 파악할 수 있게 해 준다. 타박상을 내는 데에 사용된 도구는 독특한 자국을 남기는데, 전기 코드 선, 막대기, 벨트 등이 주로 사용되고 있음을 알 수 있다. 뼈의 손상은 X-ray에 의해 잘 관찰되고, 사망으로 연결되지는 않지만 가장 빈번하게 발견되는 아동학대의 예들이다. 마지막으로 신체학대에 의한 화상은 전형적으로 피부에 손상을 입히고, 생명을 위협하는 결과를 초래한다. 뜨거운 액체나 김, 화염, 담뱃불, 전류접촉, 라이터 등을 이용하여 아동을 위협하고 지지기도 한다. 욕실에서 뜨거운 물이나 불에 달군 철사, 난로, 다리미 등과 같은 일상생활 용품을 활용하는 경우가 빈번하게 발견된다. 화상부위의 감염이나 악화는 아동의 건강과 안전을 지속적으로 위협하고, 심한 흉터는 아동의 대인관계 기피의 원인이 된다. 신체학대의 구체적인 징후는 표 10-1과 같다.

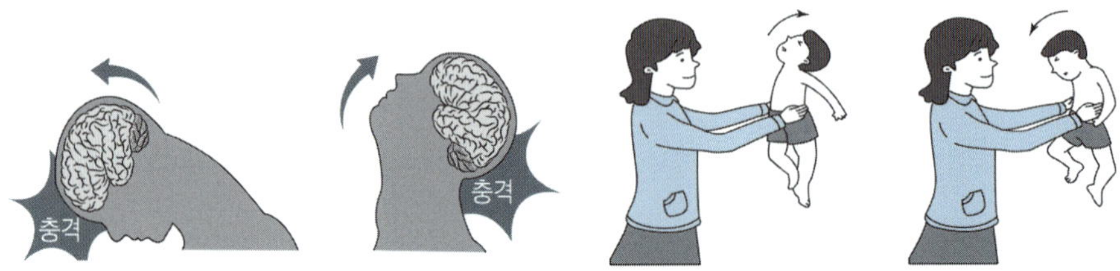


그림 10-1 흔들린 아이 증후군

출처: 국가건강정보포털/송준만 외(2022). 지적장애교육. 학지사.

표 10-1 신체학대의 징후

- 사고로 보기에는 뭔가 미심쩍은 상흔
- 발생 및 회복에 시간 차가 있는 상처, 골절(계속해서 학대가 일어나고 있을 가능성이 있음)
- 신체적 상흔으로 자주 병원에 가는 경우
- 사용된 도구의 모양이 그대로 나타나는 상처
- 담뱃불 자국, 뜨거운 물에 잠겨 생긴 화상 자국
- 겨드랑이, 팔뚝, 허벅지 안쪽 등 다치기 어려운 부위의 상처
- 다른 아동이 접근할 때 공포를 보임
- 공격 또는 위축된 극단적 행동
- 부모에 대한 지나친 두려움
- 집으로 돌아가는 것에 대한 지나친 두려움

### (2) 정서학대

정서학대란 보호자를 포함한 성인이 아동에게 행하는 언어적 모욕, 정서적 위협, 감금이나 억제, 기타 가학적인 행위를 말하며 언어적, 정신적, 심리적 학대라고도 한다. 구체적으로 원망, 거부, 적대적 또는 경멸적인 언어폭력, 잠을 재우지 않는 것, 발가벗겨 내쫓는 행위, 형제나 친구 등과 비교, 차별, 편애, 가족 내 왕따, 아동이 가정폭력을 목격하도록 하는 행위, 아동을 시설 등에 보내 버리겠다고 위협하거나 짐을 싸서 쫓아내는 행위, 미성년자 출입금지 업소에 아동을 데리고 다니는 행위, 아동의 정서 발달 및 연령상 감당하기 어려운 것을 강요하는 행위(감금, 약취 및 유인, 아동 및 청소년 노동

착위), 다른 아동을 학대하도록 강요하는 행위가 포함된다.

정서학대가 아동들에게 미치는 영향으로는 정서학대를 경험한 아동들은 지속적으로 우울감을 느끼며 자신을 무가치한 존재로 여기므로 자기존중감이 매우 낮게 된다. 수치심과 의심, 용변 조절의 실패, 손상된 자기통제감, 죄의식, 실패감, 모든 일에서 즐거움이나 긍정적인 것을 찾지 못함, 독립적으로 될 수 없음, 정서적 반응의 감소 등의 증상을 보인다. 이런 증상들은 점차 열등감과 관련된 사회적 장애와 위축, 어머니–아이의 유대관계의 어려움으로 인한 사회성 발달의 저해와 친구 사귀기의 어려움, 부정적인 자기상, 굴욕감과 열등감, 타인에 대한 불신, 모방, 자기방어적 태도로 나타난다. 결국 성인들이 반복해서 아동의 긍정적 자아를 공격하는 경우 아동 스스로 자신의 욕구를 해결하려는 노력을 차단하거나 좌절시키고, 아동의 신념, 도덕적 행동 등 인지적 · 정신 내적 발달에 지장을 초래하며, 나아가 사회적 행동, 대인관계 등의 사회성 발달까지 장애를 가져온다. 아동학대 중에서도 가장 외부로 잘 드러나지 않는 특성을 지니며, 아동에게는 정신적 파괴라는 근원적 문제를 발생시키는 가장 치명적인 학대이다. 정서학대의 구체적인 징후는 표 10-2와 같다.

**표 10-2 정서학대의 징후**

- 수면부족으로 인한 후유증
- 언어장애, 비행, 기행(퇴행, 반사회적 행동 등)
- 스트레스로 인한 원형탈모 등
- 특정물건을 계속 빨고 있거나 물어뜯음
- 갑작스러운 폭력성향과 행동장애
- 히스테리, 강박, 공포 등 정신신경성 반응
- 극단행동, 과잉행동, 발달지연, 자살시도

### (3) 성학대

성학대는 보호자를 포함한 성인이 자신의 성적 충족을 목적으로 18세 미만의 아동에게 행하는 모든 성적 행위를 의미한다. 구체적으로 자신의 성적 만족을 위해 아동을 관찰하거나 아동에게 성적인 노출을 하는 행위(옷을 벗기거나 벗겨서 관찰하는 등의 관음적 행위, 성관계 장면을 노출, 나체 및 성기노출, 자위행위 노출 및 강요, 음란물을 노출하는 행위 등), 아동을 성적으로 추행하는 행위(구강 추행, 성기 추행, 항문 추행, 기타 신체부위를 성적으로 추행하는 행위 등), 아동에게 유사 성행위를 하는 행위(드라이 성교 등), 성교를 하는 행위(성기 삽입, 구강성교, 항문성교), 성매매를 시키거나 성매매를 매개하는 행위를 말한다.

성학대를 당한 아동의 신체적 · 정신적 · 사회적으로 입는 피해의 정도는 매우 심각하다. 즉, 성기파열과 변형 등이 있을 수 있으며, 지속적으로 피해를 당할 경우 임신과 낙태, 불임의 상태까지 야기될 수 있다. 특히 아동들은 성학대에 대한 인식이 없어 피해가 지속될 수 있으며, 친족 가해자의 협박으로 다른 가족원들에게 피해 사실을 숨기면서 혼자 불안과 공포, 분노와 좌절감에 의해 우울증으로 고통받을 가능성이 매우 높다. 그 결과 신경이 예민해지고 식욕을 상실하거나 두통, 복통을 호소하기도 하며, 집중력과 학교 성적이 저하되어 학교 가기를 싫어하고 친구들을 기피하여 고립되고 매사에 자신감이 없으며, 소극적이고 폐쇄적 생활을 하게 된다. 말라무스 등(Malamuth et al., 1995)의 연구에 의하면, 부모의 빈번한 다툼이나 자녀에 대한 학대를 경험한 경우 청소년기에 비행을 저지를 가능성이 높고, 또래들보다 이른 나이에 성교를 경험하며, 성인 초기에 성폭력 범죄를 저지를 가능성이 매우 높다고 주장한다. 또한 아동기의 경험이 난잡한 성생활이나 성학대의 가능성을 높여 주며, 이로 인하여 이성과의 관계에서 갈등을 경험하고 있는 것으로 나타났다. 성학대의 구체적인 징후는 표 10-3과 같다.

**표 10-3 성학대의 징후**

- 걷거나 앉는 데 어려움
- 회음부의 통증과 가려움
- 찢기거나 손실된 처녀막
- 아동의 질에 있는 정액
- 질에 생긴 상처나 긁힌 자국 또는 홍진
- 항문 주변의 멍이나 찰과상
- 입천장의 손상, 성병 감염 및 임신, 인두임질
- 나이에 맞지 않는 성적 행동, 해박하고 조숙한 성지식
- 타인, 동물, 장난감을 대상으로 하는 성적인 상호관계
- 위축, 환상, 퇴행행동, 혼자 남아 있기를 거부
- 특정 유형의 사람들 또는 성에 대한 두려움

성학대를 경험한 아동을 위해서는 조기 치유가 최선의 대안이다. 성학대의 후유증에서 벗어나는 데는 많은 시간이 소요되므로 부모와 상담자는 인내를 가지고 접근해야 한다. 아동이 성폭력을 당한 이후 야단치거나 혼을 낼 경우는 좌절감이나 자책, 우울증에 빠질 가능성이 높은 반면, 잘 달래 주면서 "너의 책임이 아니니 너무 걱정하지 말라, 이제는 아무 일도 없을 테니 안심해라"고 위로해 주면서 빨리 안정을 회복하도록 해 주면 곧 잊어버리고 본래의 정상적인 생활로 돌아갈 수 있는 확률이 높다.

### (4) 방임 및 유기

방임은 보호자가 아동에게 위험한 환경에 처하게 하거나 아동에게 필요한 의·식·주, 의무교육, 의료적 조치 등을 제공하지 않는 행위를 말한다. 즉, 방임이란 보호자가 고의적·반복적으로 아동에 대한 양육 및 보호를 소홀히 함으로써 아동의 건강이나 복지를 해치거나 혹은 정상적인 발달을 저해할 수 있는 모든 행위를 의미한다. 유기란 보호자가 아동을 보호하지 않고 버리는 행위를 말한다. 유기로는 아동을 보호하지 않고 버리는 행위, 아동을 병원에 입원시키고 사라진 경우, 보호자가 아동을 시설 근처

에 두고 사라진 경우, 보호자가 친족에게 연락하지 않고 무작정 아동을 친족 집 근처에 두고 사라진 경우 등에 해당된다. 아동방임을 유형별로 살펴보면 표 10-4, 방임 및 유기의 구체적인 징후는 표 10-5와 같다.

**표 10-4 유형별 아동방임**

| 구분 | 내용 |
|---|---|
| 신체적 방임 | 양육자와 주위 환경이 아동의 신체적 건강과 안전보호를 저해할 수 있는 내용으로서 건강보호의 거부 및 지연으로 인한 영양 결핍과 비위생적 상태, 아동유기, 집 밖으로의 아동 축출, 부적절한 지도 감독 등을 의미한다. |
| 정서적 방임 | 아동이 양육자나 주위 환경으로부터 적절한 정서적 양육과 관심 있는 사랑을 받지 못하는 상태로서, 즉 아동이 가정에서 부부간의 학대에 노출되고 아동에게 술이나 약물이 허용되며 다른 부적응 행동이 허용되는 심리적 보살핌이 소홀히 제공되는 경우에 해당한다. |
| 교육적 방임 | 양육자가 아동의 교육에서 요구되는 정신적 · 경제적 지원을 수행하지 못하는 상태를 의미한다. |
| 의료적 방임 | 양육자가 아동의 건강유지에 필수적인 의료 서비스 제공을 하지 않는 상태로서 아동의 정기건강검진 및 예방접종, 질병치료 등의 기회를 갖지 못하는 것을 의미한다. |
| 성적 방임 | 아동에게 성인의 성관계나 성관련 시청각 프로그램 및 자료가 노출된 상태로서 아동의 심리적 충격과 성적 호기심이 자극되어 아동 성문제를 유발할 수 있는 상황을 의미한다. |

**표 10-5 방임 및 유기의 징후**

- 발달지연, 성장장애
- 기아, 영양실조, 적절하지 못한 영양섭취
- 계절에 맞지 않는 옷, 청결하지 못한 외모
- 지속적 피로 · 불안정한 호소, 수업 중 조는 태도
- 학교에 일찍 등교하고 집에 늦게 귀가
- 예방접종 등 의학적 치료 불이행, 건강상태 불량
- 음식을 구걸하거나 훔침
- 비행 또는 도둑질
- 아동에게 머릿니, 빈대, 회충 등이 있음
- 특정한 사유 없이 무단 결석

## 3) 아동학대의 후유증

아동학대의 후유증으로는 신체적 후유증, 중추신경과 대뇌 후휴증, 심리적 후유증 및 정신병리로 구분할 수 있는데, 구체적으로 살펴보면 다음과 같다(김이영 외, 2023).

### (1) 신체적 후유증

신체손상으로 맞아서 생긴 피부에 멍든 상처부터 내부 장기 파열, 두뇌 손상 등 매우 다양하게 나타난다. 그리고 방임된 아동은 부적절한 양육과 관련하여 적절한 영양섭취의 부족으로 체중이 증가하지 못하고 성장이 지연되는 성장실패가 초래되기도 한다.

### (2) 중추신경과 대뇌 후유증

중추신경과 대뇌 후유증으로는 신경생리 기능의 변화와 뇌 발달의 저해가 대표적인데, 구체적인 내용은 표 10-6과 같다.

**표 10-6** 중추신경과 대뇌 후유증

| 구분 | 내용 |
|---|---|
| 신경생리 기능의 변화 | 신경생리 기능의 변화로는, 첫째, 신경전달물질인 노르아드레날린의 증가로 투쟁-도피반응을 일으킴으로써 심박수, 혈압, 대사율 및 각성상태에 부정적인 영향을 미치게 된다. 둘째, 도파민의 과도한 분비로 부주의, 과각성, 정신증적 증상, 물질 남용, 기억과 학습의 장애를 초래하게 된다. 셋째, 세로토닌의 감소로 우울감, 충동성, 공격성이 증가하고, 주요 우울증과 외상 후 스트레스 장애 발생 위험을 증가시킨다. 넷째, 스트레스로 지속적으로 증가된 코티솔은 해마의 위축 및 인지기능의 장애를 초래한다. |
| 뇌 발달의 저해 | 뇌 발달에 중요한 영향을 미치는 요인으로는 유전과 환경요인으로 구분할 수 있다. 특히 환경요인 중에서는 매우 중요한 것이 아동기 경험이다. 학대와 방임은 아동기 외상의 가장 심각한 형태로 스트레스 관련 생리적 반응(신경내분비, 교감신경)을 비정상적으로 흥 |

| 구분 | 내용 |
|---|---|
| | 분시킴으로써 정상적 뇌 발달을 저해하게 된다. 즉, 전체 뇌 크기의 감소, 뇌실의 확장 및 뇌량의 감소를 보인다. 또한 편도체의 활성 과다로 사소한 일에도 너무 과민하게 반응하여 두려움, 공포, 불안을 경험하게 된다. 그리고 전두엽에 증가되는 도파민으로 편집증상, 정신증적 증상이 나타나기도 한다. |

## (3) 심리적 후유증

아동학대에 의한 심리적 후유증으로는 지능과 인지기능 저하, 감정 조절 기능의 저하 및 이상, 자기개념의 손상, 또래관계의 어려움, 자학적, 자기파괴 행동 및 학교부적응이 대표적인데, 구체적인 내용은 표 10-7과 같다.

**표 10-7** 심리적 후유증

| 구분 | 내용 |
|---|---|
| 지능과 인지기능 저하 | 학대 피해아동은 지능과 인지기능의 저하를 경험하게 된다. 지능은 학대의 정도가 심하고, 학대의 기간이 길수록 더욱 저하되는 경향성을 지닌다. 특히 학대 피해아동들은 인지기능의 저하와 더불어 외부 위험에 집착하면서 학습과 자기계발에 필요한 에너지가 고갈되어 학업수행의 저하로 이어지게 된다. |
| 감정 조절 기능의 저하 및 이상 | 아동학대는 자기를 조절하는 능력에 부정적인 영향을 미치게 된다. 즉, 위축되거나 즐거움을 느끼지 못하거나 예측할 수 없거나 모호하거나 혹은 빈약한 감정을 보인다. 그 외에 만성 스트레스로 고통받는 경우에 흔하게 나타나는 심한 불안, 스트레스를 참지 못하는 것, 우울감, 절망감을 갖는다. 일반적으로 학대 피해아동은 불안하기 때문에 상징적 활동(예: 상상, 놀이, 그림 등)에서 학대로 인한 손상을 반복하여 표출하기도 한다. 그리고 피해아동은 자신에게 위험이 직면할 것에 대해 매우 민감하게 반응하는데, 이것은 아주 위축되거나 혹은 공격적인 성향으로 나타나게 된다. |
| 자기개념의 손상 | 피해아동에게 나타나는 가장 일반적인 특징 중의 하나가 무력감이다. 피해아동은 대개 슬프고, 기가 죽고, 자기 멸시에 빠진다. 이와 같은 부정적 자기개념은 만성적인 신체 및 정서적 손상에서 기인한다. 반복적인 처벌, 구타, 위협 등으로부터 아동은 실제로 잘못이 없음에도 불구하고 자신의 행동으로 인해 벌을 받는 것으로 생각하게 되고, 결국 부정적인 자기개념을 갖게 된다. 이러한 생각으로 아동은 자신을 스스로 나쁜 혹은 벌 받아 마땅한 것으로 여기게 되고 결국 자신이 나쁘기 때문이라는 생각을 계속하게 |

| 구분 | 내용 |
|---|---|
| | 되고, 가해자는 크게 잘못한 것이 아닌 것으로 받아들이게 되는데, 이것을 희생자화(victimization)라고 부른다. |
| 또래관계의 어려움 | 학대 피해아동은 충동성과 공격성으로 인해 또래나 형제관계에서 괴롭히기, 싸움 등 부정적인 행동을 보이는 경우가 흔하다. 또한 또래와 잘 어울리지 못하거나 위축되어 지내는 모습을 보이기도 한다. 피해아동은 다른 사람의 감정을 헤아리지 못하고 자신의 행동을 사회 상황에 맞게 조절하는 능력이 떨어지는 경향이 강하며, 그 결과로 또래를 괴롭히기도 하고 사회적으로 위축되기도 한다. |
| 자학적, 자기파괴 행동 | 자살시도 및 위협, 자해 행동 등을 흔히 나타낸다. 그리고 사고를 잘 일으키거나 혹은 사고를 당하는 경향성을 보이기도 한다. 특히 성학대를 경험한 경우 자포자기적인 행동으로 자기 몸을 파는 자학적 행동이 나타나기도 한다. |
| 학교부적응 | 학교생활 중 집중력이 짧고 산만하고, 정서적으로 안정이 되지 않아 학업 수행이 저조한 경우가 많다. 그 뿐만 아니라 공격행동이나 참을성 부족으로 또래나 교사와의 관계에서도 문제가 발생한다. 그리고 인지기능의 저하나 언어발달의 지연 등으로 학습능력에 지장을 초래하는 경우가 많기 때문에 학교 적응이 더욱 어려워진다. |

### (4) 정신병리

청소년이나 성인에서 첫 번째로는 공격적 행동과 폭력이 연관되어 나타난다. 이 같은 공격성과 충동적인 경향은 자살 시도나 자기파괴 행동으로도 나타난다. 때로는 청소년 비행, 범죄, 약물남용, 학교 부적응을 가져오기도 한다. 두 번째로 흔히 관찰될 수 있는 병리현상으로 주의력결핍 과잉행동장애(ADHD), 반항장애, 외상 후 스트레스 장애(PTSD)의 빈도가 높게 나타난다. 성인기가 되면 다소 다른 양상으로 우울증, 해리성 정체성장애 등이 나타날 수 있다.

## 4) 아동학대의 원인

아동학대의 발생원인은 다양하다. 즉, 부모의 미성숙, 아동양육에 대한 지식부족,

지나친 기대, 어릴 때 학대받은 경험, 잦은 가정의 위기, 정서적 욕구불만, 사회적 고립, 알코올 중독 등이 모두 그 원인이 될 수 있다. 아동학대의 원인으로는 일반적으로 개인적 요인, 가족적 요인, 사회적 요인, 문화적 요인으로 분류할 수 있다(김이영 외, 2023).

### (1) 개인적 요인

개인적 요인은 아동학대의 주요 원인을 학대자인 부모의 심리적 특성과 성격구조의 결함에 두고 있다. 즉, 이 원인에는 부모의 기질, 성격, 발달은 문제의 정도가 경미한 정도에서 결함장애까지를 포함하고 있다. 일반적으로 방임 및 학대부모는 의사소통능력 및 자기통제감의 부족과 자아개념과 자아정체감의 미성숙, 정서불안, 충동적 · 억압적 · 지배적 성향이 강한 것으로 경미한 우울증 등의 정신장애도 나타난다. 그리고 부모는 자녀의 욕구를 중시하기보다는 부모 자신의 정서적 욕구와 관계성을 우선시하는 자기 중심적 성격이다. 부모의 음주벽 또한 감정의 충동성 억제를 저해하거나 스트레스를 폭발시킴으로 아동학대를 유발한다고 보는 것이다.

### (2) 가족적 요인

가족적 요인은 가족의 기능, 특히 가족의 역기능적 역동성이 아동학대의 유발시킨다고 보는 입장이다. 따라서 구조적 및 기능적 결손가족을 아동학대의 원인으로 본다. 즉, 편부모 및 재혼가족, 부부관계의 불화, 부모와 아동 간의 상호작용이나 애착관계에서의 문제 등을 주요 원인으로 본다.

### (3) 사회 · 문화적 요인

사회적 요인은 가정의 낮은 사회 · 경제적 수준, 사회적 고립, 다양한 스트레스 등이 아동학대를 유발한다고 보는 입장이다. 다양한 상황적 스트레스란 질병, 실업, 결혼갈등 등 학대에 관련되거나 학대하는 사건으로 유도되는 스트레스를 말한다. 즉, 개인과 가족을 둘러싸고 있는 인적, 물적 환경이 부모로 하여금 자녀학대를 하게 하는 주요 원인이 된다고 보는 입장이다.

문화적 요인은 폭력을 허용하는 사회의 태도 및 분위기가 중요하다고 보는 입장이다. 학대부모가 가진 문화적 배경은 자녀 훈육 시 체벌을 이용하고 자녀를 권리주체로 보기보다는 부모의 소유물로 간주한다. 이는 우리나라와 일본에서 발생하는 부모-자녀 동반자살이라는 독특한 현상에서 찾을 수 있다. 또한 부모관계에서 성역할 태도는 성고정관념으로 인하여 경직되어 있고, 가부장주의의 권위적 성향이 뚜렷하다. 이러한 경우 아버지가 어머니보다 올바른 양육태도를 위한 의식 발달이 더 필요한 것으로 제시되고 있다. 부모의 심리적 스트레스와 관련되는 주요 사회적 요인은 부모의 사회·경제적 지위나 취업문제이다.

## 2. 아동학대의 현황

아동학대 신고 및 학대 판단 건수에 대한 현황은 그림 10-2, 표 10-8과 같다.

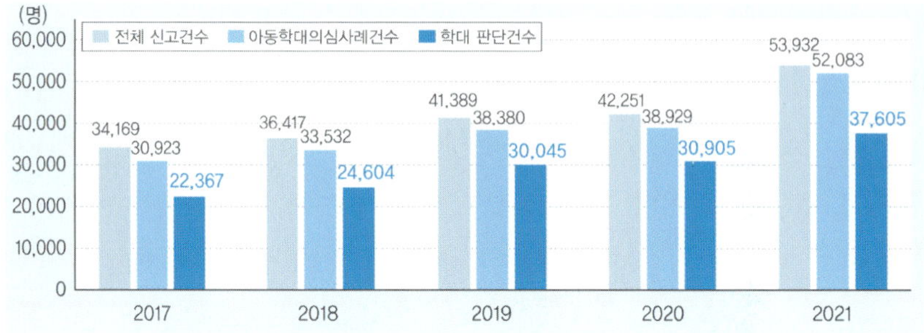


**그림 10-2** 아동학대 신고 및 학대 판단 건수

**표 10-8** 아동학대의 현황 및 유형

| 연도 | 계 | 중복학대 | 신체학대 | 정서학대 | 성학대 | 방임(유기) |
|---|---|---|---|---|---|---|
| 2013 | 6,796 | 2,922 | 753 | 1,101 | 242 | 1,778 |
| 2014 | 10,027 | 4,814 | 1,453 | 1,582 | 308 | 1,870 |
| 2015 | 11,715 | 5,347 | 1,884 | 2,046 | 428 | 2,010 |
| 2016 | 18,700 | 8,980 | 2,715 | 3,588 | 493 | 2,924 |
| 2017 | 22,367 | 10,875 | 3,285 | 4,728 | 692 | 2,787 |
| 2018 | 24,604 | 11,792 | 3,436 | 5,862 | 910 | 2,604 |
| 2019 | 30,045 | 14,476 | 4,179 | 7,622 | 883 | 2,885 |
| 2020 | 30,905 | 14,934 | 3,807 | 8,732 | 695 | 2,737 |
| 2021 | 37,605 | 16,026 | 5,780 | 12,351 | 655 | 2,793 |
| 2022 | 27,971 | 9,775 | 4,911 | 10,632 | 609 | 2,044 |
| 2023 | 25,739 | 7,383 | 4,698 | 11,094 | 585 | 1,979 |

출처: 보건복지부(2024). 2024 보건복지통계연보.

아동학대는 2013년 6,796건에서 해마다 증가하여 2021년 37,605건으로 가장 많았으며, 2023년은 다소 감소한 25,739건으로 나타났다. 아동학대 행위자 유형에 대한 현황은 표 10-9와 같다.

**표 10-9** 아동학대 행위자 유형

(단위: 건, %)

| 구분 | | 2017년 | 2018년 | 2019년 | 2020년 | 2021년 |
|---|---|---|---|---|---|---|
| 계 | | 22,367(100) | 24,604(100) | 30,045(100) | 30,905(100) | 37,605(100) |
| 부모 | | 17,177(76.8) | 18,920(76.9) | 22,700(75.6) | 25,380(82.1) | 31,486(83.7) |
| 친인척 | | 1,067(4.8) | 1,114(4.5) | 1,332(4.4) | 1,661(5.4) | 1,517(4.0) |
| 대리양육자 | | 3,343(14.9) | 3,906(15.9) | 4,986(16.6) | 2,930(9.5) | 3,609(9.6) |
| | 부모의 동거인 | 247(1.1) | 270(1.1) | 363(1.2) | 444(1.4) | 403(1.1) |
| | 유치원 교직원 | 281(1.3) | 189(0.8) | 155(0.5) | 118(0.4) | 140(0.4) |
| | 초중고교 직원 | 1,345(6.0) | 2,060(8.4) | 2,154(7.2) | 882(2.9) | 1,089(2.9) |
| | 학원 및 교습소 | 217(1.0) | 176(0.7) | 320(1.1) | 208(0.7) | 319(0.8) |
| | 보육교직원 | 840(3.8) | 818(3.3) | 1,384(4.6) | 634(2.1) | 1,221(3.2) |
| | 아동복지시설 종사자 | 285(1.3) | 313(1.3) | 408(1.4) | 556(1.8) | 217(0.6) |
| | 기타시설 종사자 | 60(0.3) | 27(0.1) | 63(0.2) | 12(0.0) | 93(0.2) |
| | 청소년 관련 시설 종사자 | 32(0.1) | 33(0.1) | 87(0.3) | 14(0.0) | 58(0.2) |
| | 위탁부 | 4(0.0) | 7(0.0) | 3(0.0) | 4(0.0) | 6(0.0) |
| | 위탁모 | 17(0.1) | 2(0.0) | 8(0.0) | 16(0.1) | 17(0.0) |
| | 베이비시터 | 15(0.1) | 11(0.0) | 41(0.1) | 42(0.1) | 46(0.1) |
| 타인 | | 294(1.3) | 360(1.5) | 663(2.2) | 565(1.8) | 658(1.7) |
| 기타 | | 441(2.0) | 304(1.2) | 364(1.2) | 369(1.2) | 355(0.9) |
| 파악안됨 | | 45(0.2) | – | – | – | – |

출처: 보건복지부(2022). 2021년 아동학대 연차보고서.

2021년 아동학대 판단 건수 37,605건 중에서 부모에 의한 학대가 31,486건(83.7%)으로 가장 많았으며, 대리양육자 3,609건, 친인척 1,517건, 타인 658건, 기타 355건 순으로 나타났다. 2023년 아동학대 현황을 구체적으로 살펴보면, 그림 10-3, 그림 10-4, 그림 10-5, 그림 10-6, 그림 10-7과 같다.

**그림 10-3 신고접수 · 판단 및 아동학대 유형**

출처: 아동권리보장원(2025). 아동학대 예방 및 보호.

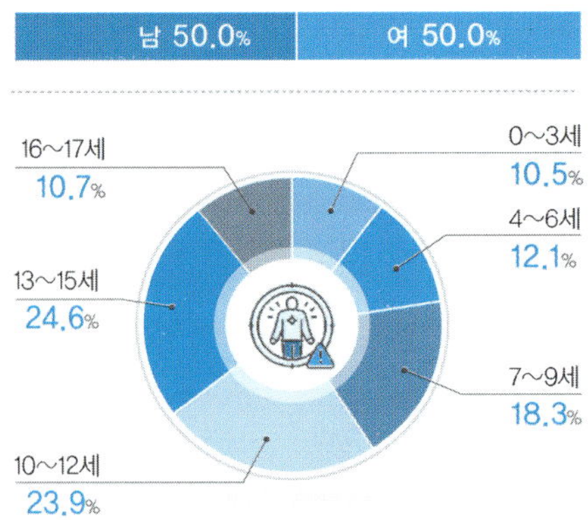


**그림 10-4 피해아동의 특성**

출처: 아동권리보장원(2025). 아동학대 예방 및 보호.

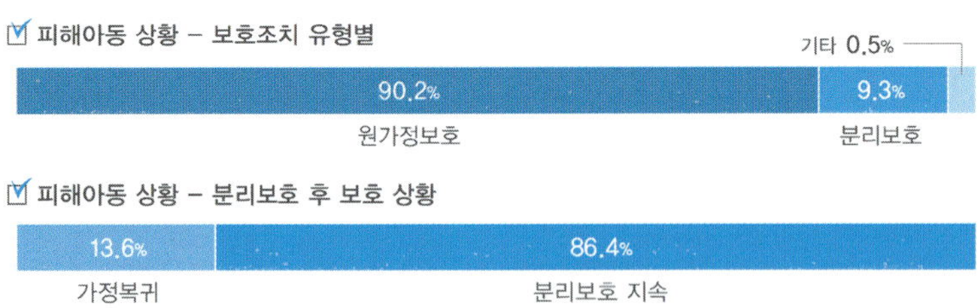


**그림 10-5 피해아동의 상황**

출처: 아동권리보장원(2025). 아동학대 예방 및 보호.

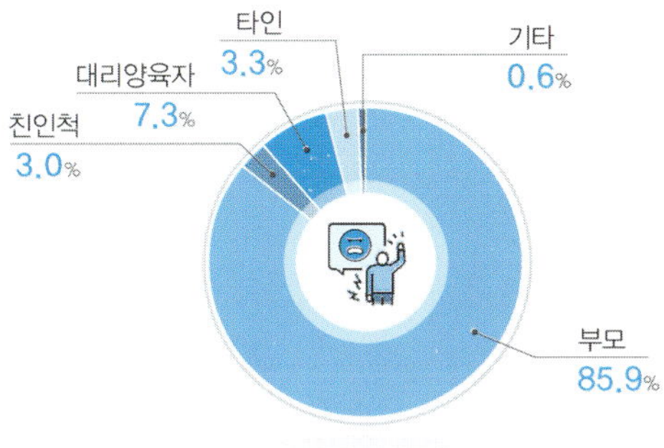


**그림 10-6 학대행위자와 피해아동의 관계**

출처: 아동권리보장원(2025). 아동학대 예방 및 보호.

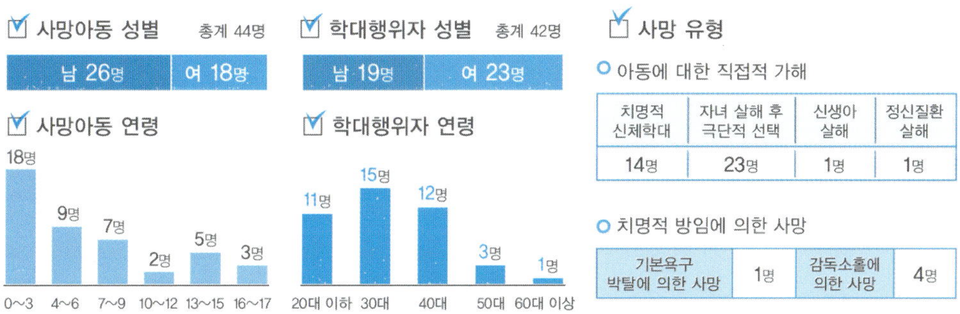


**그림 10-7 아동학대 사망**

출처: 아동권리보장원(2025). 아동학대 예방 및 보호.

2023년 아동학대 현황을 살펴보면 아동학대 신고접수는 45,771건이며, 아동학대로 판단한 건수는 25,739건으로 나타났으며, 아동학대의 유형은 정서학대가 11,094건으로 가장 많았으며, 중복학대 7,383건, 신체학대 4,698건, 방임 1,979건, 성학대 585건으로 나타났다. 피해아동의 특성에서는 13~15세가 24.6%로 가장 많았으며, 10~12세 23.9%, 7~9세 18.3%, 4~6세 12.1%, 16~17세 10.7%, 0~3세 10.5% 순으로 나타났다. 피해아동의 경우 보호조치는 원가정보호가 90.2%, 분리보호가 9.3%로 나타났으며, 분리보호

후 보호 상황에서는 분리보호 지속이 86.4%, 가정복귀가 13.6%로 나타났다. 학대행위자와 피해아동의 관계에서는 부모가 85.9%로 매우 높게 나타났으며, 아동학대로 사망한 아동은 44명(남 26명, 여 18명)으로 나타났으며, 사망 유형으로는 자녀 살해 후 극단적 선택이 23명으로 가장 높게 나타났다.

# 3. 우리나라의 아동보호체계

## 1) 아동보호전문기관 및 학대피해아동쉼터

아동보호체계를 아동보호전문기관 및 학대피해아동쉼터로 구분하여 살펴보면 다음과 같다(주수길 외, 2020).

### (1) 아동보호전문기관

아동보호전문기관은 아동학대 신고접수 및 현장조사를 수행한다. 직원은 아동학대범죄가 행해지고 있는 것으로 신고된 현장에 출입하여 아동 또는 아동학대 행위자 등 관계인에 대하여 조사를 하거나 질문을 한다. 조사를 거부, 방해, 기피하는 행위를 한 자는 1년 이하 징역 또는 500만 원 이하의 벌금에 처해지며, 폭행 또는 협박하거나 위계 또는 위력으로써 업무 수행을 방해한 사람은 5년 이하의 징역 또는 1천 500만 원 이하의 벌금에 처할 수 있다(「아동학대처벌법」).

아동학대범죄 행위 제지 및 아동학대 행위자를 격리하는 응급조치를 취하며, 피해아동을 보호시설 및 의료기관으로 인도하는 응급조치 및 상담 · 치료 등의 서비스를 제공한다. 응급조치는 72시간을 넘길 수 없으며, 다만 검사가 임시조치를 법원에 청구한 경우, 법원의 임시조치 결정 시까지 연장된다. 사법경찰에게 아동학대 행위자에 대한 임시조치를 청구 요청하며, 임시조치 · 조건부 기소유예 · 보호처분 등을 받은 학대행위자에 대한 상담 · 교육을 위탁 수행한다. 피해아동 및 학대행위자 · 가족에 대한 상담 · 교육 등의 서비스를 제공하며, 행위자 접근금지 등 긴급 임시조치 신청, 피해아동보호명령 청구 등을 실시하고, 시설 내 학대의 경우는 필요시 지자체에 현장조사 동행을 요청한다.

피해아동 가정의 사후관리를 실시하고, 아동학대사례 전문위원회를 운영한다. 국가아동학대정보시스템에 아동학대 업무수행 결과를 입력 및 보존하며, 아동학대 예방교육 및 홍보를 실시하고, 지역사회 자원 개발 및 관련기관 협력체계를 구축한다. 시장 · 군수 · 구청장에게 피해아동의 기초생활 보장급여 또는 의료급여 등 필요한 보호 및 양육조치를 의뢰하고, 친권행사 제한 또는 친권행사 상실 청구를 요청한다.

### (2) 학대피해아동쉼터

학대피해아동쉼터는 아동학대 사건 발생 시 학대 재발 위험이 높아서 원가족 보호가 바람직하지 않은 경우 아동을 보호자로부터 분리하여 보호하기 위한 시설이다. 즉, 만 18세 미만의 학대 피해아동으로 원 가정으로부터 분리하여 심리치료와 보호가 필요한 경우(학대 피해아동 보호조치, 피해아동 응급조치, 피해아동(임시) 보호명령)에 이용할 수 있다. 지원내용으로는 피해아동 보호 및 숙식 제공, 피해아동 생활지원(의복 등 생필품 지원, 일상생활 훈련 및 생활지원), 상담 및 치료(심리검사, 개별 심리치료, 집단 심리치료, 건강검진 지원 및 병원 치료), 교육 및 정서지원(학업지도, 안전교육, 문화체험, 체육활동) 등을 제공하게 된다.

## 2) 행정기관 및 학대사건 처리기관

행정기관 및 학대사건 처리기관을 행정기관, 경찰, 검찰, 보육, 교육기관 및 법원을 중심으로 살펴보면 다음과 같다(주수길 외, 2020).

### (1) 행정기관

아동학대예방사업을 다루고 있는 행정기관으로는 표 10-10과 같이 보건복지부, 법무부, 여성가족부, 교육부와 시 · 도 및 시 · 군 · 구를 들 수 있다.

**표 10-10 아동학대예방사업 행정기관**

| 구분 | 내용 |
|---|---|
| 보건복지부 | 아동학대예방을 위한 정책수립, 아동보호전문기관 · 학대피해아동쉼터 설치 및 운영 지원, 아동보호전문기관의 업무실적 평가 등 |
| 법무부 | 아동학대 범죄의 처벌 및 피해아동 보호에 관련한 법 마련, 아동학대 행위자 교정 · 교화 지원체계 마련 등 |
| 여성가족부 | 가정폭력예방과 아동학대예방 교육 및 홍보, 가정폭력피해자 보호시설 내 피해아동 보호 지원 |
| 교육부 | 아동학대 예방교육프로그램 개발 등 교육지원, 피해아동의 입학, 전학 등의 조치 |
| 시 · 도 | • 시 · 군 · 구의 피해아동 보호조치 및 아동학대예방사업에 대한 관리 · 감독, 시정조치, 지역 아동보호전문기관 및 학대피해 아동쉼터 설치 및 운영지원, 업무 지도와 감독, 아동보호전문기관 아동학대조사원증 교부, 아동 입소시설 결정, 홍보 및 지역주민 인식개선을 위한 교육<br>• 읍 · 면 · 동에서는 아동학대 신고, 아동보호 전문기관 협조(등 · 초본 열람 · 발급, 외국인 등록 사실증명 열람 · 발급, 국민기초생활 수급자 여부, 장애인등록증 열람 · 발급 등) 및 수수료 면제, 현장조사 시 동행 요청에 협조 등 |

### (2) 경찰

경찰은 고소 · 고발이 진행되고 있는 경우 진행과정 정보 공유에 대한 지역아동보호전문기관 요청에 협조, 아동학대 신고접수 및 직무상 아동학대 의심사례를 알게 된 경우, 반드시 아동보호전문기관에 통보 및 사례내용 공유, 아동보호전문기관에 접수된 신고사례에 대한 현장조사 시 동행 협조, 수사과정에서 학대행위자의 위협으로부터 피해아동 및 아동보호전문기관 상담원 신변안전 확보, 응급조치를 요하는 아동학대 사례를 일시보호시설 또는 의료기관에 조치 의뢰, 아동학대행위자에 대한 긴급임시조치 결정 · 집행 및 임시조치 신청, 아동학대사건 송치, 신고의무자의 신고의무 준수 여부를 조사하고 지방자치단체에 과태료 부과 요청, 단독으로 조사한 사례에 대한 현장조사 결과를 국가 아동학대정보시스템에 입력 등을 실시한다.

### (3) 검찰

검찰은 아동학대행위자에 대한 임시조치 청구 및 수사 · 처분 방향 결정, 친권상실의 신고 또는 후견인의 변경 심판 청구, 아동보호전문기관 등에 상담 · 치료 · 교육 명령, 성폭력 · 아동학대 전담검사제도, 진술조력인제도 및 피해자 국선변호사 제도를 활용하여 피해아동 보호, 아동학대행위자의 위협으로부터 피해아동 및 아동보호전문기관 상담원 등의 신변안전 확보 등의 조치를 실시한다.

### (4) 보육 및 교육기관

교육기관 등에서는 아동학대 의심사례 조기 발견 및 경찰 또는 아동보호전문기관에 신고, 아동학대 신고의무자 교육 실시, 아동보호전문기관 상담원 및 경찰이 학교를 방문하여 현장조사(아동상담)을 실시할 경우 협조, 피해아동과 부모에 대한 치료적 개입 및 협조, 피해아동의 학교생활, 가족력 등 관련 자료 제공, 피해아동에 대한 학교사회사업 서비스 제공, 아동, 부모 및 교사 대상의 아동학대예방 홍보 및 아동의 권리와 학대 예방 등에 관한 교육 실시, 피해아동의 입학, 전학 등의 신속한 조치와 편의를 도모해야 한다.

#### (5) 법원

아동의 최선의 이익 우선 원칙에 따른 사법적 소송 진행, 피해아동에 대한 임시 보호명령 및 피해아동 보호명령 결정, 아동학대행위자에 대한 임시조치 결정, 아동보호전문기관으로의 상담·교육 위탁 시 이행사항 확인 및 수행기관의 의견 청취를 통한 교정 상황 모니터링, 아동학대행위자에 대한 보호처분 결정 및 그 이행상황 모니터링, 피해아동의 법률적 보호 및 학대행위자에 대한 보호처분 등에 대해 아동보호전문기관의 긴밀한 협조, 아동학대행위자에 대한 형사판결, 보호처분 결정, 친권의 상실 선고·후견인 변경 심판, 후견인의 지정 등을 실시한다.

### 3) 아동학대 신고와 처리과정

아동학대 신고와 처리과정은 그림 10-8과 같다.

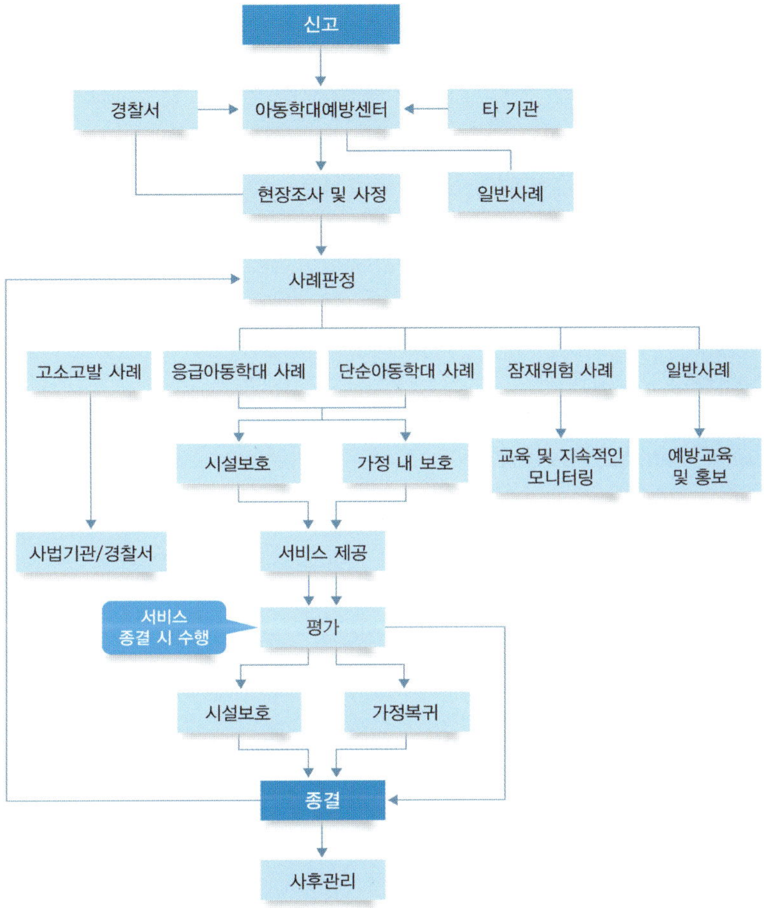


**그림 10-8 아동학대 처리과정**

출처: 국가건강정보포털(http://health.mw.go.kr). 아동학대 신고 후 진행 흐름도.

아동학대 예방 및 상담기관이나 경찰에 신고된 학대아동은 그림 10-8에 제시된 흐름에 따라 도움을 받을 수 있다. 이러한 과정은 크게 신고, 현장 조사 및 위기사정, 개입, 평가, 종결 및 사후관리로 구분할 수 있는데, 이에 대해 구체적으로 살펴보면 다음과 같다.

### (1) 신고

심각한 아동학대 사례로서 경찰의 조사가 진행될 때에는 신고자가 관찰한 내용으로 진술서를 작성하게 되는데 이것은 아동학대를 입증하기 위한 참고자료로 매우 중요한 가치를 지닌다. 그리고 조사결과 학대가 아니라는 판정이 나더라도 신고자에게는 불이익이 돌아가지 않는다. 아동학대 신고 시 표 10-11을 참조하여 신고를 하는 것이 효과적이다.

**표 10-11 아동학대 신고 방법**

| 구분 | 내용 |
|---|---|
| 언제 | • 아동의 울음소리, 비명, 신음소리가 계속되는 경우<br>• 아동의 상처에 대한 보호자의 설명이 모순되는 경우<br>• 계절에 맞지 않거나 깨끗하지 않은 옷을 계속 입고 다니는 경우<br>• 뚜렷한 이유 없이 지각이나 결석이 잦은 경우<br>• 나이에 맞지 않은 성적 행동을 보이는 경우 |
| 무엇을 | • 신고자의 이름, 연락처<br>• 아동의 이름, 성별, 나이, 주소<br>• 학대행위자로 의심되는 사람의 이름, 성별, 나이, 주소<br>• 아동이 위험에 처해 있거나 학대를 받고 있다고 믿는 이유<br>* 아동이나 학대행위자의 정보를 파악하지 못해도 신고는 가능하며, 가능한한 많은 정보를 제공하도록 한다. |
| 어떻게 | • 전화: 국번없이 112, 국번없이 1391<br>• 방문: 관할 지역아동보호전문기관<br>• 스마트폰: 목격자를 찾습니다 앱 내의 아동학대 신고 코너<br>* 신고자의 신분은 「아동학대범죄의 처벌 등에 관한 특례법」 제10조, 제62조에 의해 보장된다. |

「아동학대범죄의 처벌 등에 관한 특례법」에는 표 10-12와 같이 25개 직군에 속하는 자를 아동학대 신고 의무자로 규정하고 있으며, 신고 의무를 제대로 이행하지 않아 적발될 경우 최대 1천만 원 이하의 과태료를 부과하도록 규정하고 있다.

**표 10-12 아동학대 신고 의무자 직군**

| | |
|---|---|
| 1. 「아동복지법」 제10조의2에 따른 아동권리보장원(이하 "아동권리보장원"이라 한다) 및 가정위탁지원센터의 장과 그 종사자 | 14. 아동보호전문기관의 장과 그 종사자 |
| 2. 아동복지시설의 장과 그 종사자(아동보호전문기관의 장과 그 종사자는 제외한다) | 15. 「의료법」 제3조제1항에 따른 의료기관의 장과 그 의료기관에 종사하는 의료인 및 의료기사 |
| 3. 「아동복지법」 제13조에 따른 아동복지전담공무원 | 16. 「장애인복지법」 제58조에 따른 장애인복지시설의 장과 그 종사자로서 시설에서 장애아동에 대한 상담 · 치료 · 훈련 또는 요양 업무를 수행하는 사람 |
| 4. 「가정폭력방지 및 피해자보호 등에 관한 법률」 제5조에 따른 가정폭력 관련 상담소 및 같은 법 제7조의2에 따른 가정폭력피해자 보호시설의 장과 그 종사자 | 17. 「정신건강증진 및 정신질환자 복지서비스 지원에 관한 법률」 제3조제3호에 따른 정신건강복지센터, 같은 조 제5호에 따른 정신의료기관, 같은 조 제6호에 따른 정신요양시설 및 같은 조 제7호에 따른 정신재활시설의 장과 그 종사자 |
| 5. 「건강가정기본법」 제35조에 따른 건강가정지원센터의 장과 그 종사자 | 18. 「청소년기본법」 제3조제6호에 따른 청소년시설 및 같은 조 제8호에 따른 청소년단체의 장과 그 종사자 |
| 6. 「다문화가족지원법」 제12조에 따른 다문화가족지원센터의 장과 그 종사자 | 19. 「청소년 보호법」 제35조에 따른 청소년 보호 · 재활센터의 장과 그 종사자 |
| 7. 「사회보장급여의 이용 · 제공 및 수급권자 발굴에 관한 법률」 제43조에 따른 사회복지전담공무원 및 「사회복지사업법」 제34조에 따른 사회복지시설의 장과 그 종사자 | 20. 「초 · 중등교육법」 제2조에 따른 학교의 장과 그 종사자 |
| 8. 「성매매방지 및 피해자보호 등에 관한 법률」 제9조에 따른 지원시설 및 같은 법 제17조에 따른 성매매피해상담소의 장과 그 종사자 | 21. 「한부모가족지원법」 제19조에 따른 한부모가족복지시설의 장과 그 종사자 |
| 9. 「성폭력방지 및 피해자보호 등에 관한 법률」 제10조에 따른 성폭력피해상담소, 같은 법 제12조에 따른 성폭력피해자보호시설의 장과 그 종사자 및 같은 법 제18조에 따른 성폭력피해자통합지원센터의 장과 그 종사자 | 22. 「학원의 설립 · 운영 및 과외교습에 관한 법률」 제6조에 따른 학원의 운영자 · 강사 · 직원 및 같은 법 제14조에 따른 교습소의 교습자 · 직원 |

| | |
|---|---|
| 10. 「119구조 · 구급에 관한 법률」 제2조제4호에 따른 119구급대의 대원 | 23. 「아이돌봄 지원법」 제2조제4호에 따른 아이돌보미 |
| 11. 「응급의료에 관한 법률」 제2조제7호에 따른 응급의료기관등에 종사하는 응급구조사 | 24. 「아동복지법」 제37조에 따른 취약계층 아동에 대한 통합서비스지원 수행인력 |
| 12. 「영유아보육법」 제7조에 따른 육아종합지원센터의 장과 그 종사자 및 제10조에 따른 어린이집의 원장 등 보육교직원 | 25. 「입양특례법」 제20조에 따른 입양기관의 장과 그 종사자 |
| 13. 「유아교육법」 제2조제2호에 따른 유치원의 장과 그 종사자 | |

### (2) 현장 조사 및 위기사정

현장 조사 및 위기사정은 충분한 자료와 정보의 수집 · 분석과 학대사실 및 위급성 여부의 확인 그리고 사례 개입 및 프로그램 제공을 계획하기 위해 필수적인 과정이라고 할 수 있다. 긴급한 사례는 12시간 이내에 경미한 단순아동학대 사례인 경우에는 48시간 내에 현장조사를 통해 서면으로 조사내용을 작성하여야 한다. 아동학대는 학대행위자의 개인적 특성과 더불어 사회 환경적인 영향에 의해 유발되는 경우가 흔하기 때문에 분야별 전문가 팀을 구성하여 개입할 때 효과적으로 문제를 해결할 수 있다.

### (3) 개입

위급상황 아동학대 사례가 발생한 경우에 아동과 가족의 욕구를 확인하고 그에 맞는 가장 바람직한 개입 전략 및 서비스를 제공해야 한다.

#### ① 학대 피해아동의 개별 치료

아동학대는 가족 및 양육의 역기능에 의한 것이기 때문에 전통적으로 아동에 대한 직접적인 접근보다는 가정환경이나 가족의 기능, 역할을 변화시켜 주는 것이 강조되어 왔다. 이러한 가정환경의 변화, 즉 부모 상담 및 치료, 아동을 부모로부터 격리하여 일시 보호, 배치가 가장 중요한 것은 사실이지만 학대받은 아동의 정서 및 행동 반응이나 문제를 호전시키는 데는 이것으로 충분하지 않다. 또한 부모로부터 아동을 격리하여 보호시설에 배치할 경우에는 부모 혹은 가족과의 이별에서 초래되는 또 다른 스트레스가 가중될 수 있다. 경우에 따라서 아동이 보호시설이나 위탁가정을 전전할 수 있기 때문에 이별, 거부의 악순환이 반복되어 상황을 더욱 나쁘게 만들 수도 있다. 따라서 최근에는 아동을 직접 치료하는 것이 매우 중요하고 절실한 문제로 인식하고 있다.

② 놀이정신치료

놀이정신치료의 목표는 반복된 학대와 방임에 따라 누적된 스트레스를 극복하고 심리·사회적인 발달의 왜곡, 지연, 일탈을 교정하거나 예방하는 것이다. 적응증은 학대로 인해 정서적 혼란을 보이는 학령 전 혹은 학령초기 아동에게 해당될 수 있다. 가장 좋은 것은 가정환경이 학대의 재발 위험성이 충분히 낮아졌다고 할 정도로 안정되면 치료를 시작하는 것이다.

③ 상담정신치료

많은 학대 피해아동은 성인과 같이 언어적 표현을 통해 정신치료도 가능하지만 그림이나 음악, 연극 등의 매체가 치료에 상당히 유용하게 사용할 수 있다. 왜냐하면 상징물을 이용하여 괴로웠던 기억이나 부모에 대해 표현할 수 있기 때문이다. 정신치료와 더불어 불안, 우울, 정서, 행동 문제 등에 대한 약물치료가 필요한 경우가 많다.

### (4) 평가, 종결 및 사후관리

상담 및 지원 프로그램 종결을 위해 아동의 안전성, 사례 개입의 목표달성, 학대 위험성의 감소, 아동과 그 가족의 욕구충족 여부 등을 평가하게 된다. 아동이 일시 격리된 상태에서 또는 가정에 머물면서 아동 및 부모에 대한 상담과 교육 프로그램을 진행하면서 학대 상황이 더 이상 일어나지 않는다는 평가를 하게 되면 사례를 종결하고 격리된 아동은 가정으로 복귀하게 된다. 아동 및 부모상담이 진행되는 과정에도 학대가 지속되고 부모가 아동을 양육할 능력이나 의지가 없다고 판단되면, 아동을 장기 격리할 수 있는 절차를 진행해야 하며, 이때 아동복지 담당 공무원의 도움을 받아 필요한 행정절차를 진행하게 된다. 종결된 사례는 필요에 따라 1~2개월에 1회 정도 대면 혹은 전화접촉을 통한 사후관리를 실시하게 된다.

## 4) 아동학대 처벌규정

### (1) 신체학대

「아동복지법」상 5년 이하의 징역 또는 5천만 원 이하의 벌금에 처할 수 있다. 「아동학대처벌법」상 상해, 폭행, 특수폭행, 폭행치사 등으로 처리 가능하고, 특히 아동학대치사 시 무기징역 및 5년 이상 징역에 처할 수 있다.

### (2) 정서학대

「아동복지법」상 5년 이하의 징역 또는 5천만 원 이하의 벌금에 처할 수 있다. 「아동학대처벌법」상 체포/감금(미수), 중체포/감금(미수), 특수체포/감금(미수), 체포감금치사, 협박(미수), 특수협박(미수) 등으로 처리 가능하다.

### (3) 성학대

「아동복지법」상 아동에게 성적 수치심을 주는 성희롱 · 성폭행 등의 학대 행위는 10년 이하의 징역 또는 1억 원 이하의 벌금, 아동을 타인에게 매매, 아동에게 음행을 시키거나 음행을 매개하는 행위는 10년 이하의 징역 또는 5천만 원 이하의 벌금에 처할 수 있다. 「아동학대처벌법」상 강간(미수), 유사강간(미수), 강제추행(미수), 준강간, 미성년자 약취/유인, 추행 등 목적 약취/유인, 인신매매 등으로 처리 가능하다.

### (4) 방임 및 유기

「아동복지법」상 5년 이하의 징역 또는 5천만 원 이하의 벌금에 처할 수 있다. 「아동학대처벌법」상 유기, 영아유기, 학대, 아동혹사, 유기 치상 등으로 처리 가능하다.

## 5) 아동학대의 예방

아동학대의 경우 치료보다는 예방이 더 효과적이다. 왜냐하면 학대받은 아동의 치료는 어렵고, 시간이 소모되며 효과도 별로 없기 때문이다. 또한 아동학대의 예방은 우리 사회의 다른 문제들을 감소시킬 수 있다. 예로, 아동학대와 성장 후의 범죄, 약물 남용, 사회 부적응, 그리고 결혼 부적응과 성적 문제 등은 상관관계가 매우 높기 때문이다. 그러므로 아동기에 학대를 받지 않고 자란다면 이런 여러 가지 부정적인 문제들은 막을 수도 있다. 아동학대 예방에 대해 간략하게 살펴보면 다음과 같다.

### (1) 가해자(어른)의 경우

가해자(어른)의 경우는, 첫째, 학대 또는 폭력의 충동을 느끼는 경우 마음을 가라앉

히도록 한다. 둘째, 자녀에 대한 지나친 기대보다는 기대수준을 현실적으로 맞추도록 노력한다. 지나친 기대로 그 기대에 미치지 못하는 경우 학대가 발생할 수 있다. 셋째, 항상 화목한 가정을 위해서 가족구성원이 노력해야 한다. 넷째, 아동양육이 힘들 때는 친척이나 주위 사람에게 도움을 요청한다. 다섯째, 알코올중독이나 약물중독에 빠지지 않도록 대화를 자주하고 고민에 대해서도 의논할 수 있는 가정분위기를 만드는 것이 중요하다. 마지막으로 심한 스트레스를 받거나 욕구충족이 되지 않도록 노력하고, 고민이 있는 경우는 전문가에게 상담을 요청한다.

### (2) 피해자(아동)의 경우

피해자(아동)의 경우는 먼저 크게 울거나 싫다고 소리를 지르는 등 학대거부의사를 확실하게 밝히도록 가르쳐야 한다. 둘째는 학대의 현장에서 피하도록 한다. 그리고 잘 모르는 사람은 따라가지 않도록 교육시킨다.

### (3) 아동 성학대의 예방

아동 성학대를 예방하기 위해서는 먼저 지식을 습득시키도록 한다. 즉, 성교육을 통해 지식을 갖도록 해야 한다. 둘째, '학대가 무엇인지' 알려 준다. 셋째, '부당하게 취급받았을 때, 즉시 믿을 만한 어른에게 이야기하고 숨기지 말라'고 가르친다. 넷째, '괜찮은, 적절한' 접촉과 '안 되는, 부당한' 접촉을 구별하여 부당한 접촉은 거부하도록 가르친다. 그러나 문제는 근친강간의 경우 평소에 친분이 두터운 '좋은, 괜찮은 사람'으로부터의 '접촉'으로 일어날 수 있기 때문에 접촉을 구별하도록 가르치는 데 어려움이 있다. 다섯째, 피하는 행동전략을 습득시킨다. 여섯째, '싫어요'라고 말한다 → '피한다' → '다른 어른에게 이야기한다'를 연합해서 학습시킨다. 그리고 마지막으로 자기주장 훈련을 시키고, 스스로 행동 전략이나 판단을 주장할 수 있도록 가르친다.

Chapter 11

# 시설아동복지서비스

## 배울 내용

1. 시설아동보호서비스의 이해
2. 시설아동보호서비스의 유형과 대상아동
3. 시설아동보호의 현황
4. 아동시설보호의 문제점과 발전방향

## 학습목표

1. 시설아동보호서비스의 개념과 특징을 설명할 수 있다.
2. 시설아동보호서비스의 유형을 비교 · 구분할 수 있다.
3. 시설아동보호 현황을 분석하고 문제점을 파악할 수 있다.
4. 시설아동보호 복지를 위한 발전방안을 제시할 수 있다.

## 개 요

아동에게는 가정보호가 무엇보다도 우선되어야 한다. 그러나 가정보호가 불가능하고 가정위탁이나 입양마저 힘든 아동은 시설에 의존할 수밖에 없다. 우리나라의 가족문화는 혈연중심이기 때문에 사회적 보호가 필요한 아동은 가정위탁보호나 입양서비스를 받기보다 시설보호에 배치되는 비율이 상대적으로 높다. 아동시설보호서비스는 단순 수용 보호적 차원을 넘어 영구적 가족기능을 확대하고 아동의 발달에 적합한 서비스를 제공하여 아동들이 건전한 사회구성원으로 성장할 수 있도록 도와야 한다. 따라서 아동이익 최우선의 원칙을 기반으로 가족보존 및 가족기능 강화 서비스가 제공되어야 한다. 따라서 본 장에서는 대리적 서비스를 대표하는 시설아동보호서비스에 대해 알아보고자 한다. 즉, 시설아동복지서비스의 이해, 유형과 대상아동 현황 및 문제점을 파악한 후 시설아동의 복지를 위한 발전방안을 모색해 보고자 한다.

11
Chapter

# 시설아동복지서비스

## 1. 시설아동보호서비스의 이해

### 1) 시설아동보호서비스의 개념

일반적으로 시설아동보호란 아동의 부모나 보호자가 자녀를 양육할 능력이나 의사가 없을 때 부모나 보호자를 대리하여 시설에서 일시적이거나 장기적으로 단체보호하는 사업을 일컫는다. 우리나라의 시설아동보호에서는 1950년 6 · 25전쟁 이후 급격하게 증가한 전쟁고아들을 수용 · 보호하기 위해 사회사업으로 출발하였던 아동양육시설이 중심적 역할을 해 왔고, 우리나라의 시설아동보호는 70여 년에 가까운 역사를 가지고 있다.

우리나라에서 사회복지의 시초라고도 할 수 있는 아동양육시설(구, 고아원)은 초대 설립자들의 아동을 위한 사랑과 헌신으로 시작되었다. 그리고 이런 아동양육시설은 많은 위기의 요보호아동들이 건강한 사회인으로 성장할 수 있도록 하는 데 있어 중추적인 역할을 해 왔다. 최근에는 젊은 세대의 출산기피 현상과 출산감소정책 등의 영향으로 인한 아동 인구의 감소로 아동복지시설에 입소하는 아동의 수는 줄어들고 있다. 하지만 복잡 다양해지고 있는 경제상황과 각박한 현실 속에서 결손가정 또는 해체가정 위기의 요보호아동은 꾸준히 증가하고 있다. 이에 따라서 아동양육시설을 비롯한 아동복지시설의 대리적 서비스의 역할이 점점 더 중요해지고 있다. 시설아동보호사업은 가정위탁사업, 입양사업과 함께 요보호아동을 보호하는 대표적인 대리서비스이다. 과거에는 시설보호사업이 주로 고아를 집단 지도하는 데 1차적 목적이 있었다. 하지만 오늘날에는 단순 수용보호를 넘어서 아동 · 청소년들의 건전한 성장과 발달 및 심리사회적 치료를 목적으로 아동문제를 근본적으로 해결하려고 시도하고 있다(이경희, 2008).

시설아동보호사업은 가정에서 욕구가 충족되지 않는 요보호아동들을 위해 불가피하게 선택되는 서비스이다. 미국의 경우 시설아동보호사업에 대한 거부감으로 인하여 입양과 가정위탁 등으로 전환하고 있으나, 우리나라는 혈육을 중요시 생각하는 유교적 문화와 교육비 등의 문제로 입양과 가정위탁서비스가 정착되지 못하고 있다. 시설아동보호의 목적은 일반가정에서의 욕구가 제대로 충족되지 못하는 아동들에게 집단보호와 치료를 마련해 주는 것이다. 즉, 시설아동보호의 목적은 시설아동보호서비스를 통해서 기본적인 욕구를 충족할 뿐만 아니라 교육 및 사회화 등의 일상생활 전반에 대한 지도와 직업훈련을 받음으로써 아동들에게 자립의 능력을 향상시키는 데 목적이 있다(이경희, 2008; 표갑수, 2004). 그러나 시설아동보호의 궁극적인 목적은 가정에서 기본적인 욕구를 충족할 수 없는 요보호아동 · 청소년에게 집단생활을 통하여 프로그램과 개별아동의 욕구에 따른 서비스를 제공하여 다양한 경험을 갖게 함으로써 건전한 인격의 발달과 성장을 꾀하는 것이다. 보호아동 발생 시 업무처리 흐름도는 **그림 11-1**과 같다.

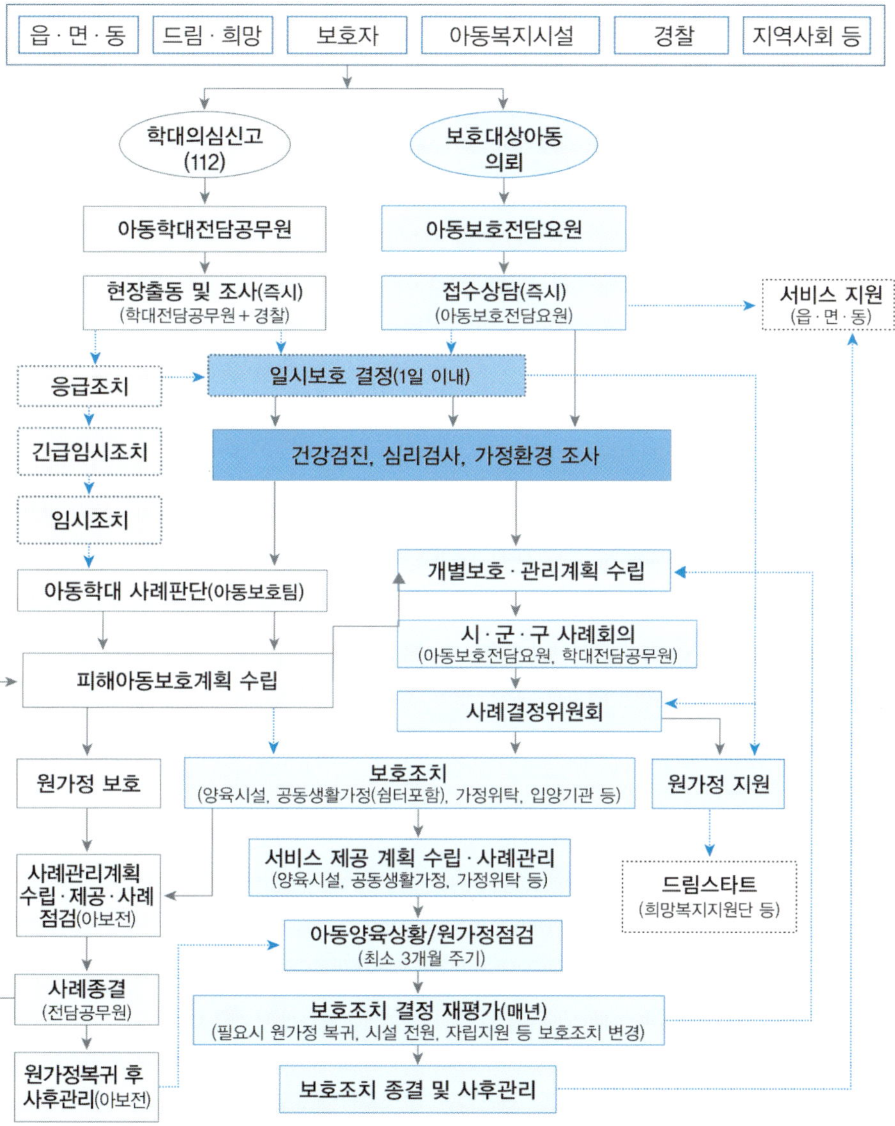


**그림 11-1** 보호아동 발생 시 업무처리 흐름도

출처: 보건복지부(2024). 2024 아동분야 사업안내.

## 2) 시설아동보호서비스의 목적 및 기능

과거 시설아동보호사업은 고아들을 집단적으로 수용하고 보호하는 데 일차적인 목적이 있었다. 그러나 오늘날에는 단순히 아동을 수용 및 보호하는 차원을 넘어 아동의 건전한 성장과 발달, 그리고 사회적 치료를 목적으로 한다. 시설아동보호서비스의 목적을 장인협과 오정수(2001)는 표 11-1과 같이 세 가지로 설명하였다.

**표 11-1 시설아동보호서비스의 목적**

- 아동의 건강한 성장과 발달 지원
- 과거 부정적 경험으로 인한 문제치료 및 변화
- 아동의 인격 발달이나 기능에 장애를 가져오게 한 사회적 · 정서적 문제치료

따라서 시설아동보호서비스는 아동의 주거보호 외에 교육과 사회화를 제공하고, 정서적 · 신체적 문제를 치료하며 아동의 욕구에 따라 개별화된 서비스를 제공함에 그 목적이 있다. 미국아동복지연맹(Child Welfare League of America, 2004)에서는 표 11-2와 같이 시설아동보호서비스 원리를 제시하였다(유호석, 2018).

**표 11-2 시설아동보호서비스의 원리**

- 시설아동보호서비스는 반드시 아동의 가정 진단 후에 제공한다. 시설아동보호서비스의 결정에 앞서 가정을 유지하기 위한 충분한 노력이 있어야 하며, 시설아동보호서비스의 결정은 전문가에 의해 이루어져야 한다.
- 시설아동보호서비스는 안전하고 양육적 · 보호적이며, 치료적인 환경에서 제공되어야 한다. 다시 말해, 시설에서 아동의 개별화된 욕구, 즉 교육적 · 발달적 · 의료적 · 정서적 욕구가 충족될 수 있어야 한다.
- 아동을 시설에 위탁할 수밖에 없었던 친부모의 문제를 해결하는 데 지원하며, 친부모의 강점(strengths)을 강화시키는 데 지원한다.
- 가족의 재결합을 위해 아동과 부모 관계를 회복시키는 데 지원한다.

- 아동과 원가족의 재결합이 불가능한 경우에는 대안으로 장기간 시설아동보호보다는 아동의 입양 등 새로운 가족을 찾도록 노력한다.
- 연장 아동의 경우 앞으로 자립생활을 할 수 있도록 경제적 · 정서적 · 사회적 지원을 통해 시설퇴소를 준비하도록 한다.

시설아동보호의 기능은 생활서비스를 위한 기능(주거기능, 숙식기능, 기타 생활서비스 기능, 의료기능) 및 상담치료서비스를 위한 기능과 자립을 위한 기능(다양한 자립프로그램) 등의 세 가지로 구분될 수 있다. 이러한 세 가지 서비스는 마치 그림물감의 3원색과 같다고 할 수 있다.

그리고 시설아동보호의 기능은 가정의 아동양육기능과 책임을 보완 또는 대체하여 아동의 복지를 실천하는 데 있다. 아동복지의 원리에 따르면 아동들은 가능한 원가정과 친부모 밑에서 성장해야 하지만, 가정에서 성장할 수 없는 아동들이 발생함에 불가피하게 시설아동보호라는 대리적 서비스가 필요하게 되었다. 시설아동보호사업은 아동시설보호, 성인시설보호, 노인시설보호 등으로 구분할 수 있는데, 아동시설아동보호는 통상적으로 아동을 위한 아동보호서비스를 일컫는다. 또한 시설아동보호서비스는 카두신(1980)이 분류한 아동복지서비스이며 보충적, 지지적, 대리적 서비스유형 중에 대리적 서비스의 범주로서, 요보호아동에 대해 전체적인 보호를 제공한다고 할 수 있다(노병일, 2018).

카두신(1980)은 시설아동보호는 혈연적으로 관계없는 아동들이 연관성이 전혀 없는 시설생활교사의 보호 아래 24시간 함께 생활하며 요보호아동들을 양육하는 아동복지서비스의 일종이라고 하였다. 또한 시설아동보호는 가정에서 욕구가 충족되지 못한 요보호아동을 위해서 집단보호와 심리치료를 마련해 주는 대리적 보호서비스이다. 한편 시설입소아동의 가족관계를 보면 부모생존의 경우가 늘어나고 있다. 즉, 보호자의 부재가 아닌 가족기능의 약화에 따른 결손가정이나 경제위기에 따른 해체가정이 입소의 주 원인으로 나타났다. 그러므로 시설아동보호 종료 시 원가정 복귀가 가능한 경우가 상당수 있음을 알 수 있고, 따라서 원가정에 대한 서비스 제공의 필요성이 제기된다. 따라서 시설보호를 필요로 하는 아동의 개별특성에 따라 개별로 전문화된 시설아동보호서비스가 구축되어야 한다. 이에 기존의 아동복지시설 기능도 전문화와 다기능화하는 역할을 이행하도록 요구되고 있다.

오늘날 기존의 요보호아동의 단순보호에서 전문적인 서비스의 실천으로 변함에 따라서 시설의 기능이 변하고 있다. 아동복지시설의 다기능화는 서비스 대상자를 확대하여 일반아동 보호와 취약아동 보호의 결합, 복지와 건강서비스의 결합, 아동종합복지서비스 형태의 다양한 시도, 지역사회 내의 다양한 관련기관들과 시설 간 인적자원의 연계체계 구축을 필요로 하고 있다. 이를 위해서는 표 11-3과 같은 노력들이 필요한 것으로 보고하고 있다(유호석, 2018).

**표 11-3 아동복지시설의 다기능화를 위한 노력**

- 전국의 시 · 군 · 구에 위치한 아동복지시설은 안정된 시설환경을 중심으로 아동복지시설서비스의 다기능화(아동양육시설, 아동일시보호, 아동이용시설, 상담 및 심리치료센터, 지역청소년을 위한 공간, 지역도서관, 다목적프로그램실, 주민조직화 공간 등)로 지역사회와의 네트워크에 노력하여 요보호아동의 이익 최우선의 원칙을 가져야 한다.
- 지역의 아동복지전달체계기관(지역아동보호전문기관, 학교, 지역아동센터, 공동생활가정, 가정위탁지원센터, 청소년 방과후아카데미, 돌봄교실, 건강가정지원센터, 다문화지원센터, 지역종합사회복지관 등)과 네트워크 연계로 아동복지시설이 지역사회보호 중심으로 복지서비스가 제공될 수 있도록 해야 한다. 전국 지역돌봄협의체(교육청, 드림스타트 및 해당 기관 등으로 구성)는 지역돌봄 네트워크 구축 모형을 기획하여 돌봄서비스를 제공한다. 이것은 지역사회기관과의 네트워크 연계로 아동중심적인 관점, 아동이익 최선의 원칙과 지역사회보호의 관점이 협력하면 가능할 수 있다. 아동복지시설도 이러한 아동을 중심으로 하는 관점을 갖고서 아동 관련 기관과 연계가 가능할 수 있어야 한다.
- 요보호아동의 배치가 시작되는 지역아동심의위원회에 공공기관과 아동복지전달체계의 시설종사자들도 적극적으로 참여하고 학교와의 협력과 연계를 통해서 지역사회보호중심서비스의 관점에서 시설보호아동이 성장할 수 있도록 해야 한다.
- 입소 아동수의 감소로 발생되는 시설유휴공간을 지역의 아동들을 위하여 활용하면서 심리, 정서적 영역에서 취약한 계층의 아동들을 위한 기숙형 대안치료시설을 적극적으로 도입해야 한다. 입소아동뿐

아니라 지역의 취약계층의 아동들을 대상으로 시설유휴공간을 요보호아동을 위한 자립관, 공동생활가정 등으로 활용하고 자립을 위한 자립프로그램을 강화하여 실행해야 한다.

- 다양해져 가는 아동들의 긴급입소를 예방하기 위하여 개별화, 맞춤형보호서비스를 제공하고, 지적장애가정의 영유아동들을 위하여 조기개입에 적극적으로 활용해야 한다.
- 지역사회보호와 가족우선의 원칙을 위해서라도 지역에서 열악한 가족을 대상으로 부모교육을 비롯한 가족기능강화 서비스를 제공해야 한다. 한편 해가 지날수록 아동복지시설의 보호아동 인원 수가 감소되고 주변환경이 변화되고 있어 시설 기능을 재정립할 필요성이 제기되고 있다. 이에 정부는 시설의 기능을 아동보호 외에 상담, 일시보호, 급식, 방과후 아카데미, 각종 프로그램 운영 등 지역사회 일반아동을 위한 기능도 포함하여 운영토록 해서, 아동복지시설이 지역사회에서 아동종합복지서비스를 하는 시설이 될 수 있도록 적극적으로 추진해야 한다.

## 3) 시설보호아동의 특성

시설에서의 아이들은 서로 다른 아동, 양육자, 시설 종사자들의 다양성 속에서 서로를 맞춰 가며 집단생활을 해야 한다. 따라서 일반가정과는 다른 분위기와 생활 방식에서 살게 되고, 이로 인해 자신의 개성을 상실하거나 개인적인 발달이나 정서적 · 신체적 능력을 발휘할 기회를 놓치게 되는 등 다양한 어려움을 겪게 된다.

이처럼 시설보호아동이 갖는 가족배경의 이질성과 시설보호 경험으로 인한 이질성에도 불구하고, 일반가정의 아동과 명확히 구분되는 것은 관계의 단절 및 분리이다(Leathers, 2000). 시설보호아동은 정상적인 가정의 보호 안에 있지 못하다는 상대적 박탈감 또는 일반가정의 아동보다 심리 · 사회적 욕구를 충족시킬 만한 인적 물적자원의 부족과 같은 문화적 실조환경으로 인해 정서적으로 불안정하고 결단력이 약할 뿐만 아니라, 심리 · 사회적으로 상당히 소외되거나 위축될 가능성이 높다. 또한 시설에서의 제한된 경제생활로 인해 물질적 욕구가 강할 수도 있다. 국가인권위원회(2011)의 아동복지시설 아동인권 실태 조사에서 나타난 시설아동이 갖는 문제점을 정리하면 표 11-4와 같다.

**표 11-4 시설아동의 문제점**

| |
|---|
| • 시설보호아동의 경우, 사회적 · 경제적 이유로 인해 부모와 헤어져 생활해야 하고, 부모와의 분리과정에서 깊은 심리적 상처를 입기 때문에 문제행동에 있어 더 많은 위험에 노출될 가능성이 있다.<br>• 시설보호아동은 일반가정 아동에 비해 가출경험, 장기결석, 흡연경험, 자살충동의 경험이 유의미하게 많이 나타나 가정, 학교, 개인생활에서의 부적응행동이 관찰되었고, 열등감, 경쟁심 약화, 무책임, 책임회피, 공격성, 의타심, 성취동기부족 등의 특성을 갖는 것으로 나타났다.<br>• 시설보호아동은 여러 가지 내재화 문제를 나타내고 있다. 즉, 시설보호아동은 일반아동에 비해 높은 우울성향과 낮은 학교적응을 보이고, 정서적 안정감이 떨어지며, 무감각함을 보인다. 또한 시설보호아동이 불안정한 대인관계를 유지하기 때문에 정서적으로 불안하며, 만성적인 공허함과 부적절한 분노, 그리고 전반적인 피해의식을 가지게 된다.<br>• 시설보호아동은 학교사회와 원만한 관계를 유지하지 못하는 학교부적응의 문제를 나타낸다. 시설에서 자라나는 아동들은 일반아동에 비해 자신의 학업을 지도해 주는 사람이 없고, 학원 및 과외학습 등의 학교보충교육이 결여되어 언어발달 및 학업성적이 부진하며, 아동 개인의 주의산만, 정서적 불안정 등으로 인해 학습동기가 부족하거나 학습습관이 잘못 형성되어 낮은 학업성취율, 학습거부 등의 부적응 현상이 나타난다. |

# 2. 시설아동보호서비스의 유형과 대상아동

## 1) 시설아동보호서비스의 유형

「아동복지법」 제52조에서는 아동복지시설의 종류를 8가지로 나누고 있으며, 시설은 목적에 따라 요보호아동의 복지증진을 위한 기능과 역할을 하고 있다. 아동복지시설의 종류는 표 11-5와 같다. 구체적으로 보호시설 유형은 아동양육시설, 아동일시보호시설, 아동보호치료시설, 공동생활가정, 자립지원시설이 해당되며, 이용시설로는 아동상담소, 아동전용시설, 지역아동센터가 있다.

**표 11-5 아동복지시설의 종류**

| 구분 | | 내용 |
|---|---|---|
| 보호시설 | 아동양육시설 | 보호대상을 입소시켜 양육, 보호 및 다양한 프로그램과 자립지원 등을 서비스하는 것을 목적으로 하는 시설 |
| | 아동일시보호시설 | 보호대상아동을 일시적으로 보호하며 아동에 대하여 향후 대책수립 및 보호조치를 서비스하는 것을 목적으로 하는 시설 |
| | 아동보호치료시설 | 문제행동을 하거나 문제행동을 할 우려가 있는 아동, 정서적 · 행동적 장애로 인해 어려움을 겪는 아동, 학대로 인해 가해자로부터 일시 분리되어 심리치료가 필요한 있는 아동에게 보호와 치료를 서비스하는 시설 |
| | 공동생활가정 | 보호대상아동에게 편안하고 안락한 주거여건과 양육 및 보호 그리고 자립지원을 서비스하는 것을 목적으로 하는 시설 |
| | 자립지원시설 | 아동복지시설에서 퇴소한 청소년들에게 취업준비기간 또는 취업 후에도 일정기간 동안 보호서비스함으로써 자립을 도와주는 것을 목적으로 하는 시설 |
| 이용시설 | 아동상담소 | 아동과 그 가정의 다양한 문제에 관한 상담이나 치료 그리고 연구와 예방 등을 목적으로 하는 시설 |
| | 아동전용시설 | 어린이놀이터, 아동회관, 어린이공원, 영화 · 연극 · 체육 · 과학실험 및 전시시설, 야영장, 아동휴게숙박시설 등 아동들에게 건전한 오락 · 놀이 그 밖의 여러 가지 편의를 제공함으로써 심신의 건강과 복지증진에 도움이 되도록 하는 것을 목적으로 하는 시설 |
| | 지역아동센터 | 지역사회에서의 아동보호와 건전한 놀이 그리고 교육과 오락 등의 서비스제공, 부모나 보호자와 지역사회의 정보연계 등 아동의 건전한 성장을 위하여 다양한 아동복지서비스를 제공하는 시설 |

한편 우리나라의 법에 따르면, 아동복지시설은 통합하여 다기능화할 수 있으며, 각 시설의 고유한 목적사업을 위반하지 않는 범위 내에서 시설별 설치기준과 운영기준을 충족할 경우 아동전문상담, 아동주간보호, 학대아동보호, 공동생활가정, 방과후 아동지도, 아동가정지원 등을 추가로 실시할 수 있다〈표 11-6〉.

**표 11-6 아동복지시설의 추가 사업**

| 구분 | 내용 |
|---|---|
| 아동가정지원사업 | 지역사회아동의 건전한 발달을 위하여 아동, 가정, 지역 주민에게 상담, 조언 및 정보를 제공하여 주는 사업 |
| 아동주간보호사업 | 부득이한 사유로 가정에서 낮 동안 보호를 받을 수 없는 아동을 대상으로, 개별적인 보호와 교육을 통하여 아동의 건전한 성장을 도모하는 사업 |
| 아동전문상담사업 | 학교부적응아동 등을 대상으로, 올바른 인격형성을 위한 상담, 치료 및 학교폭력예방을 실시하는 사업 |
| 학대아동보호사업 | 학대아동의 발견, 보호, 치료 및 아동학대의 예방 등을 전문적으로 실시하는 사업 |
| 공동생활가정사업 | 보호대상아동에게 가정과 같은 주거여건과 보호를 제공하는 것을 목적으로 하는 사업 |
| 방과 후 아동지도사업 | 저소득층 아동을 대상으로, 방과 후 개별적인 보호와 교육을 통하여 건전한 인격형성을 목적으로 하는 사업 |

그리고 우리나라의 경우, 시설형태는 소숙사형태로 권장하여 가정과 같은 환경으로 서비스를 제공하고, 아동의 자율성이 증대될 수 있도록 보호형태를 변경하였으며 임상심리상담원 채용을 의무화하는 등 시설 종사자의 배치기준을 강화하는 「아동복지법」을 개정(2015년 8월 시행)하였다.

## 2) 시설아동보호의 대상

시설보호서비스를 필요로 하는 아동으로는 부모가 질병이나 사고 중인 아동, 사랑하는 부모에게 크게 실망한 아동, 문제행동아동, 신체장애자, 정신지체아동, 비행아동 등이다. 구체적으로 시설입소대상은 표 11-7과 같다.

**표 11-7 시설입소대상**

| |
|---|
| • 보호자로부터 유기된 아동이다. 즉, 미아, 고아, 기아, 가출아, 부랑아 등으로 가정양육이 불가능한 경우이거나 이에 준하는 경우에 해당되는 아동들이다.<br>• 보호자가 아동양육에 부적절한 경우에 해당되는 아동이다. 즉, 보호자가 전염성질환, 친권상실, 친권남용, 아동학대, 유독물질의 중독, 경제적 빈곤, 마약 또는 심신장애 등으로 아동양육에 부적절하며 아동의 건전한 성장을 해치는 경우에 해당되는 아동들이다.<br>• 아동이 결함을 가지고 있는 경우에 해당되는 아동이다. 즉, 정신박약아, 미숙아, 맹 · 농아, 신체허약아, 부랑아, 성격결함아, 비행아, 미숙아, 지체부자유아 등으로 그 결함을 재활, 교정받을 수 있는 시설이 필요한 경우에 해당되는 아동들이다.<br>• 아동의 건전한 성장을 기할 수 없는 경우에 해당되는 아동들이다. |

# 3. 시설아동보호의 현황

2012년 「아동복지법」 개정으로 인해 전국의 50여 개가 넘는 아동보호전문기관과 5,000여 개의 지역아동센터 그리고 드림스타트, 아동 · 청소년 방과후아카데미, 돌봄교실 등이 생겨남에 따라 방임되던 아동의 수가 감소하는 추세를 보이며, 요보호아동의 발생을 어느 정도 예방하고 있는 것으로 나타났다. 보호대상아동의 발생현황을 살펴보면 그림 11-2, 표 11-8과 같다.

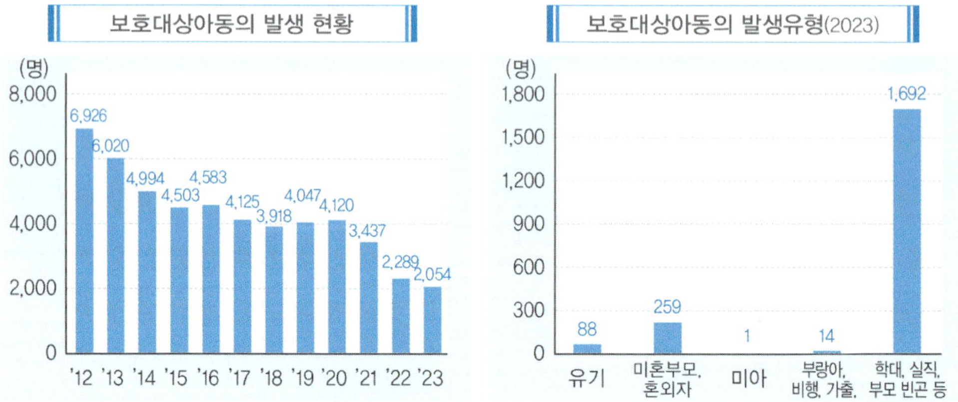


그림 11-2 보호대상아동의 발생

**표 11-8 보호대상아동의 발생**

| 연도 | 계 | 남 | 여 | 유기 | 미혼부모 · 혼외자 | 미아 | 비행, 가출, 부랑아 | 학대, 실직 · 부모빈곤 등 |
|---|---|---|---|---|---|---|---|---|
| 2012 | 6,926 | 3,859 | 3,067 | 235 | 1,989 | 50 | 708 | 3,944 |
| 2013 | 6,020 | 3,257 | 2,763 | 285 | 1,534 | 21 | 512 | 3,668 |
| 2014 | 4,994 | 2,696 | 2,298 | 282 | 1,226 | 13 | 508 | 2,965 |
| 2015 | 4,503 | 2,374 | 2,129 | 321 | 930 | 26 | 360 | 2,866 |
| 2016 | 4,583 | 2,324 | 2,259 | 264 | 855 | 11 | 314 | 3,139 |
| 2017 | 4,125 | 2,080 | 2,045 | 261 | 847 | 12 | 227 | 2,778 |
| 2018 | 3,918 | 1,914 | 2,004 | 320 | 623 | 18 | 231 | 2,726 |
| 2019 | 4,047 | 2,135 | 1,912 | 237 | 464 | 8 | 473 | 2,865 |
| 2020 | 4,120 | 2,188 | 1,932 | 172 | 463 | 11 | 468 | 3,006 |
| 2021 | 3,437 | 1,741 | 1,696 | 117 | 366 | – | 293 | 2,661 |
| 2022 | 2,289 | 1,115 | 1,174 | 73 | 252 | – | 11 | 1,953 |
| 2023 | 2,054 | 1,087 | 967 | 88 | 259 | 1 | 14 | 1,692 |

출처: 보건복지부(2024). 2024 보건복지통계연보.

보호대상아동의 발생현황을 살펴보면, 2012년 6,926명에서 2023년 2,054명으로 감소한 것으로 나타났다. 그리고 발생유형은 2023년 학대, 부모빈곤, 실직 등이 1,692명으로 가장 많았으며, 미혼부모 · 혼외자 259명, 유기 88명, 비행, 가출, 부랑아 14명으로 나타났다. 보호대상아동의 보호조치 현황은 표 11-9와 같다.

**표 11-9 보호조치 현황**

(단위: 명)

| 구분 | 보호내용 | | | | | | | |
|---|---|---|---|---|---|---|---|---|
| | 시설보호 | | | 가정보호 | | | 일시보호 | |
| | 양육시설 등 | 장애아동 시설 | 공동생활 가정 | 가정위탁, 입양전위탁 | 입양 | 소년소녀 가정 | 시설보호 | 가정형 보호 |
| 2012 | 2,948 | 25 | 775 | 2,289 | 772 | 117 | – | – |
| 2013 | 2,532 | 39 | 686 | 2,265 | 478 | 20 | – | – |
| 2014 | 2,384 | 10 | 506 | 1,688 | 393 | 13 | – | – |
| 2015 | 2,211 | 13 | 458 | 1,582 | 239 | – | – | – |
| 2016 | 2,284 | 11 | 592 | 1,447 | 243 | 6 | – | – |
| 2017 | 1,777 | 19 | 625 | 1,417 | 285 | 2 | – | – |
| 2018 | 1,794 | 7 | 648 | 1,294 | 174 | 1 | – | – |
| 2019 | 2,108 | 6 | 625 | 1,199 | 104 | 5 | – | – |
| 2020 | 2,015 | – | 712 | 1,305 | 88 | – | – | – |
| 2021 | 1,637 | – | 546 | 1,179 | 75 | – | – | – |
| 2022 | 567 | – | 287 | 916 | 52 | – | 381 | 27 |
| 2023 | 579 | – | 222 | 783 | 162 | – | 266 | 42 |

출처: 보건복지부(2024). 2024 보건복지통계연보.

2023년 보호대상아동의 보호조치로는 가정보호의 가정위탁, 입양전 위탁이 783명으로 가장 많았으며, 시설보호의 양육시설 등이 579명, 일시보호의 시설보호 266명, 시설보호의 공동생활 가정이 222명, 가정보호의 입양 162명, 일시보호의 가정형 보호 42명으로 나타났다. 아동복지시설 수 및 보호아동 현황은 그림 11-3, 표 11-10과 같다.

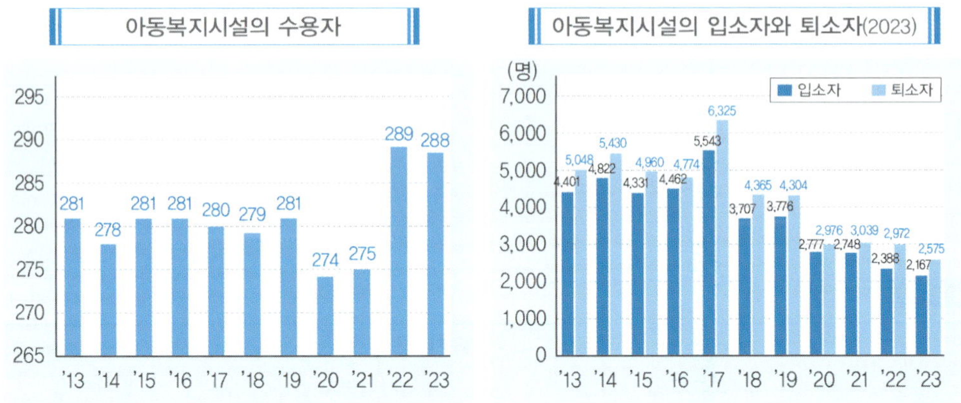


**그림 11-3** 아동복지시설의 수용자 및 보호아동 현황(총괄)

**표 11-10** 아동복지시설 수 및 보호아동 현황(총괄)

(단위: 명)

| 연도 | 시설수 | 입소자 | 퇴소자 | 연말 현재 입소자 |
|---|---|---|---|---|
| 2013 | 281 | 4,401 | 5,048 | 15,239 |
| 2014 | 278 | 4,822 | 5,431 | 14,630 |
| 2015 | 281 | 4,331 | 4,960 | 14,001 |
| 2016 | 281 | 4,462 | 4,774 | 13,689 |
| 2017 | 280 | 5,543 | 6,325 | 12,789 |
| 2018 | 279 | 3,707 | 4,365 | 12193 |
| 2019 | 281 | 3,776 | 4,304 | 11,665 |
| 2020 | 274 | 2,777 | 2,976 | 11,356 |
| 2021 | 275 | 2,748 | 3,039 | 11,107 |
| 2022 | 289 | 2,388 | 2,972 | 10,312 |
| 2023 | 288 | 2,167 | 2,575 | 9,893 |

출처: 보건복지부(2024). 2024 보건복지통계연보.

아동복지시설의 수 및 보호아동의 현황을 살펴보면, 아동복지시설의 수는 2013년 281개에서 2023년 288개소로 증가한 것으로 나타났으며, 아동복지시설의 수용자는

2013년 15,239명에서 해마다 감소하여 2023년에는 9,893명이 수용되고 있는 것으로 나타났다. 그리고 2023년 입소자는 2,167명이었고, 퇴소자는 2,575명이었다. 아동양육시설의 수 및 보호아동의 현황은 그림 11-4, 표 11-11과 같다.

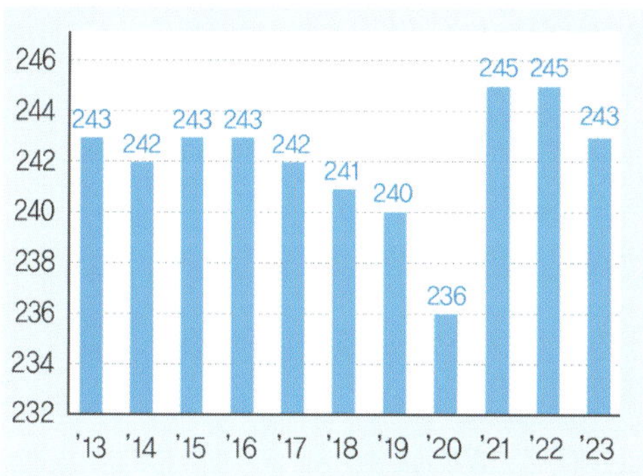


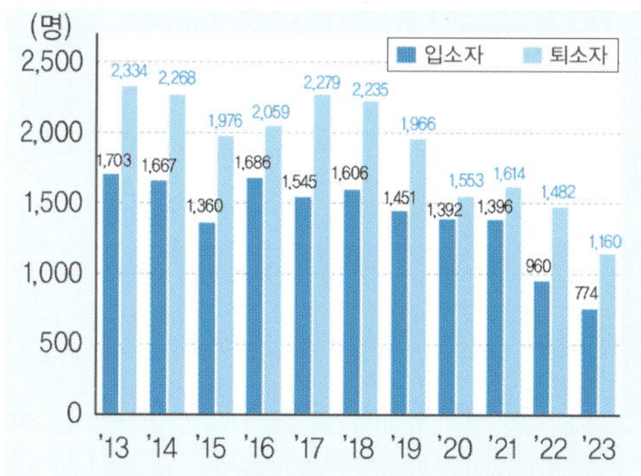


**그림 11-4** 아동양육시설의 수용자 및 보호아동 현황

**표 11-11** 아동양육시설 수 및 보호아동 현황

(단위: 명)

| 연도 | 시설수 | 입소자 | 퇴소자 | 연말 현재 입소자 |
|---|---|---|---|---|
| 2013 | 243 | 1,703 | 2,334 | 14,038 |
| 2014 | 242 | 1,667 | 2,268 | 13,437 |
| 2015 | 243 | 1,360 | 1,976 | 12,821 |
| 2016 | 243 | 1,686 | 2,059 | 12,448 |
| 2017 | 242 | 1,545 | 2,279 | 11,665 |
| 2018 | 241 | 1,606 | 2,235 | 11,100 |
| 2019 | 240 | 1,451 | 1,966 | 10,585 |
| 2020 | 236 | 1,392 | 1,553 | 10,351 |
| 2021 | 245 | 1,396 | 1,614 | 10,121 |
| 2022 | 245 | 960 | 1,482 | 9,439 |
| 2023 | 243 | 774 | 1,160 | 8,991 |

출처: 보건복지부(2024). 2024 보건복지통계연보.

아동양육시설은 보호대상을 입소시켜 양육, 보호 및 다양한 프로그램과 자립지원 등을 서비스하는 시설을 의미한다. 이러한 목적을 가진 아동양육시설의 수는 2013년 243개소에서 2023년 243개소로 유지하고 있으며, 이곳에 수용되어 있는 아동은 2013년 14,038명에서 점점 감소하여 2023년 8,991명이 입소하고 있는 것으로 나타났다. 그리고 2023년 아동양육시설의 입소자는 774명이었고, 퇴소자는 1,160명이었다. 아동자립시설의 수와 보호아동의 현황은 그림 11-5, 표 11-12와 같다.

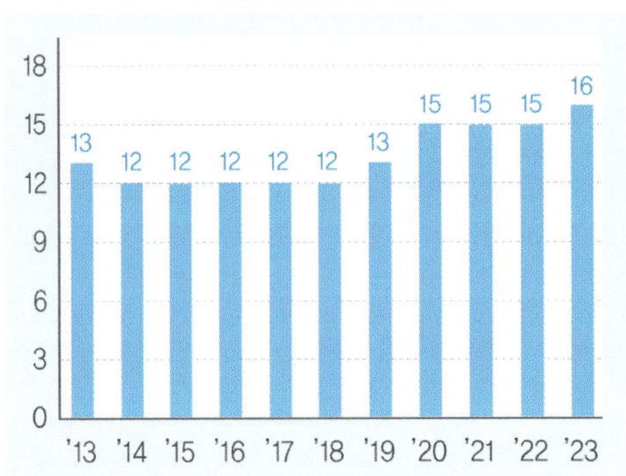


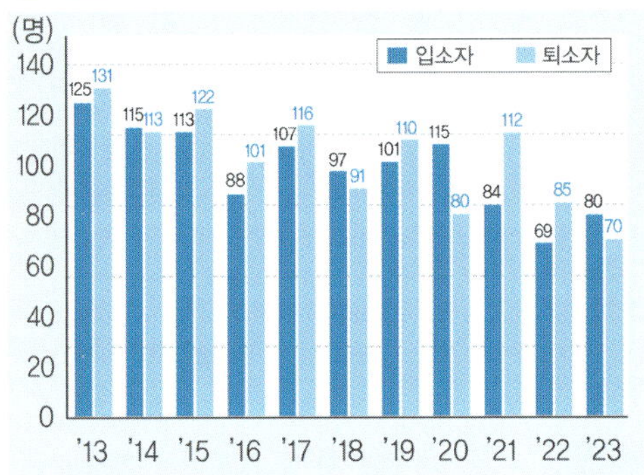


그림 11-5 아동자립지원시설의 수용자 및 보호아동 현황

**표 11-12 아동자립지원시설 수 및 보호아동 현황**

(단위: 명)

| 연도 | 시설수 | 입소자 | 퇴소자 | 연말 현재 입소자 |
|---|---|---|---|---|
| 2013 | 13 | 125 | 131 | 250 |
| 2014 | 12 | 115 | 113 | 252 |
| 2015 | 12 | 113 | 122 | 243 |
| 2016 | 12 | 88 | 101 | 230 |
| 2017 | 12 | 107 | 116 | 221 |
| 2018 | 12 | 97 | 91 | 227 |
| 2019 | 13 | 101 | 110 | 218 |

| 연도 | 시설수 | 입소자 | 퇴소자 | 연말 현재 입소자 |
|---|---|---|---|---|
| 2020 | 15 | 115 | 80 | 253 |
| 2021 | 15 | 84 | 112 | 233 |
| 2022 | 15 | 69 | 85 | 215 |
| 2023 | 16 | 80 | 70 | 230 |

출처: 보건복지부(2024). 2024 보건복지통계연보.

아동자립지원시설은 아동복지시설에서 퇴소한 청소년들에게 취업준비기간 또는 취업 후에도 일정기간 동안 보호서비스함으로 자립을 도와주는 것을 목적으로 하는 시설을 의미한다. 이러한 목적을 가진 아동자립지원시설의 수는 2013년 13개소에서 2023년 16개소로 증가하였으며, 이곳에 수용되어 있는 아동은 2013년 250명에서 2023년 230명이 입소하고 있는 것으로 나타났다. 그리고 2023년 아동자립지원시설의 입소자는 80명이었고, 퇴소자는 70명이었다. 아동보호치료시설의 수와 보호아동의 현황은 그림 11-6, 표 11-13과 같다.

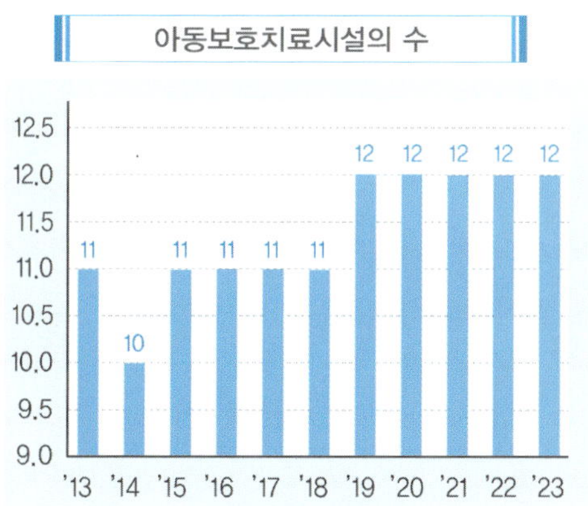


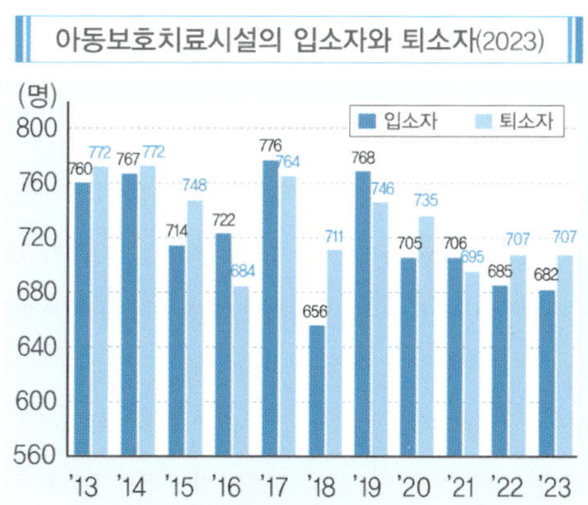


그림 11-6 아동보호치료시설의 수용자 및 보호아동 현황

**표 11-13 아동보호치료시설 수 및 보호아동 현황** (단위: 명)

| 연도 | 시설수 | 입소자 | 퇴소자 | 연말 현재 입소자 |
|---|---|---|---|---|
| 2013 | 11 | 760 | 772 | 486 |
| 2014 | 10 | 767 | 772 | 481 |
| 2015 | 11 | 714 | 748 | 447 |
| 2016 | 11 | 722 | 684 | 485 |
| 2017 | 11 | 776 | 764 | 497 |
| 2018 | 11 | 656 | 711 | 447 |
| 2019 | 12 | 768 | 746 | 469 |
| 2020 | 12 | 705 | 735 | 436 |
| 2021 | 12 | 706 | 695 | 404 |
| 2022 | 12 | 685 | 707 | 435 |
| 2023 | 12 | 682 | 707 | 442 |

출처: 보건복지부(2024). 2024 보건복지통계연보.

아동보호치료시설은 문제행동을 하거나 문제행동을 할 우려가 있는 아동, 정서적·행동적 장애로 인해 어려움을 겪는 아동, 학대로 인해 가해자로부터 일시 분리되어 심리치료가 필요한 아동에게 보호와 치료를 서비스하는 시설을 의미한다. 이러한 목적을 가진 아동보호치료시설의 수는 2013년 11개소에서 2023년 12개소로 증가하였으며, 이곳에 수용되어 있는 아동은 2013년 486명에서 2023년 442명이 입소하고 있는 것으로 나타났다. 그리고 2023년 아동보호치료시설의 입소자는 682명이었고, 퇴소자는 707명이었다. 아동일시보호시설의 수와 보호아동의 현황은 그림 11-7, 표 11-14와 같다.

아동일시보호시설의 수

아동일시보호시설의 입소자와 퇴소자(2023)

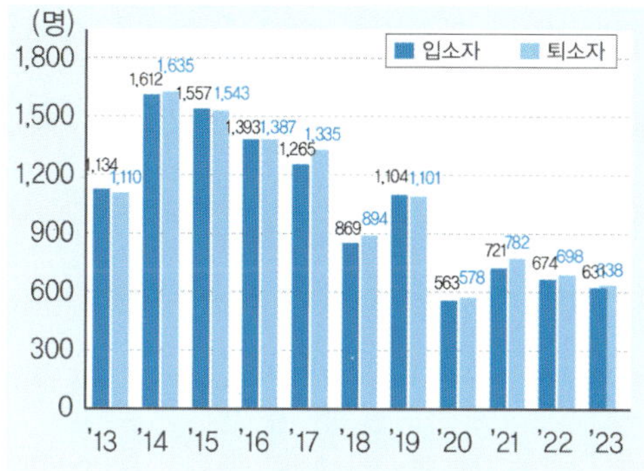


**그림 11-7** **아동일시보호시설의 수용자 및 보호아동 현황**

**표 11-14** **아동일시보호시설 수 및 보호아동 현황**

(단위: 명)

| 연도 | 시설수 | 입소자 | 퇴소자 | 연말 현재 입소자 |
|---|---|---|---|---|
| 2013 | 11 | 1,134 | 1,110 | 359 |
| 2014 | 11 | 1,612 | 1,635 | 336 |
| 2015 | 12 | 1,557 | 1,543 | 350 |
| 2016 | 12 | 1,393 | 1,387 | 356 |
| 2017 | 12 | 1,265 | 1,335 | 279 |
| 2018 | 12 | 869 | 894 | 272 |
| 2019 | 13 | 1,104 | 1,101 | 275 |
| 2020 | 10 | 563 | 578 | 315 |
| 2021 | 11 | 721 | 782 | 247 |
| 2022 | 17 | 674 | 698 | 223 |
| 2023 | 17 | 631 | 638 | 230 |

출처: 보건복지부(2024). 2024 보건복지통계연보.

아동일시보호시설은 보호대상아동을 일시적으로 보호하며 아동에 대하여 향후 대책수립 및 보호조치를 서비스하는 것을 목적으로 하는 시설을 의미한다. 이러한 목적을 가진 아동일시보호시설의 수는 2013년 11개소에서 2023년 17개소로 증가하였으며,

이곳에 수용되어 있는 아동은 2013년 359명에서 2023년 230명이 입소하고 있는 것으로 나타났다. 그리고 2023년 아동일시보호시설의 입소자는 631명이었고, 퇴소자는 638명이었다. 아동공동생활가정의 수와 보호아동의 현황은 그림 11-8, 표 11-15와 같다.

아동공동생활가정 수

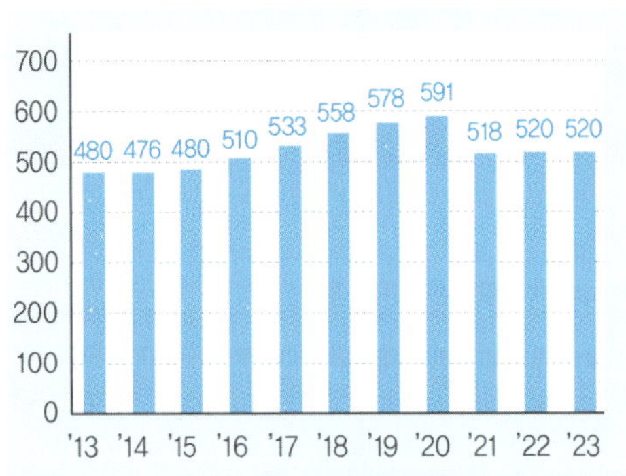


보호아동 재학별 현황(2023)

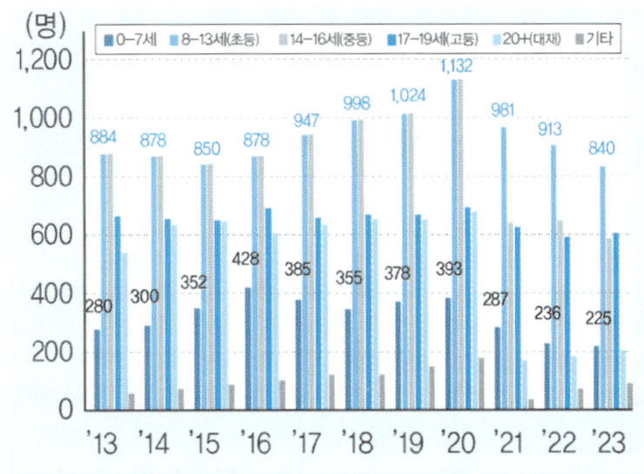


**그림 11-8** 아동공동생활가정의 수용자 및 보호아동 현황

**표 11-15** 아동공동생활가정 수 및 보호아동 현황

(단위: 명)

| 연도 | 시설수 | 보호아동 재학별 | | | | | | |
|---|---|---|---|---|---|---|---|---|
| | | 계 | 0–7 | 8–13<br>(초등) | 14–16<br>(중등) | 17–19<br>(고등) | 20+<br>(대재) | 기타 |
| 2013 | 480 | 2,481 | 280 | 884 | 884 | 670 | 546 | 59 |
| 2014 | 476 | 2,588 | 300 | 878 | 878 | 661 | 640 | 79 |
| 2015 | 480 | 2,636 | 352 | 850 | 850 | 652 | 653 | 87 |
| 2016 | 510 | 2,758 | 428 | 878 | 878 | 701 | 613 | 101 |
| 2017 | 533 | 2,811 | 385 | 947 | 947 | 661 | 642 | 127 |
| 2018 | 558 | 2872 | 355 | 998 | 998 | 678 | 665 | 129 |
| 2019 | 578 | 2,949 | 378 | 1,024 | 1,024 | 678 | 666 | 157 |
| 2020 | 591 | 3,126 | 393 | 1,132 | 1,132 | 698 | 681 | 182 |
| 2021 | 518 | 2,776 | 287 | 981 | 649 | 632 | 176 | 41 |
| 2022 | 520 | 2,669 | 236 | 913 | 652 | 600 | 189 | 79 |
| 2023 | 520 | 2,578 | 225 | 840 | 592 | 615 | 211 | 95 |

출처: 보건복지부(2024). 2024 보건복지통계연보.

아동공동생활가정은 보호대상아동에게 편안하고 안락한 주거여건과 양육 및 보호 그리고 자립지원을 서비스하는 것을 목적으로 하는 시설이다. 이러한 아동공동생활가정의 수는 2013년 480개소에서 2023년 520개소로 증가하였으며, 이곳에 수용되어 있는 아동은 2013년 2,481명에서 2023년 2,578명이 입소하고 있는 것으로 나타났다. 그리고 나이별로 살펴보면, 8~13세(초등)가 840명으로 가장 많았으며, 17-19세(고등) 615명, 14~16세(중등) 592명, 0~7세 225명, 20세 이상(대재) 211명, 기타 95명 순으로 나타났다.

## 4. 아동시설보호의 문제점 및 발전방향

아동시설보호의 문제점 및 발전방향을 가정보호사업의 강화, 소규모 시설보호 및 그룹홈으로의 전환, 시설보호종사자의 처우 개선, 시설아동을 위한 표준화된 서비스 및 프로그램 개발, 시설아동의 자립준비 및 퇴소 후 사회적응 프로그램 제공, 가족기능서비스 강화, 시설종사자들의 아동권리 교육 및 모니터링 실시 및 가족복귀를 위한 친부모와의 관계유지 프로그램 강화로 구분하여 살펴보면 다음과 같다(김이영 외, 2023).

### 1) 가정보호사업의 강화

시설아동보호는 입양과 위탁가정과 같은 가정보호로 대체하는 것이 바람직하다. 우리나라의 시설보호 대상아동과 같이 비교적 긴 시간을 시설에서 보내는 경우는 입양이나 위탁가정을 제공해 주는 것이 아동의 발달적 측면에서 더욱 긍정적이다. 또한 입양에 대한 가치관을 변화시키고 입양가정에 대한 정부지원을 확대해야 한다. 가정위탁지원센터를 통한 위탁가정 발굴 및 위탁가정에 대한 재정적 지원을 현실화하여 위탁가정을 확대하는 것 또한 필요하다. 지속적인 입양과 가정위탁사업을 통해 시설보호 대상아동의 수를 줄여 나가야 할 것이다.

### 2) 소규모 시설보호 및 그룹홈(공동생활가정)으로의 전환

시설생활에서 오는 부정적 영향을 고려할 때, 시설에서의 생활이 불가피할 경우 시설의 소규모화가 유일한 대안이다. 대규모 시설은 아동의 성장과정에 필요한 다양한 욕구충족 및 지원을 어렵게 함으로써 시설병 등 부정적 효과를 초래할 위험성이 크고, 시설 거주인원이 적을수록 아동의 적응 및 발달에 긍정적 영향을 미친다. 우리나라도 유엔(UN) 아동권리협약에 의해 아동생활시설의 소규모화에 대한 국제적 의무이행에 대한 책임을 가지고 있다. 현재 30인 이상 대규모 시설을 소숙사 규모로 개선하고, 보육사를 부모와 같이 배치하여 독립적으로 생활하도록 해야 할 것이다. 따라서 향후 아동생활시설의 소규모화를 위한 법적 규정을 강화하고, 시설의 소규모화로의 전환을 위해 필요한 다양한 물적 · 인적 자원에 대한 국가적 차원에서의 지원이 지속적으로 확대되어야 할 것이다.

### 3) 시설보호종사자의 처우 개선

시설종사자는 24시간 아동들과 함께 생활하며, 아동의 의 · 식 · 주와 관련한 기본생활은 물론이고 아동의 삶 전반에 걸친 양육을 담당한다. 또한 아동복지서비스의 전달체계 측면으로 보아도 이들 시설종사자를 통해 각종 서비스가 최종적으로 아동에게 전달된다. 이러한 맥락에서 과중한 업무량, 직원복지의 부족 등의 열악한 환경은 시설종사자의 스트레스를 축적하여 소진을 일으키고, 결국 아동에게 제공되는 서비스의 질을 떨어뜨리는 결과를 가져온다. 시설종사자의 높은 이직률은 안정적이지 못한 고용과 낮은 임금, 열악한 업무조건에 대한 결과로 나타나게 된다.

아동의 입장에서도 종사자의 잦은 이직은 새로운 시설종사자에게 적응하여야 한다는 부담을 주게 되며, 정서적 안정감, 유대감 등을 방해하는 요소로 작용하게 된다. 따라서 시설종사자의 1인당 양육 아동 수를 현실에 맞게 줄여 주고, 각종 처우를 개선해 줌으로써 개별아동에게 보다 나은 양질의 서비스를 제공할 수 있으며, 또한 그동안 시설이라는 집단생활의 한계와 특징으로 여겨져 깊이 있게 고려되지 못하였던 아동의 개별화의 욕구영역을 보완해 주어, 아동인권보장의 수준을 높일 수 있도록 해야 한다.

### 4) 시설아동을 위한 표준화된 서비스 및 프로그램 개발

시설에 입소하여 생활하는 아동들은 대부분 장기간 시설생활을 하고 있다. 또한 시설보호 유형 중 아동양육시설 이용 비중이 매우 높다. 아동양육시설의 경우 단순한 아동보호의 기능이 아니라, 아동들의 발달단계에 따른 서비스 및 프로그램을 개발하여 이를 제공하는 것이 필요하다. 이러한 발달단계에 따른 서비스 제공은 아동의 성장발달에 긍정적인 영향을 미칠 것으로 보인다. 특히 자체적으로 서비스나 프로그램을 개발하거나 제공할 여건이 되지 못하는 시설이 상당수를 차지하고 있음을 고려할 때, 모든 아동양육시설에서 기본적으로 사용할 수 있는 아동발달에 따른 프로그램을 개발하고 표준화 및 메뉴얼화 하는 작업이 이루어져야 할 것이다. 이러한 표준화된 프로그램의 제공은 시설 간의 서비스 수준의 격차를 감소시키고, 모든 시설아동들에게 최소한의 기본적 서비스 및 지원을 제공하여 시설아동의 건강한 성장을 위한 기반을 형성하게 될 것이다.

### 5) 시설아동의 자립준비 및 퇴소 후 사회적응 프로그램 제공

시설보호아동들 가운데 부모가 있는 아동의 경우, 조기퇴소 및 원가족 복귀를 목표로 한다. 그러나 부모가 없거나 부득이하게 원가족 복귀가 어려울 경우, 개별아동에 대한 자립교육과 훈련을 통해 퇴소 후 사회에 적응을 잘 할 수 있도록 지원해야 한다. 따라서 시설보호아동이 건강한 사회인으로 성장할 수 있도록 돕는 자립 및 퇴소 관련 프로그램이 강화되어야 한다. 우리나라는 현재 한국보건복지인력개발원 '아동자립지원단'에서 가정을 떠나 시설 및 위탁가정에서 보호되는 아동과 보호가 종결된 아동들을 대상으로, 자립역량강화 및 안정적인 자립실현을 목표로 다양한 프로그램과 서비스를 지원하고 있지만 여러 면에서 부족한 것이 현실이다. 국가에서 지원하는 자립지원 정착금을 증액하여 현실화하고, 시설퇴소 후에도 상담과 직업알선 등 지속적인 사후관리서비스를 제공해야 할 것이다.

### 6) 가족기능서비스의 강화

우리나라의 경우 요보호아동은 부모의 빈곤, 실직, 학대 등으로 인해 대부분 발생하고 있다. 이렇게 발생된 요보호아동은 대개 시설보호기관에서 생활하게 된다. 요보호아동의 발생을 예방하는 가장 좋은 방법 중의 하나는 원가족 보존을 우선에 두는 것이다. 부모교육과 상담 등 가족기능 강화서비스를 통해서 아동이 원가족 내에서 성장할 수 있도록 하는 것이 무엇보다 중요하다. 이를 위해 지역사회 종합복지관, 건강가정지원센터 등 공공기관과 연계한 가족유지 및 강화기능 서비스를 제공하여 가족해체를 사전에 예방해야 한다.

## 7) 시설종사자들의 아동권리 교육 및 모니터링 실시

우리나라가 유엔(UN) 아동권리위원회에 제출한 3, 4차 국가보고서 심의결과에 따른 유엔 아동권리위원회의 권고사항 중 가정환경 및 대안양육과 관련한 내용을 살펴보면(권고 50), '대안양육기관의 서비스 질, 종사자들에 대한 정기적 아동권리교육, 아동에게 제공되는 돌봄 유형 등에 대해 체계적, 정기적으로 검토할 것'을 권고하고 있다. 시설보호와 같은 대안양육기관에서 생활하는 아이들은 대부분 취약계층 가정에서 성장하여 학대 및 방임과 같은 인권침해 경험이 상대적으로 많을 수 있으며, 자신의 권리에 대한 인식도 낮을 수 있다. 따라서 이러한 아동을 보호하고 양육하는 종사자의 아동권리에 대한 인식은 매우 중요하며, 아동들을 대상으로 권리에 기반한 실천을 할 수 있어야 한다. 이러한 맥락에서 종사자들을 대상으로 한 아동권리 및 권리기반 실천에 대한 의무교육이 중요하며, 아동들 역시 시설에서의 성장과정에서 자신이 권리 주체자(right holders)라는 인식을 갖도록 교육받을 필요가 있다. 또한 아동의 이익을 최우선으로 고려하여 아동양육시설의 환경과 서비스 수준이 향상될 수 있도록 다각적인 측면에서 모니터링과 평가가 실시되어야 한다.

### 8) 가족복귀를 위한 친부모와의 관계유지 프로그램 강화

아동복지의 실현을 위해 친부모와의 관계유지는 필수적이다. 모든 아동은 원가정에서 친부모와 함께 자랄 권리가 있다. 그러나 대부분 시설의 아동들은 이러한 기본적 권리마저 갖지 못하고 있는 실정이다. 유엔 아동권리위원회의 권고 사항을 살펴보면 (권고 52), '대안돌봄시설 내 아동이 부모를 찾을 수 있도록 하거나 부모와 연락을 유지할 수 있도록 지원할 것'을 권고하고 있다. 비록 아동이 시설보호와 같은 대안돌봄시설에 거주하게 되었다 하더라도, 원가족 복귀를 위해 친부모와의 관계 향상을 위해 노력해야 한다. 부모-아동 및 가족과의 유대를 강화시키기 위한 다양한 교류 프로그램이 개발되어야 한다.

Chapter 12

# 입양과 가정위탁보호서비스

## 배울 내용

1. 입양
2. 가정위탁보호서비스

## 학습목표

1. 입양의 개념과 입양가족의 특성을 이해하고 지원 방안을 모색해 본다.
2. 가정위탁보호의 개념을 이해하고 종류를 설명할 수 있다.
3. 입양과 가정위탁보호서비스 활성화를 위한 방안을 모색해 본다.

## 개 요

모든 아동은 태어나면서 안정된 가정에서 부모의 보호를 받으며 건강하게 성장할 수 있는 권리를 가지고 있지만, 부모가 없거나 부모가 있더라도 안전하게 보호받을 수 없는 아동은 건강하게 성장하는 것은 불가능하다. 이러한 요보호아동을 위한 지원정책이 입양과 가정위탁보호제도이다. 이는 원가정에서 돌볼 수 없을 경우, 일시적으로 대리가정에서 보호하거나 혹은 영구적으로 법적인 친자 관계를 형성하는 형태의 서비스를 말한다. 따라서 본 장에서는 입양과 가정위탁보호서비스의 개념과 절차 및 문제점들을 살펴보고, 개선방안을 모색해 보고자 한다.

12
Chapter

# 입양과 가정위탁보호서비스

## 1. 입양

### 1) 입양의 개념

입양에 대한 다양한 정의를 살펴보면, 가장 보편적으로 인용되는 개념으로서, 카두신과 마틴(1988)의 정의를 들 수 있다. 그들은 "입양이란 자녀와 그들의 친생부모와의 관계가 단절되고, 생물학적으로 혈연관계가 아닌 사람들 사이에 새로운 부모와 자녀 관계를 창조하는 법적 · 사회적 과정"이라고 정의하고 있다. 즉, 친생부모가 아동을 양육하기 어려운 경우 입양을 통해 그 자녀에게 영구적인 대리 보호를 제공하는 것으로써, 부모가 부재하거나 직접 돌볼 수 없는 아동들에게 안정된 가족을 제공하여 건강하게 성장할 수 있도록 해 준다는 차원에서 바람직한 사회복지제도로, 아동복지 측면에서 아동의 친생부모 및 가족, 아동이 속한 지역사회, 아동이 태어나 자란 국가에서 이루어지는 것이 아동을 위한 최선의 입양임을 강조하고 있다(Kadushin, 1980).

그리고 미국의 사회사업가협회에 따르면, "입양은 부모가 되는 사회적이고 법적인 과정으로, 입양 후에는 부모와 아동은 생물학적으로 관련되는 것과 동일한 상호권리와 의무를 갖는다"고 하였다(NASW, 1995). 입양은 친생부모에게는 아동에 대한 친권 포기가 이루어지며, 새로운 입양부모에게는 아동에 대한 친권의 분명한 이동이 수반된다고 볼 수 있다(Rushton & Minnis, 1997). 즉, 부모에게 있어서 입양이란 다른 친생부모에게서 출생한 아동을 사회적 · 법적 절차를 통해 본인들의 자녀로 맞이하는 것을 뜻하며, 아동에게 있어서는 친생부모가 아닌 다른 부모에게 양육되며, 법적으로 입양부모와 새로운 친자 관계가 성립되는 것을 의미한다.

따라서 입양은 친생부모에 의해 양육되지 못하더라도 영구적으로 가정이라는 환경 속에서 건강한 성장과 발달을 이룰 수 있도록 아동의 심리적 · 사회적 욕구를 충족시키는 가장 바람직한 대리보호의 형태라고 할 수 있다. 그리고 현대적인 의미의 입양은 본인이 태어난 가정에서 건전하게 보호와 양육을 받지 못하는 아동에게 사회적 · 법적인 과정을 통해 영구적인 복지를 제공할 수 있도록 새로운 가정을 갖게 해 주는 아동복지서비스라고 할 수 있다(손지영 외, 2015).

## 2) 입양의 유형

입양을 결정한 입양부모들이 가장 어려운 선택을 해야 하는 것 중의 하나가 입양방법이다. 예비 입양부모들은 구체적으로 입양 사실을 알려야 하는지, 알리지 말아야 하는지를 선택해야 한다. 어떤 방법으로 입양을 할 것인지에 따라 입양의 방법을 크게 비밀입양과 제한공개입양 및 공개입양으로 나눌 수 있다(김이영 외, 2023).

### (1) 비밀입양

비밀입양(closed adoption)은 양부모가 입양아동과 타인에게 입양 사실을 숨기고 입양모가 입양아를 출산한 것처럼 가장(假裝)하여, 입양의 비밀을 계속 유지하는 것을 뜻한다. 국내의 입양 실무는 이러한 비밀입양이 주류를 이루어 왔으며, 국내입양기관은 입양부모들의 입양비밀유지에 사실상 협조해 주는 폐쇄적인 입양실무를 해 왔다. 대부분의 국내입양은 입양부모들의 불임문제를 해결하고 사회문제로 간주되는 혼외출산의 사생아 문제를 해결하는 수단으로 사용되어지고 있다. 따라서 국내입양은 가정이 없는 아동에게 입양을 통해 가정을 제공해 주는 아동중심의 입양사업이 아니라, 아동이 없는 가정에 아동을 제공해 주는 입양부모 중심적인 입양실무가 되어 온 것이 사실이며, 이 과정에서 입양아동과 친부모의 권익이 무시되어 온 것 또한 사실이다.

비밀입양을 선택하는 입양부모들은 아동의 입양 사실이 알려지면 아동이 사회적으로 낮은 대우를 받을까 봐 혹은 놀림을 당할까 봐 등의 이유로 비밀입양을 원하지만, 또 다른 이유는 자신들의 불임사실을 인정하기 싫고, 불임사실을 감추고 싶기 때문이기도 한다.

### (2) 제한공개입양

제한공개입양은 가족이나 친지 혹은 이웃 등 극히 제한된 범위의 사람들만 알도록 입양하는 방법을 말한다. 입양의 방법적인 측면에서 가장 많이 차지하는 방법이다. 이는 아직 우리 사회의 전통적인 유교사상 때문에 가족이나 가까운 사람들 외에 입양 사실을 비밀로 유지하기 원하는 양부모의 특성에 맞는 방법이어서, 입양을 원하는 양부모들이 가장 선호하는 방법이다.

### (3) 공개입양

공개입양(open adoption)은 입양 사실을 입양아동은 물론 입양가정과 주위의 모든 사람들에게 공개하는 것을 말한다. 미국에서의 공개입양은 다시 반공개입양(semi-open adoption)과 완전공개입양(fullly-disclosed adoption)으로 나누는데, 반공개입양은 친부모와 입양부모 간에 서로 여러 형태의 의사소통을 갖는 것을 의미하며, 완전공개입양은 아동이 입양가정에 입양된 후에도 입양부모, 입양아, 친부모가 지속적인 관계와 접촉을 하게 되는 것을 뜻한다.

우리나라에서의 공개입양은 미국에서와 같은 완전공개입양은 매우 드물며, 단지 입양했다는 사실을 주변에 숨기지 않고 떳떳하게 말하는 것을 뜻한다. 법적인 차원에서의 공개입양은 취적 시에 아동을 양자로 입적하여 법적으로도 입양 사실을 인정하는 것이다. 그러나 우리나라의 공개입양은 아동과 주위사람들에게 입양 사실을 알리는 것에 그치고 있을 뿐, 법적으로 완전한 공개입양은 매우 드물다. 이는 입양아동의 호적에 입양 사실이 기록됨으로써 아동이 입양 사실로 인해 사회에서 상처받고 불이익을 당하지 않을까 염려하는 부모들이 아동을 친자로 입적하고 있는 것으로 볼 수 있다.

입양부모가 입양아동에게 직접 입양 사실을 알리고, 입양에 대해 공개적이고 자유스러운 분위기로 가족분위기를 이끌어 간다면, 입양아동은 그렇지 않은 아동들보다 건전하고 긍정적인 정체성을 만들어 갈 수 있을 것이다.

## 3) 입양가정 개념과 특성

입양가정은 보호대상아동이 한 가정에 가족구성원으로 형성되어 부모와 자녀가 새로운 가족관계를 맺는 사회적 제도로 가족이 되는 또 다른 방법이라고 할 수 있다(안미옥, 2018). 여기에서 '아동'이란 18세 미만의 사람을 말하며 보호대상아동은 보호자가 없거나 보호자로부터 이탈된 아동, 또는 보호자가 아동을 학대하는 경우 등 그 보호자가 아동을 양육하기에 적당하지 아니하거나 양육할 능력이 없는 경우의 아동을 말한다.

「아동복지법」에서 아동은 완전하고 조화로운 인격 발달을 위하여 안정된 가정환경에서 행복하게 자라나야 한다고 명시되어 있다(「아동복지법」 제1장, 제2조, 제3조). 그러나 아동이 가정환경에서 자라나야 하는 중요성에도 불구하고 매년 보호받지 못하는 아동이 발생하고 있다. 구체적으로 국내 보호대상아동 발생 수를 살펴보면, 전체 5,053명으로 이 중에서 귀가 및 연고자 인도 933명을 제외한 4,120명 아동이 시설입소와 가정보호로 조치되었으며, 가정보호로 조치된 1,393명의 아동은 입양 88명, 입양 전 위탁 237명, 가정위탁 1,068명으로 보고되고 있다(보건복지부, 2022).

앞에서 살펴보았듯이 국내 보호대상아동의 보호 조치 중 가정보호의 형태인 입양, 입양 전 위탁, 가정위탁은 모두 가정에서 아동을 보호하는 시설이지만 엄밀히 말하면 입양을 제외한 입양 전 위탁과 가정위탁의 가정보호시설은 법적 부모와 자녀 관계가 성립되지 않는 가정보호시설 형태라고 할 수 있다. 따라서 보호대상아동이 법적으로 부모와 자녀 관계를 맺을 수 있는 입양의 형태가 비로소 아동의 권리와 복지를 위한 최적의 방법이라고 할 수 있다(정소라, 2016). 이에 우리나라의 보호대상아동들을 지원하기 위한 「입양특례법」에서는 건전한 입양문화를 조성하고 보호대상아동의 국내 입양을 활성화하며, 아동이 입양 후의 가정생활에 원만하게 적응할 수 있도록 아동과 입양가정을 지원하고 있다(「입양특례법」 제1장, 제3조).

입양가정의 특성을 살펴보면, 최정숙(2007)은 일반가정에 비해 입양가정이 극복해야 할 과제가 있으며, 입양 초기 단계에서의 새롭게 구성되는 가족의 변화 과정에서 가족을 재구조화하고, 새로운 유대관계를 형성하기 위한 재조직화 작업이 요청되기에 가족의 생애 발달과정에 따라 제기되는 과업에 필요한 가족의 기능 강화가 대두된다고 하였다. 그리고 멜리나(Melina, 2002)는 입양가정의 생활주기에 따른 입양부모의 역할을 제시하였는데 입양 전은 가족으로 형성되고 확대되는 방법이 다양하다는 것을 수용하고 좋은 부모가 될 수 있는 자신감을 가지는 것이 중요하며 입양 후 아동이 가족 구성원의 일원으로서 수용하고 통합 적용해야 한다고 하였다.

그리고 입양가정에서 입양부모와 입양아동 간에 적응의 차이가 나타나는 이유는 다양하기 때문에 입양 3자인 친생부모, 입양부모, 입양아동 모두에게서 기인하고 때로는 복합적으로 작용한다. 친생부모에게 받는 유전적인 요인, 즉 기질적 특성, 또 입양아동의 입양 전 양육환경, 입양 시 연령, 입양가정에서의 형제 간의 순위, 친형제의 유무 관계, 그리고 입양가족 내의 양육형태, 의사소통 방식 등 많은 요인이 입양가정의 적응에서 차이를 나타내게 된다. 그리고 입양부모의 경제적 수준, 학력, 결혼 형태도 성공적인 적응에 영향을 미치는 요인이 될 수 있다.

반면, 입양아동은 친생부모와의 신체적, 정서적인 분리로 인한 상실 경험은 아동의 발달상에서 인지, 정서, 사회성 등 영향을 미쳐 다른 사람과 정서적 관계를 맺는 능력을 저하할 수 있다(공계순 외, 2008). 이러한 상실 경험은 입양아동에게 발달과 적응상의 과제를 가지는데 입양아동의 적응을 고려한 발달단계를 표 12-1과 같이 생물학적 관점, 애착이론, 정신역동이론, 사회역할이론, 스트레스 대처이론 등으로 설명되고 있다(Brodzinsky et al., 1998).

**표 12-1 입양아동의 적응상의 발달단계에 대한 이론**

| 구분 | 내용 |
|---|---|
| 생물학적 관점 | 생물학적 관점에서는 유전적 역할과 태아기의 경험이 입양아동 발달과정의 주요한 적응요인으로 보고 이러한 관점은 인간의 심리적·행동적 특성이 유전에 의한 결정으로 유전적으로 취약한 입양이 관련된 심리적 위험을 높이는 주된 원인으로 본다. |
| 정신역동이론 | 정신역동이론에서는 인간의 무의식적 욕구가 입양아동의 발달과 부모-자녀 관계에 부정적인 영향을 줄 수 있다는 관점으로 이러한 관점은 입양아동의 적응을 저해하는 요인으로 본다. |

| 구분 | 내용 |
|---|---|
| 애착이론 | 애착이론 관점은 부모-자녀 사이의 건강한 애착을 심리 적응의 기초로 보고 아동의 인지 · 정서 · 사회적 발달에 중요한 영향을 미치는 것으로 본다. 즉, 입양아동의 안정된 애착 형성을 위한 입양 당시 연령과 입양 시기는 입양아동을 양육하는 중요한 원인으로 본다. |
| 사회역할이론 | 사회역할이론에서는 입양가족 관계가 일부분의 상실을 토대로 형성된 것으로 보고 입양자녀의 상실 및 입양부모의 수정 능력은 입양부모의 역할 불일치, 입양 이슈, 내적 갈등으로 입양아동의 적응과 발달에 영향을 미치는 요인이 된다고 주장한다. |
| 스트레스와 대처이론 | 스트레스와 대처이론 관점은 입양의 상실과 수치를 기반으로 한 경험이 스트레스를 유발하는 요인으로 보며 입양된 다수의 아동이 입양을 스트레스로 받아들여 입양에 대해 양가감정을 가진다고 보고 있다. |

이처럼 다양한 이론은 입양아동의 상실 경험과 입양으로 문제시되는 독특하고도 다양한 현상으로써 입양의 혼란함을 설명해 주고 있다. 다음으로 입양아동의 심리적 발달단계를 이해하기 위해서 브로드진스키 등(Brodzinsky et al., 1992)은 에릭슨(Erikson)의 심리 · 사회적 발달이론에 근거하여 입양아동의 발달에 따른 과제를 제시하였다.

**표 12-2 입양아동의 발달에 따른 과제**

| 구분 | 내용 |
|---|---|
| 영아기 | 영아기(infancy: 0~2세)는 새롭게 옮겨진 입양가정에서 적응하기 위한 애착이 발달한다. 이 시기의 안정된 애착형성은 입양아동에게 신뢰감을 주어 입양에 대한 이해와 생애에 막대한 영향을 미친다. |
| 학령전기 | 학령전기(preschool: 3~5세)는 입양에 대한 적응의 초기 단계로 출생과 입양됨의 의미를 알게 된다. 이 시기에는 입양됨에 대해 매우 긍정적인 느낌이 드는 경향이 있고 자아의 인지능력은 발달을 거듭할수록 입양됨의 의미는 깊어진다. |
| 학령기 | 학령기(school: 6~12세)는 입양과 출산에 대한 구별이 생기고 입양아동이 친생부모가 있다는 사실은 출산을 통해 부모와 연결된 것이 아니라는 것을 알게 되면서 상실감을 겪게 되는데, 이에 따라 입양의 복잡성이 커져 행동과 태도의 변화와 정서적으로 이중감정을 경험하게 된다. |

| 구분 | 내용 |
|---|---|
| 청소년기 | 청소년기(adolescence: 12~18세)는 정체성의 혼란과 입양됨의 상실이 크게 나타나면서 입양아동들은 청소년기가 되면 입양된 감정의 모호함을 더 많이 느끼게 되며 입양된 사실을 자기 비난과 연결하면서 우울, 위축 등의 행동특성이 나타나고 공격성, 반항적 행동, 분노, 도벽, 거짓말 등이 나타난다. |
| 성인초기 | 성인기 초기(young adulthood: 18~35세)는 변화가 많은 시기로 부모로부터의 독립과 사회로 진출 및 결혼의 사건들을 통해 정체감을 더욱 건실하게 통합시키게 된다. 한번 버림의 상처 경험이 또다시 일어날 것을 두려워해 소속감을 느끼지 못한다. 이 시기는 부모됨의 경험을 통해 생부모와 양부모와의 관계를 재검토하게 된다. |
| 성인기 | 성인기(Middle age: 35~60세): 입양인은 자기 삶을 재평가하고 생산적인 일을 시도하면서 입양의 의미에 대해 다시 직면하게 된다. |
| 노년기 | 노년기(later life: 60세 이상)에는 그동안 살아온 삶을 되돌아보며 입양의 의미에 대한 해답을 찾게 되는 마지막 기회가 된다. |

## 4) 입양가족생활주기

가족생활주기라는 개념은 시간의 흐름에 따라 가족체계가 겪는 발달상의 변화를 순서대로 설명하기 위해 사용해 온 개념이다. 이 이론은 가족이 속한 보다 광범위한 사회·문화적 체계가 가족에 영향을 미치며, 가족구성원들 간에 역동적인 상호작용이 발생하여 부모와 자녀가 서로의 행동과 심리적인 적응에 커다란 영향을 미친다고 가정한다(Carter & McGoldrick, 1988).

수년 간, 많은 입양 이론가들은 시간의 흐름에 따라 입양과 관련된 과업들이 나타나고 가족생활의 보다 보편적인 과업과 상호작용하는 방식을 설명하는 데 가족생활주기 개념이 유용하다는 사실을 발견하였다(Brodzinsky et al., 1992). 입양부모와 자녀가 각각의 독특한 입양 관련 과업을 가지고 있으며, 이들이 각각 자신의 과업에 대처하고 해결하는 방식이 부분적으로 입양 가족체계의 적응을 결정한다고 주장한다. 이 중 입양자녀와 관련하여 입양부모는 자녀와 입양에 대해 논의하기, 자녀가 입양 이슈를 탐색하도록 지지하는 가족 환경의 조성, 자녀가 상실에 대처하도록 돕기, 입양과 관련하여 자녀의 긍정적인 자아개념과 정체성을 지지하기, 그리고 몇몇 경우 입양자녀가 청소년기와 성인기로 이행함에 따라 생물학적 가족을 찾으려는 자녀의 계획을 지지하기 등과 관련된다.

입양아동의 가족생활주기에 따른 과업을 구체적으로 살펴보면, 먼저 영아기의 입양아동의 경우에는 아동발달상 자기 가족의 독특한 지위를 깨닫거나 이해하기 어려운 시기이므로 이 시기 입양아동에게는 입양과 관련된 구체적인 과업이 없다고 볼 수 있다.

이후 아동에게 언어와 표상적 사고가 발달하면서, 입양부모는 입양 논의에 처음으로 아동을 참여시키기 시작할 수 있다. 입양아동에게 언제 입양에 대해 이야기하는 것이 적절한가에 대해서는 논쟁의 여지가 있지만, 대부분의 입양부모들은 2~4세 사이에 입양 당시 상황을 자녀와 공유하기 시작한다. 이에 따라 유아기와 학령전기의 입양아동은 자신의 입양스토리에 대해 알기, 입양에 대해 부모에게 질문하기 등의 과업을 수행하게 된다.

아동이 6세~12세 사이의 학령기 동안 수많은 중요한 발달적 성과들이 발생하면서, 입양아동들은 입양뿐 아니라 가족이 해결해야 하는 입양 관련 과업들을 바라보는 방식에 주요한 변화가 발생하기 시작한다. 이 시기 입양아동은 입양을 포함하여 자신을 둘러싼 세상에 대한 호기심과 탐색, 지배의 시기를 보내게 된다. 특히 문제해결 및 논리적 추론과 관련된 새로운 인지기술이 발달하면서, 입양아동들은 입양가족의 상황을 더 깊이 이해하게 되며, 이러한 이해는 일반적으로 그들의 정서적 적응과 가족관계에 영향을 미친다. 가족에 대해 이해하게 되면서, 아동은 입양되었다는 사실에 대해 복잡한 감정을 갖게 된다. 6~7세 이전의 아동들은 일반적으로 지리적 기준과 애정을 기준으로 가족을 정의한다. 하지만 7~8세가 되면, 아동들은 일반적으로 가족이 혈연관계에 의해 정의된다는 사실을 깨닫기 시작하면서 자신들이 출산을 통해 부모와 연결된 것이 아니며, 다른 곳에 친생부모가 있다는 사실을 깨달으면서 혼란과 불안을 표현하기 시작한다. 또한 논리적 상호관계가 발달하면서 이 시기 입양아동들은 입양이 되기 위해서 친생부모로부터 분리되어야 한다는 사실을 자연스럽게 알게 된다. 그러면서 학령기에는 입양의 의미 알기, 상실에 대처하기, 친생부모와 포기되었다는 사실에 대한 생각과 감정을 탐색하기, 입양되었다는 사실과 관련된 낙인에 대처하기, 입양에 대해 부모와 개방적인 의사소통 유지하기, 두 가족과의 이중적인 관련성을 확인하기 등의 과업을 가지게 된다. 이 시기 입양부모는 입양 자녀가 점차 자신의 출생에 대해 호기심을 갖는 것을 지지하고, 친생부모에 대한 긍정적인 견해를 강화하며, 가족구성원들 간에 개방적 의사소통을 유지하고, 입양과 관련된 상실감을 '극복하려는' 아동의 노력을 지지하는 것이 중요하며 입양아동이 심리적 장애물이 형성되지 않도록 노력할 필요가 있다.

청소년기에는 일련의 신체적, 인지적, 정서적, 사회적 기능의 변화가 수반되면서 입양을 안정되고 확고한 정체성의 일부로 통합시키기, 입양의 상실에 대처하기, 생물학적 가족 및 생물학적 뿌리에 대한 생각과 감정을 탐색하기, 입양에 대해 부모와 개방적인 의사소통 유지하기의 과업이 주어진다.

지금까지 논의를 종합해 보면, 입양가족생활주기 관점에서는 영유아기부터 아동기, 청소년기와 성인기에 이르기까지 입양가족생활주기마다 새로운 과업이 있고, 입양아동이 각 단계별 발달과업을 잘 수행할 수 있도록 가족 내 이해와 지지가 필수적이라고 보고 있다. 입양부모는 입양가족생활주기에 따른 입양아동의 발달과업을 잘 이해하고 입양아동이 발달과업들을 건강하게 수행할 수 있도록 적극적인 수용과 지지를 이어갈 필요가 있다.

### 5) 입양의 현황

우리나라의 전통적 입양제도는 가부장적 대가족제도인 양자 제도로 가계계승을 위한 것이었다. 그러나 현대의 입양은 6 · 25 전쟁으로 발생한 고아들을 보호하고 지키는 방법으로 국외 입양을 하면서 시작되었고, 1961년에 「고아입양특례법」을 제정하여 국외 입양을 체계적으로 관리하면서 입양제도가 정립되기 시작하였다(아동권리보장원, 2020). 이후 입양은 사회의 급격한 발달과 성장으로 인해 미혼모 발생과 아동 유기가 증가하면서 1976년에 「입양특례법」을 제정하고 입양쿼터제를 도입해 국내 입양을 10%씩 증가시키고자 노력하였다(윤은영, 2013).

또한 1990년대에 이르러서는 「국제법」으로서 효력을 갖게 된 유엔 아동권리협약(Convention on the Rights of child: CRC)의 영향으로 국내에서도 아동복지에 대한 국가의 책임 인식이 높아지면서 아동복지사업과 입양정책의 방향에도 변화가 생기게 되었다. 2000년대에는 이러한 패러다임의 전환으로 「입양촉진 및 절차에 관한 특례법」이 개정되어 입양의 날 제정과 입양가정에 대한 양육수당 지급, 그리고 친양자입양제도 등이 도입되면서 국내 입양은 활성화되었다(김상찬, 신준연, 2019). 이 시기부터 본격적으로 아동의 권리와 복지에 초점을 맞추는 입양이 시작되었다. 우리나라 입양현황에 대한 조사결과는 그림 12-1, 표 12-3과 같다.

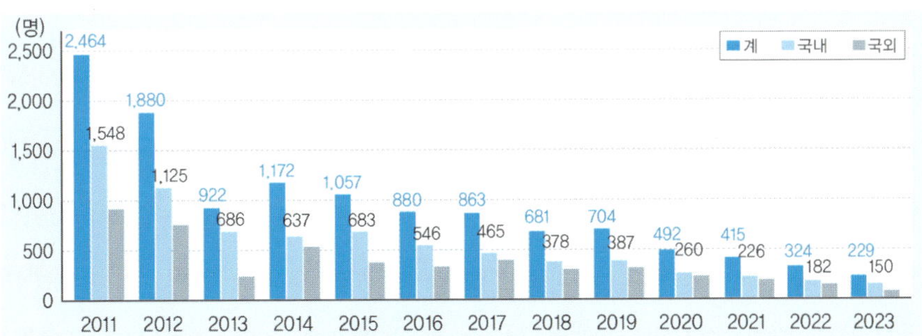


그림 12-1 국내 · 외 입양현황

**표 12-3** 국내 · 외 입양현황

| 연도 | 계 | 국내 | | | 국외 | | |
|---|---|---|---|---|---|---|---|
| | | 계 | 남 | 여 | 계 | 남 | 여 |
| 2011 | 2,464 | 1,548 | 482 | 1,066 | 916 | 629 | 287 |
| 2012 | 1,880 | 1,125 | 410 | 715 | 755 | 590 | 165 |
| 2013 | 922 | 686 | 203 | 483 | 236 | 194 | 42 |
| 2014 | 1,172 | 637 | 223 | 414 | 535 | 438 | 97 |
| 2015 | 1,057 | 683 | 222 | 461 | 374 | 287 | 87 |
| 2016 | 880 | 546 | 191 | 355 | 334 | 269 | 65 |
| 2017 | 863 | 465 | 150 | 315 | 398 | 302 | 96 |
| 2018 | 681 | 378 | 110 | 268 | 303 | 221 | 82 |
| 2019 | 704 | 387 | 125 | 262 | 317 | 233 | 84 |
| 2020 | 492 | 260 | 90 | 170 | 232 | 192 | 40 |
| 2021 | 415 | 226 | 78 | 148 | 189 | 133 | 56 |
| 2022 | 324 | 182 | 67 | 115 | 142 | 92 | 50 |
| 2023 | 229 | 150 | 61 | 89 | 79 | 53 | 26 |

출처: 보건복지부(2024). 2024 보건복지통계연보.

2023년 국내 입양은 150명(65.50%)이고, 국외 입양은 79(34.49%)명으로 국내 입양이 더 높은 비중을 차지하고 있는 것으로 나타났다. 표 12-3의 국내 · 외 입양현황을 자세히 살펴보면, 매년 국내로 입양되는 아동이 국외로 입양되는 아동보다 높은 비중을 차지하고 있으며, 이는 2007년 시행된 국내 입양 우선 추진제의 영향이 크다(보건복지부, 2022). 국내 입양을 활성화하기 위해 국내 입양 우선 추진제와 더불어 입양 수수료 및 입양 가족수당 도입, 공무원을 대상으로 한 입양 휴가제의 도입, 독신자의 입양 허용 등의 조치를 함께 실시한 결과로 볼 수 있다(소라미, 2018). 2023년에는 국내 · 외 입양 모두가 감소하였으나 여전히 80여 명의 보호대상아동이 국내의 가정에서 보호받지 못하고 국외로 입양되는 상황이다. 입양아동 발생 유입 경로를 살펴보면 표 12-4와 같다.

**표 12-4 입양아동 발생 유형**

(단위: 명)

| 연도 | 국내입양 | | | | 국외입양 | | | |
|---|---|---|---|---|---|---|---|---|
| | 계 | 미혼모(부) 혼외아동 | 유기아동 | 가족해체 등 | 계 | 미혼모(부) 혼외아동 | 유기아동 | 가족해체 등 |
| 2019 | 387 | 329 (85.0%) | 51 (13.2%) | 7 (1.8%) | 317 | 317 (100%) | – | – |
| 2020 | 260 | 216 (83.1%) | 38 (14.6%) | 6 (2.3%) | 232 | 231 (99.6%) | – | 1 (0.4%) |
| 2021 | 226 | 167 (73.9%) | 48 (21.2%) | 11 (4.9%) | 189 | 188 (99.5%) | 1 (0.5%) | – |

이처럼 입양아동 중에 한 해 동안 발생하는 보호대상아동은 다양한 유형으로 인해 발생하는데, 표 12-4에서 보듯이, 입양아동 발생 유입 경로는 국내 입양의 경우 2021년 전체 226명 중에 167명(73.9%), 국외 입양의 경우 전체 189명 중 188명(99.5%)이 미혼모의 출산으로 인한 경우로 가장 높은 비중을 차지하고 있다. 국내 입양아동의 발생유형은 미혼모출산 외 유기아동과 가족해체 등의 원인으로 나타나고 있다. 입양아동 성별 및 연령을 살펴보면 표 12-5와 같다.

**표 12-5 입양아동 성별 및 연령**

(단위: 명, %)

| 연도 | 국내 입양 | | | | | | | 국외 입양 | | | | | |
|---|---|---|---|---|---|---|---|---|---|---|---|---|---|
| | 계 | 성별 | | 연령 | | | | 계 | 성별 | | 연령 | | |
| | | 남 | 여 | 3월 미만 | 3월~1세 미만 | 1~3세 미만 | 3세 이상 | | 남 | 여 | 1세 미만 | 1~3세 미만 | 3세 이상 |
| 2019 | 387 | 125 (32.3) | 262 (67.7) | 6 (1.6) | 270 (69.8) | 83 (21.4) | 28 (7.2) | 317 | 233 (73.5) | 84 (26.5) | – | 303 (95.6) | 14 (4.4) |
| 2020 | 260 | 90 (34.6) | 170 (65.4) | – | 157 (60.4) | 80 (30.8) | 23 (8.8) | 232 | 192 (82.8) | 40 (17.2) | – | 225 (97.0) | 7 (3.0) |
| 2021 | 226 | 78 (34.5) | 148 (65.5) | 12 (5.3) | 121 (53.6) | 69 (30.5) | 24 (10.6) | 189 | 133 (70.4) | 56 (29.6) | – | 185 (97.9) | 4 (2.1) |

표 12-5의 입양아동 성별 및 연령을 살펴보면, 입양되는 아동의 추이가 잘 보이고 있는데 2021년 국내 입양 수는 3개월 미만 12명(5.3%), 3개월~1세 미만 121명(53.6%), 1세 이상 3세 미만 69명(30.5%), 3세 이상 24명(10.6%)이고, 성별로는 남아 78명, 여아 148명이다. 남아보다 여아의 입양률이 높고 3월~1세 미만인 아동의 입양률이 전체 중에 53.6%로 가장 많이 나타나고 있다. 1세 미만 입양아동의 수는 꾸준한 감소추세를 보이고 있는데, 이는 1세 이상 입양아동이 늘어나면서 반영된 결과라고 볼 수 있다. 2021년 한 해, 국내 입양아동 중에서 1세 이상, 즉 생후 12개월 이상인 연장아에 해당하는 아동의 입양률이 낮다는 것을 알 수 있다. 신생아와 영아 입양을 제외하고 1세 이상의 입양률을 함께 본다면 93명(41.1%)은 적지 않은 입양률이라고 할 수 있다. 따라서 연장아 입양에 대한 사회적 관심은 매년 증가하고 있고 앞으로도 계속 증가할 가능성이 높기 때문에 철저히 준비할 필요가 있다.

이렇듯 한 해 발생하는 보호대상아동이 국내 입양가정을 찾아 아동의 보장된 권리와 복지를 실현하기 위한 국가의 책무를 다함에 있어서 그렇지 못하는 부분이 있을 수 있는데 입양을 원하는 입양가정에 대한 지원 방향과 대책에 대한 논의가 이루어져야 할 것이다. 또한 모든 '아동'에 대한 입양의 요건과 절차를 일원화하여 입양이 아동 인권 최우선의 관점에서 이루어질 수 있도록 엄격하고 철저하게 입양 절차를 규율할 필요가 있다(소라미, 2018).

반면 국내 입양 중에 친자녀가 있는 가정에서 입양이 늘어나고 있는데, 국내 입양부모의 친자유무 현황은 표 12-6과 같다.

**표 12-6 국내 입양부모의 친자유무 현황**

(단위: 명, %)

| 구분 | 계 | 유 | | 무 | |
|---|---|---|---|---|---|
| 2017 | 465 | 160 | (34.4) | 305 | (65.6) |
| 2018 | 378 | 149 | (39.4) | 229 | (60.6) |
| 2019 | 387 | 155 | (40.1) | 232 | (59.9) |

보건복지부 입양부모의 친자 유무에 따른 통계를 보면, 2017년 전체 465명 중 160명, 2018년 전체 378명 중 149명, 2019년 전체 387명 중 155명의 아동이 자녀가 있는 가정으로 입양이 되었다(보건복지부, 2020). 구체적으로 자녀가 없는 가정에서 국내 입양율이 가장 높다는 것을 알 수 있으며, 그런데도 국내 입양부모 중 자녀가 있는 가정에서의 입양률은 매년 증가하는 것으로 나타났다. 박영호와 신동면(2017)은 예비 입양부모의 입양유형에 대한 분석 결과에서 응답자 중 77.9%가 최초 입양이었으며, 그중 친생자녀 가정에서 22.1%의 입양률과 22.1%의 재입양률을 보였다. 재입양은 친생자녀가 있거나 없는 가정을 모두 포함하고 있어 친생자녀 가정에서 입양률은 정확히 알 수는 없지만, 친생자녀가 있는 가정에서 입양 사례는 적지 않다는 것을 보여 주고 있다. 이처럼 친생자녀 가정에서의 입양은 출생뿐만 아니라 '가슴으로 낳은 아이'도 가족이 될 수 있다는 변화된 사회 인식으로 친생자녀가 있는 가정에서 입양이 늘고 있다(임경미, 양성은, 2013). 따라서 입양에 대한 사회적 편견이 감소하면서 이제는 가정과 부모가 없는 아동들에게 부모와 가정을 영구적으로 제공하고자 하는 친생자녀 가정에서의 선진국형 입양문화가 정착해 가는 과정으로 해석할 수 있다.

## 6) 입양서비스 정책의 문제점과 개선방안

입양서비스 정책의 문제점과 개선방안을 입양가족에 대한 정책적 · 제도적 지원 마련, 입양에 대한 사회적 인식의 제고 및 국내 입양의 활성화 및 입양아동의 발생 예방을 위한 교육 및 지원으로 구분하여 살펴보면 다음과 같다(김애란 외, 2023).

### (1) 입양가족에 대한 정책적 · 제도적 지원 마련

정부는 2012년 「입양특례법」을 일부 개정하여 입양 성립 요건을 입양 신고에서 입양 허가제로 변경하고 친부모의 정보를 보관하는 등 입양과정을 투명하게 함으로써 건강한 입양문화 정착과 국내의 입양활성화를 촉진하고자 하였으나 유기 아동은 더욱 증가하고 있다. 이는 「입양특례법」으로 인해 낳은 아기에 대해 출생신고를 바로 해야 하고 친모의 신분이 기록에 남게 되므로 신분노출과 사회적 낙인을 우려해 아기를 낳으면 바로 유기하는 극단적 선택이 많아졌기 때문이다. 출생신고가 안 된 아기를 보육원이나 입양기관으로 보낼 수 없게 되자 미혼모들은 베이비박스를 찾아 아기를 버리거나 아기를 밀거래하는 반인륜적 불법행위도 일어난다(김현자 외, 2017). 따라서 이에 대한 적절한 안전장치를 구해야 한다. '익명출산제'(아동에 대한 출생신고는 이루어지지만 친생모의 비밀은 지켜짐)와 현재 불법사항인 베이비박스 제도의 합법화를 생명과 인권 존중의 또 다른 차원에서 고려할 필요가 있다(엄주희, 2016).

입양아동에 대한 경제적 지원의 확대를 통해 입양으로 인한 재정적 부담을 덜어 주는 제도적 장치가 필요하다. 특히 장애아동의 경우 장애에 대한 편견과 더불어 병원비와 치료비 등 재정적 부담이 가중되어 입양을 더욱 어렵게 하는 요인이 되고 있다. 또한 입양가정의 예비양부모에 대한 사전 교육을 통해 입양의 의미와 특수성을 이해하고 입양아동에게 적절히 적응하고 양육할 수 있도록 지원함으로써 파양을 예방하고 사후 입양서비스를 강화할 필요가 있다.

### (2) 입양에 대한 사회적 인식의 제고 및 국내 입양의 활성화

우리나라는 1950년대 한국전쟁 이후 전쟁고아 등에 대한 보호정책으로 해외 입양이 시작되어 한때 세계 최고의 고아 수출국이라는 오명을 얻기도 했다. 2007년 '국내 입양 우선 추진제'를 실시하여 입양 의뢰 후 5개월 간은 국내입양을 우선 추진하고 있으며 입양에 대한 사회적 편견과 부정적 인식 개선을 위한 노력을 기울이고 있으나, 국내 입양이 차츰 늘어나는 추세에도 불구하고 여전히 해외 입양은 많이 이루어지고 있다.

혈연중심의 가족주의 문화와 입양에 대한 부정적인 인식은 국내 입양의 활성화를 저해하고 있다. 또한 국내 입양에서 장애아나 남자아이, 1세 이후 아동의 입양은 매우 저조하다. 따라서 이에 대한 사회적 인식의 개선이 시급하며 입양에 대한 지속적인 홍보와 사후관리가 철저하게 이루어져야 한다. 입양 사후관리 서비스를 통해 입양아동 및 입양부모의 적응을 도와주고 궁극적으로는 국내 입양의 활성화에 기여할 수 있다.

우리나라는 2006년부터 5월 11일을 입양의 날로 정하여 모범 입양 사례를 홍보하거나 수상 기회를 부여하는 등 입양에 대한 인식을 전환시키기 위한 노력을 기울이고 있으나 일반인의 인식도는 아직 낮은 편이다. 입양을 기피하지 않는 사회적 분위기가 정착되려면 일반인들의 인식 개선이 무엇보다 우선되어야 하며, 어려서부터 입양에 대한 긍정적인 인식을 키울 수 있도록 지원하는 것이 필요하다.

#### (3) 입양아동의 발생 예방을 위한 교육 및 지원

우리나라 입양 대상 아동의 주요 발생 원인은 미혼모의 자녀다. 따라서 미혼모의 발생을 방지하기 위한 성교육 및 피임교육이 절실하다. 또한 미혼모들이 자신의 자녀를 양육할 수 있는 환경의 조성 및 제도적 지원이 필요하다.

## 2. 가정위탁보호서비스

### 1) 가정위탁보호의 개념

가정위탁보호제도는 부모의 이혼, 사망, 학대, 가출, 수감 등 친부모의 사정으로 아동을 양육할 수 없을 때, 일정 기간 동안 위탁가정에서 보호하고 양육하는 아동복지제도이며, 위탁아동, 친가정, 위탁가정과 가정위탁지원센터가 가정위탁의 4주체로 협력하고 있다(아동권리보장원, 2020). 이러한 위탁가정보호제도에 대해 미국의 아동복지연맹은 아동복지서비스의 하나로 아동복지기관의 승인을 받은 위탁가정에서 일시적 보호와 양육이 이루어지는 계획적이고 목표 지향적인 서비스라고 정의하고 있다. 또한 사회복지학사전(2009)에서는 가정위탁을 친부모와 생활이 불가능한 아동에게 신체적 보호와 가정환경을 제공해 주는 서비스라고 정의하고 있다.

가정위탁제도의 목적과 관련하여 보건복지부는 '보호대상아동을 보호·양육하기 희망하는 가정에 위탁 양육함으로써 가정적인 분위기에서 건전한 사회인으로 성장할 수 있도록 하는 것'으로 규정하고 있다. 즉, 가정위탁보호제도는 친부모의 양육능력이 회복되면 친가정 복귀를 목적으로 하며, 친부모와 재결합할 수 없을 때는 위탁아동 스스로 자립을 할 수 있도록 도와주는 제도이다. 이처럼 가정위탁보호제도는 아동이 친가정으로 복귀하는 목적이 있기 때문에 아동의 친가정을 지킬 수 있다는 점과 가정의 보호가 어려운 아동에게 일시적이라도 가정 경험을 제공한다는 점에서 의미 있는 제도라고 할 수 있다(민혜선, 2015).

이상의 내용을 정리하면, 가정위탁보호란 친부모의 사정으로 인해 친가정에서 양육되기 어려운 상황에 처해 있는 보호필요아동을 건전한 사회인으로 성장할 수 있도록 가정에서 일정 기간 동안 보호하고 양육하는 제도이며, 친가정 복귀를 목적으로 하는 제도라고 할 수 있다. 가정위탁보호에 대한 특색을 살펴보면 표 12-7과 같다.

**표 12-7 가정위탁보호의 특색**

- 가정위탁보호는 다른 대리보호서비스와 구별되게 '가정'이라는 환경을 통한 보호라는 점이다.
- 친가정 지원을 통해 아동의 친가정 복귀를 위한 일시적인 보호라는 점이다.
- 아동 본래의 가정이 아닌 타 가정에 의해서 보호된다.
- 계획된 기간의 설정이 필요한데 이는 영구보호가 아니라는 것을 의미한다.
- 사회기관에서 마련되는 보호이다. 즉, 가정위탁보호는 아동에게나 그 부모에게 가장 적합한 서비스라고 인정하고, 계속적인 책임을 지는 사회사업기관에서 마련하는 보호라는 점이다.

가정위탁보호의 대상이 되는 상황은 부모의 가출, 질병, 실직 또는 심각한 경제적 어려움, 수감 또는 이혼 등의 이유로 자녀를 양육할 수 없는 상황, 아동학대 및 방임의 경우로 아동을 친부모로부터 격리하고 아동과 친부모에게 적절한 조치를 취할 필요가 있는 상황, 소년소녀가정 세대의 경우로 현재 친부모가 양육할 수 없으나, 시설에 입소되지 않고 독립적인 가구를 구성하면서 생활할 수 있는 상황, 시설생활 부적응 아동이나 가정위탁을 희망하는 아동을 위탁가정에서 보호함으로써 큰 변화를 겪은 아동들의 후유증을 줄이고, 심리적인 안정을 되찾을 수 있는 아동의 상황 등으로 나누어 볼 수 있다.

지금까지 내용들을 종합하여 가정위탁제도의 목적, 대상, 유형 및 전달체계를 살펴보면 표 12-8과 같다.

**표 12-8 가정위탁제도**

| 구분 | 내용 |
|---|---|
| 목적 | 보호대상아동을 일정 기간 보호 · 양육을 희망하는 가정에 위탁 양육함으로써 가정적인 분위기에서 건전한 사회인으로 성장할 수 있도록 지원하는 것(특히 2세 이하의 영아는 가정보호 우선 실시 필요) |
| 대상 | 만 18세 미만의 아동 중 보호자가 없거나 보호자로부터 이탈된 아동 또는 아동을 학대하는 등 그 보호자가 아동을 양육하기에 적당하지 않거나 양육 능력이 없는 경우(만 18세 이상 고등학교 재학생은 포함). 단, 보호조치 중인 만 18세 이상 아동 중 자립 준비 등 보호연장 사유 발생 시 가정위탁보호 기간 연장 가능 |
| 유형 | • 일반가정위탁: 아동과 혈연관계가 없는 일반가정에서 위탁 양육<br>• 대리양육가정위탁: 조부모가 위탁 양육<br>• 친인척가정위탁: 조부모를 제외한 8촌 이내의 혈족이 위탁 양육<br>• 전문가정위탁보호: 2세 이하, 학대 피해, 경계선 지능 아동 등 전문적이고 특별한 보살핌이 필요한 아동 위탁 양육<br>• 일시가정위탁보호: 「아동복지법」 제15조 제5항 및 동법 시행령 19조에 따른 긴급보호 조치 필요 아동 위탁 양육 |

| 구분 | 내용 |
|---|---|
| | 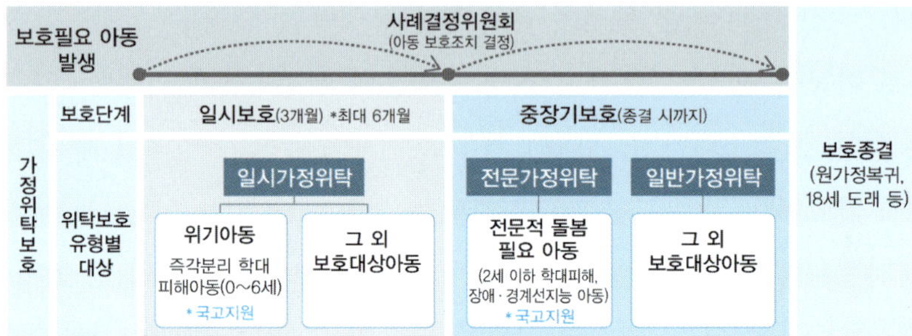 |
| 전달체계 | 지방자치단체 및 가정위탁지원센터를 통한 각종 서비스 제공 및 사례 관리 |
| 근거 법령 | 「아동복지법」 제3조(정의), 제4조(국가와 지방자치단체의 책무), 제45조(보호조치), 제15조의3(보호대상 아동의 양육상황점검), 제16조(보호대상아동의 퇴소조치 등), 제16조의 2(보호대상아동의 사후관리), 제48조(가정위탁지원센터의 설치 등), 제49조(가정위탁지원센터의 업무), 제59조(비용보조) 등 |

## 2) 가정위탁보호사업의 필요성

아동은 가정 안에서 가족원과 주위 환경의 보호를 받으며 행동양식과 생활습관 및 가치기준을 습득한다. 그런 만큼 가정환경은 성장 중에 있는 아동의 성격 형성에 결정적인 역할을 하고, 아동 연령이 어릴수록 아동의 주변 환경은 더 중요하다. 또한 가정은 아동이 최초로 경험하는 사회이고, 인성교육과 같은 교육적인 면에서도 매우 중요한 역할을 한다. 그러나 아동이 가정에서 양육받을 수 없는 상황이 되었을 때에는 부모와 가정을 대신해 줄 수 있는 환경이 필요하다. 그러나 이제까지는 가정의 역할을 시설이 중심이 되어 수행해 왔다. 시설보호가 아동의 성장발달에 끼치는 부정적 영향들이 지속적으로 보고되고 있어 아동에 대한 대체서비스로서의 시설보호의 한계를 극복하려고 하는데, 이를 위해 가정위탁보호사업이 필요하며 이를 구체적으로 살펴보면 표 12-9와 같다.

**표 12-9 가정위탁보호사업의 필요성**

- 부모의 이혼, 별거, 경제적인 파탄 등으로 일시적인 보호가 필요한 아동에게는 시설입소보다는 1차적으로 가정에서의 보호방법을 모색하여 이들에게 대리가정을 제공할 필요가 있다.
- 부모의 사망이나 재혼 등으로 장기간의 보호를 필요로 하는 아동들에게 아동의 친인척들이 아동을 양육하도록 지원함으로써 아동의 시설입소를 피하고 그들이 안정된 가정에서 건전하게 성장할 수 있도록 도와줄 필요가 있다.
- 아동학대나 방임으로 인해 일정 기간 부모와 아동을 분리하여 치료하기 위한 방법으로서도 가정위탁보호는 필요하다.
- 소년소녀가정 세대는 그들이 겪는 문제의 종류와 필요로 하는 욕구에 기초한 적절한 서비스(특히 정서적 서비스 등)를 제공할 수 있는 준비가 미흡하고, 전달체계가 마련되어 있지 않기 때문에 소년소녀가정 세대를 가정위탁으로 전환할 필요가 있다.
- 1991년에 가입한 유엔 아동권리협약을 지켜 나가기 위해서 가정위탁보호사업은 필요하다. 유엔 아동권리협약 20조에 의하면 아동이 친부모와 사는 것이 최선책이지만, 친가정이 불가능하면 친족과 살거나, 가정과 같은 분위기에서 자라야 한다. 단, 심각한 장애나 행동장애 등 의료적인 문제가 있는 아동만 5명 미만의 시설에 수용할 수 있다. 유엔 아동권리협약에 가입한 한국 정부는 가정위탁을 주선할 책임을 져야 한다.
- 가정위탁보호사업은 다른 모든 형태의 시설수용과 비교해 볼 때 경제적인 면에서 가장 효율적이다. 정부는 위탁가정에 아동양육에 관한 비용을 지원해야 하지만 가정위탁비용은 파출부 등에게 아동을 맡기는 비용의 25% 정도이며, 그룹홈 수용에 비해서는 33% 정도 저렴하다. 시설에 수용된 아동들이 적응하지 못하고, 성인이 되어서도 생활보호대상자가 되어 일반국민들의 세금으로 지원을 해야 할 경우까지 고려하면, 가정위탁은 막대한 사회비용의 절감을 가져온다.

## 3) 가정위탁보호 실천의 원리

지금까지 가정위탁보호의 개념을 통해 목적과 필요성 등에 대해 살펴보았는데, 이러한 목적에 부응하는 가정위탁보호 실천의 원리를 명확하게 알고 실천하는 것이 무엇보다 중요하다고 할 수 있다. 가정위탁보호의 실천 원리에 대해 마틴(2000)은 네 가지, 즉 아동 분리에 대한 분명한 근거, 친가정에서 다른 대안이 없을 때만 실시하는 아동의 위탁보호, 가족 중심적 접근의 실천, 친부모를 서비스 수혜자로 참여시키는 문제와 관련된 것이다. 이를 구체적으로 살펴보면 표 12-10과 같다.

**표 12-10 가정위탁보호 실천의 원리**

| 구분 | 내용 |
|---|---|
| 아동 분리에 대한 분명한 근거 | 아동은 친부모의 '부적절한 양육'의 분명한 증거가 있을 때만 아동이 친가정과 분리되어야 한다. '부적절한 양육'의 상황은 친가정에서 아동이 신체적 학대, 정서적 학대, 성적 학대를 받으며 충분한 사랑과 적절한 양육이 가능한 가정환경을 제공받지 못하는 경우이다. 또한 아동에게 충분한 음식, 안전, 적절한 거처, 적당한 옷, 필요한 의료와 교육보호 등을 제공해 주지 않는 부모역할 불이행, 무관심과 방임도 분리의 증거가 된다. |
| 친가정에서 다른 대안이 없을 때만 실시하는 아동의 위탁보호 | 다른 대안이 효과적이지 않을 때 아동의 위탁보호가 필요하다. 가정위탁보호는 학대나 방임 등을 경험한 아동의 가정에 우선적으로 지역사회에 기반을 둔 지속적인 서비스를 제공하여 아동을 보호하고 가정을 원조하여 최소한의 개입으로 아동이 친가정에서 보호받도록 한다. 그러나 그러한 서비스에도 아동의 양육환경이 불충분한 경우에만 가정위탁보호가 진행되고 분리 결정에서 법원은 충분히 친가정 서비스를 제공했는지 근거를 요구한다. 즉, 분리 전에 아동이 친가정에서 머물면서 가족이 모두 함께 지낼 수 있게 모든 노력을 기울여야 한다는 점을 강조하는 것이다. |
| 가족 중심적 접근의 실천 | 친가정에 충분한 노력을 기울였음에도 불구하고 아동을 분리해야 하는 상황에서 가정위탁보호를 할 경우, 그 과정은 가족중심적 접근이 되어야 한다. 아동이 친가정에서 분리되어 가족과 함께 생활하지 못하더라도, 친가정과 친부모는 아동의 적응과 발달에 결정적인 역할을 한다는 것이다. 또한 아동이 위탁가정에서 보호받고 있는 과정에서 친가정 복귀를 위한 친가정 지원이 중요하게 고려되어야 한다 |
| 친부모를 서비스 수혜자로 참여시키는 문제 | 가정위탁보호과정에서 아동, 친부모, 위탁부모라는 세 개의 클라이언트 체계를 모두 지원해야 한다. 사회복지사는 아동이 위탁가정에서 적응과 발달을 잘 할 수 있도록 지원하고, 아동의 현재 보호자인 위탁부모와의 상담과 교육 등을 지원하며, 아동이 친가정으로 돌아갈 수 있도록 친가정과 친부모에 대한 개입을 해야 한다. 위탁부모와 아동이라는 두 체계의 클라이언트를 중심으로 가정위탁보호가 이루어질 경우 아동의 적응은 더 불안정하고 친가정 복귀가 늦어져 위탁보호의 장기화로 이어질 수 있다. |

## 4) 가정위탁보호의 현황

가정위탁보호서비스의 세대수 및 아동 수에 대한 현황은 그림 12-2, 표 12-11과 같다.

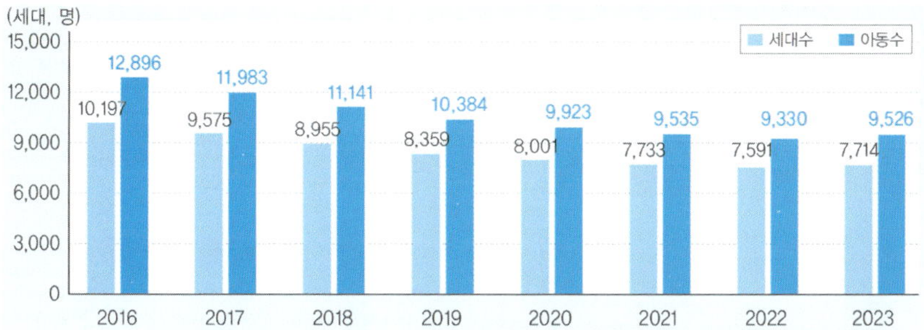


그림 12-2 가정위탁보호서비스의 세대수 및 아동수

표 12-11 가정위탁보호서비스의 세대수 및 아동수

| 연도 | 계 | | 위탁가정 유형 | | | | | |
|---|---|---|---|---|---|---|---|---|
| | | | 대리양육가정 | | 친인척위탁가정 | | 일반위탁가정 | |
| | 세대수 | 아동수 | 세대수 | 아동수 | 세대수 | 아동수 | 세대수 | 아동수 |
| 2016 | 10,197 | 12,896 | 6,642 | 8,578 | 2,773 | 3,348 | 782 | 970 |
| 2017 | 9,575 | 11,983 | 6,207 | 7,950 | 2,605 | 3,100 | 763 | 933 |
| 2018 | 8,955 | 11,141 | 5,831 | 7,426 | 2,357 | 2,801 | 767 | 914 |
| 2019 | 8,359 | 10,384 | 5,442 | 6,905 | 2,167 | 2,572 | 750 | 907 |
| 2020 | 8,001 | 9,923 | 5,155 | 6,542 | 2,069 | 2,447 | 777 | 934 |
| 2021 | 7,733 | 9,535 | 4,817 | 6,107 | 1,999 | 2,344 | 917 | 1,084 |
| | 계 | | 일반가정위탁 | | 전문가정위탁 | | 일시가정위탁 | |
| | 세대수 | 아동수 | 세대수 | 아동수 | 세대수 | 아동수 | 세대수 | 아동수 |
| 2022[1)] | 7,591 | 9,330 | 7,365 | 9,075 | 209 | 237 | 17 | 18 |
| 2023 | 7,714 | 9,526 | 7,433 | 9,201 | 270 | 312 | 11 | 13 |

1) 아동복지법 및 동법 시행규칙 개정으로 가정위탁 유형 분류가 변경되어 2022년 통계부터 일반 · 전문 · 일시가정위탁으로 구분.

출처: 보건복지부(2024). 2024 보건복지통계연보.

가정위탁보호서비스에 대한 아동 수의 현황을 살펴보면, 2016년 12,896명에서 해마다 감소하여 2023년의 경우 9,526명의 아동이 가정위탁보호서비스를 받은 것으로 나타났다. 또한 가정위탁보호서비스의 세대수도 2016년 10,197에서 2021년 7,714로 감소한 것으로 나타났다. 가정위탁보호서비스의 위탁가정의 유형과 아동 연령별 현황은 그림 12-3, 표 12-12와 같다.

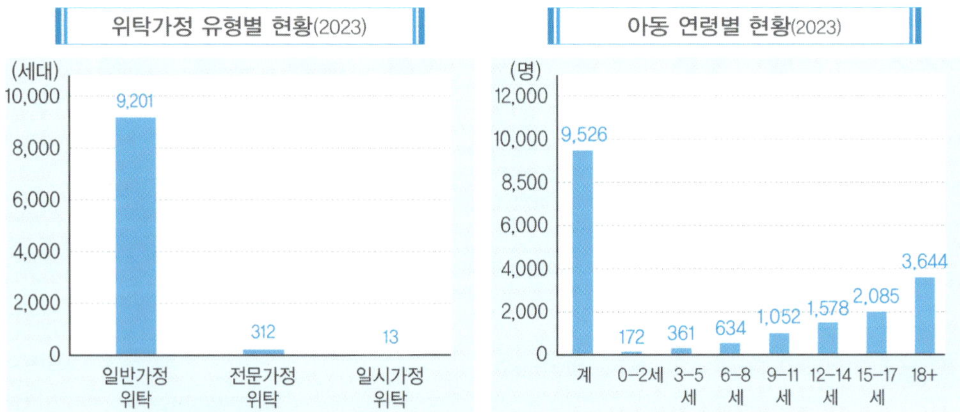


**그림 12-3** 가정위탁보호서비스의 위탁가정의 유형과 아동 연령별 현황

**표 12-12** 가정위탁보호서비스의 아동 연령별 현황

| 연도 | 계 | 가정위탁보호 아동수 | | | | | | |
|---|---|---|---|---|---|---|---|---|
| | | 연령 | | | | | | |
| | | 1–3 | 4–7 | 8–10 | 11–13 | 14–16 | 17–19 | 20+ |
| 2016 | 12,896 | 121 | 585 | 855 | 1,451 | 2,860 | 4,835 | 2,189 |
| 2017 | 11,983 | 117 | 593 | 826 | 1,389 | 2,423 | 4,450 | 2,185 |
| 2018 | 11,141 | 108 | 585 | 895 | 1,402 | 2,234 | 3,787 | 2,130 |
| 2019 | 10,384 | 98 | 573 | 893 | 1,378 | 1,955 | 3,236 | 2,251 |
| 2020 | 9,923 | 153 | 674 | 1,044 | 1,381 | 2,041 | 2,722 | 1,908 |
| 2021 | 9,535 | 228 | 595 | 979 | 1,345 | 1,882 | 2,418 | 2,088 |
| | 만 연령 | | | | | | | |
| | 계 | 0–2 | 3–5 | 6–8 | 9–11 | 12–14 | 15–17 | 18+ |
| 2022[2)] | 9,330 | 181 | 339 | 676 | 1,173 | 1,564 | 2,086 | 3,311 |
| 2023 | 9,526 | 172 | 361 | 634 | 1,052 | 1,578 | 2,085 | 3,644 |

2) 2022년부터 기존 연 나이에서 만 나이 기준으로 통계표 수정.
출처: 보건복지부(2024). 2024 보건복지통계연보.

가정위탁보호서비스의 위탁가정 유형을 살펴보면, 2023년 일반가정위탁이 9,201명으로 가장 많았으며, 전문가정위탁 312명, 일시가정위탁 13명 순이었고, 연령별 현황에서는 18세 이상이 3,644명으로 가장 많았으며, 15~17세 2,085명, 12~14세 1,578명, 9~11세 1,052명, 6~8세 634명, 3~5세 361명, 0~2세 172명 순으로 나타났다. 가정위탁보호서비스의 사유에 대한 현황은 표 12-13과 같다.

**표 12-13 가정위탁보호서비스의 사유**

(단위: 명, %)

| 구분 | | 계 | 부모 모두 사망 | 부나 모의 사망 | 별거/가출 | 이혼 | 부모 수감 | 실직/빈곤 | 부모 질병 | 학대/방임 | 미혼모(부)/혼외 출생 | 시설 의뢰 | 부모 장애 | 기타 |
|---|---|---|---|---|---|---|---|---|---|---|---|---|---|---|
| 계 | | 9,541 | 514 | 2,306 | 2,095 | 2,651 | 464 | 108 | 185 | 501 | 350 | 122 | 85 | 160 |
| | | 100.0 | 5.4 | 24.2 | 22.0 | 27.8 | 4.9 | 1.1 | 1.9 | 5.3 | 3.7 | 1.3 | 0.9 | 1.7 |
| 일반(친인척) | | 8,452 | 502 | 2,222 | 1,907 | 2,492 | 432 | 65 | 148 | 300 | 207 | 4 | 63 | 110 |
| | | 100.0 | 5.9 | 26.3 | 22.6 | 29.5 | 5.1 | 0.8 | 1.8 | 3.5 | 2.4 | 0.0 | 0.7 | 1.3 |
| 일반(친인척 외) | | 947 | 12 | 82 | 181 | 148 | 29 | 43 | 34 | 118 | 128 | 112 | 20 | 40 |
| | | 100.0 | 1.3 | 8.7 | 19.1 | 15.6 | 3.1 | 4.5 | 3.6 | 12.5 | 13.5 | 11.8 | 2.1 | 4.2 |
| 전문 | | 99 | 0 | 1 | 6 | 10 | 3 | 0 | 0 | 53 | 14 | 4 | 1 | 7 |
| | | 100.0 | 0.0 | 1.0 | 6.1 | 10.1 | 3.0 | 0.0 | 0.0 | 53.5 | 14.1 | 4.0 | 1.0 | 7.1 |
| 일시 | | 43 | 0 | 1 | 1 | 1 | 0 | 0 | 3 | 30 | 1 | 2 | 1 | 3 |
| | | 100.0 | 0.0 | 2.3 | 2.3 | 2.3 | 0.0 | 0.0 | 7.0 | 69.8 | 2.3 | 4.7 | 2.3 | 7.0 |

출처: 보건복지부, 아동권리보장원(2022). 2021 가정위탁보호 현황보고서.

주된 가정위탁보호 사유는 보호사유를 살펴보면 일반(친인척) 위탁의 경우 이혼(29.5%), 일반(친인척 외) 위탁은 별거/가출(19.1%), 전문 및 일시위탁은 학대/방임이 53.5% 이상으로 가장 높은 비중을 차지하고 있는 것으로 나타났다. 위탁아동 형제배치에 대한 현황은 표 12-14와 같다.

**표 12-14 위탁아동 형제배치** (단위: 명, %)

| 구분 | 계 | 형제배치 | | |
|---|---|---|---|---|
| | | 아동단독 | 형제배치 | 형제분리 |
| 계 | 9,541 | 5,478 | 3,791 | 272 |
| | 100.0 | 57.4 | 39.7 | 2.9 |
| 일반 (친인척) | 8,452 | 4,587 | 3,624 | 241 |
| | 100.0 | 54.3 | 42.9 | 2.9 |
| 일반 (친인척 외) | 947 | 785 | 139 | 23 |
| | 100.0 | 82.9 | 14.7 | 2.4 |
| 전문 | 99 | 72 | 22 | 5 |
| | 100.0 | 72.7 | 22.2 | 5.1 |
| 일시 | 43 | 34 | 6 | 3 |
| | 100.0 | 79.1 | 14.0 | 7.0 |

출처: 보건복지부, 아동권리보장원(2022). 2021 가정위탁보호 현황보고서.

가정위탁보호아동 중 형제 없이 혼자 가정위탁보호 의뢰되어 배치된 단독배치는 57.4%, 형제가 함께 의뢰되어 같은 위탁가정에 배치된 형제배치는 39.7%, 형제가 함께 의뢰됐으나 각각 다른 위탁가정에서 양육되는 형제분리배치는 2.9%로 나타났다. 형제가 함께 의뢰될 경우 대부분이 같은 가정에서 양육될 수 있도록 배치됨을 알 수 있다. 위탁유형별로 살펴보면, 모든 위탁유형에서 단독배치가 가장 높은 비중을 차지했으며 비율은 각각 54.3%, 82.9%, 72.7%, 79.1%로 나타났다. 위탁유형별 위탁기간에 대한 현황은 표 12-15와 같다.

**표 12-15 위탁유형별 위탁기간** (단위: 명, %)

| 구분 | 계 | 위탁기간 | | | | | | | | | |
|---|---|---|---|---|---|---|---|---|---|---|---|
| | | ~ 6개월 미만 | 6개월 이상 ~ 1년 미만 | 1년 이상 ~ 2년 미만 | 2년 이상 ~ 3년 미만 | 3년 이상 ~ 4년 미만 | 4년 이상 ~ 5년 미만 | 5년 이상 ~ 6년 미만 | 6년 이상 ~ 10년 미만 | 10년 이상 ~ | 평균 위탁 기간 |
| 계 | 9,541 | 517 | 562 | 996 | 928 | 835 | 727 | 748 | 2,380 | 1,848 | 6년 |
| | 100.0 | 5.4 | 5.9 | 10.4 | 9.7 | 8.8 | 7.6 | 7.8 | 24.9 | 19.4 | |
| 일반 (친인척) | 8,452 | 369 | 485 | 877 | 849 | 771 | 675 | 688 | 2,163 | 1,575 | 5년 9개월 |
| | 100.0 | 4.4 | 5.7 | 10.4 | 10.0 | 9.1 | 8.0 | 8.1 | 25.6 | 18.6 | |
| 일반 (친인척 외) | 947 | 72 | 63 | 95 | 74 | 62 | 50 | 58 | 205 | 268 | 6년 9개월 |
| | 100.0 | 7.6 | 6.7 | 10.0 | 7.8 | 6.5 | 5.3 | 6.1 | 21.6 | 28.3 | |
| 전문 | 99 | 34 | 13 | 24 | 5 | 2 | 2 | 2 | 12 | 5 | 2년 5개월 |
| | 100.0 | 34.3 | 13.1 | 24.2 | 5.1 | 2.0 | 2.0 | 2.0 | 12.1 | 5.1 | |
| 일시 | 43 | 42 | 1* | 0 | 0 | 0 | 0 | 0 | 0 | 0 | 2개월 |
| | 100.0 | 97.7 | 2.3 | 0.0 | 0.0 | 0.0 | 0.0 | 0.0 | 0.0 | 0.0 | |

출처: 보건복지부, 아동권리보장원(2022). 2021 가정위탁보호 현황보고서.

전체 위탁아동의 평균 위탁기간은 6년인 것으로 파악되었다. 그중에서도 6년 이상 장기간 보호된 아동은 44.3%로 과반수의 비중을 차지하였으며, 1년 미만 보호된 아동은 11.3%로 나타났다. 또한 위탁유형별로 평균 위탁기간을 살펴보면, 일반(친인척)위탁 5년 9개월, 일반(친인척 외)위탁 6년 9개월, 전문위탁 2년 5개월, 일시위탁 2개월로 나타나 일반(친인척 외)위탁 아동의 평균 위탁기간이 가장 높은 것으로 나타났다. 연도별 신규위탁아동 수에 대한 현황은 그림 12-4와 같다.

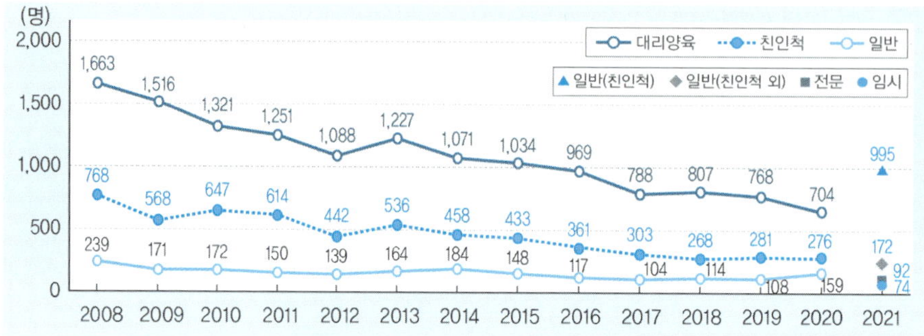


**그림 12-4** **연도별 신규위탁아동 수**

출처: 보건복지부, 아동권리보장원(2022). 2021 가정위탁보호 현황보고서.

신규위탁아동은 2008년 2,665명으로 시작하여 2012년 1,669명까지 감소하였다가 2013년 1,927명으로 증가 후 2020년까지 지속적으로 감소하는 경향을 나타냈다가 2021년 1,333명으로 증가한 것으로 나타났다.

## 5) 가정위탁보호서비스의 문제점 및 복지 실천 방향

아동이 자신의 친가정에서 자라는 것이 가장 바람직하지만 보호가 필요한 아동에게 시설보다는 위탁가정에서의 보호가 차선책으로 고려되고 있다. 아동은 시설보다 가정 중심으로 보호하는 서비스를 통해 개인적인 욕구를 충족하고, 가정 내에서 구성원의 역할에 대해 자연스럽게 배움으로써 성장하여 자신의 가족을 형성하는 데도 잠정적인 영향을 줄 수 있기 때문이다. 이러한 장점에도 불구하고 여러 문제점이 있고 그에 따른 실천 방향을 살펴보면 다음과 같다(김애란 외, 2023; 김이영 외, 2023; 김미영, 2018; 이상욱 외, 2016; 정옥분 외, 2016).

### (1) 아동중심의 위탁보호 및 배정 기준 마련

현재 가정위탁보호제도의 운영은 아동중심의 위탁보호보다는 편의상 위탁부모 중심으로 운영되고, 위탁의 우선권도 친(외)조부모, 친인척, 일반인의 순으로 주어진다. 또한 위탁보호를 분류하는 기준이 아동의 특성을 고려하지 않고 위탁을 담당할 성인 중심으로 보호가 이루어지고 있다. 그러므로 아동의 권익을 고려한 객관적인 산출자료를 근거로 아동에게 더 적합한 방안을 제시하는 아동중심의 위탁유형 결정 방법으로 전환되는 것이 바람직하다. 또한 조부모나 친인척 배정 시 고령이나 저연령의 위탁보호자 배정 문제점이 있어 가정위탁 배정은 아동의 상황을 고려하여 아동전문가에 의한 배정이 필요하다.

그리고 부모가 자녀인도를 청구했을 때 자녀를 부모에게 돌려보내는 것이 자녀의 복리에 이로운지, 위태로운지를 판단하고 아동의 복리를 기준으로 해결방안이 제시되어야 한다. 또한 부모가 자녀를 학대, 방임하여 가정위탁이 시작되거나, 장기간 자녀에게 관심을 보이지 않는 등 친권을 유치했을 때 아동의 복리에 유리하지 않을 경우에는 아동의 위탁부모나 가정위탁지원센터 등의 아동복지기관에서 친권상실 청구를 할 수 있도록 하는 것이 아동의 보호에 효과적이다.

자녀의 양육권을 양도받은 위탁부모는 자녀의 거소지정 및 타인과의 면접교섭권을 가지게 되며, 위탁이 종료되면 자녀와 위탁부모 사이의 면접교섭권의 주체가 부모로 한정되어 있다. 그러나 이는 자녀의 복리를 외면한 부모중심적인 방식이라는 비판을 받고 있다. 따라서 면접교섭권을 자녀의 권리로 안정하고 자녀의 복리를 위해 필요한 경우 부모 이외의 제3자도 만날 수 있도록 규정을 개선하는 것이 필요하다.

위탁아동은 대부분 친부모로부터 학대나 방임 등을 경험하고 마음의 상처가 깊은 경우가 많으며, 친가정에서 위탁가정으로의 분리 및 이동은 정서 문제 및 관계 형성의 어려움을 유발할 수 있으므로 상담 및 지원서비스가 필요하다.

### (2) 위탁부모의 권리 · 의무에 관한 규정의 신설

위탁부모는 실제로 자녀를 양육하고 있음에도 양육권을 갖지 못한다. 위탁부모는 아동이 원가정으로 복귀하기까지 일정 기간 자녀를 위탁하기도 하나 원가정의 상황에 따라 장기간이 될 수도 있어 위탁부모에게 친권을 대행할 수 있는 권리를 인정해 주는 포괄적인 법규정이 필요하다. 또한 부모의 친권 상실 시 후견인은 일반적으로 위탁부모나 가정위탁지원센터장 등이 후견인이 되는 것이 바람직하나 「민법」에 의하면 아동과 촌수가 제일 가까운 사람 중 연장자가 후견인이 된다(법정 후견인). 「민법」 일부 개정으로 후견인 변경 신청이 가능하지만 변경 절차를 거치지 않고 아동의 보호와 양육에 필요한 사람을 직접 후견인으로 선임하는 등의 절차 변경도 필요하다.

### (3) 위탁가정 및 친부모에 대한 국가적 차원의 지원 강화

위탁아동이 건강하게 성장하려면 안정된 위탁가정이 필요하다. 이를 위해 위탁가정의 경제적 지원뿐 아니라 양육 자체에 대한 상담 및 지원서비스의 확대 등이 필요하다. 또한 위탁가정에 대한 제도적 차원의 지원 및 재정적 지원이 개선되어야 한다. 위탁가정에 대한 양육지원비를 현실화하고, 심리적 문제를 가진 위탁아동에 대한 의료비 지원이 강화되어야 한다. 그리고 친부모의 자립(경제 지원, 작업 훈련, 주거환경 개선)과 아동이 자립할 수 있는 법적 근거를 마련하고 이에 대한 서비스 제공이 필요하다.

### (4) 지역 가정위탁지원센터의 확충 및 관리 서비스 구축

정부는 보호가 필요한 아동들의 가정위탁보호사업을 활성화시키기 위하여 2003년 전국에 17개의 지역 가정위탁지원센터를 설립하였고, 2004년에 중앙가정위탁지원센터를 설립하였다. 가정위탁지원센터의 지속적인 노력에도 불구하고 2006년 이후 일반가정위탁지원 세대의 증가속도는 거의 변하지 않고 있다. 따라서 가정위탁보호사업의 적극적인 홍보 및 행정적, 재정적 지원이 충분히 이루어져야 하며, 지역 가정위탁지원센터의 확충과 사례가 많은 지역에 추가 설치 및 지역사회 네트워크를 확충하고, 가정위탁지원센터의 질 향상을 위한 사례관리 데이터베이스 구축 및 상담원의 인력관리를 개선해야 한다.

Chapter 13

# 아동권리와 복지의 과제와 발전 방향

## 배울 내용

1. 아동권리와 복지의 과제
2. 아동권리와 복지의 발전 방향

## 학습목표

1. 아동권리와 복지의 과제에 대해 설명할 수 있다.
2. 아동권리와 복지의 발전 방향에 생각해 보고 해결방안을 모색해 본다.

## 개 요

아동권리와 복지의 대상이 이처럼 특수한 아동 중심에서 전체 아동으로 변화되어 가는 것은 세계적 추세이다. 다행스럽게도 우리나라도 2000년 7월 13일부터 전면 개정·시행된 「아동복지법」을 근거로 일반아동의 인권과 복지를 위한 작은 발걸음을 내딛고 있다. 개정 「아동복지법」이 전면 개정이라 할 수 있는 것은 아동학대와 관련된 조항이 법제화되어 있다는 점을 예로 들 수 있을 것이다. 그러나 아직도 특수한 욕구나 문제가 있는 일부 아동을 위한 정책 테두리에서 크게 벗어나지 못하고 있는 실정이다. 따라서 본 장에서는 이러한 우리나라 아동권리와 복지의 문제점을 생각해 보고 발전 방향과 함께 우리에게 주어진 과제를 함께 나누어 보고자 한다.

13

Chapter

# 아동권리와 복지의 과제와 발전 방향

아동에 대한 문제는 인간의 역사와 더불어 시작되었다. 아동문제는 그 개인의 성장과정, 그가 속한 사회의 정치·사회·경제적인 변화와 발전이 영향을 미치게 된다. 우리나라 아동복지는 1981년 「아동복지법」 전면 개정 이전에는 특별한 욕구나 보호가 필요한 아동(종전의 요보호아동)에 대해 도움을 주는 자선적이고 인도적인 차원에서 추진되어 왔다. 그러나 오늘날의 아동복지는 "특별한 욕구나 보호가 필요한 아동을 포함한 모든 아동이 가족 및 사회의 일원으로 육체적, 정신적으로 건강하게 성장·발달할 수 있도록 보호·지원하여 그들의 건전육성을 도모한다"는 보건복지부지침에서 보는 바와 같이, 전체 아동의 권익을 보호하고 복지권을 보장하려는 시각으로 발전되고 있다. 즉, 「아동복지법」은 "18세 미만의 아동이 건강하게 출생하여 행복하고 안전하게 자라도록 그 복지를 보장함을 목적으로 하고 있으며, 아동은 자신 또는 부모의 성별과 연령, 종교, 사회적 신분, 재산, 장애유무, 출생지역 등에 따른 어떠한 종류의 차별도 받지 않고 자라나야 하며, 안정된 가정환경에서 행복하게 자라나야 한다. 또한 아동에 관한 모든 활동에서 아동의 이익이 최우선적으로 고려되어야 한다. 그리고 국가와 지방자치단체는 아동의 건강과 복지증진을 위하여 노력하여야 하고, 그 시책을 시행하여야 한다. 아동의 보호자는 아동을 성장시기에 맞추어 건강하고 안전하게 양육하여야 한다. 모든 국민은 아동의 권익과 안전을 존중하여야 한다고 규정하여 모든 아동의 권익을 보호하고 아동의 권익에 보호자뿐만 아니라 국가와 지방자치단체에서 책임을 질 것"을 강조하고 있다.

이처럼 아동권리와 복지의 대상이 특수한 아동 중심에서 전체 아동으로 변화되어 가는 것은 세계적 추세이며, 우리나라도 「아동복지법」의 개정으로 일반아동의 인권과 복지를 위해 노력을 하고 있다. 그러나 아직도 특수한 욕구나 문제를 가진 아동들에 대한 복지서비스는 여전히 부족하다고 할 수 있다.

## 1. 아동권리와 복지의 과제

현재 당면하고 있는 아동권리와 복지의 과제를 살펴보고, 발전 방향에 대해 구체적으로 살펴보면 다음과 같다(김애란 외, 2023; 김이영 외, 2023).

### 1) 특수아동의 어린이집 이용증대와 일반어린이집의 질적 향상

1990년대 이후 정부의 보육사업 확충 계획에 따라 어린이집이 증가하여 2023년 12월 현재 어린이집 수는 28,954개소로 증가되었고, 어린이집을 이용하는 아동은 1,011,813명이며, 어린이집에 근무하는 교직원은 302,800명으로 양적인 증대가 이루어져 왔다. 그러나 다문화아동 어린이집과 장애아동을 위한 어린이집은 아직도 미흡한 실정이다. 예로, 2023년 12월 다문화아동 재원은 12,234명이 이용하고 있으며, 장애아 전문 어린이집은 173개소에서 5,997명, 장애아통합은 1,464개소 장애아동현원은 6,673명으로 나타났다(보건복지부, 2024). 따라서 추후 장애아동과 다문화아동을 위한 어린이집의 확대와 지원이 필요하다고 할 수 있다.

그리고 지금까지 보육시설의 양적인 확대에 초점을 맞추었기 때문에 지금부터는 어린이집의 질적 향상을 위한 노력이 필요하다. 이를 위해서는 보육교직원의 전문화, 우수 보육 프로그램의 개발과 보급, 보육 기준과 내용의 내실화 및 보육교육원의 인성교육 강화 등 질적 향상과 같은 과제들을 풀어 나가야 할 것이다. 최근 아동권리의 보호, 아동학대 예방, 안전관리 강화에 대한 사회적 요구 증가로 전체 어린이집 질 관리에 대한 필요성이 제기되었다. 이에 2018년 12월 「영유아보육법」 개정을 통해 '보육 · 양육에 대한 사회적 책임 강화' 실현과 영유아의 건강한 성장 및 발달을 위해 모든 어린이집을 대상으로 하는 의무평가제의 법적 근거가 마련되었으며, 2019년 6월 12일부터 어린이집 평가제를 시행하게 되었다. 어린이집 평가제는 전체 어린이집의 질 관리를 위하여 평가 자체에 목적을 두기보다는 정기적인 평가를 통해 어린이집이 지속적으로 보육의 질적 수준을 향상시키고 유지하게 함으로써 영유아의 안전과 건강, 조화로운 성장과 발달을 도모하여 부모가 믿고 맡길 수 있는 안심 보육환경 조성에 기여하고자 하는 목적을 가지고 있다(시옥진 외, 2020). 이런 어린이집 평가제의 엄격한 관리로 인해 부모와 아이들로부터 신뢰받을 수 있는 유아교육기관이 될 수 있도록 노력해야 한다.

## 2) 입양과 가정위탁제도의 활성화

모든 아동은 태어나면서 안정된 가정에서 부모의 보호를 받으며 건강하게 성장할 수 있는 권리를 가지고 있지만, 부모가 없거나 부모가 있더라도 안전하게 보호받을 수 없는 아동은 건강하게 성장하는 것이 어렵다. 이러한 요보호아동을 위한 지원정책이 입양과 가정위탁보호제도이다. 이는 원가정에서 돌볼 수 없을 경우 일시적으로 대리가정에서 보호하거나 혹은 영구적으로 법적인 친자관계를 형성하는 형태의 서비스를 말한다. 이처럼 입양은 1958년~2014년 주요 9개 국가에 총 154,745명이 해외로 입양되었으며, 2023년 기준 국내 입양은 150명, 국외 입양은 79명으로 국내 입양이 다소 증가하고 있는 추세에 있지만 더 많은 아이들이 국내 입양을 통해 보호를 받을 필요성이 있다.

입양과 가정위탁제도의 활성화를 위해서는, 첫째, 국민의식의 전환과 함께 위탁가정과 입양가정에 대한 국가의 지원을 현실적 수준으로 상향해야 하며, 이를 정책적으로 정착시켜 나가기 위한 노력이 반드시 선행되어야 할 것이다. 둘째, 입양아동의 정체감 형성을 위한 다양한 프로그램의 개발 및 제공(심각한 분리를 경험하는 입양아동과 연장아동에 대한 입양 후 지속적 상담과 심리치료 제공, 입양아동의 발달단계에 맞추어 입양사실 이해와 자아정체감 형성을 위한 상담서비스), 입양가족 생애주기에 따른 입양부모 역량강화 프로그램 개발 및 제공(입양 전 · 후의 입양가정의 적응을 돕는 상담서비스, 입양가족의 생애주기에 따른 입양자녀와 애착형성, 입양공개, 입양자녀의 뿌리찾기 등 다양한 문제에 대처할 수 있도록 입양부모 가이드북 개발), 친부모를 위한 상담 및 진로 개발 프로그램 개발 및 제공(친부모에게 필요한 사회복지서비스에 대한 정보제공과 입양 후 겪게 될 심리적 문제에 대한 상담과 치료서비스 및 입양을 선택한 미혼모의 장애와 진로문제에 대한 진로 개발 프로그램 제공)할 필요성이 있다.

## 3) 학교사회복지의 제도화

학교는 교육기관이면서 동시에 사회복지서비스를 실천해야 하는 사회적 기관이다. 따라서 취학아동을 위한 가장 기본적인 복지서비스의 장(場)은 바로 학교가 될 수 있다. 왜냐하면 학교부적응, 가정문제, 학교폭력, 아동학대, 대인관계의 문제, 약물남용, 비행 등 아동과 관련한 전반적 문제는 학교에서 상당 부분 관찰이 가능하며 따라서 해결 역시 학교에서 이루어질 때 그 효과는 배가될 수 있기 때문이다. 아동의 문제는 조기 개입이 가장 효과적인 만큼 초등학교에도 학교사회복지사를 배치하여 아동상담 및 치료, 부모와 가족 지원, 교사 및 지역사회 자원과의 연계와 같은 서비스를 실시해 나가야 한다. 이러한 노력은 교육부, 보건복지부 등 관련 부서의 노력과 함께 이루어져야 하며, 학교사회복지가 제도화를 통해 정착되어 나간다면 전체적인 아동복지의 질적 향상에 크게 도움이 될 것이다.

현재 우선 지원 학생(교육급여 수급권자, 차상위 계층의 자녀, 보호대상자인 한부모가족의 자녀, 북한이탈주민 보호대상자의 자녀, 다문화가족의 자녀, 특수교육 대상자, 그 밖에 교육감이 정하는 학생)이 40명 이상인 학교를 대상으로 교육복지우선지원사업을 통해 학습(교육과정과 연계한 기초학습능력 확보 및 학습의 결손, 치유, 예방 프로그램 운영), 문화체험, 심리, 심성, 복지를 제공하고 있지만 대상학교로 지정되기 어렵고, 대상학교로 지정이 되더라도 우선 지원 학생의 경우, 편견으로 인해 서비스를 제공받는 데 거부감을 느끼는 경우가 많기 때문에, 선별적 서비스에서 보편적 서비스로 전향하여 모든 학생들이 서비스를 받을 수 있도록 지원하는 노력이 필요하다.

### 4) 장애아동의 조기 진단과 치료

2024년 4월 기준으로 특수교육대상자 수는 115,610명으로 장애영역별로는 지적장애 57,883명, 지체자폐성장애 22,194명, 지체장애 9,263명 순으로 나타났으며, 학교과정별로는 초등학교 54,283명, 중학교 25,013명, 고등학교 22,040명, 유치원 8,746명 순으로 해마다 특수교육대상자가 증가하는 추세를 보이고 있다(교육부, 2024). 아동의 신체·정신·정서와 관련한 문제는 조기에 발견하여 조기 개입하는 것이 가장 효과적이다. 이를 위해서 지역사회 내에 정신건강센터, 아동진료소, 정서장애아동 단기치료센터 등과 같은 전문시설을 보강하고 사회복지사, 심리치료전문가, 물리치료사 등 다양한 전문 인력이 함께 개입할 수 있는 체계가 마련되어야 할 것이다. 무엇보다도 정보 제공, 물적 자원과 같이 장애아동을 진단하고 지속적으로 치료할 수 있도록 가정을 지원하는 프로그램이 확충되어야 할 것이다.

### 5) 아동학대 예방을 위한 방안

아동이 가진 권리 중에서 생존권과 보호권은 가장 기본적인 권리이다. 그럼에도 불구하고 가정에서의 학대, 영유아교육기관에서의 학대 사례는 끊임없이 발생하고 있다. 특히 감염병 확산이나 자연적·사회적 재난으로 인해 등원이나 등교하지 못하고 가정에 갇혀 있는 경우 교사나 의사 등, 아동학대 신고의무자의 시선이 미치지 못해 안타까운 상황이 벌어지기도 한다. 또한 사회적 변화로 인해 영유아들이 기관에 더 일찍, 더 오랜 시간 생활해야 하는 현실에서 영유아들은 교육기관에서조차 자신의 권리를 존중받지 못하는 상황이 벌어지곤 한다. 이 같은 상황은 아동의 기본적 권리인 생존권과 보호권을 위협하는 것이다.

아동의 기본권을 보장하고 학대를 예방하기 위해서는 아동보호체계가 원활히 작동할 수 있게 하는 대책이 마련되어야 한다. 아동권리보장원은 영유아건강검진, 예방접종여부, 가정폭력과 학대피해 이력 아동에 대한 데이터 확보를 바탕으로 고위험군의 아동을 촘촘하게 예측하고 조기 발견하는 것, 영유아교육기관과 학교의 취학과 출석을 확인하는 것 등이 그 대책의 세부내용이 될 수 있다고 하였다. 또한 아동학대 발생과 피해를 최소화하기 위해서는 법과 제도적 장치가 안정적으로 시행되어야 하며, 학대피해에 노출되었던 아동을 위한 안전한 응급보호와 심리적 안정을 위해 가정과 같은 유사한 환경을 갖춘 쉼터와 전문가정위탁제도가 활성화되어야 한다. 또한 아동학대 대응인력의 전문성 확보와 처우 개선도 요구된다.

무엇보다 아동학대를 예방하는 최선의 방법은 아동을 어른의 소유물이 아닌 한 인격체로서 존중하는 것이다. 여전히 많은 부모가 자녀를 키울 때 체벌을 훈육수단으로 여기고 있고, 훈육이라는 미명 아래 학대를 가한다. 따라서 이러한 부모들의 인식에 경각심을 일으키고, 더 좋은 다양한 방법이 있음을 알려 주는 맞춤형 부모교육이 지속적으로 시행될 필요가 있다.

## 6) 지역아동센터 지원 강화

지역아동센터(공부방)는 지역사회 안에서 방치된 아동과 함께하기 위해, 지역사회운동의 역사 속에서 풀뿌리, 자생적으로 생겨난 아동복지실천 프로그램으로 볼 수 있다. 지역사회 안에서 방치된 아동에 대한 제도와 정책이 담보되지 않은 지난 20년 전부터 현재까지 빈곤한 지역에서 사는 부모, 가족, 아동의 욕구로부터 출발한 것이기에 더욱더 의미 있는 실천 프로그램이다. 이러한 지역아동센터는 「아동복지법」 개정에 따라 지역사회 아동의 보호·교육, 건전한 놀이와 오락의 제공, 보호자와 지역사회의 연계 등 아동의 건전육성을 위하여 종합적인 아동복지서비스를 제공하고자 하는 목적으로 운영을 강화하고 있다. 이러한 지역아동센터의 프로그램을 전문화, 다양화하고 지역아동센터를 확대·설치하는 등 적극적인 지원 정책이 필요하다.

### 7) 소규모 시설보호 및 그룹홈(공동생활가정)으로의 전환

시설생활에서 오는 부정적 영향을 고려할 때, 시설에서의 생활이 불가피할 경우 시설의 소규모화는 유일한 대안이다. 대규모 시설은 아동의 성장과정에 필요한 다양한 욕구충족 및 지원을 어렵게 함으로써 시설병 등 부정적 효과를 초래할 위험성이 크고 시설 거주인원이 적을수록 아동의 적응 및 발달에 긍정적 영향을 미친다. 우리나라도 유엔 아동권리협약에 의해 아동생활시설의 소규모화에 대한 국제적 의무이행에 대한 책임을 가지고 있다. 현재 30인 이상 대규모 시설을 소숙사 규모로 개선하고 보육사를 부모와 같이 배치하여 독립적으로 생활하도록 해야 할 것이다. 따라서 향후 아동생활시설의 소규모화를 위한 법적 규정을 강화하고, 시설의 소규모화로의 전환을 위해 필요한 다양한 물적, 인적 자원에 대한 국가적 차원에서의 지원이 지속적으로 확대되어야 한다.

### 8) 가족 기능 서비스 강화

우리나라의 경우 요보호아동은 부모의 빈곤, 실직, 학대 등으로 인해 대부분 발생하고 있다. 이렇게 발생된 요보호아동은 대개 시설보호기관에서 생활하게 된다. 요보호아동의 발생을 예방하는 가장 좋은 방법 중의 하나는 원가족 보존을 우선에 두는 것이다. 부모교육과 상담 등 가족기능 강화 서비스를 통해서 아동이 원가족 내에서 성장할 수 있도록 하는 것이 무엇보다 중요하다. 이를 위해 지역사회 종합복지관, 건강가정지원센터 등 공공기관과 연계한 가족유지 및 강화기능 서비스를 제공하여 가족해체를 사전에 예방해야 한다.

## 9) 모자보건을 위한 정책적 지원

우리나라의 연간 혼인 건수는 지속적으로 감소하는 추세이나 초혼연령 및 초산연령은 증가하고 있다(보건복지부, 2020). 표 13-1과 표 13-2에서 보는 것과 같이, 우리나라의 영아사망률은 선진국 수준을 유지하고 있는 편이며, 모성사망비율은 전체적으로 감소하는 추세이나 OECD 평균에 비하면 높은 수치를 보이고 있다.

**표 13-1 영아사망률** (단위: 출생아 10만 명당)

| 연도 | 영아사망률(십만 명당) | | | 사망자수(명) | | | 출생아수(명) | | |
|---|---|---|---|---|---|---|---|---|---|
| | 계 | 남 | 여 | 계 | 남 | 여 | 계 | 남 | 여 |
| 2012 | 306.8 | 331.1 | 281.1 | 1,405 | 779 | 626 | 484,550 | 248,958 | 235,592 |
| 2013 | 294.6 | 306.9 | 281.7 | 1,305 | 698 | 607 | 436,455 | 223,883 | 212,572 |
| 2014 | 310.2 | 331.4 | 287.9 | 1,305 | 715 | 590 | 435,435 | 223,356 | 212,079 |
| 2015 | 281.9 | 302.5 | 260.1 | 1,190 | 655 | 535 | 438,420 | 224,906 | 213,514 |
| 2016 | 282.1 | 306.2 | 256.7 | 1,154 | 642 | 512 | 406,243 | 208,064 | 198,179 |
| 2017 | 270.5 | 299.7 | 239.6 | 1,000 | 569 | 431 | 357,771 | 184,308 | 173,463 |
| 2018 | 280.7 | 313.1 | 246.3 | 931 | 534 | 397 | 326,822 | 167,686 | 159,136 |
| 2019 | 268.3 | 295.8 | 239.3 | 822 | 465 | 357 | 302,676 | 155,416 | 147,260 |
| 2020 | 240.6 | 269.6 | 210.2 | 674 | 387 | 287 | 272,337 | 139,362 | 132,975 |
| 2021 | 241.2 | 261.1 | 220.4 | 626 | 347 | 279 | 260,562 | 133,516 | 127,046 |
| 2022 | 226.8 | 252.5 | 199.9 | 565 | 322 | 243 | 249,186 | 127,454 | 121,732 |
| 2023 | 239.9 | 266.1 | 212.5 | 564 | 320 | 244 | 230,028 | 117,862 | 112,166 |

자료: 통계청, 「사망원인통계」, 「인구동향조사」, 「영아사망 · 모성사망 · 출생전후기사망 통계」.
출처: 보건복지부(2024). 2024 보건복지통계연보.

**표 13-2 모성사망비** (단위: 출생아 10만 명당)

| 연도 Year | 모성사망자수 | 모성사망비 | | | | | |
|---|---|---|---|---|---|---|---|
| | | 계 | 24세이하 | 25-29 | 30-34 | 35-39 | 40+ |
| 2012 | 48 | 9.9 | 7.3 | 7.9 | 7.1 | 20.3 | 26.0 |
| 2013 | 50 | 11.5 | - | 8.8 | 7.7 | 23.3 | 54.4 |
| 2014 | 48 | 11.0 | 4.2 | 9.4 | 9.0 | 19.5 | 16.9 |
| 2015 | 38 | 8.7 | 0.0 | 5.3 | 8.8 | 14.1 | 8.0 |
| 2016 | 34 | 8.4 | 9.5 | 5.9 | 7.3 | 11.7 | 15.7 |
| 2017 | 28 | 7.8 | 0.0 | 4.1 | 6.2 | 14.0 | 15.9 |
| 2018 | 37 | 11.3 | 13.7 | 4.6 | 11.2 | 16.5 | 7.8 |
| 2019 | 30 | 9.9 | 8.1 | 8.6 | 7.6 | 13.7 | 14.6 |
| 2020 | 32 | 11.8 | 9.5 | 7.9 | 8.4 | 16.6 | 28.9 |
| 2021 | 23 | 8.8 | 12.3 | 8.7 | 6.9 | 7.9 | 26.6 |
| 2022 | 21 | 8.4 | - | 2.5 | 7.9 | 12.4 | 12.4 |
| 2023 | 23 | 10.0 | - | - | 6.6 | 16.3 | 31.3 |

자료: 통계청 「사망원인통계」
주: 모성사망비: 출생아 십만 명당 모성사망자 수
출처: 보건복지부(2024). 2024 보건복지통계연보.

그동안 국가에서는 모자보건을 위해 난임부부, 미숙아 및 선천성이상아 등 각종 의료 비부담 경감을 위한 의료비를 지원해 왔고, 위기임신 전문상담센터, 임신육아종합포털 온라인상담, 난임·우울증 상담센터 등을 통해 모자보건을 위한 다각적 정보를 제공하고 심리지원을 할 수 있는 사업을 실행해 왔다. 또한 민간 산후조리 체계를 「모자보건법」에 마련하여 제도적 개선을 추진해 왔다. 국가정책의 방향은 난임부부 지원, 저소득층의 임신·출산 지원을 위한 기저귀, 조제분유 지원과 생애 초기 방문건강관리 사업을 추진하고자 하고, 산후조리원의 안전과 품질관리를 강화해 나갈 것으로 보인다(보건복지부, 2020). 한편 저소득층의 모·부자 가정에 대한 생활지원과 지원의 내실화를 통해 가족해체를 예방하여 아동의 가족 내 보호와 사회적응이 가능하도록 해야 할 것이다(김애란 외, 2023).

## 10) 영유아 권리교육의 강화

영유아는 끊임없이 변화하고 발달하는 존재이므로, 성인은 영유아의 욕구와 주변환경을 잘 살펴서 영유아의 성장단계에 적합한 권리를 누리도록 지원해 주어야 한다. 이경자 등(2016)이 설명한 영유아권리교육의 방향을 요약하면 표 13-3과 같다.

**표 13-3 영유아권리교육의 방향**

- 영유아기, 아동기, 청소년기에는 공통적으로 건강 · 의료 · 생존 · 발달 · 생활의 보장에 대한 권리, 휴식 · 여가 · 놀이 · 문화적 생활에 대한 권리, 교육기회를 제공받을 권리, 유아의 의사존중과 표현의 권리, 비차별의 권리, 국적권 · 위험한 물건 · 물질 · 시설 · 각종 폭력 · 노동 · 학대로부터 보호받을 권리, 상황에 맞는 도움을 요청하고 받을 권리, 부모에 의해서 양육받고 가정에서 성장할 권리가 강조된다.
- 영유아기는 건강과 의료 · 위생적인 양육환경에 대한 권리, 놀이를 위한 장난감 · 시설 등을 제공받고 충분히 놀 수 있는 권리, 생활습관을 교육받을 권리, 부모에 의한 양육과 가정에서 성장할 권리가 강조된다.
- 유아기는 건강한 발달과 교육을 위한 생활조건을 제공받을 권리, 동등한 교육의 기회를 제공받고, 여러 가지 활동을 선택해서 참여할 권리, 휴식 · 여가 · 놀이 · 문화 생활에 참여할 권리, 교통안전에 대한 권리가 강조된다.
- 청소년기는 능력 및 자질의 계발을 위한 권리, 교육기회를 부여받고 교육에 대한 여러 사항을 선택하고 참여하며, 자신의 의견을 표현할 수 있는 자유의 권리와 자신의 의사를 반영할 수 있는 권리 등이 강조된다.

따라서 보호측면에서 영유아권리 존중을 기본으로 하되, 교육적인 양육환경으로서의 놀이를 위한 장난감 · 시설 등을 제공받고, 충분히 놀 수 있는 권리로서의 휴식 · 여가 · 놀이 · 문화적 생활에 대한 권리, 교육의 기회를 제공받고 교육받을 권리, 유아의 의사존중과 표현의 권리 등에 대한 바른 시각을 정립해 나가야 한다. 특히 유아의 일상적인 경험을 통해 권리에 대한 이해가 가능하도록 도와야 한다. 유해미 등(2011)은 영유아 권리교육에서 육아지원기관의 역할을 강조하면서 영유아의 권리교육 강화를 위해 표 13-4와 같은 정책이 이루어져야 한다고 주장하였다.

**표 13-4 영유아의 권리교육 강화를 위한 정책**

| |
|---|
| • 교직원 양성과정과 직무교육을 통한 영유아 권리교육 내실화이다. 즉, 교육내용과 시간, 방법을 구체적으로 명시하는 것이다. 영유아를 위한 권리교육이 정기적으로 이루어지도록 지침을 강화하고, 부모의 이해와 협조를 위해 부모들의 수요와 상황에 맞는 부모대상 교육을 실천해야 한다. 또한 영유아 권리교육을 위한 전문 강사진 확충을 통해 교육내용을 일정 수준으로 유지하고, 이들을 활용하여 아동권리 모니터링 체계를 구축해야 한다.<br>• 아동정책 전반에서 영유아 권리에 대한 인식을 제고할 필요가 있다. 아동권리 모니터 및 아동권리 옴부즈맨 제도를 효율적으로 운영할 수 있도록 해야 한다.<br>• 영유아들이 교육기관을 이용하고 있는 것이 보편화된 현실을 고려할 때, 각 기관에서 영유아권리를 충분히 보장하고 있는지에 대한 평가체계를 마련하여 지역 여건에 맞는 구체적인 성과지표를 제시할 수 있어야 한다.<br>• 영유아 권리교육 프로그램과 교재·교구, 매뉴얼이 필요하다. 이를 통해 영유아 권리에 대한 개념 정의가 명확해질 수 있고, 영유아 발달단계에 적합한 권리 내용을 선정하여 교육에 반영되도록 해야 한다. |

## 2. 아동권리와 복지의 발전 방향

앞으로의 아동권리와 발전 방향에 대해 구체적으로 살펴보면 다음과 같다(김애란 외, 2023; 김이영 외, 2023).

### 1) 아동문제에 대한 의식변화

우리나라는 급작스러운 경제성장과 더불어 산업화가 매우 빠른 속도로 이루어졌고, 현재 우리가 살아가고 있는 시대를 정보화시대라고 할 만큼 매우 빠르게 진행되고 있다. 이런 사회변동은 전통적인 가족제도에 많은 영향을 미치게 되었고, 다양한 가족형태[1)]들이 나타나게 되었다. 이런 다양한 가족형태들은 가족문제뿐 아니라 아동복지에 대한 새로운 사회적 요구를 하게 되었다. 하지만 우리의 의식수준과 법률적인 문제는 시대적 변화를 따라가지 못하고 있다. 그러므로 다양한 가족형태에 맞게 아동문제를 바라보는 의식의 전환이 있어야 할 것이다.

### 2) 아동복지정책과 서비스의 다양화

현재 우리나라의 아동복지는 모든 아동의 건전 육성을 도모한다는 기본 이념이 주로 강조되고 있을 뿐, 이를 구체화할 복지정책이나 서비스의 종류와 내용이 한정되어 있다. 또한 아동의 권리보장 규정도 철저하지 못하고, 법적 구속력이 결여되는 등 전체적인 내용이 종래의 아동보호사업을 다소 보강한 정도에 그치고 있다. 아울러 아동복지행정을 효율적으로 수행할 만큼 재정적인 뒷받침도 불충분한 상태이다. 따라서 현실성 있는 아동복지정책을 바탕으로 다양한 서비스를 제공해야 할 것이다.

### 3) 아동의 권리보장

우리나라의 아동복지는 아동의 생존권, 발달권, 의료권과 같은 권리를 철저하게 보장하는 방향으로 전개되어야 한다. 생존권은 태아와 아동의 생존의 권리를 의미하며, 이를 보호하기 위해서는 먼저 어머니의 안전과 생활의 안정이 이루어져야 한다. 발달

1) 가족형태의 변화로는 최근 들어 이혼가족, 한부모가족, 소년 · 소녀가장가족, 독신가족, 재혼가족, 미혼모가족, 맞벌이 가족이 증가하였다는 것을 의미한다.

권이란 아동이 건전하게 발육하고 성장하는 권리를 의미한다. 발달권 보호를 위해서는 아동이 성장함에 따라 주거, 놀이환경, 지역환경이 확보되어야 하며, 보육시설과 학교환경 및 사회환경이 정비되어야 한다. 의료권이란 아동의 생존권과 발달권을 보장하기 위한 2차적인 권리로, 아동의료무료화, 임산부의 무료 건강진단이나 출산비 보조 같은 대책이 마련되어야 할 것이다.

이를 위해서는 무엇보다 먼저 아동복지에 대한 새로운 인식을 가져야 한다. 즉, 종래의 막연한 자선적 또는 인도적 사고와는 달리 국가 발전에 기여하는 사업이라는 인식을 가져야 할 것이다. 아울러 아동의 건전한 성장, 발달을 위해 다양하고 적합한 프로그램과 서비스를 지속적으로 개발해야 할 것이다.

최근 사회에서 발생한 통학버스사고, 가정과 기관에서의 아동학대 사건 등은 아동의 기본적인 권리인 생존과 보호조차도 미흡한 수준임을 보여 준다. 우리나라의 현행 아동 관련 법률들은 다수의 개별 법률로 산재되어 아동을 보호해야 하는 전달체계가 분산 배치되어 협력이 어렵고, 책임소재가 불분명한 측면이 있으며 아동정책에서 사각지대가 발생할 여지가 있다고 볼 수 있다(김아름 외, 2017). 유엔 아동권리협약의 아동권리 일반원칙을 기반으로 하여 아동의 권리를 법적으로 보장하기 위한 주요 영역과 세부내용은 표 13-5와 같다.

**표 13-5 아동권리보장을 위한 주요 영역 및 세부내용**

| 주요 영역 | 세부 내용 |
|---|---|
| 기본권/<br>일반원칙 | • 차별금지<br>• 아동 최우선의 원칙<br>• 아동견해 존중, 의사존중 및 참여권 보장<br>• 자유권 보장<br>• 시민권, 등록(출생 신고), 국적 및 신분 보장<br>• 사회보장(보건 및 복지)에 대한 권리 |

| 주요 영역 | 세부 내용 |
|---|---|
| 보건 및 복지 | • 장애아동 등 대상별 맞춤형 복지<br>• 위기 청소년 보호 및 지원<br>• 정신건강 관리<br>• 사회보장을 통한 생존 발달 보장<br>• 발달주기별 건강 및 영양관리 체계 구축 |
| 안전 및 특별보호 | • 가정, 돌봄서비스기관, 학교 등의 위해요인 해소<br>• 도로 등 이동공간 안전 확보, 안전교육 포함<br>• 발달주기별 안전 취약분야 투자<br>• 지역사회 안전환경 조성<br>• 경제적 착취 및 유해 노동으로부터의 보호<br>• 성적 학대 및 착취로부터의 보호<br>• 인신매매로부터의 보호<br>• 사법기관으로부터의 아동 보호<br>• 소수아동의 보호, 난민 아동 포함<br>• 학교폭력 예방 및 사후관리<br>• 학대 및 체벌 금지<br>• 유해환경 개선 및 피해 예방, 온라인 모니터링 등<br>• 식품안전, 불량식품 및 급식관리 |

출처: 김애란 외(2023). 아동권리와 복지. 양성원.

차별금지 등 아동권리협약의 일반 원칙은 아동 관련 모든 법률에서 일관되게 견지되어야 한다. 또한 아동의 생존 및 발달을 위한 사회보장 혜택과 학대예방은 아동의 보호를 위한 일차적인 권리가 되어야 한다. 세부적으로는 보건 및 사회복지 전반, 안전 및 보호, 교육 및 자립역량, 가정보호 및 양육, 놀 권리와 문화 활동에의 참여로 구분할 수 있다. 한편 이들 영역 전반에 걸쳐 아동권리에 부합하는 법적 기반을 갖추기 위해서는 아동정책 전반을 총괄하는 부서 및 기구의 내실화, 아동권리 이행 모니터링의 독립성 및 법적지위 강화, 아동정책 총괄 개발 및 협의 강화, 아동권리교육의 체계화 및 내실화가 요구된다.

## 4) 지역사회 중심의 아동복지

지역사회보호(Community Care)는 영 · 미 등 선진국에서 1960년대 이후부터 발전되어 왔는데, 이는 지역사회를 기반으로 하여 공공기관, 민간기관 및 가족이 함께 참여하는 다원주의적 복지서비스를 강화하는 것이다. 즉, 가족중심의 접근과 민간복지서비스의 강화를 일컫는다. 아동복지에서 가족중심의 접근은 지역사회의 가장 최소 단위인 가정을 기반으로(family-based) 하여 개별적 아동과 가족의 욕구 충족을 도모하는 프로그램과 서비스가 개발되어야 한다는 것이다. 이와 같은 지지적 서비스(supportive service)의 강화를 통해 아동과 가족의 문제를 사전에 예방하는 효과를 가질 수 있다.

지금까지 우리나라는 수용시설 중심의 서비스에 중점을 두어 왔지만 아동의 문제와 욕구가 다양화됨에 따라 재가아동서비스의 확충이 요구되고 있다. 아동의 양육과 보호를 지원하는 프로그램을 개발하고 전문인력이나 자원봉사자를 참여시켜 아동이 원가정 또는 대리가정에서 생활하면서 치료와 서비스를 받을 수 있는 형태가 활성화되어야 한다. 이와 함께 재가아동과 장애아동에 대한 상담, 치료, 교육 훈련, 지역사회와의 교류 및 여가활동 등을 지역사회 내에서 총체적으로 지원할 수 있는 방안이 강구되어야 할 것이다.

# 참고문헌


강영주, 최지민(2018). 행정학연구에서 복잡계의 연구동향과 과제. **한국거버넌스학회보, 18**(2), 207-237.

고정곤, 김중기, 박연희, 양은경, 이영희, 이우언, 장지현(2019). **보육학개론**. 경기: 양성원.

공계순, 박현선, 오승환, 이상균, 이현주(2008). **아동복지론**. 서울: 학지사.

관계부처합동(2020). 제2차(2020~2024) 아동정책 기본계획.

교육부(2022). 특수교육통계.

교육부(2023). 교육통계.

교육부(2024). 특수교육통계.

국가인권위원회(2006). 학교 인권교육 길라잡이: 유엔의 초·중등학교 인권학습활동 안내서.

국가인권위원회(2018). 사이버인권교육 보조교재: 세계인권선언.

국가인권위원회(2018). 유엔아동권리협약의 이해. 사이버 인권교육 보조교재.

권선진, 이근매, 조용태(2006). **장애아동 청소년의 삶의 질 향상을 위한 지원방안 연구: 재활복지서비스 제고 방안. 경제·인문사회 연구회 협동 연구총서**. 서울: 한국청소년정책연구원.

김미숙, 김성천, 정익중, 이혜원, 오승환, 이주연, 신어진(2009). 아동청소년복지 수요에 기반한 복지공급체계 재편방안 연구: 지역유형별 사례를 중심으로. 한국보건사회연구원.

김미숙, 우국희, 양소남, 이주연, 이정현(2011). **선진국의 아동사례관리체계 비교 연구: 영국, 미국, 뉴질랜드를 중심으로**. 서울: 한국보건사회연구원.

김미영(2018). **아동권리와 복지**. 경기: 양서원.

김삼섭(2019). 발달장애인 가족지원 서비스에 대한 중요도-만족도 분석. **융합정보논문지, 9**(2), 155-164.

김상찬, 신준연(2019). 우리나라 입양제도의 개선방안에 관한 연구. **국제법무, 11**(2), 87-113.

김성경, 김혜영(2021). **현대사회 아동복지론**. 경기: 양서원.

김성경, 김혜영(2022). **현대사회 아동복지론**. 양서원.

김성철, 김성숙, 모아라, 박란이, 박정하, 박종란, 송희경, 염영옥, 이만복(2020). **가족복지론**. 경기: 양성원.

김승훈(2005). 전후 복지국가의 발달과 아동권리보호에 관한 연구. 인하대학교 대학원 석사학위논문.

김아름, 유해미, 박은영, 장민선(2017). 아동권리보장을 위한 법적기반 확보 방안. 연구보고 2017-16. 육아정책연구소.

김안나, 한정원, 김양미(2010). 한부모가족지원 사업에 대한 성인지적 분석. 한국여성정책연구원 연구보고서.

김애란, 유경숙, 김정미, 유혜자, 권덕수, 최성은, 안지영(2023). **아동권리와 복지**. 경기: 양성원.

김영숙(2010). 장애아가족의 가족지원제도의 요구와 삶의 질 향상을 위한 정책적 · 제도적 개선 방안. **특수교육 저널: 이론과 실천, 11**(3), 395-418.

김영한, 강혜규, 김보미, 김태연(2008). **소외계층 청소년 복지서비스 전달체계 개선방안 연구**(연구보고 08-R11). 서울: 한국청소년정책연구원.

김이영, 공영미, 김순란, 김정은, 백민수, 서민호, 이담희, 이은희, 정서연, 정현주(2023). 아동권리와 복지. 양성원.

김이영, 김선영, 김지영, 성연승, 안도연, 정희선(2015). **특수교육학개론**. 경기: 양서원.

김이영, 김운삼, 김소윤, 이은희, 최윤희, 현영렬(2017). **아동권리와 복지**. 경기: 양성원.

김이영, 김운삼, 김소윤, 이은희, 최윤희, 현영렬(2019). **아동권리와 복지**. 경기: 양성원.

김이영, 김지영, 김태강, 김현정, 성연승, 정순주, 정종화(2017). **특수교육학개론**. 경기: 양성원.

김이영, 오성숙, 이시진, 이우언, 김정은, 한현지, 홍성희(2023). **영유아발달**. 경기: 양성원.

김인숙, 현온강, 황소영, 정병수(2011). **유아교사를 위한 인권교육프로그램 개발 연구**. 서울: 국가인권위원회.

김정래(2002). **아동권리향연**. 서울: 교육과학사.

김정은(2002). 손자녀를 양육하는 빈곤지역 조부모의 심리 · 정서적 안녕과 영향 미치는 요인. 충남대학교 대학원 석사학위논문.

김현자, 이명숙, 노성향, 박선영, 이지영(2017). **아동권리와 복지**. 경기: 어가.

김혜연(2017). 기초연금 도입이 성별 빈곤 및 소득불평등에 미치는 효과. **비판사회정책**, 54, 120-159.

김효진(2009). 유엔아동권리협약 제21조 '입양'의 유보에 관한 연구. 숙명여자대학교 대학원 박사학위논문.

나종일(2012). **자유와 평등의 인권선언 문서집.** 경기: 한울.

노길명(2005). 천주교 사회학의 성과와 현주소: 노길명의 민족사와 천주교회에 대하여. **한국교회사연구**, 339-344.

노병일(2018). **아동권리와 복지.** 경기: 지식공동체.

노진아, 홍은숙, 이미숙, 박현주, 정길순(2011). **장애영유아가족지원.** 경기: 학지사.

도미향(2017). 영유아교육기관에서의 인권교육을 위한 탐색적 접근. **코칭연구, 10**(3), 97-218.

도미향, 남연희, 이무영, 변미희(2015). **아동복지론.** 경기: 공동체.

동아일보(1998). 10월 23일자 신문.

류수정(2012). 아동권리에 대한 유아교사의 인식 및 아동권리 보장 실태. 경성대학교 교육대학원 석사학위논문.

문선화, 구차순, 박미정, 김현옥(2012). **한국사회와 아동복지.** 경기: 양서원.

민진홍(2011). 아동인권 관련 국제조약이 국내 아동복지제도에 미친 영향 연구. 서울기독대학교 대학원 박사학위논문.

민혜선(2015). 아동을 위한 가정위탁보호사업의 문제점과 활성화 방안. 부산대학교 대학원 석사학위논문.

박귀영, 오현숙, 이우언, 전미숙, 정명희, 최병태(2023). **가족복지론.** 경기: 양성원.

박명아(2022). 중·고령 여성가구주 가구의 이전소득이 주관적 빈곤완화와 주관적 후생도 변화 궤적에 미치는 종단연구. 경희대학교 동서의학대학원 박사학위논문.

박옥임(2009). 농촌지역의 노인학대 위험요인과 사회지원체계. 2009년 한국지역사회생활과 학회 춘계학술대회 자료집.

박정란, 서홍란(2001). **아동복지론.** 양서원.

박한비(2014). 아동권리협약과 관련한 아동의 인권상황 및 문제점. 경북대학교 대학원 석사학위논문.

배태순(2000). **현대사회에서의 입양의 이해와 입양의 성공.** 경남: 경남대학교출판부.

배화옥(2010). **아동과 복지.** 서울: 신정.

배화옥, 심창학, 김미옥, 양영자(2015). **인권과 사회복지.** 경기: 나남.

보건복지부(2016). 어린이가 행복한 세상을 위한 우리의 약속(보도자료 2016년 4월 29일).

보건복지부(2017). 장애아동 재활치료지원사업.

보건복지부(2020). 2020년 모자보건사업안내.

보건복지부(2020). 2020년 아동분야 사업안내 2.

보건복지부(2020). 2020년 장애아동가족지원 사업안내.

보건복지부(2020). 2020년도 보육사업 안내.

보건복지부(2020). 2020년도 아동분야 사업안내.

보건복지부(2022). 2021 보건복지백서.

보건복지부(2022). 2021년 보육통계(2021년 12월 31일 기준).

보건복지부(2022). 2021년 아동학대 연차보고서.

보건복지부(2022). 2022 보건복지통계연보.

보건복지부(2022). 국내입양현황.

보건복지부(2022). 보호대상아동 현황.

보건복지부(2022). 장애인복지 사업안내.

보건복지부(2023). 2023 아동분야 사업안내.

보건복지부(2024). 2023년 보육통계(2023년 12월 31일 기준).

보건복지부(2024). 2024 보건복지통계연보.

보건복지부(2024). 2024년 장애인복지 사업안내(Ⅱ).

보건복지부, 아동권리보장원(2022). 2021 가정위탁보호 현황보고서.

사회보장정보원(2019). 공공부문 사례관리 연계·협력 업무 안내.

사회보장정보원(2019). 공공부문 사례관리 연계·협력 업무 안내. 사회보장정보원 사례관리정책 지원센터.

석재은(2013). 한국의 노령여성은 왜 특별히 가난한가?: OECD 국가들의 비교분석에 근거하여 노령효과인가 젠더효과인가. **한국사회복지조사연구, 36**, 61-102.

소라미(2018). 한국에서의 입양제도 현황과 과제. **가족법연구, 32**(3), 1-18.

손지영, 서미라(2015). 아동의 권리 강화를 위한 입양특례법 개정방안. **사회복지정책과 실천, 1**(1), 77-118.

송준만, 강경숙, 김미선, 김은주, 김정효, 김현진, 이경순, 이금진, 이정은, 정귀순(2022). **지적장애교육.** 서울: 학지사.

시옥진, 강성순, 김녹현, 김재현, 김진희, 이용환, 전대성, 한현지(2023). **보육학개론.** 경기: 양성원.

시옥진, 강성순, 김녹현, 김재현, 남은영, 이용환, 이우언, 전대성(2020). **보육과정.** 경기: 양성원.

아동권리보장원(2020). 2019 가정위탁보호 현황보고서.

아동권리보장원(2020). 입양 실무 매뉴얼.

아동권리보장원(2025). 아동학대 예방 및 보호.

안미옥(2018). 입양 가족치료에 대한 기독(목회) 상담학적 연구. **한국기독교상담학회지, 29**(4), 89-116.

안재진(2002). 우리나라 공개입양아동의 심리사회적 적응실태에 관한 연구. **홀트사회복지연구, 2**, 1-47.

양정하(2014). 한국 아동복지정책의 통합적 분석. **아동교육, 24**(3), 365-384.

엄주희(2016). 영아의 생명권을 위한 규범적 고찰. **서울법학, 23**(3), 91-124.

여성가족부(2022). 제9차 여성 고용실태 분석 및 정책과제 발굴 전문가 간담회.

여성가족부(2024). 2024년 한부모가족지원사업안내.

여유진(2017). 아동빈곤의 추이와 함의. **보건복지 ISSUE & FOCUS, 336**, 1-8.

오정수(2005). 아동복지 제도모형의 비교연구: 한국의 새로운 아동복지모형 제시를 중심으로. **사회과학연구, 16**, 129-153.

오정수, 이혜원, 정익중(2005). 선진복지국가 아동정책 비교와 21세기 한국아동정책의 발전방안. 보건복지부.

옥경희(2005). 조부모-손자녀가족 조부모의 손자녀 양육. **한국가정관리학회지, 23**(3), 103-114.

우병창(2011). 아동권리협약의 이행과 우리 법의 정비. **안암법학, 34**, 477-522.

유니세프아동친화도시 추진 지방정부협의회(2021). 유니세프아동친화도시 추진 사례집.

유영준, 백은령(2013). 가족중심실천이 장애아 가족의 양육부담에 미치는 영향. **한국장애인복지학, 22**, 207-224.

유해미, 김은설, 황옥경, 김재원(2011). **육아지원기관에서의 아동권리 실태와 증진방안연구**. 연구보고 2011-10. 서울: 육아정책연구소.

유호석(2018). 시설보호청소년의 학교적응에 영향을 미치는 요인: 생태학적 관점을 중심으로. 대전대학교 대학원 박사학위논문.

윤은영(2013). 국내 입양제도의 실태 및 개선방안: 미국의 입양제도를 중심으로. **사회과학연구, 30**(2), 191-222.

이경자, 김경희, 박인기, 서성강, 송화진, 신경은, 이미진, 이은희, 장화순, 조병상, 조영례(2016). **유아권리 길라잡이**. 서울: 씽크파워.

이경희(2008). 시설보호청소년의 탄력성이 심리 · 사회적 적응에 미치는 영향. 대구대학교 사회복지대학원 석사학위논문.

이노홍(2013). **UN아동권리협약 및 선택의정서에 따른 아동권리보호의 국제적 동향: 아동의 청원권**

에 관한 제3선택의정서를 중심으로(글로벌 법제전략 연구 13-22-5-3). 서울: 한국법제연구원.

이병렬, 서영미, 김준홍(2019). 아동복지를 위한 행정의 효율적 통합관리 방안. 국회보건복지위원회.

이상욱, 정희영, 김종명, 김미애(2016). **아동권리와 복지.** 경기: 파워북.

이상이(2023). 장애등급제 폐지 이후 장애인의 복지수준 비교 연구. 가톨릭대학교 대학원 박사학위논문.

이소현, 박은혜(2011). **특수아동교육.** 서울: 학지사.

이소희(2005). **아동복지론.** 경기: 학현사.

이순자(2008). 복지정책집행의 영향요인에 관한 연구. 계명대학교 대학원 박사학위논문.

이은미, 백은령(2010). 지적장애자녀의 생애주기에 따른 가족경험 및 지원 욕구에 관한 연구. **한국사회복지질적연구, 4**(2), 63-90.

이재연, 박은미, 황옥경, 김형모, 이은주, 강현아(2013). **아동복지론**(2판). 서울: 학지사.

이재연, 안동현, 황옥경, 구정화, 설동훈, 안동현, 우남희, 이부미, 이양희, 이재연, 정채옥, 정현숙, 조흥식, 황옥경(2007). **아동과 권리.** 서울: 창지사.

이재연, 황옥경, 김효진(2009). 아동과 권리. **아동학회지, 30**(6), 153-165.

이창미(2006). 장애아 가족과 비장애 가족 삶의 질 관련 요인 비교연구. **한국가족복지학, 11**(2), 69-92.

이현주, 강혜규, 서문희, 정경희, 유동철, 정재훈, 이승경, 노언정, 현명이(2003). **공공부조와 사회복지서비스의 체계분석 및 재편방안.** 서울: 한국보건사회연구원.

이혜원(2006). **아동권리와 아동복지.** 경기: 집문당.

인권법교재발간위원회(2006). **인권법.** 서울: 아카넷.

장인협, 오정수(1993). **아동 · 청소년복지론.** 서울: 서울대학교출판부.

장인협, 오정수(2000). **아동 · 청소년복지론.** 서울: 서울대학교출판부.

장인협, 오정수(2001). **아동 · 청소년복지론.** 서울: 서울대학교출판부.

장인협, 오정수(2003). **아동 · 청소년복지론.** 서울: 서울대학교출판부.

정소라(2016). 한국 입양법 변화의 사회적 의미: 1967년 입양법과 2012년 입양법을 중심으로. **민족연구, 65**, 46-62.

정영선, 조영숙(2013). 장애아 부모상담. **장애아동인권연구, 4**(2), 47-61.

정옥분, 정순화, 손화의, 김경은(2012). **아동복지론.** 서울: 학지사.

정옥분, 정순화, 손화희, 김경은(2016). **아동권리와 복지**. 서울: 학지사.

정익중(2004). 미국의 복지개혁이 아동발달에 미친 영향에 대한 연구. **한국아동복지학, 18**, 181-215.

정진경(2010). UN아동권리협약의 국내법적 및 실천적 수용성: 아동복지법과 아동복지시설을 중심으로. **아동과 권리, 14**(2), 219-244.

조용남(2015). 아동복지정책의 효과성에 관한 연구: 드림스타트 사업을 중심으로. 이화여자대학교 대학원 박사학위논문.

조윤경, 강지현, 이경아(2014). **특수아상담 및 가족지원**. 경기: 공동체.

조휘래(2022). 아동의 다차원적 빈곤과 주관적 행복의 관계. 숭실대학교 대학원 석사학위논문.

주수길, 홍연숙, 황윤경, 주명국(2020). **아동복지론**. 경기: 양성원.

최순옥, 윤난호, 장수영, 이주연, 김은숙(2011). **아동복지의 이해**. 서울: 태영출판사.

최윤영(2013). 아동복지법제의 개선에 관한 연구: 권리와 전달체계를 중심으로. 이화여자대학교 대학원 박사학위논문.

최은주(2022). 한부모가족의 특성과 지원방안에 관한 연구. 부산대학교 행정대학원 석사학위논문.

최정숙(2007). 입양가족의 가족 레질리언스 강화 프로그램 개발을 위한 탐색적 연구. **한국가족복지학, 20**, 361-398.

최현미, 이수연(2008). 다문화가족 지원기관 현황분석과 전문 프로그램 개발. **다문화가족연구, 2**, 1-22.

통계청(2020). 가계금융복지조사.

통계청(2021). 가계동향조사.

통계청(2021). 사회보장정보시스템(행복e음) 연도말 기준.

통계청(2022). 2021년 다문화 인구동태 통계.

통계청(2022). 인구주택총조사.

통계청(2023). 2022년 인구동향조사: 출생·사망통계.

통계청(2024). 2023년 다문화 인구동태 통계.

통계청(2024). 2024년 상반기 지역별고용조사 기혼여성의 고용 현황.

통일부(2022). 북한이탈주민 정착지원실무편람.

표갑수(2004). **아동청소년복지론**. 경기: 나남출판.

하상락(1989). **한국사회복지론**. 서울: 박영사.

하승수(2012). **젊은 지성을 위한 세계인권사.** 서울: 두리미디어.

한국노동연구원(2020). 코로나 19로 인한 성별 빈곤율 비교. 월간 노동리뷰 8월호.

한국보건사회연구원(2020). 빈곤통계연보.

한국보건사회연구원(2023). 2023년 빈곤통계연보.

한국장애인개발원(2022). 2022 장애인백서.

한성심, 송주미(2014). **아동복지론.** 서울: 창지사.

행정안전부(2019). 한국 보육의 변천사.

행정안전부(2020). 외국인주민현황조사.

황옥경(2010). **사회속의 아동: 영국의 아동 관련법과 장책에 나타난 변화와 도전.** 창지사.

황옥경, 구은미, 이은주, 김형욱(2017). **아동 · 청소년과 인권.** 경기: 나남.

Brodzinsky, D. M. (1993). Long-term outcomes in adoption. *The Future of Children, 3*(1), 153-166.

Brodzinsky, D. M., Schechter, M. D., & Henig, R. M. (1992). *Being adopted: The lifelong search for self.* New York: Double day.

Brodzinsky, D. M., Smith, D. W., & Brodzinsky, A. B. (1998). *Children's adjustment in adopted Developmental and clinical issues.* Thousand Oaks, CA; SAGE.

Carter, B., & McGoldrick, M. (1988). *The changing family life cycle: A framework for family therapy* (2nd ed). Boston: Allyn & Bacon.

Costin, L. B. (1985). The historical context of child welfare. In J. Laird(Ed.), *A handbook of child welfare.* N.Y.: The Free Press.

Downs, S. W., Moore, E., McFadden, E. J., & Costin, L, B. (2000). *Child welfare and family services: Policies and practice* (6th ed.). Boston: Allyn & Bacon.

Dunst, C. J., Trivette, C. M., & Deal, A. G. (1994). *Supporting and strengthening families: Methods, strategies and practices.* Cambridge, MA: Brookline Books.

Friedlander, W., & Apte, R. (1980). *Introduction to Social Welfare.* NJ: Prentice-Hall.

Gibert, N., & Terrell, P. (2005). *Dimensions of Social Welfare Policy* (6th ed.). Boston: Pearson.

Gupta, A., & Singhal, N. (2004). Positive perceptions in parents of children with disabilities. *Asia Pacific Disability Rehabilitation Journal, 15*(1), 22-35.

Hewitt, A., Agosta, J., Heller, T., Williams, A. C., & Reinke, J. (2013). Families of individuals with intellectual and developmental disabilities: Policy, funding, services, and experiences. *Intellectual and Developmental Disabilities, 51*(5), 349-359.

Kadushin, A. (1980). *Child welfare services* (3rd ed.), N.Y.: Macmillan publishing Company.

Kadushin, A., & Martin, A. (1988). *Child Welfare services* (4th ed.). N.Y: Macmillan. Publishing Co.

Laird, J., & Hartman, A. (1985). *A handbook of child welfare*: 100-116. N.Y.: The Free Press.

Malamuth, N., Linz, D., & Heavey, C. (1995). Using the confluence model of sexual aggression to predict men's conflicts with women: A 10-year follow up study. *Journal of Personality and Social, 69*, 353-369.

Marshall, T. H. (1950). *Citizenship and Social Class.* Cambridge: Cambridge University Press.

Martin, J. (2000). *Foster family care: Theory and practice.* Boston: Allyn and Boston.

Melina, L. R. (2002). *Raising Adopted Children.* New York: Quill.

Meyer, C. (1985). The institutional context of child welfare. In J. Laird & A. Hartman(Eds.), *A handbook of child welfare* (pp. 100-116). N.Y.: The Free Press.

Rushton, A., & Minnis, H. (1997). Transracial family placement. *Journal of Child Psychology and Psychiatry, 38*, 147-159.

Turnbull, A., Turnbull, R., Erwin, E., & Soodak, L. (2010). *Families, professionals, and exceptionality: Positive outcomes through partnerships and trust* (6th ed.). Upper Saddle River, NJ: Pearson Education, Inc.

Walker, N. E., Brooks, C. M., & Wrightsman, L. S. (1999). *Children's rights in the United States: In search of a national policy.* Thousand Oaks, CA: Sage Publications.

Zuckerman, E. (1983). *Child welfare.* N.Y.: The Free Press.

국가건강정보포털(http://health.mw.go.kr). 아동학대 신고 후 진행 흐름도.

국가건강정보포털(http://health.mw.go.kr). 흔들어진 아이 증후군.

법제처 생활법령정보포털(www.easylaw.go.kr).

여성가족부 홈페이지(http://www.mogef.go.kr). 한부모가족 정책정보 안내서.

# 찾아보기

# 저자 소개


## ■ 김이영

계명대학교 대학원 심리학박사(임상 및 상담심리 전공)
현, 수성대학교 유아교육과 교수
〈저서〉 영유아 창의성 교육, 유치원교사를 위한 교직실무, 영유아발달 외

## ■ 공영미

계명대학교 대학원 박사 수료(유아교육학 전공)
현, 경북과학대학교 보육복지계열 교수
〈저서〉 유아사회교육, 보육학개론 외

## ■ 김순란

경기대학교 일반대학원 교육학박사(유아교육 전공)
현, 신성대학교 유아교육과 초빙교수
〈저서〉 영유아교수방법론, 보육학개론 외

## ■ 김정은

대구가톨릭대학교 대학원 문학박사
현, 안동과학대학교 유아교육과 교수
〈저서〉 영유아발달, 영유아프로그램개발과 평가 외

## ■ 백민수

연세대학교 경영학과 대학원 석사
대구대학교 사회복지대학원 석사
현, 구미대학교 사회복지과 교수
〈저서〉 지역사회복지론 외

■ **서민호**

대구한의대학교 대학원 사회복지학박사
현, 영남외국어대학교 사회복지과 교수
〈저서〉 사회복지실천기술론, 사회복지학개론, 정신건강론 외

■ **신은정**

대구대학교 대학원 교육학박사
현, 대구과학대학교 유아교육과 교수
〈저서〉 유아교육론, 유아교육과정, 영유아교사인성론 외

■ **이담희**

원광대학교 일반대학원 교육학박사(유아교육 전공)
현, 전북과학대학교 복지계열 겸임교수
〈저서〉 영유아교수방법론, 보육학개론 외

■ **이은희**

성신여자대학교 대학원 교육학박사(유아교육학 전공)
현, 대전보건대학교 유아교육과 교수
〈저서〉 유아과학교육, 영유아교수방법론, 유아교육개론 외

■ **정현주**

순천대학교 교육대학원 교육학석사(상담심리 전공)
현, 순천제일대학교 유아교육과 초빙교수

# 아동권리와 복지

1판 1쇄 인쇄 ― 2025년 3월 4일
1판 1쇄 발행 ― 2025년 3월 7일

저　　자 - 김이영 공영미 김순란 김정은 백민수
서민호 신은정 이담희 이은희 정현주
발 행 인 - 강철원
발 행 처 - 양성원
주　　소 - 경기도 파주시 검산로 173번길 29-12
전　　화 - 031-946-3861(代)
팩　　스 - 031-946-3864
이 메 일 - tnwpub@naver.com
홈페이지 - tnwpub.co.kr
출판등록 - 2015년 8월 31일 제 2015-000211 호

ISBN 979-11-6126-616-9

정가 23,000원